破産・再生

藤田広美 ◎著
Fujita, Hiromi

Bankruptcy

弘文堂

Bankruptcy
Hiromi FUJITA
KOUBUNDOU Publishers inc.,2012
ISBN978-4-335-35527-1

まえがき

　本書は，法科大学院での私の授業ノートを基礎にしたものであり，倒産法を学ぶ学生を対象に，破産法と民事再生法の機能的構造を対比しながら解説した自修用教材です．

　私が担当した授業は，倒産という局面における実体法及び手続法の修正・変容の必要性と合理性を問うことを徹底し，破産法と民事再生法の対照条文を配付して，両者の基本構造を対比することを通じて理解を深めるよう努めました．このような授業ノートを教材化するに際しては，これまで執筆した『講義民事訴訟』，『解析民事訴訟』及び『民事執行・保全』と同様の観点にたち，法の現実的な作動に関する記述を加えて基本事項の理解に資するように配慮しました．これは，「あとがき」にも記したように，かつて私が学んだ倒産法と裁判官として接した倒産実務とは，全く別のものであるかのように思われた経験にも基づきます．理論と実践は，互いに互いを必要としていると強く思います．

　もっとも，この限度を超える問題点等には立ち入らないように留意しました．その理由としては，第1に，そもそも倒産法が隣接する法分野は非常に多岐にわたるとともに，社会経済的政策基盤についての理解も不可欠であって，これらに触れていくことは学生向け教材としての本書の役割と私の能力を超えてしまいます．第2に，倒産実務での具体的な処理は，公平・公正性，柔軟性，弾力性及び迅速性など多くの諸要因とを調和させながら多面的な検討と創意工夫を重ねることが要請されるため，前例ないし現状を固定的に捉えることは相当ではないと考えているからです．以上の理由から，進んだ理論学修を志す方には，参考文献として掲げた詳細な教科書や体系書に進んでいただきたいと思います．また，実務の手引書としては，東京地方裁判所・大阪地方裁判所の倒産専門部の裁判官・書記官によるＱ＆Ａ式の書籍のほか，「全国倒産処理弁護士ネットワーク」及びそのコアメンバーの方々が精力的に出版活動を続けておられますので，それらを参照してください．これらによって，理論と実務のそれぞれの領域の広さと奥行きの深さを知ることがで

きると思います．

　また，授業で扱わなかった分野（国際倒産処理，信託・相続財産の破産，倒産犯罪など）については，今回の教材化に際しても記述を補充していません．このため，本書は倒産法を網羅的・体系的に記述するものではありません．その反面，授業ノートを基礎にしているため，バランスを悪くしているところがありますが，授業の雰囲気が残るところでもあります（破産管財人の善管注意義務が問題となった判例［最判平 18.12.21 民集 60-10-3964］の検討など）．授業ノートには，民法や民訴法の基本的理解を確認するための設問も多く含めていましたが，本書の執筆に際しては，そのほとんどを削除しました．今後読者からいただくご意見を踏まえて，補正・補充を図りたいと思います．

　弘文堂編集部の上野庸介氏が遠く沖縄まで足を運び，倒産法のテキスト刊行を熱心に薦めてくださってから 4 年の月日が経ちます．これほどの時間を要したのは，その後倒産法の授業担当を外れたこと，新たに担当する授業の構想・準備と学内の業務に追われ，しかも学外の公務にも就任するなど身辺がとても慌ただしくなったこと，そして，それらのために倒産法の教材執筆をお断りしてきた経緯があることなどによるものです．上野氏のねばり強く待つその姿勢は，私をついには執筆方向へと動かし，そしてそれは「あとがき」に記したように，私にとっても思いがけない収穫をもたらしてくれました．この場を借りて上野氏にあらためて感謝いたします．また，これまでの教材作成のいずれにも助力を惜しまなかった宮國英達弁護士（そよかぜ法律事務所）に加え，今回は，畑知成弁護士（弁護士法人ひかり法律事務所），田島啓己弁護士（ゆあ法律事務所）という倒産実務に精通した気鋭の両名から校正段階にて貴重なご意見を賜りました．みなさまのお力添えに心から感謝いたします．

　本書が倒産法学習のファースト・ステップとして，あるいは，パートナーとしてお役に立てるならば，とてもうれしく思います．

2012 年 3 月

藤 田 広 美

本書の全体構成

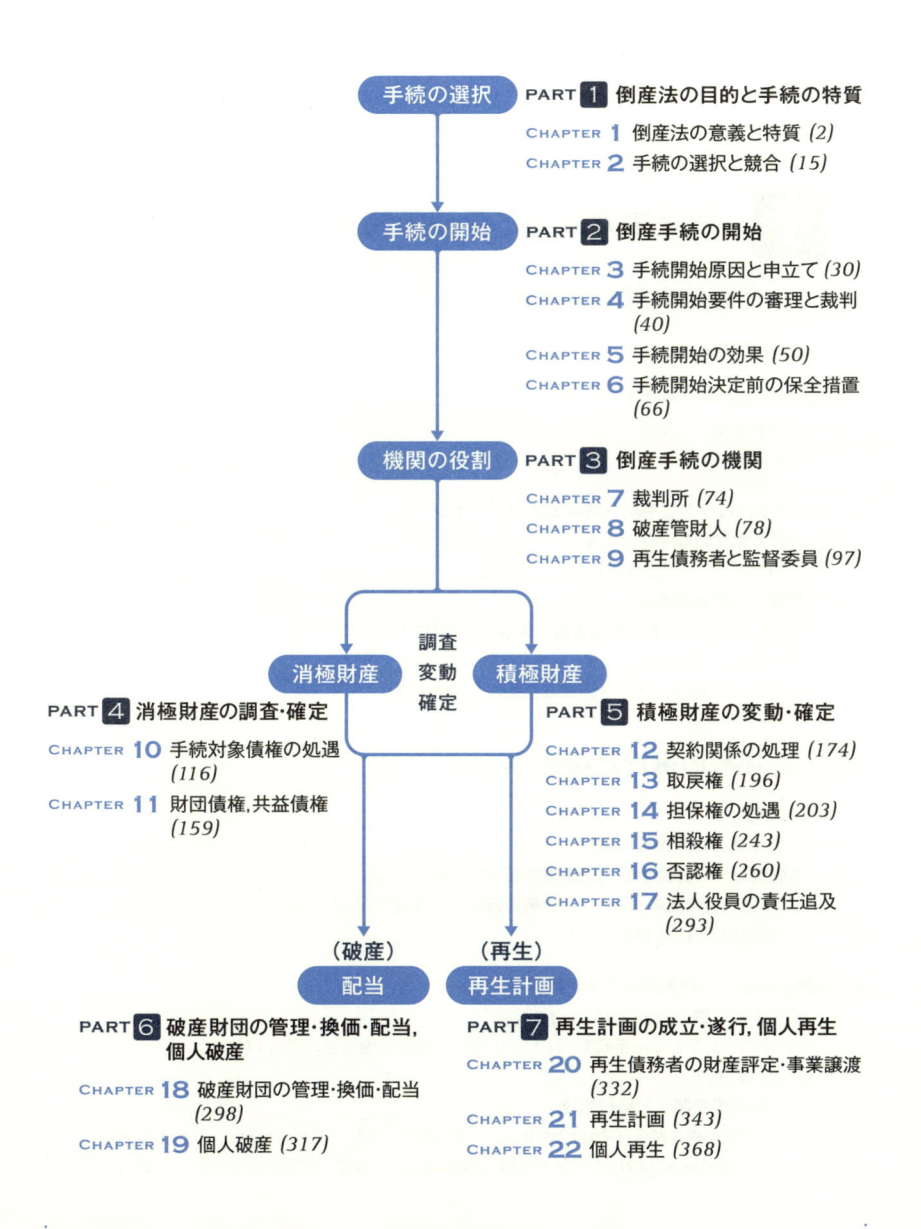

手続の選択 → **PART 1 倒産法の目的と手続の特質**
- CHAPTER 1 倒産法の意義と特質 (2)
- CHAPTER 2 手続の選択と競合 (15)

手続の開始 → **PART 2 倒産手続の開始**
- CHAPTER 3 手続開始原因と申立て (30)
- CHAPTER 4 手続開始要件の審理と裁判 (40)
- CHAPTER 5 手続開始の効果 (50)
- CHAPTER 6 手続開始決定前の保全措置 (66)

機関の役割 → **PART 3 倒産手続の機関**
- CHAPTER 7 裁判所 (74)
- CHAPTER 8 破産管財人 (78)
- CHAPTER 9 再生債務者と監督委員 (97)

調査・変動・確定

消極財産

PART 4 消極財産の調査・確定
- CHAPTER 10 手続対象債権の処遇 (116)
- CHAPTER 11 財団債権,共益債権 (159)

積極財産

PART 5 積極財産の変動・確定
- CHAPTER 12 契約関係の処理 (174)
- CHAPTER 13 取戻権 (196)
- CHAPTER 14 担保権の処遇 (203)
- CHAPTER 15 相殺権 (243)
- CHAPTER 16 否認権 (260)
- CHAPTER 17 法人役員の責任追及 (293)

（破産）**配当**

PART 6 破産財団の管理・換価・配当,個人破産
- CHAPTER 18 破産財団の管理・換価・配当 (298)
- CHAPTER 19 個人破産 (317)

（再生）**再生計画**

PART 7 再生計画の成立・遂行,個人再生
- CHAPTER 20 再生債務者の財産評定・事業譲渡 (332)
- CHAPTER 21 再生計画 (343)
- CHAPTER 22 個人再生 (368)

CONTENTS

まえがき —— *iii*
本書の全体構成 —— *v*
凡例 —— *xxii*

PART 1 倒産法の目的と手続の特質 —— *1*

CHAPTER 1 倒産法の意義と特質 ……… *2*

1- 倒産法の制度目的 —— *2*

2- 倒産実体法と倒産手続法 —— *3*
  1 倒産実体法 —— *3*
  2 倒産手続法 —— *4*

3- 清算型手続と再建型手続－特質とアウトライン —— *4*
  1 清算型倒産処理手続 —— *5*
    [1]意義 *(5)*　[2]清算型基本法－破産法のアウトライン *(5)*
  2 再建型倒産処理手続 —— *8*
    [1]意義 *(8)*　[2]再建型基本法－民事再生法のアウトライン *(9)*
  3 目的規定とその構造 —— *11*
    [1]破産法の目的 *(12)*　[2]民事再生法の目的 *(13)*

CHAPTER 2 手続の選択と競合 ……… *15*

1- 手続の選択 —— *15*
  1 法的整理と私的整理の選択 —— *15*
  2 法的整理－再建型手続と清算型手続との選択 —— *16*
    [1]事業再建の要素 *(16)*　[2]手続の特質による選択 *(16)*
    [3]清算型の選択・決断 *(18)*

2- 手続の競合──優先関係と手続移行 —— *18*
  1 複数手続併存の政策決定 —— *18*
    [1]複数手続型と単一手続型 *(18)*　[2]複数手続型の合理性の検討 *(18)*
    [3]小括 *(21)*
  2 手続間の優先関係と移行処理 —— *22*
    [1]手続間の優先関係（Priority Rule）－再建優先 *(22)*　[2]再建挫折による破産手続への導入－牽連破産 *(23)*　[3]破産手続への移行に伴う調整－実質的公平確保の要請 *(24)*

PART 2 倒産手続の開始 —— 29

CHAPTER 3 手続開始原因と申立て 30

1- 破産手続開始の申立て —— 30
1 破産手続開始原因 —— 30
[1]支払不能 (30) [2]支払停止 (32) [3]債務超過 (33)
2 破産手続開始の申立権者 —— 34
[1]債務者及びこれに準じる者 (34) [2]債権者 (34)

2- 再生手続開始の申立て —— 35
1 再生手続開始原因 —— 35
2 再生手続開始の申立権者 —— 36
[1]債務者 (36) [2]債権者 (37)

3- 手続開始申立ての取下げ制限 —— 39
1 取下げの自由と限界 —— 39
2 破産手続の場合 —— 39
3 再生手続の場合 —— 39

CHAPTER 4 手続開始要件の審理と裁判 40

1- 裁判所における審理 —— 40

2- 破産手続の開始 —— 40
1 支払不能と支払停止の関係 —— 40
2 手続開始の申立てに対する審理 —— 41
[1]破産手続原因事実についての疎明と証明 (41) [2]申立人の債権の存在についての証明の要否 (42)
3 破産手続開始の条件 —— 42
4 破産手続開始決定 —— 43
[1]裁判書 (43) [2]同時処分 (43) [3]公告・通知・登記嘱託 (43)

3- 再生手続の開始 —— 45
1 再生手続開始原因の認定 —— 45
2 労働組合等への意見聴取 —— 45
3 再生手続開始の条件 —— 46
4 再生手続開始決定 —— 48
[1]裁判書 (48) [2]同時処分 (48) [3]公告・通知・登記嘱託 (49)

CHAPTER 5 手続開始の効果 50

1- 破産手続開始の効果 — 50

1 債務者に対する効果―債務者の財産拘束 — 50
[1]債務者財産の破産財団への構成 (50) [2]破産者の管理処分権喪失 (51) [3]破産者を当事者とする係属中の訴訟の帰趨 (53) [4]詐害行為取消訴訟と債権者代位訴訟の帰趨 (55)

2 債権者に対する効果―個別的権利行使の禁止 — 57
[1]個別的権利行使の禁止 (57) [2]破産債権に基づく強制執行・保全処分の禁止・失効 (58) [3]財団債権に基づく強制執行・保全処分の禁止・失効 (58) [4]国税滞納処分の帰趨 (59) [5]別除権の行使 (59)

2- 再生手続開始の効果 — 60

1 債務者に対する効果 — 60
[1]再生債務者の業務遂行権・管理処分権の保持 (60) [2]手続開始後の権利取得 (61) [3]他の倒産手続・執行手続への影響 (62) [4]再生債権に関する訴訟の中断 (62) [5]債権者代位訴訟・詐害行為取消訴訟の中断 (63)

2 債権者に対する効果 — 63
[1]個別的権利行使禁止原則―再生債権の弁済禁止 (63)
[2]再生債権弁済禁止の例外 (64)

CHAPTER 6 手続開始決定前の保全措置 66

1- 破産手続開始決定前の保全措置 — 66

1 開始決定前保全の必要性 — 66
2 他の手続の中止命令（破産法24条）— 66
3 包括的禁止命令（破産法25～27条）— 67
4 債務者財産に関する保全処分（破産法28条）— 67
5 保全管理命令（破産法91条）— 67
6 否認権のための保全処分（破産法171条）— 68
7 法人役員の財産に対する保全処分（破産法177条）— 68

2- 再生手続開始決定前の保全措置 — 69

1 開始決定前保全の必要性 — 69
2 他の手続の中止命令（民再法26条）— 69
3 包括的禁止命令（民再法27～29条）— 69
4 債務者財産に関する保全処分（民再法30条）— 69
5 担保権実行中止命令（民再法31条）— 70
6 保全管理命令（民再法79条）— 72
7 否認権のための保全処分（民再法134条の2）— 72
8 法人役員の財産に対する保全処分（民再法142条）— 72

目次 ◆ ix

PART 3　倒産手続の機関 —— 73

CHAPTER 7　裁判所 ……… 74

1- 国法上の裁判所と倒産法上の裁判所 —— 74

2- 倒産事件を担当する裁判所の役割と特質 —— 74
　　　[1]権力的作用 (75)　　[2]後見的作用 (75)　　[3]手続の実施 (75)

3- 管轄 —— 76
　　1　原則 —— 76
　　2　経済的関連性と手続的合理性 —— 76
　　3　大規模倒産事件の特則 —— 77

CHAPTER 8　破産管財人 ……… 78

1- 破産手続における機関 —— 78

2- 破産管財人の法的地位 —— 78
　　1　手続的地位－管理機構人格説 —— 78
　　2　破産管財人の実体的地位－地位の複合性 —— 79
　　　[1]破産管財人の当事者性 (79)　　[2]破産管財人の第三者性 (80)

3- 破産管財人の職務と権限 —— 82
　　1　積極財産の管理・確定に関わる職務 —— 82
　　　[1]破産財団の管理と調査 (82)　　[2]破産財団の変動 (83)　　[3]破産財団の換価 (83)
　　2　消極財産の調査・確定と配当に関わる職務 —— 85
　　　[1]破産債権の調査・確定 (85)　　[2]配当 (85)
　　3　破産管財人の職務の位置づけ —— 85

4- 破産管財人の義務 —— 86
　　1　善管注意義務 —— 86
　　2　債務者の実体的義務との関係－最判平18.12.21民集60-10-3964について —— 87
　　　[1]事案の概要 (87)　　[2]判旨と分析 (88)

CHAPTER 9　再生債務者と監督委員 ……… 97

1- 再生手続における機関 —— 97

2- 再生債務者の法律上の地位 —— 97
　　1　業務遂行権・財産管理処分権の帰属 —— 97
　　2　手続機関としての再生債務者の権限 —— 98

- **3** 手続機関としての再生債務者の義務 — *100*
  [1]善管注意義務の不存在 *(100)*　[2]公平誠実義務 *(100)*
- **4** 裁判所による業務遂行権・財産管理処分権の制限 — *101*

3- 再生債務者の第三者性 — *102*
- **1** 問題の所在 — *102*
- **2** 通謀虚偽表示における第三者 — *103*
- **3** 詐欺取消しにおける第三者 — *103*
- **4** 対抗問題における第三者 — *104*
- **5** 契約解除における第三者 — *104*

4- 監督委員 — *104*
- **1** 意義 — *104*
- **2** 監督委員の職務 — *105*
  [1]裁判所の指定行為に対する同意権による監督 *(105)*　[2]再生手続開始前の共益債権化の許可に代わる承認 *(106)*　[3]再生債務者の業務・財産の管理状況その他裁判所が命ずる事項の報告 *(106)*　[4]再生計画の遂行監督 *(107)*　[5]否認権が授権された場合の否認権行使 *(107)*

5- 管財人 — *109*
- **1** 意義 — *109*
- **2** 管理命令の要件 — *109*
- **3** 管理命令の効果 — *110*

6- 保全管理人 — *111*
- **1** 意義 — *111*
- **2** 権限 — *111*

7- 調査委員 — *112*
- **1** 意義 — *112*
- **2** 調査事項 — *112*

PART 4　消極財産の調査・確定 — *115*

CHAPTER 10　手続対象債権の処遇 ……… *116*

1- 債権区分の意義 — *116*
- **1** 破産債権, 再生債権 — *116*
- **2** 優先権のある債権 — *117*
- **3** 財団債権, 共益債権 — *117*
- **4** 開始後債権 — *118*

2- 破産債権 — *118*

1　意義── 118
　　　2　要件── 118
　　　　　[1]破産者に対する請求権であること (118)　[2]破産手続開始前の原因に基づいて生じた請求権であること (119)　[3]財産上の請求権であること (119)　[4]執行可能な請求権であること (120)
　　　3　等質化── 120
　　　4　優先順位── 121
　　　　　[1]優先的破産債権 (121)　[2]劣後的破産債権 (122)

3- 再生債権── 123
　　　1　意義── 123
　　　2　要件・特質についての破産債権との比較── 123
　　　　　[1]等質化の排除 (123)　[2]対象債権の限定 (124)

4- 数人の全部義務者についての破産・再生手続開始と手続参加── 126
　　　1　債権者の権利行使－人的担保と手続開始時現存額主義── 126
　　　2　全部義務者の求償権の確保── 127
　　　　　[1]求償権による手続参加と債権者の優先 (127)　[2]求償権と原債権との関係 (128)
　　　3　物上保証人の求償権── 129
　　　4　保証人の破産── 130

5- 債権の届出・調査・確定── 131
　　　1　意義── 131
　　　2　債権の届出── 131
　　　　　[1]債権届出の意義 (131)　[2]破産手続－手続参加の基本要素 (131)
　　　　　[3]再生手続－期間の重要性と再生債務者の自認 (134)
　　　3　届出債権に対する調査── 135
　　　　　[1]債権調査のメカニズム (135)　[2]破産手続－期間調査と期日調査 (136)
　　　　　[3]再生手続－期間調査 (138)
　　　4　調査による債権の確定── 139
　　　　　[1]異議なき債権の確定 (139)　[2]異議による確定遮断効の有無 (140)
　　　5　異議後の債権確定手続── 142
　　　　　[1]決定手続と訴訟手続との 2 段構成 (142)　[2]債権査定手続と査定異議訴訟手続 (143)　[3]査定手続によることができない場合 (146)　[4]主張の制限 (147)
　　　　　[5]破産・再生手続が終了した場合における債権確定手続の帰趨 (148)
　　　6　債権調査・確定手続のない再生手続── 148
　　　　　[1]再生手続における債権調査手続の意義 (148)　[2]簡易再生と同意再生 (148)
　　　7　租税・罰金等の請求権の特例── 149

6- 債権者集会── 150
　　　1　意義── 150
　　　2　破産手続上の債権者集会── 151
　　　　　[1]財産状況報告集会 (151)　[2]任務終了計算報告集会 (151)
　　　　　[3]廃止意見集会 (151)　[4]その他の債権者集会 (152)

3 再生手続上の債権者集会 — *152*
[1]債権者集会 *(153)*　[2]財産状況報告集会 *(153)*　[3]再生計画案決議集会 *(153)*
4 招集・決議 — *154*
[1]招集 *(154)*　[2]決議 *(154)*

7- 債権者委員会と代理委員 — *156*
1 債権者委員会 — *156*
[1]意議 *(156)*　[2]権限 *(156)*
2 代理委員 — *157*

CHAPTER 11 財団債権，共益債権 *159*

1- 財団債権 — *159*
1 意義 — *159*
2 財団債権の範囲 — *159*
[1]破産債権者の共同の利益のためにする裁判上の費用の請求権（破産法148条1項1号）*(159)*　[2]破産財団の管理，換価及び配当に関する費用の請求権（破産法148条1項2号）*(160)*　[3]破産手続開始前の原因に基づいて生じた租税等の請求権の一部（破産法148条1項3号）*(160)*　[4]破産原因に関し破産管財人がした行為によって生じた請求権（破産法148条1項4号）*(163)*　[5]事務管理又は不当利得により破産手続開始後に破産財団に対して生じた請求権（破産法148条1項5号）*(163)*　[6]委任の終了又は代理権の消滅の後，急迫の事情があるためにした行為によって破産手続開始後に破産財団に対して生じた請求権（破産法148条1項6号）*(163)*　[7]破産法53条1項により破産管財人が債務の履行をする場合において相手方が有する請求権（破産法148条1項7号）*(163)*　[8]破産手続の開始によって双務契約の解約の申入があった場合において破産手続開始後その契約の終了に至るまでの間に生じた請求権（破産法148条1項8号）*(164)*　[9]破産管財人が負担付遺贈の履行を受けた場合の負担受益者の請求権（破産法148条2項）*(164)*　[10]保全管理人が債務者の財産に関し権限に基づいてした行為によって生じた請求権（破産法148条4項）*(164)*　[11]使用人の給料・退職金手当請求権の一部（破産法149条）*(164)*　[12]社債管理者の費用及び報酬請求権（破産法150条）*(167)*　[13]個別規定による財団債権 *(167)*
3 財団債権の弁済 — *167*
[1]破産管財人による随時優先弁済 *(167)*　[2]財団債権者の権利行使 *(167)*　[3]財団不足の場合の取扱い *(168)*

2- 共益債権 — *168*
1 意義 — *168*
2 共益債権の範囲 — *169*
3 共益債権の弁済 — *170*

PART 5 積極財産の変動・確定 —— 173

CHAPTER 12 契約関係の処理 ……… 174

1- 倒産手続開始の契約関係に対する影響 —— 174
  1 契約の相手方の地位 —— 174
  2 手続機関による契約関係の処理 —— 174

2- 双方未履行双務契約の基本的規律 —— 175
  1 双務契約における一方のみ未履行 —— 175
  2 双務契約における双方の未履行 —— 176
    [1]選択による規律内容 (176)　[2]確答催告権 (177)　[3]制度趣旨 (177)　[4]未履行債務 (179)　[5]解除権行使の制限 (179)　[6]相手方からの解除の可否 (180)
  3 継続的給付を目的とする双務契約 —— 180
    [1]再建型倒産手続における保護の必要性 (180)　[2]清算型倒産手続における保護の必要性 (181)　[3]適用範囲 (182)

3- 賃貸借契約と倒産処理 —— 182
  1 貸借人の破産・再生 —— 182
  2 賃貸人の破産・再生 —— 183
    [1]賃貸借契約一般 (183)　[2]第三者対抗要件を具えた賃貸借の特則 (183)　[3]賃貸人による将来発生すべき賃料債権の処分 (184)　[4]貸借人による賃料債務との相殺 (185)

4- 請負契約と倒産処理 —— 189
  1 請負人の破産 —— 189
    [1]破産法53条の適用 (189)　[2]管財人が解除を選択した場合の法律関係 (191)
  2 注文者の破産 —— 192
    [1]適用条文 (192)　[2]法律関係の規律 (192)
  3 請負契約と民事再生 —— 193
    [1]請負人の再生 (193)　[2]注文者の再生 (193)

5- 雇用契約と倒産処理 —— 194
  1 使用者の破産 —— 194
  2 労働者の破産 —— 195

CHAPTER 13 取戻権 ……… 196

1- 意義 —— 196
  1 第三者の財産混入の可能性と取戻権の種類 —— 196
  2 取戻権の行使 —— 196

2- 一般の取戻権 —— 197

- **1** 意義 —— *197*
- **2** 所有権 —— *197*
- **3** 所有権以外の物権 —— *198*
- **4** 債権 —— *198*
- **5** 離婚に伴う財産分与 —— *198*

3- 特別の取戻権 —— *199*
- **1** 売主の取戻権 —— *199*
  - ［1］意義 *(199)* ［2］他の売主保護規定との関係 *(199)*
- **2** 問屋の取戻権 —— *199*
  - ［1］委託者の倒産と問屋の取戻権 *(199)* ［2］問屋の破産と委託者の取戻権 *(200)*
- **3** 代償的取戻権 —— *201*
  - ［1］意義 *(201)* ［2］内容 *(201)*

CHAPTER 14 担保権の処遇 ……… *203*

1- 担保権の処遇に関する基本的視座 —— *203*
- **1** 倒産手続と担保権 —— *203*
- **2** 破産手続と担保権 —— *203*
- **3** 再生手続と担保権 —— *204*
- **4** 別除権の倒産手続上の地位 —— *205*
  - ［1］財団債権・共益債権との比較 *(205)* ［2］取戻権との比較 *(205)* ［3］債務者の総財産を引当とする担保との比較 *(205)*

2- 別除権の行使方法 —— *206*
- **1** 総説 —— *206*
- **2** 個別問題 —— *207*
  - ［1］動産売買先取特権 *(207)* ［2］商事留置権 *(209)* ［3］民事留置権 *(212)*

3- 別除権者の手続参加 —— *213*
- **1** 不足額責任主義 —— *213*
- **2** 別除権者の破産・再生手続への参加 —— *213*
  - ［1］予定不足額の届出・調査 *(213)* ［2］不足額の証明 *(213)* ［3］不足額の確定方法 *(215)*
- **3** 破綻手続における担保権に対する干渉—破産手続における換価権の衝突 —— *215*
  - ［1］破産管財人の別除権に対する干渉 *(215)* ［2］別除権目的物の提示要求・評価権 *(215)* ［3］破産管財人による換価 *(216)*

4- 破産・再生手続における担保権の消滅 —— *216*
- **1** 破産手続における担保権消滅請求制度 —— *216*
  - ［1］任意売却における合理的な合意形成の促進 *(216)* ［2］要件 *(217)* ［3］手続 *(218)*
- **2** 再生手続における担保権消滅制度 —— *222*
  - ［1］事業の継続・再生における不可欠資産と担保権 *(222)* ［2］手続 *(223)*

5- 非典型担保の位置づけ —— *225*

1 実体法の規準性 — 225
[1]問題の所在 (225)　[2]倒産手続での処遇の相違 (226)
2 譲渡担保契約 — 226
[1]意義 (226)　[2]譲渡担保権者の破産 (227)　[3]譲渡担保設定者の破産 (227)
3 所有権留保 — 228
[1]意義 (228)　[2]法的構成－法的形式と経済的実質 (228)　[3]倒産処理規律への適合性 (229)
4 ファイナンス・リース契約 — 229
[1]意義 (229)　[2]リース契約における約定の態様 (230)　[3]法的構成 (230)　[4]破産手続における処遇 (231)　[5]再生手続における処遇 (232)
5 倒産解除特約 — 233
[1]問題の所在 (233)　[2]判例と学説 (233)

6 別除権協定 — 236
1 意義 — 236
2 再生手続との関係性 — 236
[1]再生計画の履行可能性 (236)　[2]別除権の目的物の価額評価のあり方 (236)

CHAPTER 15　相殺権 ……… 243

1 相殺の意義と機能 — 243
1 民法上の相殺 — 243
[1]意義 (243)　[2]機能 (243)
2 破産法・民事再生法上の相殺 — 244
[1]破産上の相殺 (244)　[2]民再法上の相殺 (244)

2 相殺権の拡張 — 245
1 破産手続における相殺権の拡張 — 245
[1]相殺適状要件の緩和 (245)　[2]自働債権－破産債権 (245)　[3]受働債権－破産債権者の債務 (247)
2 再生手続における相殺権の処遇 — 247
[1]破産手続・民法上の原則との関係 (247)　[2]自働債権－再生債権 (248)　[3]受働債権－再生債権者の債務 (248)

3 相殺権の制限 — 249
1 相殺禁止の制度設計 — 249
2 破産債権者の債務負担による相殺の禁止－受働債権取得時期（破産法 71 条 1 項）— 250
[1]破産債権者が破産手続開始後に破産財団に対して債務を負担したとき（1 号）(250)　[2]支払不能となった後に契約によって負担する債務を専ら破産債権をもってする相殺に供する目的で破産者の財産の処分を内容とする契約を破産者との間で締結し，又は破産者に対して債務を負担する者の債務を引き受けることを内容とする契約を締結することにより破産者に債務を負担した場合であって，当該契約の締結の当時，支払不能であることを知ったとき（2 号）(251)　[3]支払停止後にそれを知って破産者に対して債務を負担

した場合（3号）*(253)* [4]破産手続開始申立後にそれを知って破産者に対して債務を負担した場合（4号）*(253)*

3 破産者の債務者の破産債権取得による相殺の禁止－自働債権取得時期（破産法72条1項）── *254*

[1]破産手続開始後に他人の破産債権を取得したとき（1号）*(254)* [2]支払不能後にそれを知って破産債権を取得したとき（2号）*(254)* [3]支払停止後にそれを知って破産債権を取得したとき（3号）*(255)* [4]破産手続開始申立後にそれを知って破産債権を取得したとき（4号）*(255)*

4 相殺禁止の除外事由（破産法71条2項，72条2項）── *255*

[1]法定の原因に基づく場合（1号）*(255)* [2]危機時期を知った時より前に生じた原因に基づく場合（2号）*(255)* [3]破産手続開始の申立があった時より1年以上前に生じた原因に基づく場合（3号）*(255)* [4]破産者との契約による債権取得に基づく場合（破産法72条2項4号）*(257)*

4- 相殺権の行使 ── *257*

1 破産手続によらない権利行使 ── *257*

2 行使時期の制約 ── *257*

[1]再生手続における期間制限 *(258)* [2]破産手続における確答催告 *(258)*

3 破産管財人からの相殺 ── *258*

4 再生債務者からの相殺 ── *259*

CHAPTER 16 否認権 ……… *260*

1- 意義と類型 ── *260*

1 意義 ── *260*

2 否認権類型の把握 ── *261*

[1]基本類型－詐害行為否認と偏頗行為否認 *(261)* [2]特別類型 *(263)* [3]否認権のための保全処分 *(263)*

2- 否認権の要件 ── *263*

1 詐害行為否認－責任財産回復－の要件 ── *263*

[1]詐害行為否認（破産法160条1項1号）*(263)* [2]危機時期の詐害行為否認（破産法160条1項2号）*(264)* [3]債務消滅行為の詐害行為否認（破産法160条2項）*(265)* [4]無償行為否認（破産法160条3項）*(265)* [5]適正価格処分行為の否認（破産法161条）*(267)*

2 偏頗行為否認－債権者平等・公平確保－の要件 ── *269*

[1]支払不能と否認権介入の正当性 *(269)* [2]対象行為 *(270)* [3]受益者の悪意 *(272)*

3 否認の一般的要件 ── *275*

[1]有害性 *(275)* [2]不当性 *(276)* [3]破産者の行為の要否 *(277)*

3- 否認の特別類型 ── *278*

1 手形支払の否認制限（破産法163条） ── *278*

2 対抗要件の否認（破産法164条） ── *279*

　　　　　［1］意義 *(279)*　　［2］対抗要件具備行為の詐害行為否認の可否 *(280)*
　　　　3　執行行為の否認（破産法 165 条）—— *282*
　　　　　［1］意義 *(282)*　　［2］否認の対象 *(282)*　　［3］悪意の基準時 *(283)*
　　　　4　転得者に対する否認（破産法 170 条）—— *284*
　　　　　［1］意義 *(284)*　　［2］要件 *(284)*

　　4- 否認権の行使—— *285*
　　　　1　行使主体—— *285*
　　　　　［1］破産手続 *(285)*　　［2］再生手続 *(285)*
　　　　2　行使方法—— *285*
　　　　　［1］破産手続 *(285)*　　［2］再生手続 *(287)*

　　5- 否認の効果—— *289*
　　　　1　原状回復—— *289*
　　　　2　回復方法と相手方の地位—— *289*
　　　　　［1］逸出財産の回復 *(289)*　　［2］金銭の回復 *(291)*
　　　　3　否認の登記—— *291*

Chapter 17　法人役員の責任追及……… *293*

　　1- 意義—— *293*

　　2- 役員責任査定についての決定手続と判決手続—— *294*
　　　　1　役員責任査定決定—— *294*
　　　　2　役員の責任査定決定に対する異議の訴え—— *295*

　　3- 役員に対する損害賠償請求と財産保全—— *296*

PART 6　破産財団の管理・換価・配当，個人破産 —— *297*

Chapter 18　破産財団の管理・換価・配当……… *298*

　　1- 破産財団の管理・財産の確保—— *298*
　　　　1　破産財団の管理—— *298*
　　　　2　破産財団の調査・報告—— *299*
　　　　　［1］就任初動時 *(299)*　　［2］任務終了時 *(299)*

　　2- 破産財団の換価—— *299*
　　　　1　破産管財人の職務としての換価業務—— *299*
　　　　2　換価方法—— *300*

　　3- 配当手続—— *303*
　　　　1　意義—— *303*

2 配当手続の種類 — 304
[1]配当方法の合理性区分 (304)　[2]配当方法の時期的区分 (304)
3 最後配当－配当手続の基本型 — 305
[1]最後配当への着手 (305)　[2]配当表の作成 (305)　[3]配当表に対する異議 (306)
[4]配当の実施 (306)
4 簡易配当と同意配当 — 307
[1]簡易配当 (307)　[2]同意配当 (309)
5 中間配当と追加配当 — 309
[1]中間配当 (309)　[2]追加配当 (310)

4- 破産手続の終了 — 311
1 破産手続終結決定 — 311
2 破産手続廃止決定 — 312
[1]廃止の意義 (312)　[2]同時廃止 (312)　[3]異時廃止 (313)　[4]同意廃止 (315)
3 その他の終了事由 (316)
[1]破産取消決定 (316)　[2]再建型手続における認可決定確定 (316)

CHAPTER 19 個人破産 ········ 317

1- 個人破産と破産法の目的 — 317

2- 自由財産 — 318
1 意義 — 318
2 差押禁止財産 — 318
3 自由財産の拡張 — 319
[1]意義 (319)　[2]拡張の適否に関する若干の問題 (320)
[3]自由財産と破産債権との関係 (321)

3- 免責 — 323
1 意義 — 323
2 免責許可手続 — 323
[1]申立て (323)　[2]強制執行の禁止 (324)　[3]調査・審理 (324)
3 免責許可決定の要件 — 325
[1]免責不許可事由 (325)　[2]裁量免責 (325)　[3]不服申立て (326)
4 免責許可決定の効果 — 326
[1]破産債権者に対する効力 (327)　[2]保証人等及び物上保証人に対する効力 (327)
5 非免責債権 — 328
[1]意義 (328)　[2]非免責債権としての効果 (328)
6 免責取消し — 328

4- 復権 — 329
1 破産による資格制限と復権 — 329
2 個別法令による資格制限等 — 329
[1]専門家資格の欠格・登録取消事由 (329)　[2]免許・許可・認定等の欠格・登録拒否・

取消事由 *(329)*　[3]欠格事由からの排除規定 *(330)*

PART 7　再生計画の成立・遂行，個人再生 —— *331*

CHAPTER 20　再生債務者の財産評定・事業譲渡 …… *332*

1- 財産評定 —— *332*
1　意義 —— *332*
2　評定基準 —— *333*
　[1]清算価値 *(333)*　[2]継続企業価値 *(334)*

2- 事業譲渡 —— *334*
1　事業譲渡の合理性 —— *334*
2　再生計画によらない事業譲渡（民再法 42 条）—— *335*
　[1]趣旨 *(335)*　[2]営業・事業の譲渡 *(335)*　[3]再生のための必要性判断と手続 *(336)*
3　株主総会に代わる裁判所の許可（民再法 43 条）—— *336*
　[1]趣旨 *(336)*　[2]債務超過・事業継続のための必要性 *(337)*
4　民再法 42 条・43 条の適用外事業譲渡の可否 —— *339*
　[1]開始決定前の事業譲渡の可否 *(339)*
　[2]再生計画認可決定確定後の事業譲渡の可否 *(340)*
5　スポンサー選定における公正・透明性の確保 —— *340*
　[1]問題の所在 *(340)*　[2]正当性判断基準 *(341)*

CHAPTER 21　再生計画 …… *343*

1- 事業再生における再生計画の類型 —— *343*
1　再生計画による事業の再生 —— *343*
2　清算目的の再生計画 —— *344*

2- 再生計画の条項 —— *345*
1　再生計画の記載事項の分類 —— *345*
　[1]絶対的必要的記載事項 *(345)*　[2]相対的必要的記載事項 *(345)*
　[3]任意的記載事項 *(345)*　[4]説明的記載事項 *(345)*
2　権利変更条項 —— *346*
　[1]権利変更の一般的基準 *(346)*　[2]弁済期間 *(346)*　[3]再生債権者間の平等 *(346)*
3　共益債権・一般優先債権 —— *347*
4　知れたる開始後債権 —— *348*
5　資本構成の変更 —— *348*

3- 再生計画案の提出 —— *352*
1　再生債務者の提出義務 —— *352*
2　再生債権者の提出権 —— *353*

   3 再生計画案の修正 —— 354
 4- 再生計画の成立 —— 354
  1 再生計画の決議 —— 354
   [1]裁判所の付議決定 (354)
   [2]付議決定における決議方法の選択，議決権の額，可決要件 (355)
  2 再生計画の認可 —— 356
   [1]再生計画認可決定 (356) [2]再生計画認可決定の効力 (356)
   [3]再生計画認可・不認可決定に対する不服申立て (360)

 5- 再生計画の遂行・変更，再生手続の終了 —— 361
  1 再生計画の遂行 —— 361
  2 再生計画の変更 —— 362
   [1]意義 (362) [2]変更の規律 (362)
  3 再生手続の終結 —— 363
   [1]再生債務者のみによる純粋な DIP 型の場合 (363) [2]監督委員が選任されている場合 (363) [3]管財人が選任されている場合 (363)
  4 再生計画の取消し —— 363
   [1]意義 (363) [2]取消事由 (364) [3]取消しの効果 (364) [4]再生計画履行完了前の破産・新たな再生手続の開始 (365)
  5 再生手続の廃止 —— 365
   [1]意義 (365) [2]廃止事由 (366)
   [3]再生手続廃止決定の確定と破産手続への移行 (367)

CHAPTER 22 個人再生 ……… 368

 1- 個人再生の制度設計 —— 368
  1 個人再生手続の必要性と合理性 —— 368
  2 手続選択の指標 —— 369

 2- 小規模個人再生 —— 370
  1 特有要件 —— 370
  2 再生債権の届出・異議申述・手続内確定 —— 371
   [1]再生債権の金銭化 (371) [2]異議申述期間 (372) [3]みなし届出 (372)
   [4]再生債権の評価 (372)
  3 再生債務者の財産状況の調査と変動 —— 373
   [1]財産状況の調査と開示 (373) [2]財産状況の変動 (373)
  4 個人再生委員 —— 374
  5 再生計画 —— 374
   [1]形式的平等原則 (374) [2]弁済方法と弁済期間 (375) [3]決議の簡素化 (376)
   [4]小規模個人再生の不認可事由 (377) [5]再生計画認可決定の確定 (377)
  6 再生計画の遂行，変更，ハードシップ免責 —— 378
   [1]認可決定確定による手続の終結 (378) [2]再生計画の変更 (378)
   [3]ハードシップ免責 (378)

          7 再生計画の取消し，再生手続の廃止 — *379*
            [1]再生計画の取消し *(379)*　[2]再生手続の廃止 *(380)*

   3- **給与所得者再生** — *380*
        1 特有要件 — *380*
        2 再生計画 — *381*

   4- **住宅資金貸付債権に関する特則** — *382*
        1 住宅資金特別条項の意義 — *382*
        2 住宅資金特別条項を定めることができる場合 — *382*
            [1]個人である再生債務者が所有し，自己の居住の用に供する建物であること（民再法 196 条 1 項）*(382)*　[2]住宅について，住宅資金貸付債権又はこの債務についての保証会社の求償権を担保する抵当権が設定されていること（民再法 196 条 3 項）*(383)*　[3]保証会社が住宅資金貸付債権に係る保証債務を履行したことによって代位が生じたときは，保証会社がその全部を履行した日から 6 月を経過する日までの間に再生手続開始の申立てがなされたこと（民再法 198 条 2 項）*(383)*
        3 住宅資金特別条項の内容 — *384*
            [1]期限利益回復型（1 項）*(384)*　[2]リスケジュール型（2 項）*(384)*
            [3]元本猶予期間併用型（3 項）*(384)*　[4]同意型（4 項）*(385)*
        4 再生計画案の提出・決議，再生計画の認可 — *385*
            [1]再生計画案と住宅資金貸付債権者の地位 *(385)*　[2]付議，認可決定 *(386)*
            [3]再生計画の効力 *(386)*
        5 住宅資金特別条項を定める場合の事前措置 — *387*
            [1]抵当権の実行中止命令 *(387)*　[2]住宅資金貸付債権に対する許可弁済 *(388)*

あとがき — *389*

事項索引 — *393*
判例索引 — *399*
法令索引 — *401*

凡　例

1　法令
下記略語例以外のものは，フルネームで記載しています．

破産	破産法
破産規	破産規則
民再	民事再生法
民再規	民事再生規則
会更	会社更生法
民訴	民事訴訟法
民訴規	民事訴訟規則
民執	民事執行法
民執規	民事執行規則
民保	民事保全法
民	民法
会社	会社法
商	商法

2　判例
判例は，下記のとおり表記しました．

最判平 18.12.21 民集 60-10-3964
　＝最高裁判所平成 18 年 12 月 21 日判決　最高裁判所民事判例集 60 巻 10 号 3964 頁

最決平 16.10.1 判タ 1168-130
　＝最高裁判所平成 16 年 10 月 1 日決定　判例タイムズ 1168 号 130 頁

3　参考文献
裁判官時代を含め，逐一掲げられないほどの多くの文献から教えを受けており，その影響も受けています．本書の目的に照らし，下記は，学生が参照しやすいと思われる書籍及び本書で参照・引用した文献に限定しました．下記略語例によらない引用文献はフルネームを掲げています．

(1)　概説書・体系書

　　(旧法)

　　　谷口　　　　　　谷口安平『倒産処理法第 2 版』（筑摩書房，1980 年）

中田	中田淳一『破産法・和議法』(有斐閣, 1959年)	
西澤	西澤宗英『ここからはじめる破産法』(日本評論社, 1996年)	
山木戸	山木戸克己『破産法』(青林書院, 1974年)	
霧島	霧島甲一『倒産法体系』(勁草書房, 1990年)	

(現行法)

伊藤	伊藤　眞『破産法・民事再生法〔第2版〕』(有斐閣, 2009年)
加藤	加藤哲夫『破産法〔第5版〕』(弘文堂, 2009年)
中島I	中島弘雅『体系倒産法I』(中央経済社, 2007年)
実務	西謙二＝中山孝雄編『破産・再生の実務〔新版〕』上中下(金融財政事情研究会, 2008年)
福永	福永有利監修『詳解民事再生法〔第2版〕』(民事法研究会, 2009年)
松下	松下淳一『民事再生法入門』(有斐閣, 2009年)
概説	山本和彦＝中西正＝笠井正俊＝沖野眞已＝水元宏典『倒産法概説〔第2版〕』(弘文堂, 2010年)
Q&A	山本和彦＝長谷川宅司＝岡正晶＝小林信明編『Q&A民事再生法〔第2版〕』(有斐閣, 2006年)
実務と理論	事業再生研究機構編『民事再生の実務と理論』(商事法務, 2010年)
論点解説	全国倒産処理弁護士ネットワーク編『論点解説新破産法』(金融財政事情研究会, 2005年)
	全国倒産処理弁護士ネットワーク編『破産実務Q&A150問』(金融財政事情研究会, 2007年)
	全国倒産処理弁護士ネットワーク編『個人再生の実務Q&A100問』(金融財政事情研究会, 2008年)
	全国倒産処理弁護士ネットワーク編『通常再生の実務Q&A120問』(金融財政事情研究会, 2010年)
実務解説	園尾隆司＝山本和彦＝中島肇＝池田靖編『最新実務解説一問一答民事再生法』(青林書院, 2011年)
基本構造	伊藤眞＝松下淳一＝山本和彦編『ジュリスト増刊・新破産法の基本構造と実務』(有斐閣, 2007年)

(2) 逐条解説書

(旧法)

基本法	中野貞一郎＝道下徹『基本法コンメンタール破産法〔第2版〕』(日本評論社, 1997年)

(現行法)

条解破産	伊藤眞＝岡正晶＝田原睦夫＝林道晴＝松下淳一＝森宏司

	『条解破産法』（弘文堂，2010 年）
条解民再	園尾隆司・小林秀之編『条解民事再生法〔第 2 版〕』（弘文堂，2007 年）
大コンメ	竹下守夫編集代表『大コンメンタール破産法』（青林書院，2007 年）
新注釈	才口千晴＝伊藤眞監修『新注釈民事再生法〔第 2 版〕』上下（金融財政事情研究会，2010 年）

(3) その他

執行・保全	藤田広美『民事執行・保全』（羽鳥書店，2010 年）

(4) 雑誌

金法	金融法務事情
金商	金融商事判例
判タ	判例タイムズ
判時	判例時報

倒産法の目的と手続の特質 PART 1

PART 1 倒産法の目的と手続の特質

CHAPTER 1 倒産法の意義と特質
1- 倒産法の制度目的
2- 倒産実体法と倒産手続法
 1 倒産実体法
 2 倒産手続法
3- 清算型手続と再建型手続―特質とアウトライン
 1 清算型倒産処理手続
  [1] 意義
  [2] 清算型基本法―破産法のアウトライン
 2 再建型倒産処理手続
  [1] 意義
  [2] 再建型基本法―民事再生法のアウトライン
 3 目的規定とその構造
  [1] 破産法の目的
  [2] 民事再生法の目的

CHAPTER 2 手続の選択と競合
1- 手続の選択
 1 法的整理と私的整理の選択
 2 法的整理―再建型手続と清算型手続との選択
  [1] 事業再建の要素
  [2] 手続の特質による選択
  [3] 清算型の選択・決断
2- 手続の競合―優先関係と手続移行
 1 複数手続併存の政策決定
  [1] 複数手続型と単一手続型
  [2] 複数手続型の合理性の検討
  [3] 小括
 2 手続間の優先関係と移行処理
  [1] 手続間の優先関係(Priority Rule)
  [2] 再建挫折による破産手続への導入
  [3] 破産手続への移行に伴う調整

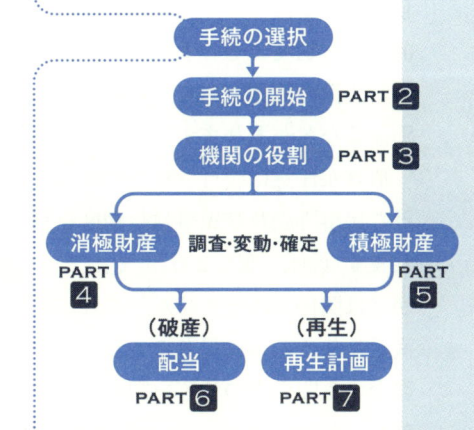

手続の選択
↓
手続の開始　PART 2
↓
機関の役割　PART 3
↓
消極財産　調査・変動・確定　積極財産
PART 4　　　　　　　　　　　PART 5
↓　　　　　　　　　　　　　　↓
(破産)　　　　　　　　　　　(再生)
配当　　　　　　　　　　　　再生計画
PART 6　　　　　　　　　　　PART 7

CHAPTER 1　倒産法の意義と特質

1──倒産法の制度目的

　倒産法とは，裁判所という国家機関の関与の下，経済的破綻状況にある債務者の財産について，競合する多数の債権者に集団的満足を与えることを目的とする制度とその手続をいいます．倒産法は，このような制度と手続を定めた法律の総称であり，具体的には，破産法，民事再生法，会社更生法，特別清算などがあります．

　債務が任意に履行されない場合，自力救済を禁止した代償として国家が設けた民事訴訟及び民事執行制度を利用して個別的な権利の実現・救済が図られます（執行・保全2頁）．そこでは債務者の財産が潤沢であるか僅少であるかとは関係がありません．これに対し，債務者の財産が多数の利害関係人に満足を与えるのに足りない状況に陥ったとき，僅少な財産をめぐって交錯・競合する関係人の利害を調整する必要が生じます．資産と負債のバランスを著しく欠いた状態において，個別的権利行使に委ねて放置するならば，早い者勝ちによる不当又は不公平な満足を助長し無秩序な状態におくに等しいと考えられます．他方，債務者の経済活動の自由及びその取引の相手方を保護すべき要請も否定できません．そこで，多様な利害が顕在化し，複雑に交錯することになるため，どのような規律をもって，債権者の公平・平等な処遇とその満足の最大化を図るべきかが問題となります．倒産法は，一方において，一定の債権者の個別的権利行使を禁止し，他方では，債務者の財産管理処分権を制約して財産の保全を図ることを基本的規律とし，利害関係人の地位を考慮した法的処遇を与える制度及び手続を規定しています．債権者の集団的満足の最大化の意味及びそのための手続規律の内容は，債務者の財産を解体清算して弁済原資とするのか，債務者の経済的再起更生を図り将来収益

を弁済原資とするのか，という手続目的との関係を考慮して決定されます．

2―倒産実体法と倒産手続法

1 倒産実体法

　利害関係人に対する処遇を考える上では，その実体法上の地位を考慮しなければなりません．実体法が権利者の優先関係を規定する場合には，倒産法秩序でも尊重されなければならないからです．その意味では，倒産法においても，実体法を尊重し連続性を確保しなければならない側面があります．他方では，倒産法の手続目的に照らして，これに適応する実体法的秩序を形成する必要もあります．実体法秩序（平時実体法）が倒産という集団的事象を必ずしも前提としないときには，手続目的に照らして合理的規律を創出したり，権利者・義務者の法的地位等に制約を加える必要が生じます．その意味では，倒産法においては，平時実体法は修正・変容を迫られます．社会経済の限界点に位置する法制度であるからこそ，実体法秩序の尊重と修正という2つのモメントは激しく衝突し合います．

　以上の意味において，倒産法は，その手続目的との関係を考慮して，固有の実体的秩序を形成するための規律を装備しています．手続開始の効果（Chapter5），手続対象債権の処遇（Chapter10），契約関係の処理（Chapter12），取戻権（Chapter13），担保権の処遇（Chapter14），相殺権（Chapter15）及び否認権（Chapter16）などがこれに属します．そこでは，倒産事象に対応すべく共通の規律が与えられるとともに，他方では，それぞれの手続目的の相違を考慮して異質の規律も併せて設けられています．

　　倒産手続には多種多様な債権者が関与するため，これらをいかに整序して処遇するのが債権者間の公平・平等を確保することになるのか，利害調整のあり方として合理的なのかという根源的な問題は必ずしも明確ではありません．この問題については，平時実体法において明らかにされている権利の序列・優先関係が解決の手がかり・指標とされます．もっとも，非典型契約・非典型担保の出現や解釈の変更などの事例からも明らかなとおり，平時実体法の規準性そのものが必ずしも一義的明

確性を持ち得ない面がありますし，倒産手続上の政策的変容の明確化・固定化を図ったところで，倒産手続を取り巻く環境と倒産手続に対する社会経済的要請は変転し続ける要素をもつため，不断に検討を続けなければならない問題であるといえます．

2 倒産手続法

倒産手続は，多くの利害関係人を巻き込みながら，国家機関たる裁判所の主宰にかかる手続として，段階的な行為の連鎖として組成されます．したがって，他の民事手続法と同様に，多様な利害関係人に対して適切な手続関与の機会を付与するとともに，適正かつ公正な透明度の高い手続であることが要請されます．しかし他方，ここでもやはり社会経済における限界点に位置する制度である以上，効率性や迅速性の要請はシビアに現れることになりますので，手続の簡素化・迅速化がより一層推進されるという意味において，手続法の修正が必要となります．

手続開始要件（Chapter2），手続の機関（Chapter7〜9），債権確定手続（Chapter10），法人役員の責任査定手続（Chapter17），破産財団の換価・配当手続（Chapter18），再生計画の策定と遂行（Chapter21）がこれに属します．ここでも内容上の共通性と手続目的の相違に応じた異質性が示されています．

　権利の確定方法についても，手続目的との適合性と合理性が考慮されなければなりません．このため，民事手続の基本法である民事訴訟法との関係を意識することが重要です．多数の利害関係人との間での統一的解決を指向しつつも迅速性が要請される点において，対立当事者間の紛争を相対的かつ確定的に解決する仕組みとしての民事訴訟とは様相を異にします．平時手続法との関係では，倒産手続への参加資格を与えられた債権者間での解決を図るにすぎないという意味では，その解決結果はなお相対的であるといえますが，多数人間での権利確定を図る点において，倒産処理次元ではミクロコスモスを形成する特質がみられます．

3―清算型手続と再建型手続―特質とアウトライン

倒産現象への対応には，清算型と再建型があります．清算型の基本法が破産法であり，再建型の基本法が民事再生法です．いずれも適用対象に限定はありません．他方，株式会社を適用対象とする，それぞれの特別法として特

別清算と会社更生法があります．

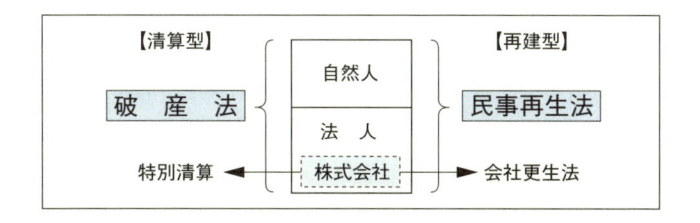

```
        【清算型】              【再建型】
              ┌──自然人──┐
     破 産 法 ┤           ├ 民事再生法
              │  法 人   │
              └┌──────┐┘
       特別清算 ←│株式会社│→ 会社更生法
                └──────┘
```

1 清算型倒産処理手続

[1] 意義

　清算型倒産処理手続は，債務者の総財産を凍結した上で，これを換価して各債権者に対し債権額に応じて配分する手続をいい，破産法が清算型の基本法として位置づけられます．破産法は，後述するように，再建型倒産処理手続が挫折した場合においても，最終的な倒産事件の受け皿としての役割を担っています．会社法に規定する特別清算は，清算中の株式会社について，弾力的な清算を可能する清算型の特則です．

　清算型においては，事業の清算解体を必然的内容とします．将来の収益の源泉である事業を解体することは，資本主義経済市場からの退場を意味します．清算型においては，効率的かつ適正な換価・清算と迅速かつ公正な配当実施による手続の終結を経済的合理性の内実としています．

　手続に参加する債権者にとっては，清算価値の限度での即時回収で満足せざるを得ないことを意味します．

[2] 清算型基本法—破産法のアウトライン

(1) 手続の開始

　破産手続は，債務者又は債権者の申立てに基づき，法定の手続開始原因があると認めるときに開始されます（破産15条，16条，18条，30条）．債務者の総財産を換価し，その配当原資を債権者に配分することを主要な任務とする破産手続が起動します．しかし他方，債務者の総財産が破産手続開始時において破産手続の費用を支弁するのにさえ不足するときは，破産手続開始決定と同時に破産手続の廃止決定を行います(同216条)．これを同時廃止といい，以下の破産手続は実施されません．破産手続開始後に費用不足が判明したと

きも破産手続は廃止されます（同217条）。これを異時廃止といい，その時点以後の手続は実施されません。

(2) 手続の機関

破産手続を開始するとき，裁判所は，手続開始決定と同時に破産管財人を選任します（破産31条1項，74条1項）。破産手続開始当時に破産者が有する一切の財産の管理処分権能は，破産管財人に専属します（同78条1項）。破産管財人は，破産法の目的達成に必要な限度において債務者の事業ないし生活圏内に干渉するものにすぎませんから，債務者が法人の場合には，その財産法的側面のみを掌握するにとどまり，組織法的側面は従前の法人の機関の職務として残存します。

(3) 積極財産の変動・換価

破産手続開始時に破産者が有する一切の財産が破産財団とされ（破産34条1項），破産者の財産管理処分権能は喪失します（同47条）。破産者の財産管理処分権を剥奪して財産の凍結を図るわけです。

破産管財人は，裁判所の監督の下，破産財団の管理・換価を行い（同78条2項，79条），清算配当の原資を形成します。この管理・換価の過程では，破産者に属しない財産の返還（取戻権［同62条］），相殺（相殺権［同67条］）のほか，担保権行使（別除権［同65条］）による破産財団の縮小や，詐害的処分や偏頗処分の効力を否認して（否認権［同160条，162条］），破産財団の増殖が図られます。

(4) 消極財産の調査・確定

破産手続開始決定によって，破産者の積極財産が凍結・拘束されるのと平仄を合わせて，破産者の消極財産としての債務も拘束されます。すなわち，破産者に対する債権者は，原則として破産手続によらなければ権利行使することができません（破産100条1項）。僅少な財産を換価して形成した配当財源を公正かつ公平に配分するために，債権の存否，優先権の有無について調査手続を経て配当受領資格が確定されます（同115条〜134条）。なお，手続拘束に服さずに随時支払われる債権もあり，これを財団債権といいます（同148条〜152条）。

(5) 配当・終結

　破産管財人は，換価が終了し配当原資（配当財団）が形成されたときは，配当表を作成して配当を実施します（破産 195 条以下）．配当が終了した後，任務終了・計算報告のための債権者集会が終結したとき又は書面報告期間が経過したときは，破産手続終結決定がなされます（同 220 条）．

　自然人の場合，債権について免責の許可を得たときは（破産 248 条以下），原則として債務の負担から解放されます．破産手続開始後に得た収益は，破産財団には組み込まれませんので，これを原資として経済的更生を図ることが可能となります．

個別執行としての民事執行と包括執行としての破産

　民事執行が個別特定の財産を対象とするのに対し，破産は債務者の総財産を対象とすることなどを捉えて，民事執行は個別執行であり，破産は包括執行であるとされます．

　民事執行における換価対象の限定性は，換価対象の僅少性という点において破産と類比されます．また，配当の基礎には，債権者間の異議がないとの消極的な形で合意があるとみることができる点も同様です（執行・保全 137 頁参照）．さらに，申立てにかかる債権者だけでなく他の債権者にも手続参加機会を与えた上で配当手続が履践される点においても共通します．

　もっとも，民事執行における配当要求においては無名義債権者は排除されるのに対し，破産においては無名義債権者にも手続参加資格が認められます．これは民事執行においては，当該手続への参加が否定されても，他の対象財産を捕捉して手続開始を求めることが可能である以上，配当要求資格を原則として有名義債権者に限定して債権者平等原則を制限することも許容され得るのに対し，破産においては，債務者の責任財産のすべてを換価配当する以上，無名義債権者にも手続参加を認めて債権者平等原則を貫徹しなければならないと解されるからです．

　また，民事執行では債務者が任意に履行しないという状態であれば開始され，債務者の資力を問わないのに対し，破産において債務者の総財産につき財産管理処分権能の停止・はく奪を正当化するには，一般的かつ継続的に債務を弁済できない状態（支払不能）に陥っていることを要します．

清算型特別法としての特別清算―株式会社対象の簡易迅速清算

会社法には，清算中の株式会社を対象とする特別清算に関する規定が設けられています（510 条〜574 条，879 条〜902 条）．破産手続とは異なり，従来の経営者が清算人として従来の取引関係を弾力的に終了させつつ，裁判所の許可の下，営業譲渡等を行い，会社財産を換価することができます．そして，弁済率を定めた協定案を作成して決議による可決・裁判所の認可を経ます．債権者数が少ない会社や親会社が子会社を整理する場合に利用されており，手続の柔軟性・簡易迅速性のほか，破産を回避して資産価値を急激に劣化させずに換価できるメリットがあります．

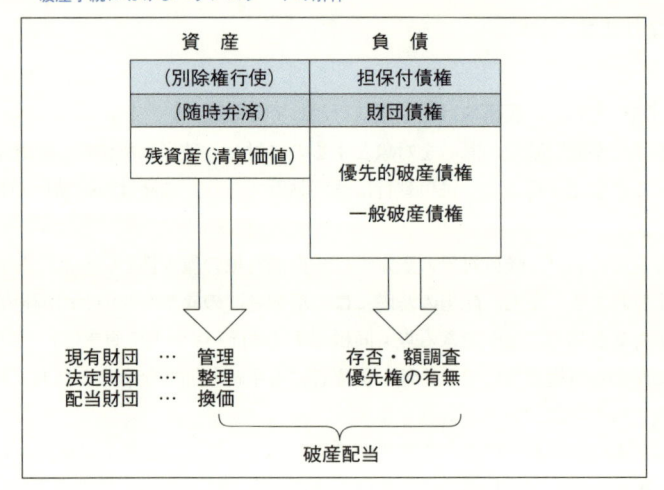

破産手続におけるバランスシートの解体

資　産	負　債
（別除権行使）	担保付債権
（随時弁済）	財団債権
残資産（清算価値）	優先的破産債権
	一般破産債権

現有財団　…　管理
法定財団　…　整理
配当財団　…　換価

存否・額調査
優先権の有無

　　　　　　　　破産配当

2　再建型倒産処理手続

[1]　意義

再建型倒産処理手続は，将来の収益の源泉である事業・所得を維持・継続させ，これに必要な資産を債務者に保持させます．そして，既存債務の圧縮や事業の選択と集中を図ること等により，倒産原因を除去するとともに収益力を向上させて支払能力の回復を目指します．再生の訳語として，rehabilitation があてられていることからもその意味が窺われるところです．

手続に参加する債権者にとっては，清算価値による回収可能資本を再投資することによって，不確実ながらも将来の収益からの回収に期待を寄せることを意味します．このような再建型の基本法が民事再生法です．会社更生法

は，株式会社を対象にした再建型の特別法です．

[2] 再建型基本法―民事再生法のアウトライン

民事再生法は，無担保かつ優先権のない債権のみを手続対象として拘束して棚上げにした上で，法定多数の債権者の同意によって債権を強制的にカットして過剰債務を解消する手法を採用しています．また，基本的には債務者自らが事業・財産を維持利用して，可決・認可された再生計画に従って弁済をして再建を図るという簡素な構造を特色としています．債務者の自助努力と債権者の自治を基礎に，軽量化された手続によってコストを抑えて弾力的な運用を可能にしながら，その迅速な進行を図るものです．

(1) 手続の開始

再生手続開始原因は，早期に手続への導入を可能とするため，破産原因よりも緩和されています（民再21条1項）．手続拘束の対象債権についてのみ，破産法と同様に，個別的権利行使が禁止され（民再85条1項，94条1項），再生計画による弁済を受けます．このような手続拘束を受けない債権には，共益債権，一般優先債権があり，随時弁済されます．

(2) 手続の機関

再生手続は，債務者に手続遂行の機関性を認めて（DIP［debtor in possession］型），財産管理処分権及び業務遂行権を与えることを基本として簡素化を図りつつ（民再38条1項），必要に応じて監督機関を並置させてその適正を図ったり（監督型・後見型［同54条］），場合によっては，債務者の管理処分権を喪失させて管財人への専属を認めるなど（管理型［同64条］），機関の多様化を図っています．手続の簡素性を基本としながらも，適用対象の広汎性を考慮して事案の特性に応じた手続機関の選択を可能にするものです．

(3) 積極財産の変動・整理

清算型と再建型との相違や手続機関の相違に基づく規律の異別性はみられますが，基本的には破産法と同様の規律が装備されています．

(4) 消極財産の調査・確定

具体的には破産法と異なるところは多少みられますが，手続拘束の対象となる債権について調査・確定手続が行われること及びその修正原理などは，基本的には破産法と同様です．

(5) 再生計画

再生手続では，将来の事業収益等を弁済原資として，債権者集会による決議及び裁判所による認可を経た再生計画に基づいて割合的弁済が実施されます．現在の清算価値を超える弁済能力が回復されることへの債権者の期待価値を実現するものでなければなりません．すなわち，破産による解体・清算を回避して債務者に事業継続による収益の獲得を認めた方が，現在の清算価値の配分よりも多くの利益配分が期待できる場合であるからこそ，再生債権者の犠牲と破産手続に移行しないことが正当化されるといえます．これを清算価値保障原則といいます．

再生計画は，法定多数による債権者の決議を要し，裁判所が更にこれについて認可決定という裁判を与えることによって成立することを基本とします（民再174条）．不同意債権者をも拘束することによって，再建の実効性が図られるわけですが，ここでは同意しなかった者までが将来にわたって再生計画に拘束されなければならないという意味において，その拘束力の基礎には，実体法次元とは異なる理解が必要となります．従来の理論枠組みから分析するならば，債権者集会における決議に基づく特殊集団的な契約が成立したものとみられ，これに法規が拘束力を与えていること，その際，裁判所が不認可事由が存在しないとの裁判を与えていることも加えて，その拘束力が説明されることになると考えられます．合意を基礎に，それが法規の要件該当性によって規整されると同時に拘束力が与えられ，裁判がそれに正統性を付与しているわけです（「合意＋法規＋裁判」の一体性）．

再建型特別法としての会社更生法―株式会社対象の厳格強力な再建

民事再生手続も会社更生手続も再建型倒産処理手続として，一定のスキームを提供して再建に値するものとそうでないものとを合理的に選別し，後者については再建型手続廃止から破産へとソフトランディングさせる役割を果たす点において共通性・同質性を有します．

しかし，民事再生手続は必要最小限の債権債務の調整による債務者の事業又は経済生活の再建を主たる任務とするのに対し，会社更生手続は，担保権者・優先債権者等のすべての利害関係人を手続に取り込み，一般債務の減免猶予のみならず，担保権の評価替を行い，これらによって徹底的に負債を圧縮して収益力の回復を目指します．また，役員構成，資本構成及び組織変更にまでわたる抜本的な再建計画を

策定することを通じて，財務の健全性を向上させて強力に再建への途を歩むところに顕著な異質性がみられます．このようなところから，会社更生は，reorganization の訳語に相当します．

しかし他方，担保権者等のすべての利害関係人を手続に取り込むところから，権利の種類に応じて債権者を組分けし，その組分けごとに更生計画案の決議・可決要件が定められているように（会更196条1項・5項），手続が複雑かつ厳格であり，手続の実施・遂行そのものに大きなコストを要します．

民事再生手続によるバランスシートの変容

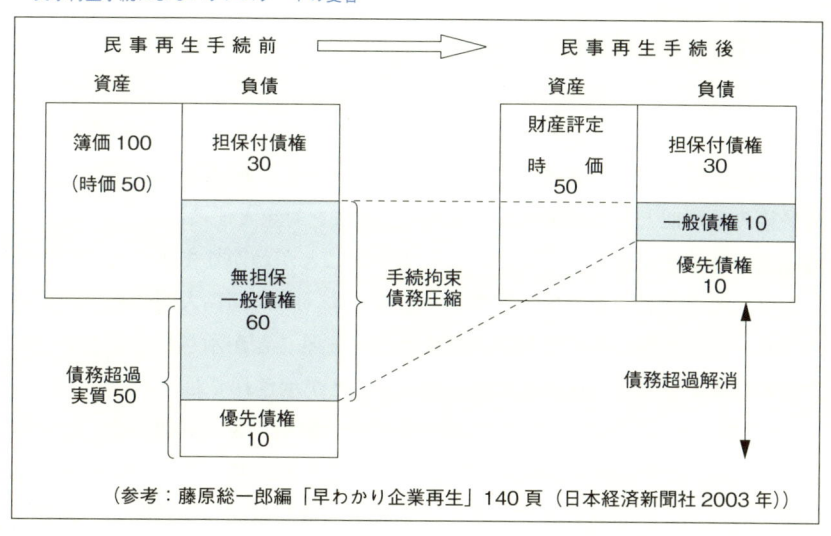

民事再生手続前			民事再生手続後	
資産	負債		資産	負債
簿価 100 （時価 50）	担保付債権 30		財産評定 時　価 50	担保付債権 30
	無担保 一般債権 60	手続拘束 債務圧縮		一般債権 10
				優先債権 10
債務超過 実質 50	優先債権 10		債務超過解消	

（参考：藤原総一郎編「早わかり企業再生」140頁（日本経済新聞社2003年））

3 目的規定とその構造

清算型と再建型の特質は，破産法と民再法の目的規定において明らかにされています．目的規定は，当該法律の全体像を明らかにする役割を担っています．

目的規定は，一般に，「(A) により，(B) し，もって (C) を図ることを目的とする．」という構造を有しています．B が当該法律の直接の目的であり，A はその目的達成のための手段を示し，C において，より高次（究極）の目的を定めています（長野秀幸「法令読解の基礎知識」78頁（学陽書房2008年））．

[1] 破産法の目的

> 破産法1条
> ① この法律は，
> ② 支払不能又は債務超過にある債務者の財産等の清算に関する手続を定めること等により，
> ③ 債権者その他の利害関係人の利害及び債務者と債権者との間の権利関係を適切に調整し，
> ④ もって債務者の財産等の適正かつ公平な清算を図るとともに，債務者について経済生活の再生の機会の確保を図ることを目的とする．

　会更法1条には，①の後に，「窮境にある株式会社について」という適用対象の限定が付されています．このことと対比すると，破産法は倒産事件処理の最後の受け皿として，すべての法人・自然人を対象とすること，すなわち，清算型の基本法たる地位を明らかにしていることがわかります．

　③は，破産法が直接の目的とするところです（B）．関係人間の利害調整と債権者・債務者間の権利関係の調整を目的とすることが示されています．ここでの利害関係人は，債権者に限られないことが示されており（法令用語上，「X その他 Y」の場合には X と Y は並列関係ですが，「X その他の Y」とするときは Y は X を包摂する関係にあります［長野・前掲47頁］），取戻権や否認権行使の局面が想定されます．また，債権者・債務者間の権利関係の調整としては，手続拘束の有無・順位，あるいは別除権と破産手続との交渉や相殺権の調整規定の存在などを想定しているとみることができます．

　②は，③のための手段として，破産法は清算に関する手続を定めていることを明らかにしています（A）．

　④は，より高次の目的を宣言している部分です（C）．「適正かつ公平な清算を図る」こと，「債務者について経済生活の再生の機会を図ること」にあるとしています．破産法が清算の目的を有することは明らかです．では，債務者の再生の機会の確保を図ることを掲げているのはなぜでしょうか．民事再生法とは異なり，再生の「機会の確保」にとどめていることに注目してください．破産法と民事再生法との役割分担の観点からすると，債務者の経済的再生は破産法の目的とするところではありません．しかし，免責制度は債務

者の再起を可能にしますし，換価対象を破産手続開始時の財産に限定する固定主義は，債務者に破産手続開始後に取得する財産（自由財産）と将来の収益とを保持させ，これをもとにした経済的再生を可能にします．かかる機能をもつ制度を装備しているため，破産法は民事再生法と異なり，再生の「機会の確保」としているのです．また，債務者の「経済生活」とするところも，自然人の再起を想定するものです（法人は解散して清算目的で存続するにすぎません）．

このように，目的規定は，当該法律の全体像を明らかにする意義を担っています．

[2]　民事再生法の目的

> 民事再生法1条
> ①　この法律は，
> ②　経済的に窮境にある債務者について，
> ③　その債権者の多数の同意を得，かつ，裁判所の認可を受けた再生計画を定めること等により，
> ④　当該債務者とその債権者との間の民事上の権利関係を適切に調整し，
> ⑤　もって当該債務者の事業又は経済生活の再生を図ることを目的とする．

次に，民事再生法の目的規定を検討します．

②は，会更法1条とは異なり，適用対象を限定する機能を持ちません．「債務者」とされているにとどまり，法人・自然人の区別がないからです．わが国の大多数を占める中小企業に適用されることはもちろん，大規模企業や自然人も適用対象です．再建型の基本法であることが明らかにされています．ここで注目すべきは，「窮境にある」債務者とする文言です．破産法1条では「支払不能又は債務超過」とされていることと対照的です．再建再生を図るには支払不能では遅すぎることを考慮するものであり，経済的破綻に至る前に手続導入を図る趣旨の規定が設けられています．

③は，④の目的を達成するための手段を示しています（A）．

④は，民事再生法の直接の目的を示すものです（B）．破産法1条と対比してみると明らかですが，債務者と債権者との民事上の権利関係の調整のみを目的とした簡素な構造を有することが表現されています．

⑤は，究極の目的として，事業の再生と経済生活の再生を掲げています(C)．これは，窮境にある債務者に事業の継続をさせつつ，経済状態の更なる悪化を防止し，又はこれを改善させることにより，破産手続による解体清算に伴う資産価値の劣化等の経済的損失を回避することを意味します．再生計画が事業を譲渡し，その代金による清算を内容とする場合には，当該債務者自身は清算されることになるため，「事業の再生」という目的に反しないかという疑問が提起されます．しかし，民事再生の理念は事業の再生であって，経営主体の再建そのものを目的とするものではありませんし，破産による即時の解体・清算に伴う資産の劣化を避けるため，事業そのものが債務者から切り離されて維持・再生される限り，「事業の再生」という目的に反することはないと解されています．また，「経済生活の再生」については，自然人を対象とする個人再生をも想定していることが示されています．

CHAPTER 2 手続の選択と競合

1——手続の選択

　破産及び再生手続の特質等についての理解は，手続選択の指標ともなります．

1　法的整理と私的整理の選択

　破産と民事再生は，いずれも利害関係や権利関係の調整を図るため，倒産現象に対し法的手続による規律を与える制度ですので，「法的整理」といわれます．これに対し，国家法が予定する制度の適用を受けるのではなく，私的自治レベルにおいて，法的整理と同一の目的を達成しようとする場合があります．これを「私的整理」といいます．

　法的整理が実体法及び手続法の修正変容を含む厳格な規律を備えているということは，適用範囲の明確性・画一性と効果の峻厳性を伴うため，事象の個別性を十分に考慮する柔軟性に乏しい側面があることは否定できません．また，手続機関が置かれ，裁判所の監督下に置かれることによって，一定程度の手続コストを要することになります．さらに，法的整理手続を利用したことが報道等によって明らかになったときは，事業価値の急速な劣化も避けられません．このような法的手続のデメリットを回避して，債権者と債務者との個別和解を集積することによって，集団的にも合意に達することができるときは，柔軟かつ簡易迅速に倒産処理の目的を達成できることになります．このようなところから，債権者数がそれほど多くなく，債権者の任意の協力が得られる見込みであるときは，法的整理によるまでもなく，私的整理によることが考えられます．

　しかし他方，私的整理は，債権者らと債務者との私的自治レベルでの合意

を基礎とするにすぎないところから，一部の債権者による抜け駆け的回収行動を除去するには，詐害行為取消権（民424条）等，平時実体法の制度を活用するほかなく，このため，多数債権者間の公平を確保するには十分ではありません．また，私的整理では反対債権者を拘束することはできませんから，かかる債権者の行動を抑止することはできません．さらに，私的整理を推進している者の行動が不明朗であったり，不信感を招くようなものであったときには，抜け駆け的回収行動を一概に責めることはできないともみられます．このようなところから，債権者全員の合意を調達できないときには，結局のところ，債務者の財産整理や事業再生は頓挫する可能性が高くなります．ここに私的整理の限界が存在するとともに，法的整理の存在意義が認められるといえます．

2 法的整理―再建型手続と清算型手続との選択

［1］ 事業再建の要素

再建型手続の選択が奏功するかどうかは，抽象的にいえば，収益力の回復及び事業の選択と集中などの適切な経営的判断と過剰債務の圧縮に適する手続選択の問題といえます．これらの総合によって，企業の体質改善と弁済原資の確保を図ることが必要です．また，これらの要素には，取引先や従業員の協力が不可欠ですし，事案によっては，スポンサーとの交渉やM＆A案件に展開することも視野に入れなければなりません．その上で策定される再建計画が現在の清算価値を超える将来の期待価値を配分するものであって，債権者の衡平を確保した合理的なものとして債権者に受け容れられ，法定多数による同意調達の見込みがたつことが必要です．

［2］ 手続の特質による選択

（1） 経営者の存続

経営者が経営権（業務遂行権及び財産管理処分権）を保持しながら迅速に再建を図るには，民事再生手続が適します（民再38条）．中小企業においては，経営者の信用，手腕等も経営資源の1つですし，従前の代表者を存置することは倒産手続を簡素化する要因でもあります．また，民事再生手続では，原則として資本構成を変更しない再生計画を作成することが想定されており，このことは手続の簡素化につながるほか，経営者の支配権を維持し，中小企

業の存立基盤を確保することにもなります．以上から，経営者の続投は再建の要素として位置づけられます．

　もっとも，民事再生手続を選択したとしても，現経営陣が存続する保障はなく，放漫経営等が倒産原因を構成する場合や財産管理処分が失当とみられる場合は，管理命令が発せられて管財人による管理型に移行することがあります（民再64条）．また，再生計画の可決要件のみならず，再生計画案の提出権が債権者にも認められていることに表現されているように，債権者の意思を無視して経営陣の存続を図ることは困難です．資本と経営の刷新を求めて，債権者が会社更生手続開始の申立てをする場合もあります．

(2)　手続拘束の対象

　民再法は，手続拘束対象を無担保の一般債権に限定する簡素な構造を有します．労働債権や租税債権のように一般の優先権がある債権は，手続拘束の対象外であるため随時弁済しなければなりません（民再122条）．このため，一般優先債権が巨額な場合は，再生の見込みは乏しいとみられます．

　また，担保権は別除権とされていますから（民再53条），事業の中核として利用継続・稼働させなければならない不動産・設備機械等に設定されている担保権は再生手続に拘束されません．事業の継続に不可欠な資産であるときは，担保権消滅制度（民再148条）を利用することが考えられますが，まとまった弁済資金が必要となりますので，スポンサーや再建支援融資等の協力を得なければならないという制約もあります．

　このような手続拘束対象の限界を乗り越えるには，会社更生手続を利用するほかはありません．会社更生手続は，すべての権利関係を拘束・凍結し，会社の総資産の洗い出しと総負債の確定を行って適正規模の債務額に圧縮を図るとともに，株主及び経営陣の倒産責任を考慮して，100％減資・第三者割当増資と経営陣の交替が行われるのが通例です（資本と経営の刷新）．このように会社更生では，財産のみならず組織変更にもわたる厳格な手続が慎重に行われることから，時間的経済的コストを相当程度要するという問題，管財人としての適任者が得られるかという給源の問題，そして，株式会社以外の法人は利用できないという適用対象の問題をクリアしなければなりません．

[3]　清算型の選択・決断

　このように再建型手続の選択もそれほどバラ色のものではありません．しかし，経営者は，取引先に迷惑をかけまいとする余りに無理に事業を継続することによって，かえって事業価値を毀損することがないとはいえません．再建型手続を選択した場合であっても，債務者は事業活動を継続しなければならないところ，手続開始の申立てをしたことによって，仕入先からは現金決済等への取引条件変更の申入がなされるのが通例ですから，かかる条件変更によってかえって資金繰りを逼迫させて再建が挫折し，つまるところ会社資産を食いつぶしてしまうだけということもあります．経営者としては，会社の存続こそが債権者の利益にもなると考えたことがかえって弁済原資を失うということにもなりかねません．したがって，速やかに解体・清算して配当原資を配分することが債権者の回収の効率性・利益の最大化につながる場合もあることには注意が必要です．

2—手続の競合——優先関係と手続移行

1　複数手続併存の政策決定

[1]　複数手続型と単一手続型

　現行の倒産法制には，破産・特別清算，民事再生・会社更生という4つの独立した手続が存在しています．独立した複数の手続をあらかじめ用意しておく法制を複数手続型といいます．このような法制の下では，制度目的や適用対象に応じた最適な規律を自己完結的に設定しておき，申立人においていずれかの手続を選択してその開始を求めることが必要とされます．これに対し，単一の手続を設けておくのみで，手続開始後に当該事件にとって最適な処理方法を決定するという単一手続型の法制もあります（伊藤18頁，概説35頁［水元宏典］）．このような法制の下では，申立人は手続の開始を求めるか否かの選択権を有するだけであり，倒産処理の具体的方法を債務者自らが選択・設定する必要はありません．

[2]　複数手続型の合理性の検討

　複数手続型としての現行倒産法制の合理性としては，複数の手続メニュー

が存在することによって，債務者及び債権者のいずれにとっても予測可能性が担保され，その選択行動の合理性の有無が関係者間で了解できる状態になることであり，これが複数手続型のメリットであると考えられます．

(1) 倒産手続への導入時期の問題 ── 債務者にとっての予測可能性

客観的には倒産状態に至っていても，経営者は取引債権者や従業員に迷惑をかけまいとギリギリまで経営努力を尽くすことが多く，経営者が法的手続の利用を検討したときには，万策尽きた状態になっていることも多くみられます．信用低下による取引先の離反，財産の散逸，事業価値の劣化など時機を失した状態になってからの再建は著しく困難です．このため，再建型を利用する場合にはできる限り早期に手続に導入する必要が高いところ，中小企業が大半を占めているわが国の現状，その企業文化及び企業経営の実態からみて，創業者一族にとって，清算か再建かはもちろん，再建の途を選択する場合であっても，経営権を失うのかどうかについてきわめて強い関心と利害とを有していると考えられます．そうだとすると，これらについての予測可能性が乏しいままに，いわば下駄を預ける形で倒産の申立てをすることは想定し難く，そのために申立てが遅れがちになるおそれがあります（レストランがメニューを提供しているのは，店主と客との間での了解事項としての品目を掲げることによって，安心して速やかに選択することが可能になるからです．「本日のおすすめ」のみでは，店主に尋ねる客のコストや客に答える店主のコストが必要となります）．したがって，再建か清算か，経営権を維持するのか失うのか，法的手続を利用した場合のメリット・デメリット等についての予測可能性が確保されていることが，債務者による申立ての決断・選択にとって，重要な要素といえます．

(2) 手続選択の合理性の問題 ── 債権者にとっての予測可能性

手続を開始してみないと，再建の可否や手段選択の適否が判然としないというのでは，債権者にとっても予測可能性が奪われているといえます．複数手続型法制の下において，申立人がどのようなスキームを描いて，いかなる手段・手続を選択したのかということそのものが債権者にとっての判断材料になります．複数手続が存在し，それぞれの目的に最適な規律を装備している状況下にあるからこそ，申立人が，いかなる根拠に基づいて当該手続を選択したのか，今後の展望と見込等について，情報を提供することが可能にな

ります．これに併せて，手続開始後，関係機関の調査と債権者集会等で表明される関係者の意向を踏まえて処理方法を選択することが合理的選択といえます．このように債権者に対する早期の情報提供という観点からも，複数手続型の下，申立人の決断・選択に委ねるのが優れていると考えられます．

(3) 司法資源の効率的利用 ― 倒産事件処理の迅速化

第一次的には申立人の決断と手続選択に委ねる複数手続型は，司法資源の効率的利用・事件処理の迅速化をもたらします．手続開始後も，申立人によって選択された処理方法に限定して手続を進めることができますので，申立人，利害関係人及び裁判所のいずれにとっても簡易迅速に手続目的達成の見込判断が可能になるといえます．裁判上の倒産処理制度である以上，裁判所の収容能力・処理能力を考慮しなければ，適切な運用を期待することはできません．現行倒産法制が整備された背景には，長期にわたる不況と不良債権処理にあえぐ企業の倒産が相次ぎ，金融機関も公的資金の注入を受けて経済の混乱を回避するなど日本経済全体が疲弊しきっていたということがあります．裁判所が受理する倒産事件の数は右肩上がりで増加していたわけですから，その効率性と適切性とを調和させながら迅速化を図るには，申立人の選択にかかる手段に集中して適否を判断することが必要かつ適切であり，それが再建にせよ清算にせよ，事件処理の迅速化につながり，時間との闘いといわれる倒産処理の適正化に大きく寄与しています（もっとも，実際問題としては，倒産法制の合理化の緊急性が高く，法改正の検討作業に際して単一型法制に移行するための時間的余裕がなく，個別の法律制定で対応するほかなかったという事情や，実務が使い慣れているところを劇的に変更させることによる混乱を回避する必要があったという側面も存在していたと考えられます）．

(4) 複数手続型の難点

他方，複数手続型においては，申立人の手続選択が誤りであった場合や手続目的が途中で挫折した場合に，どのような手続連携と終末処理を与えるかが課題でした．旧破産法及び旧特別清算並びに旧和議法，会社整理及び旧会社更生法という5つの法制度を有していたときには，相互に連携する規定はなく，複数手続型の難点が露呈していたとされます（倒産法制の沿革については，後記参照）．

なかでも旧和議法は非常に欠陥の多い制度として認識されていました．例

えば，和議手続開始の申立てに際しては，破産原因と同一の事由を和議開始原因としていたことから再建を図るには手遅れの状態になっていることが多いこと，申立時点において和議条件（弁済計画・条件）を提示しなければならないとされていたのは申立人にとって高いハードルであったことに加え，裁判所においても，相当数にのぼる債権者の同意をあらかじめ得ていることを保全処分発令の要件とするなどの厳格な運用をしていたこともあって，破産申立てに踏み切れない経営者が和議の門戸を閉ざされ，多くは私的整理に委ねられていたとされます．他方，和議の狭い門戸をくぐった場合であっても債権者集会で否決されたときには，これまた債務者は手続外で漂流することになります．再建型への入口が狭い上に，開始された手続から破産にソフトランディングさせる手段がその当時は存在しなかったことに起因する事象といえます．

　また，会社更生手続が途中で挫折した場合には，手続開始後に申立会社に融資された運転資金や再建に協力して取引を再開した業者の債権は，更生手続中であれば，共益債権等として随時弁済を受けることができたにもかかわらず，その後，破産手続が開始した場合には，破産手続開始前に原因が生じたものとして一般破産債権に転落した形での処遇しか受けられませんでした．このため，既に破産原因が生じていても，破産手続開始の申立時期を調整する必要があり，共益債権としてすべて支払った後に破産手続開始の申立てをしなければならない状態に置かれていました．しかも，申立会社のキャッシュフローはきわめて厳しい状態にあるのが通例ですので，これらをきれいに弁済できる原資がない場合も多く，その対応には非常に苦慮していました．

　このようなところから，現在では，複数手続型法制の下，再生手続開始原因は破産におけるそれよりも緩和され，早期に再建型に導入するための配慮がなされ，後記のとおり，手続目的が挫折したときには，適切な移行規定を設けることによって，柔軟かつ合理的な対応が可能となるように配慮して，複数手続型のデメリットに対する手当がなされています．

[3]　小括

　以上のとおり，現行の倒産法制は，手続目的とその実現プロセスを明確にした複数手続を用意しておき，第一次的に申立人の決断・選択に委ねること

が，経済的窮境にある債務者にとって，そしてまた債権者にとっても状況適合的であること，他方，結果的にその選択が誤りであったときには，手続相互間の移行ルールも明確に規定し，これに従って円滑な導入を図ることによって対応しているわけです．

2 手続間の優先関係と移行処理

選択肢の多様化と手続の予測可能性確保を基本にする複数手続型倒産法制においては，複数手続を孤立化させておくのではなく，手続相互間での優先関係と移行ルールを定めて明確な選択と円滑な移行を促し，複数手続型に内在するデメリットを抑える手当をすることが必要となります．

[1] 手続間の優先関係 (Priority Rule) ―再建優先

同一債務者に複数の手続が競合する場合には，「再建型＞清算型」という優先関係が設定されています．清算が進行してしまうならば，その性質上，再建は不可能ですし，清算価値保障原則の下においては，一般的には再建型の方が債権者にとって利益となるからです．

再生手続開始の申立てがあった場合，裁判所は，必要があると認めるときは，再生手続開始の申立てについて決定があるまでの間，破産手続の中止を命ずることができます（民再 26 条 1 項 1 号―中止命令）．そして，再生手続開始決定があったときは，破産手続開始の申立てをすることは禁止され，係属中の破産手続は当然に中止します（同 39 条 1 項―当然中止）．さらに，再生計画認可決定が確定したときは，中止した破産手続はその効力を失います（同 184 条―当然失効）．他方，再生計画案が否決されたときは，再生手続が廃止され（同 191 条 3 号），中止されていた破産手続が続行されます（同 252 条 6 項後段参照）．更生手続と破産手続との関係についても同様の規定があります（中止命令につき会更 24 条 1 項，当然中止につき同 50 条 1 項，更生計画認可決定確定による手続の失効につき同 208 条）．

このような優先関係が設定されていることから，債権者が破産手続開始の申立てをした場合に，これを回避するために債務者が対抗的に再生手続開始の申立てをしたり，経営権を握り続けたい債務者による再生手続開始申立てに対して，経営者の倒産責任を追及して更生手続開始の申立てを対抗的に行い，同一債務者に対し，倒産手続が競合する事態が生じることがあります．

特別法優先

(1)　再建型間　会社更生＞民事再生

更生手続においては，再生手続も中止命令，当然中止の対象とされています（会更24条1項1号，50条1項）．もっとも，被申立会社の財政状況や収益力等に関する情報は，民事再生を申し立てた現経営陣側に偏在しており，裁判所としては，直ちに債権者の申立てに係る会社更生手続を優先して民事再生手続の中止命令や保全管理命令を発することは，現経営陣を排除してしまうことを意味するため，慎重にならざるを得ません（同41条1項2号）．

(2)　清算型間　特別清算＞破産

特別清算開始の申立てがあった場合，裁判所は，必要があると認めるときは，特別清算開始の申立てにつき決定があるまでの間，破産手続の中止を命ずることができ（会社512条1項1号），特別清算開始の命令があったときは，破産手続開始の申立ては禁止され，破産手続は当然に中止します（会社515条1項）．

包括執行優先―倒産手続（包括執行）＞民事執行手続（個別執行）

債務者の財産凍結・換価の面において競合する民事手続間では包括執行としての倒産手続が優先します（破産24条1項1号，民再26条1項2号，会更24条1項2号）．

[2]　再建挫折による破産手続への導入―牽連破産

他の倒産手続がその目的を達せずに挫折したときは，清算の必要性が生じている倒産債務者を社会に放置する事態を回避するため，破産手続が終末処理を担う受け皿として機能します．これを牽連破産といいます．

再生手続開始の申立ての棄却，再生手続廃止，再生計画不認可又は再生計画取消しの決定が確定した場合，裁判所は，再生債務者に破産手続開始の原因となる事実があると認められるときは，職権で，破産法に従い，破産手続開始の決定をすることができます（民再250条1項）．破産手続開始後に再生手続が開始され，再生計画認可決定確定によって破産手続が失効した後に再生手続廃止（同193条，194条）又は再生計画取消決定（同189条）が確定した場合は，裁判所は，職権で，破産法に従い，破産手続開始決定をしなければなりません（同250条2項）．会社更生法にも同趣旨の規定があります（会更252条）．これらの決定確定前においても，再生裁判所に対し，破産手続開始の申立てをすることができます（民再249条1項）．

[3] 破産手続への移行に伴う調整—実質的公平確保の要請
(1) 共益債権の財団債権化

再生手続が挫折して破産手続に移行する場合，再生手続中に行われた再建支援融資や仕入先債権が，破産手続開始前の原因に生じた債権として，一般破産債権として処遇されてしまうのでは，再生債務者への支援について萎縮的効果をもたらし，かえって破産を早める結果ともなります．そこで，再生手続から破産手続に移行した場合及び再生手続の開始により中止されていた破産手続が続行される場合，共益債権（民再119条等）は財団債権として処遇されます（同252条6項）．

牽連破産における財団債権の確定
再生手続における共益債権は破産手続において財団債権として処遇されることから，通常の破産手続に比して，債権者数，債権額ともに大きなものとなるため，牽連破産における財団債権の把握は破産管財人の困難な業務の1つです．しかも，財団不足による優先劣後・按分弁済（破産152条）が現実化する見込みも高くなるため，財団債権の弁済は十分なものではないといえます（財団債権間の優先順位を確定する方法につき，高井章光「牽連破産に関する諸問題」実務と理論248頁以下参照）．

(2) 相殺禁止・否認権の基準時の再設定

後に検討するように，破産法上の相殺禁止及び否認権に関する規定の適用については，手続開始前の一定時点まで遡及させる取扱いがされており，その基準の1つに破産手続開始の申立てがあります（破産71条・72条，162条）．一般論としては，再生手続開始原因は破産原因よりも緩和されているため，再生手続開始の申立時を破産手続開始の効果を遡及させる基準時とすることには問題とする余地もありますが，再生手続から破産手続へ移行した場合には，先行する再生手続開始の申立時を基準としています（民再252条1項）．

再生手続中になされた行為の否認・相殺禁止
牽連破産における否認・相殺禁止のうち危機時期について適用があるものについては，再生手続開始申立てを基準時とし，再生手続開始決定までの事象を対象として発動されます．開始された再生手続と牽連破産手続は一体として取り扱い，再生手続開始決定後の行為は対象外とする趣旨であると解されます．再生手続開始決

後は再建に向けて再生債務者が事業活動を継続することは当然であるわけですが，そのような取引行為は再生手続係属中という，後行の破産手続との関係での危機時期に行われたことになります．そのような理由によって相殺禁止や否認権行使が是認されるならば，再生債務者と取引をする債権者は現れないこととなり，再建を頓挫させる装置となってしまうからです．

(3) 債権届出の流用

牽連破産において，破産裁判所は，先行の再生手続においてなされた債権届出を流用し，破産債権としての届出をすることを要しない旨の決定をすることができます（民再253条）．破産手続から再生手続に移行する場合にも同趣旨の規定があります（同247条）．いずれも手続の合理化を図るものです．

倒産法制の沿革

複数手続型と単一手続型について検討した際，旧法制下における倒産5制度について触れました．現在の法状況を理解する上では，沿革に関する知識も大切ですので，以下，簡潔に概要を説明します．

旧破産法は大正11年法律第71号として成立し，同時に，小規模再建型としての旧和議法も大正11年法律第72号として成立しました．以後，旧破産法は，昭和27年にアメリカ法の影響を受けた破産免責・復権制度を接ぎ木し（旧破産法366条ノ2ないし20，366条ノ21ないし373条という膨大な枝番号が付されていることに現れています），現在の破産法に至るまでの非常に長い期間にわたって利用されました．また，旧和議法も同様に，数々の欠陥を指摘されながらも株式会社以外の法人・事業者の再建型手続として長期間にわたり存続していました．後に述べる民事再生法が，旧和議法の欠陥を是正して，主として中小企業を適用対象として想定して制度設計されて成立したことに伴い，旧和議法は廃止されました．

適用対象を株式会社に限定した倒産処理法としては，昭和13年の商法改正（昭和13年法律第72号）によって，裁判所の監督下において簡素化された手続で迅速な清算・再建を図る手続として，特別清算と会社整理が導入されました．また，アメリカ法を継受し，旧会社更生法（昭和27年法律第172号）が成立しました．

以上のとおり，倒産処理に関する法として，破産，和議，特別清算，会社整理及び会社更生の5つが存在していました．

昭和中期以降の日本経済は右肩上がりの成長を続けたこととも関連して，倒産法は，長きにわたって改革の手がつけられることはありませんでした．その後，多重債務の整理手法としての同時破産廃止及び破産免責が脚光を浴び，裁判所の事務処

理能力を超え始めるとともに，手続の重厚さの障害というものが認識されるようになりました．そして，昭和末期から平成初期のいわゆるバブル経済の好況による過剰な不動産投資とその崩壊によって生じた大量の不良債権処理に追われ，出口の見えない長期不況に突入した日本経済は大きく疲弊し，倒産処理の適正・迅速化が大きな課題となりました．厳格な規律を有する旧破産法は，事件の大量性と個性という相反する特性に対応できるだけの柔軟性を有していませんし，再建のためには担保権の拘束・干渉が不可欠であるところ，その手だては旧会社更生法にしかなく，中小企業の再建にとっては重厚にすぎることが倒産処理の大きな障害になっていました．このようなところから，簡素な手続で迅速に再建を図る倒産処理制度の必要性が強く認識され，民事再生法が平成11年法律第225号として制定されました（平成12年4月1日施行）．そして，民事再生手続の特則として個人再生手続が創設されたことにより（平成12年法律第128号・平成13年4月1日施行），それまで破産手続によらざるを得なかった個人の債務整理について，現有資産（特に住宅）を保持しながら倒産状況を脱することが可能となりました．また，民事再生法の影響を受ける形で，会社更生法も改正されています（平成14年法律第154号・平成15年4月1日施行）．そして，倒産実体法と倒産手続法という視座に基づく合理的規律をまとめあげる形で破産法が平成16年法律第75号として成立し，平成17年1月1日から施行されています．この破産法の制定に伴い，民事再生法・会社更生法の対応規定を改正する必要が生じたため，「破産法の施行に伴う関係法律の整備等に関する法律」（平成16年法律第76号）が所要の改正を行い，このほかにも，破産法に「信託財産の破産に関する特則」が追加（平成18年法律第109号）されたり，会社法制定に伴う改正がなされて現在の倒産法制に至っています．

　また，商法上の制度であった特別清算と会社整理については，前者は，会社法（平成17年法律第86号）制定に際して手続が合理化されましたが，会社整理は，会社法には引き継がれず廃止されました．

　清算型基本法としての破産法及び再建型基本法としての民事再生法は，いずれも適用対象を問わない包括性を有します．このため，大企業から中小企業・個人に至るまであらゆる事件に対応することが可能となるように，多くのオプションを備えています（破産における債権者集会や配当方法の選択，民事再生におけるDIP型・監督型・管理型の別，両者に共通のものとしての債権調査方法の選択など）．それは，上記の経緯が示すとおり，迅速かつ適正な倒産処理のための必要性から，機能的にデザインされて装備されているものです．それらを選択して組み合わせることによって，適切な手続タイプを構築することを可能にするものと考えられます．そのためには，倒産法の基本構造（全体）とそれぞれのオプションの特性と機能（個別）

を理解することが，重要なカギとなります．

倒産法制の沿革－主要な改正経過

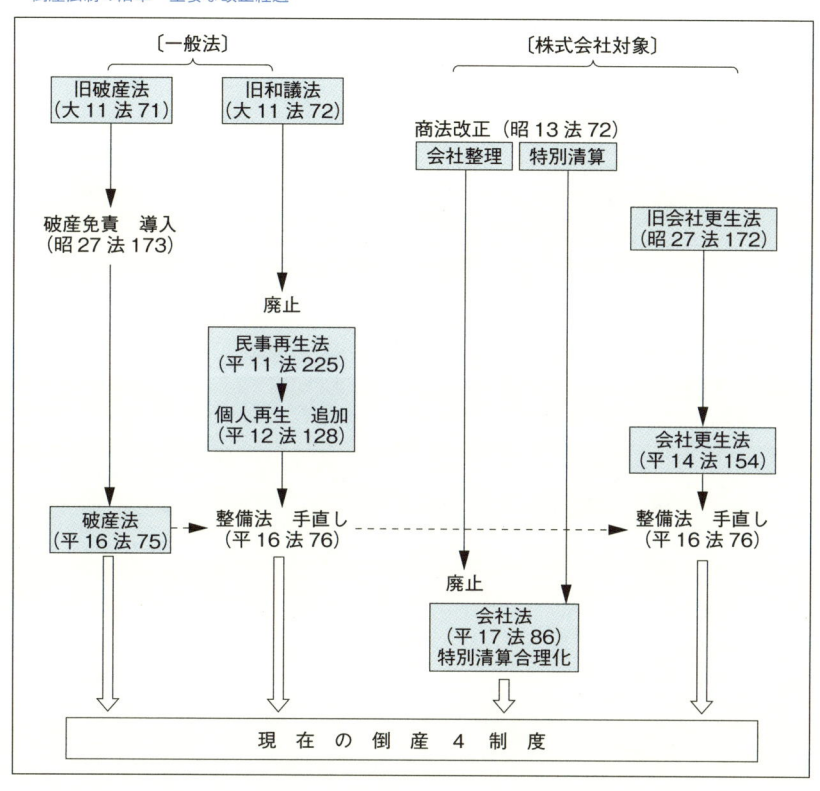

〔一般法〕　　　　　　　　　〔株式会社対象〕

旧破産法　　旧和議法　　　商法改正（昭13法72）
（大11法71）（大11法72）　 会社整理　特別清算

破産免責　導入　　　　　　　　　　　　　　旧会社更生法
（昭27法173）　　　　　　　　　　　　　　（昭27法172）

廃止

民事再生法
（平11法225）
個人再生　追加
（平12法128）

　　　　　　　　　　　　　　　　　　　　　会社更生法
　　　　　　　　　　　　　　　　　　　　（平14法154）

破産法　　整備法　手直し　　　　　　　　　整備法　手直し
（平16法75）（平16法76）　　　　　　　　　（平16法76）

　　　　　　　　　　　　　廃止
　　　　　　　　　　　　会社法
　　　　　　　　　　　（平17法86）
　　　　　　　　　　　特別清算合理化

現　在　の　倒　産　4　制　度

倒産手続の開始 PART 2

PART 2 倒産手続の開始

CHAPTER 3 手続開始原因と申立て
1- 破産手続開始の申立て
1 破産手続開始原因
2 破産手続開始の申立権者

2- 再生手続開始の申立て
1 再生手続開始原因
2 再生手続開始の申立権者

3- 手続開始申立ての取下げ制限
1 取下げの自由と限界
2 破産手続の場合
3 再生手続の場合

CHAPTER 4 手続開始要件の審理と裁判
1- 裁判所における審理

2- 破産手続の開始
1 支払不能と支払停止の関係
2 手続開始の申立てに対する審理
3 破産手続開始の条件
4 破産手続開始決定

3- 再生手続の開始
1 再生手続開始原因の認定
2 労働組合等への意見聴取
3 再生手続開始の条件
4 再生手続開始決定

CHAPTER 5 手続開始の効果
1- 破産手続開始の効果
1 債務者に対する効果―債務者の財産拘束
2 債権者に対する効果―個別的権利行使の禁止

2- 再生手続開始の効果
1 債務者に対する効果
2 債権者に対する効果

CHAPTER 6 手続開始決定前の保全措置
1- 破産手続開始決定前の保全措置
1 開始決定前保全の必要性
2 他の手続の中止命令（破産法24条）
3 包括的禁止命令（破産法25～27条）
4 債務者財産に関する保全処分（破産法28条）
5 保全管理命令（破産法91条）
6 否認権のための保全処分（破産法171条）
7 法人役員の財産に対する保全処分（破産法177条）

2- 再生手続開始決定前の保全措置
1 開始決定前保全の必要性
2 他の手続の中止命令（民再法26条）
3 包括的禁止命令（民再法27～29条）
4 債務者財産に関する保全処分（民再法30条）
5 担保権実行中止命令（民再法31条）
6 保全管理命令（民再法79条）
7 否認権のための保全処分（民再法134条の2）
8 法人役員の財産に対する保全処分（民再法142条）

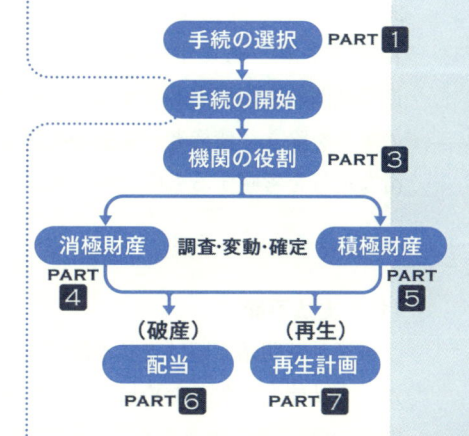

CHAPTER 3 手続開始原因と申立て

1―破産手続開始の申立て

　破産手続開始の申立ては，破産規則で定める事項を記載した書面で（破産20条1項，破産規13条），管轄権を有する裁判所に対してしなければなりません（破産5条）．破産手続開始原因事実のほか，債務者の収入・支出の状況，破産手続開始原因事実が生ずるに至った事情等が記載されます．債権者申立ての場合を除き，債権者一覧表の提出を要するとしているのは，破産手続の円滑な進行を考慮するものです（同20条2項，破産規14条）．

1　破産手続開始原因

[1]　支払不能

　破産手続開始原因は支払不能です（破産15条1項）．支払不能とは，債務者が，支払能力を欠くために，その債務のうち弁済期にあるものにつき，一般的かつ継続的に弁済することができない状態をいいます（同2条11項）．支払能力の源泉は，財産，信用又は労力等に求められますので，これらのいずれをもってしても支払原資を調達できない場合を意味します．「一般的」とは，債務の全部又は大部分が弁済できない状態にあることをいいます．「継続的」であることを要するのは，一時的な弁済資金の枯渇にすぎず，直ちに資力が回復されるような場合を除外する趣旨です．

支払不能基準の合理性

　支払不能が破産手続開始原因とされているのは，債務者の事業活動継続の利益と債権者の清算価値保障の利益との均衡の観点に基づきます．履行期に債務者が債務を一般的かつ継続的に弁済できない状態になれば，債権者に損失が生じることが確

実になりますので，債権者保護が要請されます．しかも，このような時点では，債務者の事業継続を許し，履行期まで供与された信用を活用して獲得した収益などによって債務を弁済する可能性は一般的に失われているわけですので，債務者の事業を継続する利益が制限を受けることもやむを得ないと考えられます．したがって，支払不能以前に破産手続が開始されるならば，債務者の事業活動の利益を不当に侵害することになりますし，支払不能後の手続開始が遅滞するならば，債権者に配分されるべき責任財産を流出させてしまい，債権者の利益が犠牲になるという関係がみられます．

評価概念としての支払不能

　支払不能は，破産手続開始原因のみならず，利害衝突が顕著な相殺禁止・否認権行使の要件設定にも関係する破産法上の基軸となる法的評価概念です．一義的明確性をもって規定することが困難な性質をもつものについて，一般的定義を与えようとする支払不能の定義規定（破産2条11項）の解釈問題の影響は重大です．支払不能の意義につき，将来弁済できないことが予測できたとしても，弁済期にある債務を現実に支払っている限り，支払不能ではないとする見解があります（小川秀樹編著「一問一答新しい破産法31頁［商事法務2004年］，加藤89頁，東京地判平22.7.8判タ1338-270）．法的安定性，基準としての明確性に重点を置き，定義規定を形式的に把握する見解といえます．これに対し，弁済期未到来の債務についても将来支払えないことが確実視されるときには，現在の弁済能力の一般的欠如と同視して支払不能に当たるとする見解があります（伊藤80頁，山本和彦「支払不能の概念について」新堂幸司＝山本和彦編『民事手続法と商事法務』153頁など）．債務者の過大債務負担や不当廉売等無謀な財産管理処分によって支払を継続する事態を容認するのは，債権者全体の利益との調整の観点からは不合理であって，かかる事態に至ったときには法的介入が正当化されると解するもので，制度機能の拡充を重視して定義規定を実質的に捉えるものといえます．

　再建計画が成立して弁済期が一般的に猶予された場合には，原則として支払不能は解消すると解されています．その例外として支払不能となる場合の捉え方については，「支払不能の時期を先送りにするだけの目的で現在弁済期にある債務につき期限の猶予をしたにすぎないと認められるような」場合（「新破産法において否認権および相殺禁止規定に導入された『支払不能』基準の検証事項について」（全国銀行協会平16.12.6全業会第78号）金法1728-49）とか，「再建計画の履行が不可能であることが高度の蓋然性をもって認定できるような」場合（山本和彦・前掲172頁）とされています．

[2] 支払停止

　支払不能は債務者の財務状況という内部的状態を問題にするものですから，外部者が認識することは一般的にみて困難です．そこで，法は，債務者が支払を停止したときは，支払不能にあるものと推定するとの規定を設けて立証の困難を緩和しています（破産15条2項）．債権者による破産手続開始の申立てに対し債務者が支払不能を争った場合，債権者が支払停止の立証に成功したときは，支払不能が先行して伏在するのが通例である以上，支払不能の存在を推定するのが合理的であることに加え，債務者の財務資料の偏在状況に鑑みれば，支払停止が証明されたときには，証明責任を転換して，自己の財務状況の開示が余儀なくされる立場におかれてもやむを得ないと考えられるからです．

　支払停止とは，支払不能であることを外部に表示する債務者の行為又は態度をいいます．債権者に対する支払拒絶通知・営業停止通知・弁済猶予依頼，店頭掲示，事業所の閉鎖，弁護士による受任通知，2度目の手形不渡りがその例として挙げられます．

手形の不渡りと支払停止

　6か月以内に2度の手形不渡りを生じさせたときは銀行取引停止処分を受けます．手形の不渡りは，決済資金の枯渇・資金繰りの破綻を意味するのが通例であることに加え，後述のとおり，手形は信用決済手段として非常に大きな地位を占めている現状に照らし，取引停止処分を受けることは，経済的信用の失墜をもたらすため，事業の継続はほぼ不可能となります．このため，2度目の手形不渡りは支払停止にあたると解されています．もっとも，1度目の手形不渡りであった場合でも，これを重要な徴表の1つとしながら，手形サイトや他の債務の状況その他の事情をも総合的に考慮して，一時的な資金ショートにとどまるのか，支払停止とされるのかが判断されます．

支払不能推定の必要性と合理性

　上記の趣旨から明らかなように，破産法15条2項は，債権者が債務者に対して破産手続開始の申立てを行う場合を想定しています．やや比喩的にいえば，「財布の中身は他人から見えない」ことが推定規定の必要性を基礎づけ，他方，「財布の中身は本人が最もよく知っている」と考えられることから，債務者自らそれを外部に

表明した以上，支払不能とみて差し支えないというところに規定の合理性が見いだされるといえます．

支払停止概念の機能

支払停止は，破産手続開始原因としての支払不能を推定させる外部的徴表としての機能を果たすのみならず，かかる外部表示性を基礎に，相殺禁止や否認権の適用範囲を画する機能が託されています（相殺禁止につき破産71条1項3号・2項2号，72条1項3号・2項2号，否認権につき同160条1項2号，162条3項，164条，166条参照）．債務者による外部的表示の存在とその認識可能性をもって，取引の相手方に対して倒産予測の可能性を与えることに着目するものです．

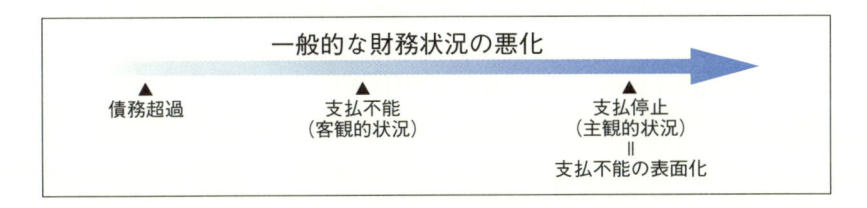

```
         一般的な財務状況の悪化 →
   ▲           ▲              ▲
 債務超過      支払不能         支払停止
             （客観的状況）      （主観的状況）
                                =
                             支払不能の表面化
```

[3] 債務超過

物的有限責任性を基礎とする法人，相続財産及び信託財産については，債務超過も破産手続開始原因とされています（破産16条，223条，244条の3）．債務超過とは，債務者が自らの債務につき自らの財産をもって完済することができない状態をいいます（同16条1項かっこ書）．かかる客観的状態をもって破産手続開始原因とする趣旨に照らせば，回復が予想される一次的な債務超過は除外されます．

債務超過は，負債が資産を計数上超過している状態にすぎませんから，自己資本比率が低く借入に依存する財務体質を有する企業は，恒常的な債務超過の状態にあるともいえます．このため，実務では，債務超過であるとの一事をもって破産手続開始原因を認定することはあまりなく，支払不能と併せて債務超過を認定するのが通例です．支払不能と債務超過は必ずしも一致しない場合があることをも考慮するものです．

債務超過と支払不能とのズレ

(1) 債務超過でありながら支払不能ではない場合

財務上はきわめて過大な債務負担にあえぎながらもキャッシュフローを手にしているときには，支払不能ではありません．多額の債務を抱えながらも，その弁済期が未到来であったり，弁済額が少額である等の理由により，支払可能な場合が，そのような例として考えられます．もっとも，いわゆる自転車操業状態に陥った場合に支払不能に該当するかどうかは，支払不能の意義をどのように解するかにかかる問題です（前記「評価概念としての支払不能」31頁参照）．

(2) 支払不能でありながら債務超過ではない場合

これに対し，財務上は健全なバランスであるように見えても，換金性の乏しい資産がその多くを占めていたり，支払サイトが長期にわたり現金化されないなどの理由でキャッシュフローが生み出されない場合は，運転資金が枯渇して倒産に至ります．いわゆる黒字倒産といわれる場合がこれに該当します．

2 破産手続開始の申立権者

[1] 債務者及びこれに準じる者

債務者は自らの財政状態や事業収益の見通しをもつ者として破産手続開始の申立権を有し（破産18条1項），これによる場合を自己破産といいます．法人の場合には，所定の意思決定手続を経て代表機関が申し立てる場合がこれに該当します．

もっとも，法人の理事・取締役・清算人等については，法人の意思決定手続を経ていなくとも，申立権を有します（同19条）．これによる場合を準自己破産といい，自己破産の場合と異なり，破産手続開始原因の疎明が必要とされているのは（同条3項），法人の内部紛争による濫用的申立てを抑止するためとされています．

債務者が自ら破産手続の開始を求めるには，申立書（破産20条1項，破産規1条）のほか，債権者一覧表（破産20条2項）や財産目録等の添付が必要です（破産規14条）．

[2] 債権者

「債権者」も破産手続開始申立権を有します（破産18条1項）．法文上は，単に「債権者」と規定するにとどまります．ここでの債権者とは，破産手続

で権利行使をする受益主体を指し，破産手続開始後において破産債権者としての地位を取得する者をいうと解されています．債権者の申立権は権利行使の最終機会の保障としての意義を有します．個別執行とは異なり，債務名義を必要としませんし，期限未到来や条件付債権のほか，金銭債権でなくても差し支えありません（破産103条［118頁］参照）．

破産手続外で行使可能な権利者は，申立ての利益を欠くと解されてきており，その例として財団債権者が挙げられます（山木戸50頁，伊藤90頁）．もっとも，財団債権に基づく強制執行を中止命令の対象としている現行法の規律（破産24条）や財団不足による按分弁済処理（同152条1項本文）を踏まえると，その弁済利益を確保する見地から再考の余地があります（条解破産126頁）．特にその要保護性との関係から問題となるのは労働債権ですが，財団債権として格上げ処遇される範囲には限定があり，手続開始までの時間的変動を受けることから（同149条），破産債権者たる地位も併有するのが通例です．また，別除権（同65条1項，2条9項）も破産手続外で行使可能な権利者としての地位が認められますが，その被担保債権は破産債権としての資格を有し，不足額はもちろん，別除権を放棄して破産債権者として参加することが可能ですから，別除権者であるとの一事のみでは申立資格は否定されません（条解破産125頁）．

債権者が破産手続開始の申立てをするときは，自己の債権の存在と破産手続開始原因事実の存在を疎明しなければなりません（破産18条2項）．弁済の間接強制目的等による申立権の濫用を排除する趣旨です．

2─再生手続開始の申立て

再生手続開始の申立ては，民再規則12条及び13条所定の事項を記載した書面で（民再規2条1項），管轄権を有する裁判所に対してしなければなりません（民再4条，5条）．申立書には，再生手続開始原因や再生計画案の作成の方針についての申立人の意見などの記載が必要です．

1 再生手続開始原因

再生手続開始原因を規定する民再法21条1項は，①「破産手続開始の原

因となる事実の生ずるおそれがあるとき」(前段)及び②「事業の継続に著しい支障を来すことなく弁済期にある債務を弁済することができないとき」(後段)の2つを規定しています.

①は,破産手続開始原因事実の生じる「おそれ」で足りるとすることによって,開始原因を破産手続よりも緩和するものです.清算型の開始原因と同一としたのでは再建型の手続目的を達成することが困難となりますので,破産手続開始原因を基礎にしつつもそれより早期に手続に導入することを可能にするものです.

②は,財務的破綻を手続開始原因とし,破産手続開始原因が発生する前段階であっても手続を開始させることを主眼とするもので,より一層緩和する趣旨です.例えば,過大な設備投資や多額の損害賠償債務を負担して想定外の特別損失を計上せざるを得なくなり急激に資金繰りが困難に陥った場合などが想定されます(これらの場合,債務の弁済のために事業用資産の売却などをせざるを得なくなり,事業の継続に支障を来すことになります).

　経済活動の自律性を基調とする資本主義経済体制においては,経営判断の誤り(内部的要因)や産業構造の変化(外部的要因)などの複合要因により,弁済能力を超える債務を累積的に負担する事態が生じます.その窮極においては,債務者はもはや取引活動を継続することができず,破産による清算解体という形で経済社会から離脱を図ることを検討せざるを得ないことになります.それに至る手前の段階で,再建手続に入ることができれば,事業価値の劣化をできるだけ抑え,手続を通じて,倒産原因を除去するとともに,過剰に負担した債務を適正規模に修正して収益力及び弁済能力を回復することができるならば,事業の再生とマーケットへの再参入が可能になります.このような観点から,早期の手続導入を図ろうとする再生手続開始原因の意義が理解されます.

2 再生手続開始の申立権者

[1] 債務者

　破産手続とは異なり,再生手続では債務者による申立ての場合であっても手続開始原因の疎明は必要とされています(民再21条1項,23条1項).保全処分の濫用を阻止する必要があるからです(同32条参照).

[2] 債権者

　民再法も，条文上は「債権者」と規定するのみです（民再21条2項）．ここでの債権者とは，再生手続が開始されたときに，手続拘束を受ける再生債権を有する者をいい，随時弁済を受け手続拘束に服さない一般優先債権は含まれないと解されています（伊藤584頁，条解民再86頁［上野泰男］，概説398頁［笠井正俊］）．これに対し，法文上限定がないこと，再生計画の内容によって一般優先債権者に対する弁済が確保されない可能性があることを理由に一般優先債権者にも申立権を認める見解もあります（新注釈上103頁［高井章光］，実務解説148頁［佐藤正八］）．

　債権者は，手続開始原因と債権の存在を疎明しなければなりません（民再23条2項）．ここで注意すべきなのは，債務者自らの申立てに係る場合は，民再法21条1項前段・後段のいずれであっても手続の開始を求めることが可能であるのに対し，債権者の申立てに係る場合は前段のみとされているところです（同21条2項）．債務者は自らの財務状態や経営見通しなどを最もよく知る立場にあるわけですので，効果的な再建を実現するため早期に手続導入を図る政策が合理性を有します．他方，債権者による債務者の業務遂行ないし財産管理処分に対する介入が是認されるには，外部者が知り得ないはずの財務状態の破綻では未だ足りず，破産手続開始原因の生じるおそれに至ることを要すると考えられるからです．債権者の視座から民再法21条1項前段の意義を捉え直すならば，「清算価値による弁済に限りなく近い状況でありながら，なお継続企業価値の維持が期待できるギリギリの段階において収益弁済を求めるとともに取引を継続することで損失の一部を回復することができる利益」が保障されているとみられます．

法的整理に踏み切れない企業が抱える構造的問題

(1) 企業を支えるとともに再建を阻む手形決済制度

　企業間取引の決済制度として手形制度があります．支払に際して，現金支払と併せて約束手形を交付して苦しい資金繰りを支えているのが現状です．手形の振出又は回し手形の交付によって支払期日までのサイト分の資金繰りに余裕を作り出すわけで，受け取った取引先は，これをさらに回すか，手形を銀行に割引に出して現金化します．銀行は，手形交換によって決済されれば，割引価額と額面との差額を利

益とします．ただし，不渡りになったときには，銀行に持ち込んだ企業は銀行に対して買戻義務を負います．このように手形の譲渡・割引によって，期日決済までの間，銀行又は企業が振出人又は自らの前者に対し，連鎖的に多額の与信をする状態になります．このため，振出人又は前者たる譲渡人が法的整理を申し立てると，全取引関係者に対する影響が非常に大きく，場合によっては連鎖倒産を招くことになります．また，そもそも手形不渡りによって銀行取引停止処分を受けるならば，当該企業の信用は失墜し，事実上再起不能に陥ります．このため，振出人又は譲渡人としては，手形の決済資金が枯渇するまで事業を継続させ，法的整理に踏み切ることができない状態に陥り，その結果，経営状態はますます悪化し，再建を検討するには手遅れという状態になっていることが多いとされます．あるいは，再生手続開始の申立てをすると，信用が破綻した債務者の取引先は納品に際して現金決済を求めるのが通例ですから，債務者が事業を継続するにはある程度の運転資金を保有した状態で申立てをする必要があるところ，上記の事情から資金繰りがつかないところまで手形決済を続けるならば，もはや再建を諦めざるを得ない状態になります．この段階に至るともはや清算型手続によるほかなく，結局は，取引先に非常に大きな損失を与えることとなります．

　このように，平時では企業活動を支える手形決済制度ではありますが，経済的窮境に至った企業にとってはその再生を困難にしている側面があることは否定できず，諸刃の剣といえます．

(2)　個人保証の障壁

　中小企業の経営者は，会社の借入金について金融機関から個人保証することを求められます．経営困難に陥った場合であっても，中小企業の経営者は保証債務の履行請求を怖れるために，早期に法的整理に踏み切ることができない現実があります．経営者がためらっている間にも事業価値は劣化し，結局は再生が不可能になってしまうケースが少なくありません．また，法的整理に踏み切り，企業が債権カットを得たとしても個人保証は当然には外れません．経営者として再起を図るチャンスを失い，生活にも事欠く状況に陥ってしまうこともあります．

　実務においては，法人再生とともに代表者の個人再生も併せて申し立てられる例がみられますが，代表者の倒産責任を問う意向を強くもつ債権者も多く，代表者の個人再生事件の多くは可決・認可には至らず，最終的には破産を選択せざるを得ないことも多くみられます．

3—手続開始申立ての取下げ制限

1 取下げの自由と限界

　破産手続及び再生手続開始の申立ては，いずれも開始決定前に限り，取り下げることができます（破産29条前段，民再32条前段）．しかし，同条後段所定の保全処分が発令されている場合には，裁判所の許可を得なければ取下げの効果は生じません．これは保全処分の濫用を抑止する趣旨です．

　保全処分濫用のおそれを生じさせる者及び内容は，次に述べるとおり，事業の解体清算に至る清算型と活動している事業を再建する方向での再建型とでは，状況がやや異なります．

2 破産手続の場合

　破産手続開始の申立て及び保全処分の申立てが実質的に不当性を帯びる場合としては，債権者が申立てを行う場合が想定されます．債権者が，他の債権者の犠牲において有利な弁済を得る目的で破産手続開始の申立てをすることを抑止する必要があります．破産手続開始原因の疎明（35頁）に加えて，中止命令や保全処分等まで発令されているときには，債務者及び他の債権者への影響の大きさを考慮して，裁判所の許可を得なければ取り下げられないものとしています（破産29条後段）．

3 再生手続の場合

　再生手続開始の申立てにおいても，その濫用を抑止するために，債務者及び債権者のいずれの申立てに係る場合であっても，手続開始原因の疎明が必要とされています（債権者に疎明責任が課されるのは，債務者の業務執行・財産管理への介入を意味するからでもあります）．これに加えて，中止命令や保全処分等まで発令されているときに申立てを取り下げるには，裁判所の許可が必要です（民再32条後段）．これは債務者が，債権者の追及回避のみの目的で手続開始申立て及び保全処分の申立てを行い，債権者の追及が止んだ後に取り下げるという事態がみられたことを考慮するものです．

CHAPTER 4 手続開始要件の審理と裁判

1―裁判所における審理

　破産手続開始・再生手続開始の申立てに対する審理は，迅速性・密行性の要請が強く，いずれも口頭弁論を経ないですることができ（破産8条1項，民再8条），書面審理及び審尋の併用によって決定手続で審理されます（破産13条，民再18条，民訴87条1項ただし書・2項）．また，多数の利害関係人に影響を与える効果をもつため，職権によって必要な調査をすることもできます（破産8条2項，民再8条2項）．

　裁判所は，申立ての適法要件と手続開始要件が積極的に認定され，他方，申立棄却事由の存在が明らかとはいえないときに，手続開始決定を行います．破産法は，「裁判所は，…破産手続開始の原因となる事実があると認めるときは，次の各号のいずれかに該当する場合を除き，破産手続開始の決定をする」（破産30条1項）と規定しています．また，民再法は，「次の各号のいずれかに該当する場合には，裁判所は，再生手続開始の申立てを棄却しなければならない」（民再25条）と規定しています．

2―破産手続の開始

1　支払不能と支払停止の関係

　支払停止は，支払不能の状態を外部に表示する債務者の行為として理解され，一定の時点において成立します．これが証明されることによって，支払不能が推定されますので（破産15条2項），破産手続を開始させないためには，債務者において支払不能の不存在を証明しなければなりません．破産法15

条2項は，法律上の事実推定として理解されます．例えば，債務免除・弁済猶予，支払再開などを証明したときは推定が破られます．

推定の構造と立証

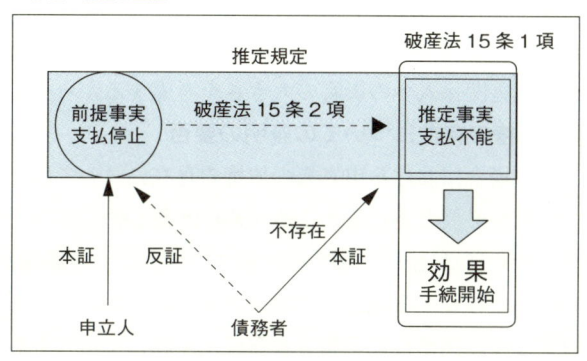

```
                          推定規定                    破産法15条1項
        ┌─────────────────────────────────────┬─────────────┐
        │  前提事実    破産法15条2項            │  推定事実    │
        │  支払停止  ─────────────────→        │  支払不能    │
        │                                      │              │
        │                                      │     ↓        │
        │                      不存在          │  ┌────────┐  │
        │   本証   反証          本証          │  │ 効 果  │  │
        │    ↑     ↑    ↑        ↑            │  │ 手続開始│  │
        │    │     │    ┊        │            │  └────────┘  │
        │   申立人    債務者                   │              │
        └─────────────────────────────────────┴─────────────┘
```

支払停止の持続性

支払停止が破産手続開始まで持続していなければならないかという問題があります．支払停止が発生しても，債務免除や支払猶予などによって支払が再開された場合，①その支払停止によって支払不能を推定することは許されないとして推定規定内部の問題として解決するときは，支払停止状態の持続性を必要とする見解となります（中田41頁，山木戸47頁）．この立場では，債務免除や支払猶予は支払停止の解消事由として理解されます．これに対し，②支払停止がなされた以上，推定規定の働きによって支払不能が推定されるのであって，一般的に支払を再開した事情が存在するときは，支払不能の不存在が証明されたものとして推定が覆り，推定規定による最終目的たる法効果の取得に失敗したとみる見解があります（伊藤82頁，谷口75頁）．これは支払停止の行為性を重視し，状態の持続を要求しない考え方です．この立場では，そもそも支払停止の解消事由という観念は受け容れられませんし，支払不能の不存在をもたらす事実を本証として提示することを要求します．

2 手続開始の申立てに対する審理

[1] 破産手続開始原因事実についての疎明と証明

債権者申立ての場合には，その適法要件として破産手続開始原因事実の疎明が必要であることは前述したとおりです（破産18条2項）．これに対し，債

務者が自己破産申立てをするときは，破産手続開始原因事実の疎明は不要と解されています（伊藤88頁）．債務者自らの申立行為それ自体が破産手続開始原因の存在を推測させるからであると説明されています（伊藤96頁）．

裁判所が破産手続開始決定をするためには，実体的要件として破産手続開始原因事実の証明が必要であり，これは債権者申立てと自己申立てとでは相違ありません．利害関係人への影響の大きさを考慮するからです．

[2] 申立人の債権の存在についての証明の要否

債権者申立ての場合における申立人の債権の存在については，申立ての適法要件として疎明が必要とされるところ（破産18条2項），裁判所が破産手続開始決定をするためには，証明を要すると解すべきかにつき議論があります．破産手続開始原因が存在する以上，手続を開始するのが原則であって，申立人の債権の確定は手続開始後に実施される確定手続によるべきものとして，疎明で足りるとする見解（大決大3.3.31民録20-256，伊藤100頁）と債務者の利益保護のために慎重であるべきとして証明を要するとの見解（山木戸58頁，加藤99頁）に分かれます（申立人の債権が債務者の債務の大部分を占め，その不履行を主たる根拠として支払不能を認定する場合には，疎明では足りず証明を要するとの見解［中田64頁］もあります）．

3 破産手続開始の条件

破産手続開始原因事実があるときは，①破産手続費用の予納がないとき，②不当な目的で破産手続開始の申立てがなされたとき，その他申立てが誠実になされたものでないときを除き，破産手続開始決定がなされます（破産30条1項）．①②のいずれかがあるときは，破産手続開始原因事実が認められても，破産手続開始決定をすることはできません（破産障害事由）．②は申立権の濫用として扱われていたところを明文規定をもって整理したもので，例えば，一時的に債権者からの追及を逃れるためだけの目的で申立てをした場合や債権者が債務者に圧力をかけて弁済を得ようとする目的で申立てをした場合が考えられます．

破産障害事由があるときは，民再法25条に合わせて申立てを「棄却」するとの見解と，これらは申立ての適法要件に関わる事由であるとして「却下」するとの見解があります．

4 破産手続開始決定

[1] 裁判書

　破産手続開始決定をするときは，裁判所は，決定の年月日時を記載した裁判書を作成しなければなりません（破産規19条）．年月日のみならず時間までをも記載するのは，通常の裁判とは異なり，破産手続開始決定はその決定の時から直ちに効力を生ずる（破産30条2項）とされ，個別的権利行使の禁止（同100条1項）や破産財団（同34条1項）を構成する財産の管理処分権が管財人に専属する（同78条1項）など総債権者の利益のために重大な効果が生じることを考慮するものです．

　主文には「債務者○○について破産手続を開始する」と記載し，理由として「一件記録によれば，債務者が支払不能の状態にあることが認められる」などとごく簡潔に記載されます．

　破産手続開始決定に対して即時抗告をすることができますが，執行停止効はありません．

[2] 同時処分

　裁判所は，破産手続開始決定と同時に，破産管財人を選任するとともに，①債権届出期間（破産規20条1項1号），②財産状況報告集会期日（同項2号），③債権調査期間又は債権調査期日（同項3・4号）を定めなければなりません（破産31条1項）．これによって，当該破産事件の手続進行のアウトラインが示されます．ただし，事案の特質を考慮して②を定めないこともできますし（同条4項），将来的に異時廃止となるおそれがあると認めるときは，①②③の事項を定めないことができます（同条2項）．破産財団の現況に照らして，配当が見込まれない（又は僅少である）のに，多大なコストを投じて，債権者集会を開催したり厳格な債権調査手続を実施するのが相当かという費用対効果の観点を踏まえて，弾力的な運用を可能にする趣旨です（旧破産142条1項2号参照）．

[3] 公告・通知・登記嘱託

(1) 公告 ── 一般的周知

　裁判所は，破産手続開始決定をしたときは，直ちに公告しなければなりません（破産32条1項）．破産手続開始の事実を関係人に周知することによっ

て，利害関係人に権利行使の機会を与え，第三者が破産者との取引関係に入ることなどによって不測の損害を被ることがないようにする趣旨です．

(2) 通知 ― 具体的周知

公告とは別に，裁判所は，破産管財人，知れている債権者，知れている財産所持者，保全管理人及び労働組合等に対し，公告すべき事項を通知しなければなりません（破産32条3項）．一般的，潜在的な利害関係人に対して破産手続開始の事実を周知させるために公告が機能するとともに，具体的，現実的な利害関係人に対して破産手続開始の事実と進行のアウトラインを周知させるため，申立書記載及び添付書類等（破産規13条，14条）に基づき通知することが必要とされています．

(3) 登記 ― 第三者警告

さらに，破産手続開始決定があったときは，裁判所書記官は，職権で遅滞なく所定の登記の嘱託等をしなければならないとされます．これは債務者が破産財団に属する財産の管理処分権を喪失したことを公示して，第三者に対する警告的機能を果たすことを期待するものです．

法人破産の場合には，法人登記簿に破産手続開始の登記嘱託がなされます（破産257条）．個人破産の場合とは異なり，破産財団に帰属する財産についての登記嘱託はなされません．登記嘱託の趣旨が，上記のとおり，警告的意味にとどまる以上，法人登記簿への記入で十分であると考えられるからです．

個人破産の場合には，法人登記簿に代わるものが一般的には存在しないので，破産財団に帰属する財産について登記嘱託をすることによって，上述の機能を果たすことが期待されます（破産258条，262条）．

もっとも，個人破産の場合であっても，登記がなくても破産管財人の換価には支障がなく，むしろ登記があることによってかえって換価に手間がかかること，迅速な処理（換価又は放棄）がなされている現状に照らし，実務においては，破産手続開始の登記嘱託を留保する運用もされています．

また，個人について破産手続開始決定があったときで免責手続が係属していないときや免責不許可決定確定など，免責が許可されないことが確定したときは，裁判所書記官は，破産者の本籍地にある市町村の戸籍事務司掌者に通知します（平成16年11月30日最高裁民3第113号民事局長通達）．これにより，市町村発行の身分

証明書によって資格の欠格事由が明らかとなります．

3―再生手続の開始

1 再生手続開始原因の認定

再生手続の開始原因には，債務者及び債権者の各申立てについて共通する開始原因としての①「破産手続開始の原因となる事実が生ずるおそれがあるとき」と，債務者申立てに特有の開始原因として②「事業の継続に著しい支障を来すことなく弁済期にある債務を弁済することができないとき」の2つがあります（民再21条）．

①は破産手続開始原因事実が現に生じている必要はなく，その「おそれ」があれば足ります．そのまま放置したときには破産手続開始原因が生じることが客観的に予想される場合をいい，支払停止の事実は必要ではないと解されています．

②は，事業の再建のために，法的手続による負債圧縮という権利調整を要するほどに「経済的に窮境にある債務者」（民再1条）であることが前提とされています．このため，一時的な資金途絶にすぎない場合や商品・製品の販売によって資金が回る段階では足りず，それが廉価売却によらなければならない事態であったり，機械設備を売却せざるを得ないとか，高利の金融に頼らなければ運転資金捻出が困難であるという状態に至ったときは，これに該当すると考えられます（概説409頁［笠井正俊］，Q&A61頁［長谷川宅司］）．

2 労働組合等への意見聴取

裁判所は，再生手続開始の申立てがあった場合には，当該申立てを棄却すべきこと又は再生手続開始決定をすべきことが明らかである場合を除き，当該申立てについての決定をする前に，労働組合等の意見を聴かなければなりません（民再24条の2）．事業の継続・再生には，労働者・従業員の協力が不可欠であることを考慮するもので，倒産企業への勤続又は退職の意向，経営陣への信頼性などが開始決定をすべきかどうかの判断資料となります．

債権者への情報開示―債権者説明会の重要性

再生手続においては，債務者が業務執行権及び財産管理処分権を保持しながら事業を再建するスキームを採用し，再生債権者の判断形成に資するよう再生債務者が自主的に情報を開示することを要請しています（民再規1条2項）．再生手続申立直後の混乱から，有能な従業員が希望を失って退職することが考えられますし，商品の納品がストップすることになれば事業活動も停止せざるを得ません．事業価値の急速な劣化を阻止して，従業員の信頼と取引債権者との営業活動の継続を確保するためには，速やかに情報を開示して協力を仰ぐ必要があります．このようなところから，申立直後に債権者説明会（民再規61条）が開催されるのが通例です．これは手続外の任意の集会ではありますが，債務者が業務及び財産に関する状況又は再生手続の進行に関する事項について，債権者に直接に説明して協力を求めることが行われており，債権者の概ねの意向を把握するためにも重要な機会となっています．

3 再生手続開始の条件

再生手続開始原因があるときには，民再法25条所定の棄却事由の存在が認められない限り，開始決定がなされます．同条が定める棄却事由は，①再生手続の費用の予納がないとき，②裁判所に破産手続又は特別清算手続が係属し，その手続によることが債権者の一般の利益に適合するとき，③再生計画案の作成若しくは可決の見込み又は再生計画の認可の見込みがないことが明らかであるとき，④不当な目的で再生手続開始の申立てがされたとき，その他申立てが誠実にされたものでないとき，の4点です．

②（債権者の一般的利益適合性）は倒産手続間の優先順位原則（priority rule）の例外を規定するものです．先述のとおり（22頁），清算価値保障原則の下，再建が清算型に優先するのが原則です（民再39条1項）．しかし，既に相当程度手続が進行している場合や将来の予測・期待値にすぎない計画弁済額と清算価値による配当とが遜色のない程度になると見込まれる場合には，先行する清算型手続に委ねるのが相当であると考えられます．

③（再生計画案の作成・可決・認可見込み）は，開始決定に際して裁判所が審理すべき条件を手続事項に限定して，およそ再生の見込みのないことが明らかな例外的な事件のみを開始段階で排除する趣旨です．債務者につき再生手続開始決定がなされたとしても，それが直ちに再建の見込みありとする，いわゆる「お墨付き」を意味するわけではありません．再生計画案作成の見

込みのない場合とは，再生計画を構成する基礎（事業の継続と収益力の回復によって弁済原資を捻出するとともに，権利変更に基づく計画弁済を遂行することを通じて再建を図る）に照らし，事業継続の見込み，運転資金枯渇の見込み，弁済原資捻出の見込み等の要因を考慮して判断します（東京高決平12.5.17 金商 1094-42 参照）．再生計画案可決の見込みがない場合とは，再生計画案の可決に必要な頭数要件・議決権額要件（民再 172 条の 3 第 1 項）に照らし判断され，大口債権者が破産手続を強固に求めている場合がこれにあたります（東京高決平 13.3.8 金商 1119-10 参照．なお，債権譲渡により頭数要件を潜脱して可決された再生計画について，最決平 20.3.13 民集 62-3-860 ［155 頁］参照）．

　主要かつ代替性のない取引先が支払条件の変更如何とは関わりなく取引の継続に応じない態度を明示している場合，主要な事業設備に担保権を有する担保権者が実行する意向を示している場合，公租公課等の一般優先債権者が売掛金や在庫商品等に滞納処分差押えをしている場合，収益力改善の見通しがなく，保有資産売却による弁済原資捻出の見通しもたたないというように，再生計画の基礎が積極的に失われている場合に，再生計画案の作成の見込みがないと評価されます．
　旧会更法では，「更生の見込みがないとき」を開始決定申立ての棄却事由としていました（旧会更 38 条 5 号）．将来の経営あるいは経済環境に関する予測判断は，そのために必要な専門知識を備えていることが求められますので，その審理を担当する裁判官には，とても重い負担になっていました．また，開始決定によって裁判所の監督下に置かれた状況において再度倒産するようなことがあっては社会の信頼を損ねるという考えもあって，裁判所の審査がきわめて厳格かつ慎重なものとなっていたことは否定できません．しかも，それが手続の開始決定を遅らせて事業価値の劣化・毀損を招いているとの指摘もなされていました．そこで，民再法 25 条は，棄却事由のない限りにおいて開始決定をするとの条文構造を採用するとともに，棄却事由も判断が容易な事項や例外的事象とし，しかも，見込みのないことが「明らか」なときとして緩和することによって，実体判断としての再建の見込みの判断に踏み込まずに，迅速に開始決定を発することできるように仕組んでいます．

　④（不誠実申立て）については，その性質上，裁判例の積み重ねによって解釈が明らかにされていくべきものですが，これまでのところ，債務者に積極的な誠実性を求めるか，債権者自治に委ねるかのスタンスの相違が裁判例に現れているように思います．総債権額のうち届出債権総額の約 72％ を占

める再生債権が故意の不法行為に基づく損害賠償請求権である事案について本号該当性を認めたもの（札幌高決平15.8.12判夕1146-300），再生手続開始申立てを決定しながらこれを秘した取引をしたなどの経緯と開始決定後の代表者の態度等を勘案して不誠実きわまりないとしたもの（高松高決平17.10.25金商1249-37）がある一方，再生債務者の粉飾決算，財産隠匿行為，裁判所に対する資料不提出，再生に反対する債権者を債権者名簿に意図的に記載しなかった等の事情が認められる事案について，本号該当性を認めた原審決定を取り消したもの（東京高判平19.7.9判夕1263-347）や債権譲渡担保の設定につき第三債務者の承諾書を偽造するなどして民事又は刑事責任を負うとしても濫用的申立てとはいえないとしたもの（東京高決平19.9.21判夕1268-326）があります。

4 再生手続開始決定

[1] 裁判書

　再生手続開始決定をするときは，裁判所は，決定の年月日時を記載した裁判書を作成しなければなりません（民再規17条）。年月日のみならず時間までをも記載するのは，再生手続開始決定はその決定の時から直ちに効力を生ずる（民再33条2項）ためであり，基本的に破産法と同趣旨です。

　主文には「再生債務者○○について再生手続を開始する」と記載し，理由として「一件記録によれば，再生債務者には民事再生法21条1項に該当する事実が認められ，同法25条各号に該当する事実は認められない」などとごく簡潔に記載されます。

[2] 同時処分

　裁判所は，再生手続開始決定と同時に，①再生債権届出期間（民再規18条1項1号），②再生債権調査期間（同項2号）を定めなければなりません（民再34条1項）。再生手続では，債権者集会が任意化されている点（同114条），期日調査方式を採用しない点において破産手続とは異なりますので，同時処分事項が異なります。このほか，実務においては，認否書の提出期限（同101条5項），報告書等の提出期限（同124条2項，125条1項），再生計画案の提出期限（同163条1・2項）も同時に定められています。

[3] 公告・通知・登記嘱託

　再生手続においても，裁判所は，開始決定をしたときは，公告（民再35条1項），通知（同条3項）をしなければならないとされています．登記嘱託についても，法人債務者の場合には，破産法と同様の規律があります（同11条1項）．監督命令が発せられた場合における監督委員の要同意事項の登記は，再生債務者の行為制限の具体的内容について確認するため重要な役割を果たします（同条2項・3項）．

CHAPTER 5 手続開始の効果

1―破産手続開始の効果

1 債務者に対する効果―債務者の財産拘束

[1] 債務者財産の破産財団への構成

　破産者に属する財産は「破産財団」と呼ばれます（破産2条14項）．破産者が破産手続開始の時において有する一切の財産をもって構成されます（同34条1項）．破産手続開始を基準時として一切の財産を拘束し，他方，これを引当てとする債権も破産債権として拘束し（同100条1項），等質化（現在化・金銭化［同103条2～4項］）されることによって，すべての破産債権者に対し共同的満足を与えるための基礎を構成します．

　このように，破産財団帰属財産の範囲を破産手続開始時点におけるものに限定する政策を固定主義といいます．これによれば，破産手続開始後に破産者が新規に取得した財産は，破産財団に組み込まれません．破産手続開始決定時を基準とすることで，引当財産としての債権者の期待の合理性の観点と整合させ，破産手続開始前後を区分することによって新旧の債権者を公平に処遇することになります．破産者に手続開始後の新得財産を保持させ，経済的再起・更生の機会を与える機能を有することにもなります．また，換価対象が限定されるため，破産手続の迅速化に資するといえます．

　これに対し，破産手続開始後に破産者が取得した財産をも破産財団に組み込む政策を膨張主義といいます．債権者の満足を指向するものですが，手続終結が不分明となり，破産者には再起の機会が与えられないに等しい結果となります．

[2] 破産者の管理処分権喪失

破産手続の開始により，破産者の財産管理処分権は破産管財人に専属し（破産78条1項），破産手続開始決定を受けた債務者は，これを喪失します．これを前提に，破産法は，利害関係人の立場からその効力を規定しています．

(1) 原則 ― 破産財団の散逸防止

破産者が手続開始後に破産財団を構成する財産について行った法律行為の効力は，破産手続との関係においては，その効力を主張することができません（破産47条1項）．文言上は「法律行為」とされていますが，同項は破産財団帰属財産の散逸防止を図る趣旨ですから，契約締結や債務免除などの法律行為のみならず，財産の処分的効果が生じる限りにおいては，対抗要件を備えさせる行為や弁済の受領なども含まれます．破産者から動産を譲り受けて即時取得（民192条）の要件を具備する場合，処分権を有しない者からの譲り受けとしてその成立を肯定する余地が生じますが，破産法47条1項は破産財団の散逸防止のため即時取得を排除する趣旨と解されるため，譲受人の権利取得は否定されます（伊藤256頁）．「破産手続との関係においては」とあるのは，相手方が破産管財人に対してその効力を主張できないという相対的無効の意味であって，破産管財人からその効力を認めることはできます．このような趣旨は，破産者の法律行為を介在しない権利取得にも及びます（破産48条）．破産者について相続が開始したことによる権利取得などがその例です．もっとも，これらの規定は，破産者が管理処分権を喪失することを前提とするものですから，破産者の管理処分権の有無を問わない時効取得や附合，破産者以外の者から譲り受けたことによって即時取得が成立する場合は含まれません．

> このような理解が通説（中田97頁，山木戸114頁，谷口136頁）です．判例（最判昭54.1.25民集33-1-1）が，本条の趣旨を「破産財団は破産債権者の共同的満足を目的とする責任財産であるから，破産者あるいは第三者の行為によってこれが減損されることを防止」することにあるとし，「目的不動産に新たな負担又は制限を課するものではなく，破産財団の不利益となるものではない」限りは，本条の権利取得に該当しないとするのも同様であると解されます（破産者の不動産につき譲渡転貸特約付きの対抗力ある賃借権が存在し，破産手続開始後転貸された事案）．これに

対し，民再法における同様の規定（民再44条）は，異なる理解にたっていると考えられています（61頁参照）．

(2) 例外1 ── 手続開始後の登記・登録

破産手続開始前に生じた登記原因に基づく登記又は不動産登記法105条1号仮登記は，破産手続の関係においては，その効力を主張することができません（破産49条1項本文）．これは破産法47条の原則によっても導かれますので，「本文」は，善意でされた対抗要件具備を保護する「ただし書」を導き出すことに意義があります．これによれば，本文で失効対象として明記されている登記又は不動産登記法105条1号仮登記を保護する趣旨であって，未だ権利変動が生じていない段階で請求権を保全するための2号仮登記については，仮登記権利者の善意・悪意を問わず，その効力を主張することはできません．すなわち，破産手続開始決定前の原因に基づいて開始決定後に登記が善意でなされたとき，開始決定前の原因に基づいて開始決定後に1号仮登記が善意でなされたときは，いずれもただし書によって保護されますので，破産管財人に対抗することができ，後者の場合，第三者は破産管財人に対して本登記を請求することができます．これに対し，2号仮登記の場合には，善意であったとしてもは破産管財人に対抗できず，本登記請求もできません．

破産法49条

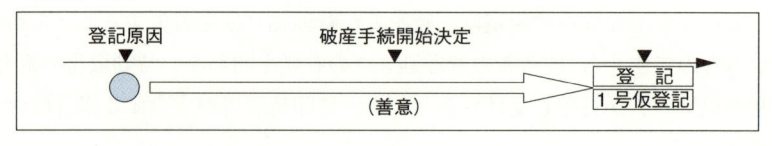

登記原因　　　破産手続開始決定　　　　　登記／1号仮登記
（善意）

破産法上の議論

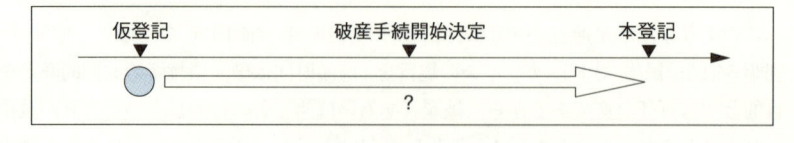

仮登記　　　　破産手続開始決定　　　　　本登記
?

破産法 49 条の規律対象外事象

　破産法 49 条は，破産手続開始決定前の登記原因に基づく登記又は不動産登記法 105 条 1 号仮登記の具備を規律対象とするものであり，手続開始決定前に備えた仮登記に基づき，開始決定後に破産管財人に対して本登記請求できるか（開始決定後に本登記された場合に破産管財人に対抗できるか）について規律するものではありません．

(1)　破産手続開始決定前に 1 号仮登記を得た者が手続開始後に破産管財人に対し本登記を請求できるか．実体的権利変動が生じ，破産者に対し本登記請求できる第三者の既得的地位を保護すべきであること，1 号仮登記は中間処分を排除する効力を有することから，第三者は善・悪意を問わず破産管財人に本登記を請求できると解されています（伊藤 261 頁）．

(2)　破産手続開始決定前に 2 号仮登記を得た権利者が手続開始後に破産管財人に対し本登記を請求できるか．手続開始前の原因に基づく本登記であっても破産法 49 条 1 項ただし書の限度で効力が認められるにすぎないのに，本登記原因の存在しない 2 号仮登記に本登記を備えさせるのは均衡を失するとみれば，否定に解することになります（霜島 373 頁，基本法 83 頁［中野貞一郎］）．これに対し，中間処分を排除できる点において 1 号仮登記と 2 号仮登記との間には相違はなく，物権取得の期待権を保護すべきであるとして本登記請求を認める見解が有力です（山木戸 145 頁，谷口 199 頁，伊藤 262 頁）．

(3)　**例外 2 ── 手続開始後弁済**

　破産手続開始当時，破産者が有する債権は破産財団帰属財産となり，破産者はこれについての管理処分権を失うため，その弁済受領権限も否定されます．したがって，破産者に対して弁済した債務者は，破産管財人の請求に対して弁済による消滅を主張することはできません．しかし，債務者に債権者の財産状態について注視すべきことを要求するのは適切ではないため，善意でした弁済については，破産手続との関係においてもその効力を主張することができるものとしています（破産 50 条 1 項）．破産手続開始を知った上での弁済であっても，それが破産財団に組み込まれたときは財団に利得があることになりますから，破産財団が利益を受けた限度においては，その効力を主張することができます（同条 2 項）．

[3]　破産者を当事者とする係属中の訴訟の帰趨

　破産手続開始決定があったときは，破産者を当事者とする破産財団に関す

る訴訟手続は中断します（破産44条1項）。破産者は財産管理処分権を喪失し破産管財人に専属すること（同78条1項）を基礎にするものです。破産財団に関する訴えについては、破産管財人を原告又は被告とします（同80条）。これに対し、法人破産における会社組織法上の訴え（株主総会決議の効力に関する訴訟など［最判平21.4.17判タ1297-124］）や個人破産における離婚その他の身分関係訴訟など、財産管理処分権の帰趨と無関係の訴訟は、破産手続開始の影響を受けず中断しません。

　手続開始決定の影響を受ける破産財団に関する訴えには、破産財団帰属財産（積極財産）に関する訴訟と破産債権（消極財産）に関する訴訟とが含まれます。破産管財人の受継又は相手方の受継申立権の存否につき、両者に相違があります。

破産手続開始と訴訟手続の中断

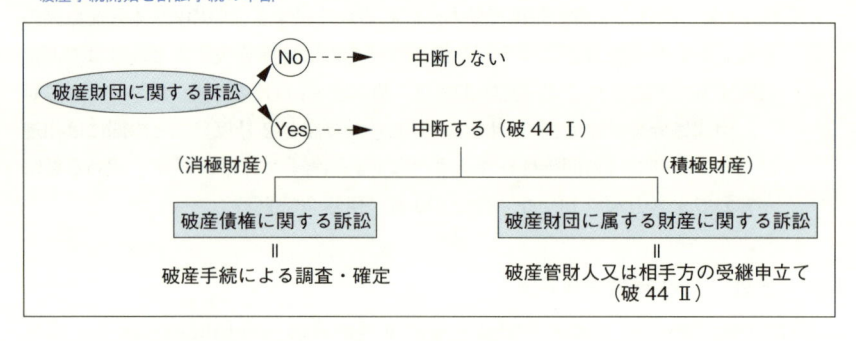

```
                              No ---→ 中断しない
破産財団に関する訴訟
                              Yes ---→ 中断する（破44 Ⅰ）

       （消極財産）                              （積極財産）
    破産債権に関する訴訟              破産財団に属する財産に関する訴訟
            ‖                                        ‖
    破産手続による調査・確定         破産管財人又は相手方の受継申立て
                                              （破44 Ⅱ）
```

(1)　破産財団帰属財産（積極財産）に関する訴訟

　破産手続開始による財産管理処分権の喪失に伴い、破産者は破産財団に属する財産に関する訴訟の当事者適格も喪失します。これを専属的に有する破産管財人の受継を待つため、破産財団に関する訴訟は中断します（破産44条1項）。相手方も受継の申立てをすることができます（同条2項）。

(2)　破産債権（消極財産）に関する訴訟

　破産債権に関する訴訟が中断するのは、管理処分権の喪失というだけではなく、むしろ破産債権については、破産独自の簡易迅速な集団的確定手続を装備しているため（Chapter10）、同手続による債権調査・確定に委ねる趣旨です。債権調査の結果、異議なく確定したときは、中断した訴訟は目的を失って当然に終了します（手続的には、訴訟終了宣言でこれを明らかにします）。

異議があるときには，中断した訴訟を破産債権確定訴訟に切り替えて，受継され手続が続行されます（破産127条1項，129条2項）．

[4] 詐害行為取消訴訟と債権者代位訴訟の帰趨
(1) 詐害行為取消訴訟

詐害行為取消権（民424条）は，債務者の責任財産を回復・保全して強制執行を準備するための債権者固有の権利として把握され，破産者を当事者とする訴訟ではありませんので，破産法44条によっては中断しません．しかし他方，破産手続開始後も個々の破産債権者に対し破産財団帰属財産に関する訴訟でもある詐害行為取消訴訟の追行を認めるのは，個別的権利行使禁止原則（破産100条1項）に抵触すると考えられます．また，破産財団の増殖を職責とする破産管財人のみが破産財団帰属財産の管理処分権を有することから，その否認権行使に委ねるべきであると解されます．このようなところから，詐害行為取消訴訟は，破産手続開始決定があったときは，中断します（同45条1項）．破産管財人はこれを受継することができ，相手方も受継の申立てができます（同条2項）．

破産管財人の受継拒絶

破産管財人は，中断時の詐害行為取消訴訟の訴訟状態を考慮して，受継することも，受継の方法によらずに同一内容で否認請求・否認訴訟を提起することもできます．もっとも，相手方が受継の申立てをしたとき，破産管財人がこれを拒絶して否認請求・訴訟を提起できるかについては，議論があります．破産管財人の受継拒絶を認める見解（山木戸221頁，谷口203頁，霜島342頁，概説357頁［山本和彦］）は，債権者の訴訟追行が十分ではないおそれを秘めた訴訟状態に破産管財人が拘束されるのは合理的ではないとするものといえます．これに対し，条文の文言と相手方の訴訟上の地位保護を重視する見解は，破産管財人は相手方の受継申立てを拒絶できないとしています（伊藤313頁，中島Ⅰ282頁，条解破産358頁）．

中断した詐害行為取消訴訟と否認訴訟との関係

破産管財人が中断中の詐害行為取消訴訟を受継せず同一の内容を有する否認の訴えを提起したとしても，中断した訴訟は当然に終了するものではなく，中断したままの状態にあると理解されます．なぜなら，否認権に関する訴訟は破産手続を前提とした特別の権能行使というべきですから，破産手続が解止（取消，廃止）したときは当然に終了し，債権者が受継する余地はありません．そうだとすると，破産管財

人の訴え提起によって当然に終了すると考えるならば，債権者ははじめから訴訟をやり直さなければならないことになってしまうからです．このように考えると，中断した詐害行為取消訴訟は，破産管財人の提起した否認訴訟についての判決が確定してはじめて目的を失って終了すると解されますし，管財人の訴訟係属中に破産解止があったときは，債権者は中断している従前の訴訟を受継して自己の債権の保全を図ることができると解されます（ただし，否認訴訟を続行するものではありませんので，債権者は同訴訟の成果を利用する余地はありません）．

詐害行為取消訴訟と破産手続との関係

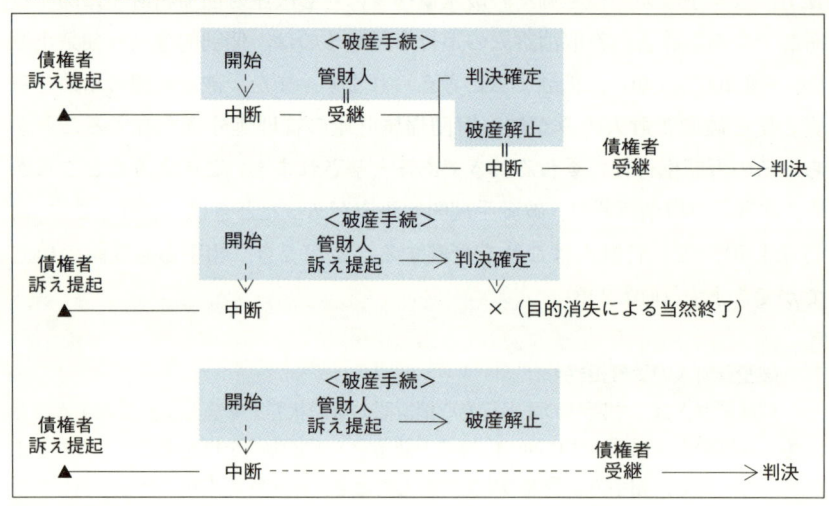

```
                    <破産手続>
                     開始
債権者              ↓    管財人     判決確定
訴え提起  ────  中断 ──  =   ──┤
                          受継      破産解止
  ▲                                    =         債権者
                                       中断 ──    受継  ──→ 判決

                    <破産手続>
                     開始
債権者              ↓    管財人
訴え提起  ────  中断    訴え提起  ──→ 判決確定
  ▲                                      ×（目的消失による当然終了）

                    <破産手続>
                     開始
債権者              ↓    管財人
訴え提起  ────  中断    訴え提起  ──→ 破産解止
  ▲                                                債権者
                    ─ ─ ─ ─ ─ ─ ─ ─ ─ ─ ─ ─ ─  受継  ──→ 判決
```

(2) 債権者代位訴訟

債権者代位訴訟も，債務者について破産手続が開始されたときは中断します（破産45条1項）．この場合も破産者を当事者とする訴訟ではないため，破産法44条では中断しないことを前提にした手当です．代位訴訟の基礎となる被保全債権は破産債権であって個別的権利行使が禁止される（同100条1項）一方，代位訴訟の訴訟物たる被代位権利は破産財団帰属財産であって管財人のみがその管理処分権を有する規律（同78条1項）が妥当します．破産手続開始決定後にも債権者代位訴訟の追行を許容するならば，破産手続外での権利行使を認めるに等しく，事実上の優先的満足を与えてしまう結果となってしまいます．

転用型の債権者代位訴訟

転用型の債権者代位訴訟であっても，基本的には同様に解されています．①被代位権利の行使は破産財団の管理及び処分に属する以上，破産管財人による介入・権利行使を認めるのが適切ですし，②当該訴訟によって代位債権者の有する破産債権が実現される関係にある場合には，代位債権者の破産手続開始後の個別的権利行使を許容することになると考えられるからです．もっとも，中断の根拠に照らし，当該債権者が手続拘束を受ける債権者か手続外行使が許容される債権者であるかによって区別すべきとする見解が有力です（概説357頁［山本和彦］，同417頁［笠井正俊］）．第三者が賃借目的物を占有している場合において，対抗要件を具備した賃借人が賃貸人・所有者の所有権に基づく返還請求権を代位行使する訴訟が提起されているとき，賃貸人・所有者について倒産手続が開始されると，賃貸借契約に基づく使用収益請求権は，破産手続上は財団債権，再生手続上は共益債権として扱われます．破産手続においては，破産債権者が提起した訴訟はもちろん，財団債権者が提起した訴訟も中断します（破産45条1項）．これに対し，再生手続においては共益債権者が提起した訴訟は，中断しないと解することになります．

2　債権者に対する効果―個別的権利行使の禁止

[1]　個別的権利行使の禁止

破産手続が開始されると，それよりも前の原因に基づいて破産者に対して財産上の請求権を有する債権者は，個別的な権利行使が禁止されます（破産100条1項）．債務者の財産が拘束・凍結されるのとパラレルな関係において，債権もまた拘束・固定して，破産手続における債権確定手続を経て，破産財団の換価代金によって比例的平等的弁済を受けることになります．

労働債権の弁済許可

労働者の生活維持に困難を生ずるおそれがあるときは，裁判所の許可により，配当の前倒しとしての弁済が可能です（破産101条）．弁済を受けた部分については，配当段階で調整が行われるほか（同201条4項，205条，209条3項，215条2項），議決権を行使することができないものとされています（同142条2項）．破産手続内における配当の一環として位置づけられますので手続外弁済ではありませんが，他の破産債権との関係では時期的に同列ではないとの意味での例外となります．

破産法と民事再生法の規定の相違

規定上，破産債権は「行使することができない」（破産100条1項）とされるのに対し，再生債権は「弁済をし，弁済を受け，その他これを消滅させる行為（免除を除く.）をすることができない」（民再85条1項）とされ，表現上の相違がみられます．破産手続においては，自由財産が観念され，自由財産からの任意弁済の可否について議論が存在しているため（322頁），解釈に委ねる趣旨に基づき規定を調整しなかったことによるものです．

[2]　破産債権に基づく強制執行・保全処分の禁止・失効

破産手続開始決定があった場合，破産債権者は，破産財団に属する財産に対して強制執行・保全処分等を開始することができません（破産42条1項）．既にされているものは，破産財団に対しては失効します（同条2項本文）．その結果，破産管財人は，既になされている執行処分を無視して破産財団に帰属する財産を管理処分することができます．もっとも，破産管財人が従前の執行手続を続行利用した方がメリットが大きいと判断する場合は，従前の執行手続を自ら続行することができます（同項ただし書）．

[3]　財団債権に基づく強制執行・保全処分の禁止・失効

破産債権に基づく強制執行等のみならず，財団債権に基づくものも新たに開始することができず，既になされたものは破産財団に対しては失効します（破産42条1・2項）．財団債権は，破産手続によらないで破産財団から随時弁済を受けることができるとされていますが（同2条7項，151条），財団債権も，財団不足の場合には按分弁済とならざるを得ない（同152条1項本文）という意味では破産手続から全く自由ではありませんし，財団債権とされているもののうちには，政策的理由によって財団債権とされているにすぎず，本来的な軸足は破産債権としての性格を拭えないものも含まれているため，財団債権者間の平等を確保するとともに，破産手続の円滑な進行を図るため，財団債権に基づく強制執行等も否定する趣旨です．

手続の失効

破産法42条2項本文は，「破産財団に対してはその効力を失う」と規定しています．あくまで破産財団との関係における失効とするならば，破産手続開始決定が取り消された場合や破産廃止の場合には，強制執行手続等の続用が認められるべきで

あると解されます．そうだとすると，執行裁判所は，破産手続の帰趨が確定するまで，職権で停止するにとどめるべきことになります（停止説）．これに対し，破産財団帰属財産に対する強制執行等を失効させる趣旨であるとするならば，強制執行手続等が係属したままになっていることによって，破産管財人の換価を事実上阻害するおそれがありますし，第三債務者に手続併存による判断リスクを課すのは問題ではないかと考えられます．そうだとすると，執行裁判所は，これを放置することなく，終局的に手続を終了させておくべきことになります（取消説）．

[4] 国税滞納処分の帰趨

破産手続開始決定があった場合には，破産財団に属する財産に対する国税滞納処分は，することができません（破産43条1項）．これに対し，国税滞納処分が既になされているときは，破産手続開始決定は，その国税滞納処分の続行を妨げません（同条2項）．当該個別財産に対して滞納処分に着手したことによって，個別の担保権を有する者と同視されると考えられるからです．

[5] 別除権の行使

別除権（破産2条9項）は，破産手続によらないで行使することができます（同65条1項）．したがって，担保権実行としての競売手続の係属中に債務者について破産手続が開始しても，当該競売手続はその影響を受けることなく続行できますし，破産手続開始後に新たに競売手続の開始を求めることができます．これらの担保権に基づく物上代位権の行使としての差押えも可能です（動産売買先取特権につき最判昭59.2.2民集38-3-431，動産譲渡担保につき最決平11.5.17民集53-5-863）．

人的担保としての保証人に対する効果

主たる債務者につき破産手続が開始された場合，物的担保としての別除権と同様に担保の機能を営む保証人に対しては，破産手続開始の効果は当然には及びません．主債務者の信用危機に備えるのがまさに担保の役割であるからです．債権者は，従前の保証債務の内容・態様において，保証人に対し履行を請求することができます．

2―再生手続開始の効果

1 債務者に対する効果

[1] 再生債務者の業務遂行権・管理処分権の保持

　破産手続とは異なり，再生債務者は，再生手続が開始された後も，業務遂行権や財産管理処分権を有します（民再38条1項）．債務者にその経営権を保持させることは，債務者の信用，技術及び経営手腕を活用させ，自助努力による早期の事業再生を企図する民事再生スキームの基本構成要素の1つです．したがって，管財人が選任される場合（民再76条1項）を除き，破産法47条に相当する規定は存在しません．また，再生手続開始後も再生債務者は弁済を受領する権限を保持していますので，管財人が選任される場合（民再76条2項・3項）を除き，破産法50条に相当する規定も存在しません．

　もっとも，裁判所は，必要があると認めるときは，一定の重要な行為について裁判所の許可を得なければならないものとすることができます（民再41条1項）．破産手続においては，破産管財人が重要な行為をする場合には裁判所の許可を要する旨法定されている（破産78条2項）のに対し，再生手続においては，そもそも許可を要する行為として指定するかどうかが裁判所の裁量に委ねられています（例外として民再42条）．ただし，裁判所の要許可行為としてではなく，監督委員の要同意行為（同54条2項）として定められるのが実務の通例です（Chapter9参照）．

　　倒産手続は，債務者財産の処分禁止及び債権者の個別的権利行使禁止という，両面に対する財産拘束を特質としています．破産手続においては，破産者の管理処分権を喪失させて，全面的にこれを作動させる包括性を有し，それによって解体換価及び公平な弁済を実現します．この意味において，破産における財産拘束は，破産債権者のための現状凍結のデバイスとして機能します．これに対し，再生手続においては，個別的権利行使禁止が作動するのは破産と同様ですが，再生債務者は，管財人が選任される場合を除き，手続開始後も財産管理処分権を保持します．ただし，この管理処分権も，手続開始前の平時実体法次元とは異なり，無制約ではありません．上記のとおり，再生債務者の管理処分につき裁判所の監督に服するほか，再生債権者に対する公平誠実義務が課されます（民再38条2項［100頁］）．この意味で

は，債務者財産に対する拘束は生じます．これは手続全体が再生債権者のために形成されることを意味し，清算価値を超える価値を再生債権者に配分するための将来指向のデバイスとして財産拘束が装備されていると理解されます．

[2] 手続開始後の権利取得

(1) 再生手続開始後，再生債務者は，保持する財産管理処分権に基づき事業活動を継続して再建を図ろうとするわけですので，その取引の相手方の権利取得は有効とされなければならないのは当然です．そうであるからこそ，上述のとおり，民再法には，破産法47条に相当する規定は存在しないのです．もっとも，民再法は，再生手続開始後，再生債権につき再生債務者財産に関して再生債務者の行為によらないで権利を取得しても，再生債権者は，再生手続の関係においては，その効力を主張できないとし（民再44条），破産法48条に対応する規定を設けています．同条と比較すると，再生手続では，再生債権者が再生債権について権利を取得した場合に限定して無効とする趣旨が明記されています．破産手続では，総財産の換価清算及び公平な配分が行われるため，すべての財産を対象として破産財団への対抗不能という規律が必要とされるのに対し，再生手続では，一部の債権者が債務者の行為によらないで担保権を取得するなど，偏頗な優先的地位の取得を防止して債権者間の公平を確保する趣旨で規定を設けているからです．

　　このように，破産法との間で趣旨・規定形式を異にしていることについては，これを整序すべきかどうかは今後の課題とされています（概説195頁［沖野眞已］）．解釈問題としても，破産法48条1項によって権利取得が否定されるのは，例えば，破産債権者が破産手続開始後に有価証券等を第三者から取得したことに基づき商事留置権（商521条，会社20条）を取得することが否定されるというように，破産債権者が第三者の行為によって破産財団に帰属する財産について担保権や所有権を取得しても破産手続との関係において効力を否定する趣旨であるとの見解が有力です（伊藤258頁）．

(2) 登記・登録に関する善意者保護規定である民再法45条は，破産法49条に相当する規定です．破産法49条1項本文は同法47条の原則によっても導かれます（52頁参照）が，民再法には破産法47条に相当する規定は存在

しません．このため，再生手続においては，再生手続開始決定の効果として，登記権利者が善意である場合を除き，手続開始前の原因に基づく手続開始後の登記の取得を否定する独自の意義をもつものとして位置づけられます．

[3] 他の倒産手続・執行手続への影響

再生手続開始決定があったときは，倒産手続の優先順位の観点及び再建の手続目的の観点から，他の手続に影響を及ぼします（民再39条1項）．

(1) 倒産手続間の優先順位による他の倒産手続への影響

再生手続開始決定があったときは，破産手続開始，再生手続開始もしくは特別清算開始の申立てはすることができません．また，既に手続が開始されている破産手続は中止し，特別清算手続は失効します．なお，会社更生手続は，再生手続開始決定による影響を受けることはなく，むしろ会社更生手続開始決定によって再生手続が中止されます（会更50条1項）．

(2) 再生債権に関する個別執行等の中止

再生手続開始決定があったときは，再生債務者の財産に対する再生債権に基づく強制執行又は財産開示手続の申立てはすることができず，既になされている場合には中止します．包括的な解体清算が図られる破産手続とは異なり，あくまで手続拘束を受ける再生債権に基づく強制執行等のみが対象となります．個別的権利行使禁止原則の手続的効果といえます．

[4] 再生債権に関する訴訟の中断

再生債権者の個別的権利行使禁止原則の下，再生債務者の財産関係の訴訟手続のうち再生債権に関するものは中断します（民再40条）．破産手続とは異なり，債務者は財産管理処分権能は喪失しませんので，「管理処分権の喪失＝当事者適格の喪失」ではなく，集団的な債権調査手続（Chapter10参照）を装備することによるもので，個別的権利行使の禁止の手続的効果として理解されます．その上で，再生債権の調査・確定手続により，異議なく確定したときは中断した訴訟は目的を失って当然終了し，争いがあるときには再生債権確定訴訟として受継手続がとられます（同107条1項．なお，同105条1項ただし書参照）．債権調査手続を装備しない個人再生手続においては，訴訟手続中断効は排除されています（同238条による40条の適用除外，245条）．

再生債務者の財産関係の訴訟のうち，管理命令が発せられた場合（民再67条）を除き，再生債務者財産に関する訴訟は中断しません．

[5] 債権者代位訴訟・詐害行為取消訴訟の中断

再生債権者が提起した債権者代位訴訟（民423条）や詐害行為取消訴訟（同424条），破産法上の否認訴訟が係属しているときは，再生手続開始決定によって，それらの訴訟は中断します（民再40条の2）．

再生手続開始と訴訟手続の中断

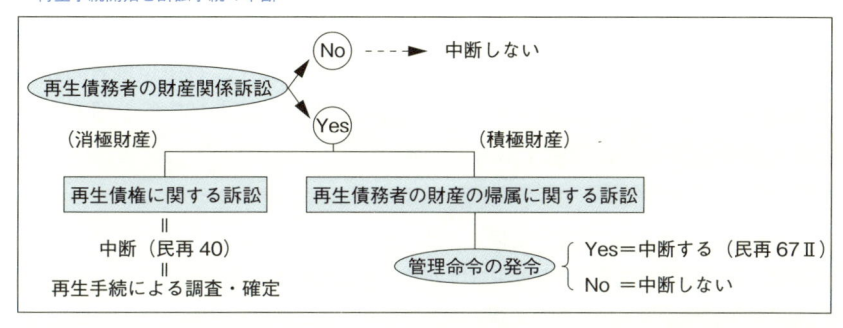

```
                    ┌─No ----→ 中断しない
再生債務者の財産関係訴訟 ┤
                    └─Yes
        （消極財産）          （積極財産）
   ┌─────────┴─────────┐
再生債権に関する訴訟      再生債務者の財産の帰属に関する訴訟
       ‖                        │
    中断（民再40）           管理命令の発令 ┌ Yes＝中断する（民再67Ⅱ）
       ‖                                 └ No ＝中断しない
  再生手続による調査・確定
```

2　債権者に対する効果

[1]　個別的権利行使禁止原則——再生債権の弁済禁止

再生手続においても，一定の債権者は手続に拘束され，個別的権利行使禁止原則が妥当します．手続拘束の対象とされる再生債権とは，再生債務者に対し再生手続開始前の原因に基づいて生じた財産上の請求権で，共益債権又は一般優先債権であるものを除くものをいいます（民再84条1項）．基本的な観念は破産債権と等置することができますが，具体的内容は破産債権よりも限定的です（Chapter10参照）．手続の軽量化を図るとともに，一般優先債権さえも弁済できない債務者については，再建を諦めるべきとの政策判断がその基礎にあるといえます．

再生債権については，再生手続開始後は，民再法に特別の定めがある場合を除き，再生計画の定めるところによらなければ，弁済をし，弁済を受け，その他これを消滅させる行為（免除を除く）をすることができません（民再85条1項）．手続への参加（同86条1項）を通じて，再生計画による弁済を受ける場合のほかは，免責され，失権します（同178条）．

[2] 再生債権弁済禁止の例外

　手続拘束を受ける再生債権者間では，債権の拘束・固定化を前提に，再生計画による権利変更及び計画弁済のレールに乗せることによって債権者平等原則を実現します．他方，「この法律に特別の定めがある場合」として例外的処理が許容されています．弁済禁止を厳格に貫徹することが再建目的との関係においてかえって不都合をもたらし，これを緩和することにむしろ合理性が認められる場合には，禁止の解除を許容する趣旨です．再生債権者間の実質的衡平の観点から形式的平等の排除を許容する民再法155条1項本文のただし書を前倒し的に考慮するものです．

　　個別事象を形式的に観察する限りでは，弁済が許容される限度では再生債権者全体は一定の価値を失うことになりますが，それに見合う，又はそれ以上の見返りとして事業継続価値という利益を得ることになり，再生債権者全体の利益に適合するといえます．

(1) 中小企業に対する許可弁済

　例外の第1は，再生債務者を主要な取引先とする中小企業者に対する許可弁済（民再85条2項）です．再生債務者が弁済をストップすることによって連鎖倒産が生じるおそれがある場合に，これを防止する趣旨によるものです．かかる趣旨に適合する限りにおいて，計画弁済予定相当額が早期に弁済される利益が中小企業者に与えられることになります．
　再生債務者との取引の依存度によって「主要」かどうかが決せられ，当該債権者の事業規模等を考慮して「中小企業者」該当性について判断されます．

(2) 少額債権の許可弁済

　例外の第2は，少額債権の許可弁済（民再85条5項）です．①早期に弁済することにより再生手続を円滑に進行できるとき（前段），②少額の再生債権を早期に弁済しなければ再生債務者の事業の継続に著しい支障を来すとき（後段）に，裁判所の許可を得て行う弁済です．前者は，少額債権者の頭数を削減することによって得られる手続コストの合理化のメリットを重視するものです．後者は，再生債務者の事業の再生・再建にとって不可欠な取引先等を維持する必要性を重視するものです．これらの合理性・必要性に加え，弁済

額の少額性を併せ考慮することによって例外を許容するものと理解されます．

どの程度の金額をもって「少額」とみるかについては，再生債務者の事業規模や保有する資金量，債務総額，弁済対象債権者数・その総額等によって決定される相対的な問題です．再生計画による平等弁済が要請される再生債権であることを基本に置きながら，手続の円滑・コスト削減の利益（前者の場合）又は事業価値の維持・最大化の利益（後者の場合）との相関的な衡量に基づき，公正らしさを失わないような配慮が求められます．

商取引債権の保護と事業再生における必要性

事業継続の必要性については，再生債務者の事業内容との関係における取引継続の必要性・代替性と資金繰りの余裕，早期弁済による事業価値ないし弁済率への影響等を総合考慮して決定されます．とりわけ事業再生の根幹に関わり，しかも代替不能な取引先であるときには，必ずしも「少額」とは言い難い場合もみられます．そこで，このような場合には，少額債権許可弁済ではなく，裁判所の許可又は監督委員の同意を得た和解契約締結による共益債権化も試みられています（民再41条1項6号，119条5号，121条1項）．

CHAPTER 6 手続開始決定前の保全措置

1―破産手続開始決定前の保全措置

1 開始決定前保全の必要性

　破産手続開始の申立てを受けた債務者の財産が散逸するおそれを排除し，債権者の個別的権利行使を禁止して公平を確保する要請は，手続開始決定がされることによって現実化します．しかし，債務者に対して破産手続開始の申立てがされたことによって，上記要請はすでに相当程度具体化しているといえることから，将来の破産財団を保全し，破産手続の実効性を確保するために，開始決定前の保全処分制度があります．手続開始効果の仮定的な前倒しを認めるものといえます．

　民再法上の開始決定前の保全処分は，後述のとおり，事業の再建に向けて債務者自らこれを利用するインセンティヴが働くのに対し，破産法上の保全処分は，財産の散逸を防止して債権者の平等を確保するために利用され，総債権者の利益に資する点に主眼があると解されます．

2 他の手続の中止命令（破産法24条）

　裁判所は，破産手続開始の申立てがあった場合において，必要があると認めるときは，利害関係人の申立て又は職権で，破産法24条1項各号所定の既に係属している手続の中止を命ずることができます．権利者を名宛人する個別的権利行使禁止効の前倒しを図るものではありますが，同項1・2号の手続については，財団債権として取り扱われるべきものによる手続も中止の対象となります．これは財団不足の場合には按分弁済となる（破産152条1項本文）など，破産手続内で取り扱われることも想定されるため，財団債権者間

の公平や手続の円滑を確保することを狙いとしています．

3 包括的禁止命令（破産法25～27条）

　個別の中止命令等では対応しきれないほどに債権者多数又は資産多数（場所的散在を含む）の場合に，手続の煩雑さを回避して，包括的かつ予防的に，すべての債権者に対し，強制執行等の禁止命令を発することができます（破産25条）．もっとも，一般的な予防効果を狙った包括的禁止ではなく，債務者の主要な財産に保全処分が発令されるか，保全管理命令が発せられる場合に限られます（同条1項ただし書）．手続開始を待たずに債権者の権利行使に全面的な制約が課せられることとの均衡上，債務者の管理処分にも制約が課せられることを基礎として求めるものです．また，裁判の効力発生の一般原則からすれば，債権者に対する告知が必要となるはずですが（破産13条，民訴119条），効力発生時期を画一的に決定して迅速性・実効性を優先するため，債務者に対する送達の時とする特則が設けられています（破産26条2項）．対象債権者の包括性に照らして，債務者をインフォメーションセンターとして機能させる趣旨でもあります．

　なお，再生債権による強制執行等を禁止するにとどまる民再法上の包括的禁止命令（民再27条）とは異なり，破産法上の包括的禁止命令はすべての債権者を対象とします．このため，個別に解除申立ての起動負担を課す（破産27条）のが相当ではない場合があることを考慮して，発令に際してあらかじめ除外できるように配慮しています（破産25条2項）．

4 債務者財産に関する保全処分（破産法28条）

　債務者の偏頗弁済や将来の破産財団構成財産の散逸を防止することを目的として，債務者を名宛人として，弁済禁止，処分禁止，占有移転禁止の仮処分を命ずることができます（破産28条）．債務者の個別の財産についての管理処分権を実質的に制約するもので，破産手続開始の効果の一部を前倒しするものです．

5 保全管理命令（破産法91条）

　債務者の財産管理処分が失当である場合（債権者申立ての事案では，債務

者がいわゆる自爆状態になることがあります），債務者の財産の確保のために特に必要があると認められるときは，裁判所は，保全管理命令を発して，保全管理人による管理を命じることができます（破産 91 条）．債務者が法人である場合に限られます．個別の債務者財産に関する保全処分とは異なり，債務者の財産管理処分権をはく奪することによって根本的な対応を図るものです．手続開始後には破産管財人が全面的な管理処分権を有することを前提にした前倒し効果といえます．

6 否認権のための保全処分（破産法 171 条）

否認権（破産 160 条以下）は，民法上の詐害行為取消権よりも強化されその実効性を高める工夫がされているとともに，倒産時期における取引リスクを軽減する観点から，適用範囲及び要件について設計上の配慮がなされています．もっとも，これは破産手続開始後に破産管財人によって行使されなければならない破産法上の権能であるため，否認権の実効性を確保するためには，開始決定前に相手方の恒定や受益者の責任財産に対する仮差押えを得ておくのが相当な場合があります．そこで，裁判所は，破産手続開始の申立てがあった時から当該申立てについての決定があるまでの間において，否認権を保全するため必要があると認めるときは，利害関係人の申立てにより又は職権で，仮差押え，仮処分その他の必要な保全処分を命ずることができるものとされています（破産 171 条 1 項）．否認要件該当事実の存在及び保全の必要性の疎明が必要です．破産手続開始後は，破産管財人において，保全処分を続行するかどうかを決定し，手続開始後 1 月以内に続行しない場合には，保全処分は効力を失います（破産 172 条）．

7 法人役員の財産に対する保全処分（破産法 177 条）

Chapter17 参照．

2—再生手続開始決定前の保全措置

1　開始決定前保全の必要性

　再生手続においても，再生手続開始の申立てから開始決定までの時期について，保全処分制度が装備されています．破産手続におけると同様に，債務者の管理処分の拙劣さや業務執行の失当による財産散逸リスクが生じます．また，個別的権利行使によって事業の継続が困難になる事態も生じます．そこで，これらを回避する目的で利用することが想定されています．

2　他の手続の中止命令（民再法26条）

　裁判所は，再生手続開始の申立てがあった場合において，必要があると認めるときは，利害関係人の申立て又は職権で，民再法26条1項各号所定の既に係属している手続の中止を命ずることができます．破産法24条と基本的には同趣旨ではありますが，これと比較すると，先行する清算型が中止命令の対象とされている点において広く，一般優先債権に係る強制執行等は本条による中止命令の対象ではない点において狭くなっています．前者は，手続間の優先順位（priority rule）の観点が考慮され（Chapter1），後者は，個別的権利行使禁止効の趣旨が及ばないことを考慮するものです．一般優先債権に基づく強制執行等の中止・取消しは，例外的な形で可能とされています（民再122条4項，121条3項）．

3　包括的禁止命令（民再法27〜29条）

　基本的には破産法25条と同趣旨です．再生債権に基づく強制執行等のみを対象にしているのは，破産と再生の手続目的及び構造の相違を考慮するものです．

4　債務者財産に関する保全処分（民再法30条）

　破産法28条と同趣旨による規定です．本条1項による保全処分命令に違反した場合には，再生手続が廃止されることがあります（民再193条1項1号）．

弁済禁止保全処分

　実務上ほぼ例外なく再生手続開始の申立てに併せて申立てがされ，利用頻度がきわめて高い保全処分が弁済禁止保全処分です．先述のとおり，運転資金が枯渇する蓋然性が高くなってはじめてようやく再生手続開始の申立てに踏み切ることが多く，債務者が事業の継続・再生を図るためには，債務の弁済を止める必要があります．この保全処分命令を得ることによって，債権者の取立てを制限して手続開始申立直後の混乱を回避することに主たる目的があります．主文では，債務者に対し，一定の時点（保全処分発令前日とされることが多い）までに生じた債務の弁済及び担保提供の禁止を命じます．ただし，債務者の当面の日常の事業活動に支障を与えないよう，一定範囲で除外債権も定められるのが通例です．例えば，裁判所によって異なりますが，租税その他国税徴収法の例により徴収される債務，債務者と従業員との間の雇用関係により生じた債務，再生債務者の事業所の賃料，水道光熱費，通信に係る債務，備品のリース料，10万円以下の債務等が掲げられています．未払のまま開始決定に至ったときは，共益債権や一般優先債権に該当しない限り，開始決定後にあらためて少額債権の弁済許可（民再85条5項）を得なければなりません．また，申立後に負担した買掛金債務等は，開始決定前に共益債権化（同120条1項・2項）しておくことが必要です．

5 担保権実行中止命令（民再法31条）

　再生手続上，担保権は別除権として再生手続外で行使することができます（民再53条）．再生手続開始申立ての存否とは関わりなく実行することができ，手続開始後も続行することは妨げられません．ここまでは破産法と同様です．しかし，担保権の目的物が事業継続に不可欠の資産である場合には，事業の再建が不可能となり，再生債権者の一般の利益を大きく損なうことになります．そこで，裁判所は，再生手続開始の申立てがあった場合において，利害関係人の申立てにより又は職権で，一時的に当該手続の中止命令を発することができます（同31条）．このような趣旨に基づくものであることから，事業の清算解体をもたらす破産手続には，担保権実行中止命令は装備されていません．

　担保権実行中止命令は，他の処分とは異なり，再生手続開始後も利用可能であり（同条には「再生手続開始の申立てにつき決定があるまでの間」との文言はありません），手続開始効果の前倒しではありません．手続開始によっ

て拘束されない共益債権又は一般優先債権を被担保債権とする担保権実行が除外されていること（民再31条1項ただし書）にも表現されています．

中止命令の利用に際しては，将来的には担保権消滅請求（民再148条）の利用や別除権協定締結による担保権の制約を視野に入れることが必要となります．もっとも，中止命令には担保権消滅許可制度の適用要件にあるような，事業継続にとっての不可欠性要件は必要とはされていないため，さしあたり再生債務者が担保権者との任意弁済交渉や担保不動産競売申立ての取下げ交渉，あるいは別除権協定に向けた協議を速やかに行うための時間を確保するために利用されます．

別除権協定締結の見込等と再生債権者の一般の利益適合性

根抵当権に基づく物上代位権の行使としての賃料債権差押命令に対する中止命令を求めた事案で，最先順位の根抵当権者である差押債権者が，すでに不動産競売開始決定を得ている一方，本件建物を再生債務者が継続して利用することができる別除権協定等を締結していないのみならず，その締結に至る見通しについての疎明もない以上，賃料債権の差押えについて中止命令を発することが「再生債権者の一般の利益に適合」するとはいえないとした裁判例があります（大阪高決平16.12.10金商1220-35）．この事案は，担保権消滅許可決定を得て確定させておきながら，価額に相当する金員を納付せず，担保権を消滅させていない状況で更に再生債務者から中止命令の申立てがされたという特殊な事情を抱えています．

一般の先取特権の実行手続と破産・再生

法定担保物権である一般の先取特権の実行については，倒産手続での処遇との関係において，破産と再生とでは異なります．再生手続では，一般優先債権として扱われますので（民再122条1項），中止命令の対象とはされない（同31条1項ただし書）のに対し，破産手続では，優先的破産債権として扱われますので（破産98条1項），中止命令の対象となります（同24条）．

非典型担保への類推適用の可能性

事業継続の基盤を確保させる必要性は典型担保と非典型担保とでは異なるところはないとの認識から，裁判という観念行為によって阻止し得る可能性があるものについて，本条の類推適用を肯定する方向にあります（東京高判平18.8.30金商1277-21，大阪高決平21.6.3金法1886-59，福岡高那覇支決平21.9.7判タ1321-278）．

6 保全管理命令（民再法 79 条）

債務者の財産管理処分権を喪失させ，保全管理人に専属させる点では，破産法 91 条と同じくするといえます．もっとも，再生手続においては，債務者が管理処分権を失わない DIP 型を基本とし，これに監督命令を発するのが通例ですから，保全管理命令を発するのは例外に属します．

7 否認権のための保全処分（民再法 134 条の 2）

破産法 171 条と基本的に同趣旨です．

8 法人役員の財産に対する保全処分（民再法 142 条）

Chapter17 参照．

倒産手続の機関　PART 3

PART 3　倒産手続の機関

Chapter 7　裁判所
1- 国法上の裁判所と倒産法上の裁判所
2- 倒産事件を担当する裁判所の役割と特質
3- 管轄
   1 原則
   2 経済的関連性と手続的合理性
   3 大規模倒産事件の特則

Chapter 8　破産管財人
1- 破産手続における機関
2- 破産管財人の法的地位
   1 手続的地位―管理機構人格説
   2 破産管財人の実体的地位―地位の複合性
3- 破産管財人の職務と権限
   1 積極財産の管理・確定に関わる職務
   2 消極財産の調査・確定と配当に関わる職務
   3 破産管財人の職務の位置づけ
4- 破産管財人の義務
   1 善管注意義務
   2 債権者の実体的義務との関係

Chapter 9　再生債務者と監督委員
1- 再生手続における機関
2- 再生債務者の法律上の地位
   1 業務遂行権・財産管理処分権の帰属
   2 手続機関としての再生債務者の権限
   3 手続機関としての再生債務者の義務
   4 裁判所による業務遂行権・財産管理処分権の制限
3- 再生債務者の第三者性
   1 問題の所在
   2 通謀虚偽表示における第三者
   3 詐欺取消しにおける第三者
   4 対抗問題における第三者
   5 契約解除における第三者
4- 監督委員
   1 意義
   2 監督委員の職務
5- 管財人
   1 意義
   2 管理命令の要件
   3 管理命令の効果
6- 保全管理人
   1 意義
   2 権限
7- 調査委員
   1 意義
   2 調査事項

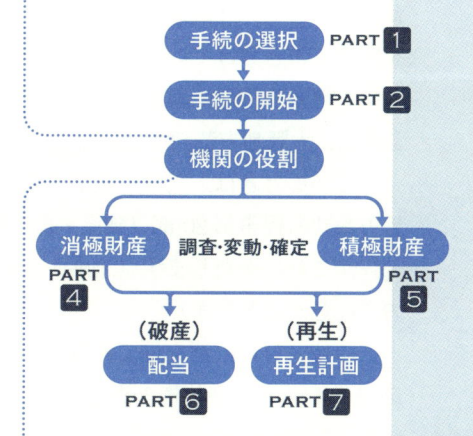

CHAPTER 7 裁判所

1―国法上の裁判所と倒産法上の裁判所

　裁判所の概念には，包括的組織体としての「国法上の裁判所」と事件担当裁判所としての「法律上の裁判所」とがあり，破産法及び民再法ではこの点を明確に書き分けています．「破産裁判所」「再生裁判所」と規定しているときは，倒産事件が係属している国法上の裁判所を意味し，例えば，東京地方裁判所，大阪地方裁判所ということになります．これに対し，「裁判所」と規定しているときは，当該倒産事件を担当する裁判所を意味し，例えば，東京地方裁判所民事第20部（破産・再生部），大阪地方裁判所第6民事部（倒産部）がこれにあたります（語感からの印象では，ねじれている感もありますので注意が必要です）．

　この使い分けの例を見てみると，破産手続開始決定は「裁判所」が行い（破産15条1項），破産債権の査定という破産手続内での裁判も「裁判所」が行います（同125条1項・3項・4項）．上記で言えば，これらは東京地方裁判所民事第20部が担当します．これに対し，破産債権査定決定に対する異議の訴えが提起されたときは，「破産裁判所」が管轄するとされ（同126条2項），これは通常訴訟として提起されるわけですので，東京地方裁判所民事第20部ではなく，東京地方裁判所民事部のうち通常訴訟を担当する部に事件が配付されます．

2―倒産事件を担当する裁判所の役割と特質

　上記の概念区分でいう「裁判所」は，手続の開始・終了に係る裁判をすること，手続に付随する事件の裁判をすること（債権査定決定，否認請求に対

する決定，法人役員責任査定決定など手続上の各種の裁判），手続機関を選任・監督すること，手続の実施（債権調査方法の選択，債権者集会の招集・指揮など），という多岐にわたる事務を担当しています．

[1]　権力的作用

　手続上の裁判を担う局面については，民事訴訟法の包括的準用規定を有しています（破産13条，民再18条）．もっとも，倒産手続上の裁判は，一般に迅速性と機動性が要請され，慎重かつ厳格な手続規律による権利判定が要請される純然たる訴訟事件に対する裁判とは異なる性質をもちます．しかし他方，そのような裁判であっても，多数の利害関係人に重大な影響を与えるという点では，個別相対的解決を指向する民事訴訟とは異なる特質を有するとともに，債務者の積極・消極財産に法的拘束を与えますので，むしろその効果は重大です．また，法人役員の損害賠償責任査定や債権査定の裁判などは実質的には訴訟事件に匹敵する要素も具有します．このようなところから，非訟的要素は拭えないにしても，法が定める要件に該当する事実が認定されるかどうかを検討し，その要件を充足するとの判断をするときには，一定の法的効果を具有する裁断の要素をもつ権力的作用を担っているといえます．

[2]　後見的作用

　他の手続機関に対する監督作用を担う局面においては（破産管財人に対する監督につき破産75条，監督委員に対する監督につき民再57条），破産管財人や再生債務者の行為に対する許可（その代替措置としての監督委員の同意）を通じてその機能を果たすことが期待されています．多数の関係人の利害を考慮しながら円滑に手続目的を実現するために，裁判所が監督権を実効的に発動することが求められ，ここでは，合目的的判断と法的利害調整判断とが一体となった後見的な行政作用を担っているということができます．

[3]　手続の実施

　手続の実施に係る部分については，一般に公正性・透明性が要請され，予測可能性を担保する意味でも一般的確実性を考慮することは当然です．他方では，個別具体的な事件規模や特質を考慮した具体的妥当性を踏まえた考慮も必要です．特に，破産法も民再法も，手続コストを考慮して柔軟な手続選択を可能にしているため，一般的確実性を重視して厳格な手続を選択するのか，実質的観点から必要な限度での手続を選択して，軽快な手続で迅速な手

続を選択するのかについての合理性が問われます．

3―管轄

　倒産事件においては，債務者財産の管理を基調とし，その換価清算，あるいは事業の維持・継続が図られますので，これを扱う管轄裁判所の決定方法については，破産手続と再生手続との間には差異を設けるべき合理性は認められません．

　破産・再生事件の管轄はすべて専属管轄とされ（破産6条，民再6条），以下に述べる土地管轄の定めに従い，地方裁判所が破産・再生事件を担当します（破産5条，民再5条）．

1　原則

　債務者が営業者であるときは，その主たる営業所の所在地を管轄する裁判所が，債務者が営業所を有しないとき又は営業者であっても営業所を有しないときは，その普通裁判籍の所在地を管轄する地方裁判所が管轄します（破産5条1項，民再5条1項）．債務者の事業ないし財産管理を基調とする倒産手続の特質を考慮して原則的な土地管轄を定める趣旨です．「主たる営業所」とは，形式上の所在地ではなく，企業活動の中心としての実質上の本店所在地を意味すると解されています．

　上記によって管轄裁判所が決まらないときには，債務者の財産の所在地を管轄する地方裁判所とされます（破産5条2項，民再5条2項）．

2　経済的関連性と手続的合理性

　複数の債務者間に経済的に密接な関連性が認められる場合には，一体的処理を図ることによって，実体把握・解明に資するとともに手続の合理化と迅速化を図ることが期待できるため，管轄裁判所が拡大されています．

　①親子関係にある法人の場合（破産5条3項，民再5条3項），②最終事業年度について会社法444条の規定により，当該株式会社及び他の法人に係る連結決算書類を作成し，かつ，当該株式会社の定時株主総会においてその内容が報告された場合（破産5条5項，民再5条5項），③法人と代表者の関係にあ

る場合（破産5条6項，民再5条6項），④連帯債務者相互間，主たる債務者と保証人相互間，夫婦（破産5条7項，民再5条7項）については，いずれも先行する倒産事件があるときには，その関連性を考慮して当該裁判所には後行事件の申立てについても管轄が認められます．

3 大規模倒産事件の特則

債権者が多数に上る大規模な倒産事件については，倒産事件を集中的に処理することによって習熟している裁判所が担当するのが債権者その他の利害関係人の利益に資すると考えられます．このため，債権者が500人以上のときは，原則的な管轄裁判所の所在地を管轄する高等裁判所の所在地を管轄する地方裁判所にも管轄が認められ（破産5条8項，民再5条8項），1000人以上のときには，東京地方裁判所又は大阪地方裁判所にも管轄が認められます（破産5条9項，民再5条9項）．

Chapter 8 破産管財人

1 ― 破産手続における機関

　破産手続における機関としては，裁判所のほか，破産管財人，保全管理人，債権者集会，債権者委員会などがあります．破産手続における破産管財人は必置の機関であって，破産手続全体にわたり基軸的役割を果たすため，その理解はきわめて重要です．後述する民事再生手続にも管財人は存在しますが，任意的なものにとどまります．ここでは破産管財人について検討します（債権者集会，債権者委員会については，Chapter10 参照）．

2 ― 破産管財人の法的地位

1　手続的地位 ― 管理機構人格説

　破産手続において，破産者，破産債権者，裁判所との間の法律関係を統一的かつ整合的に説明するための理論的関心として，破産管財人の地位に関する議論があります．

　現在の多数説とされるのは，管理機構人格説と称される見解です（各学説の詳細は，伊藤146頁以下参照）．この見解によれば，破産管財人は，破産手続開始決定によって成立する破産財団の管理機構で，破産者に帰属する財産の管理処分のみを掌理する手続主体として理解され，権利義務の帰属点としての主体性は破産者に認められます．管理機構としての破産管財人と具体的な担当者としての破産管財人とは観念上分けて捉えられ，前者は破産財団の管理処分権が帰属する法主体性・法的地位の問題であり，後者は裁判所の選任により就任する個人とされます（山木戸80頁以下，谷口59頁，伊藤148頁）．この

ように管財人概念は，純粋に手続上の機関概念として構想されています．

　従来は，破産財団に法主体性を認め，破産管財人はその機関又は代表者とする見解（兼子一「破産財団の主体性」民事法研究第1巻428頁［酒井書店1940年］，中田180頁）が多数説とされてきました．しかし，説明の論理としては，明文規定のないままに破産財団に法主体性を認める無理をしなくても管理機構としての破産管財人に法主体性を認めることで各種の説明が十分にできること，むしろ破産と同じく管理型を原則とする会社更生には破産財団に相当するものが存在しないことからすれば，清算型と再建型とを統一的に説明できる管理機構人格説に利点があるとされています．

管理機構人格説

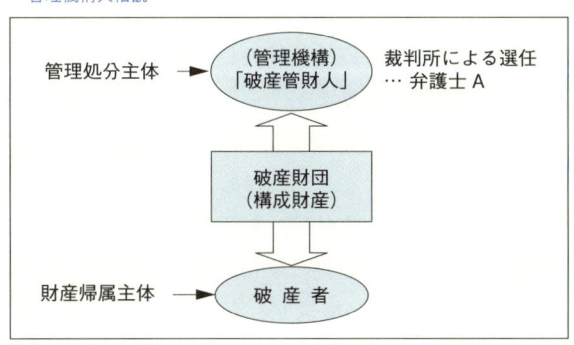

管理処分主体　→　（管理機構）「破産管財人」　　裁判所による選任　…　弁護士A

　　　　　　　　　　　↑↓
　　　　　　　　　破産財団
　　　　　　　　　（構成財産）
　　　　　　　　　　　↓
財産帰属主体　→　破産者

2　破産管財人の実体的地位—地位の複合性

　破産管財人の地位は，破産者の地位を前提にせざるを得ない側面（当事者性）と破産者とは離れて破産債権者の利害を代表する側面（第三者性）との複合的性格を併有していると考えられています．

[1]　破産管財人の当事者性

　前者の点は，破産者の一般承継人的地位を有するとして，「承継」的理解をして法律関係を分析するのが学説の主流であり，判例の立場でもあると考えられます（破産管財人は破産者の実体法上の義務を承継するとの理解を基礎にした最判平18.12.21民集60-10-3964［87頁］，退職手当等の配当に際し，破産管財人の源泉徴収義務を否定した最判平23.1.14民集65-1-1など）．これは破産者の相手方にとってみれば，債務者に破産手続が開始されたという関知しない事情によっ

て，その地位を有利にも不利にも変更されるべきではないという考え方に基づくものです．

[2] 破産管財人の第三者性
(1) 客観的要件

後者の点は，実体法規が一定の法律関係について差押債権者に特別の地位を与えている場合には，破産管財人にも同様の地位が与えられると解されています．具体的には，民法177条の第三者（最判昭46.7.16民集25-5-779），民法467条2項の第三者（最判昭58.3.22判時1134-75）にあたるとされます．また，民法545条1項ただし書の第三者には差押債権者も含むと解されていることからすれば，破産管財人もこれに該当すると解されます．

(2) 主観的要件

第三者保護規定が善意等の主観的要件の具備を必要とする場合，だれを基準に認定するかという問題があります．

虚偽表示無効における第三者保護規定（民94条2項）については，現実に就任する破産管財人の善意・悪意を問題にしたのでは，公平な利害関係のない弁護士が選任されることからすれば，善意であることが自明であって，善意・悪意を問題にすることが無意義となります．これを直視して，管理機構の独立性に忠実に，常に善意として扱うとする管財人基準説（谷口133頁）は，破産財団の減損防止に資すると同時に，基準が明確であって手続が簡明になるといえます．これに対し，保護を受ける利益について実質的な利害関係を有するのは債権者であることからすれば，債権者の善意・悪意を基準とすべきであり，破産手続が債権者全体のために進行することを考えれば，債権者のうち1人でも善意の者がいれば「善意」としてよいとする破産債権者基準説（中田117頁，伊藤253頁，加藤131頁，中島Ⅰ223頁）があります．こちらが多数説とみられます．破産債権者全員が悪意のときには管財人が善意でも保護せず，管財人が悪意でも破産債権者に1名でも善意者がいるときには保護されます．実質的な利害の所在を直視して説明するものです．もっとも，債権者は調査・確定手続を経て確定されることから，その主観面を基準とするのは現実的ではないとの指摘があります（実務下119頁〔小河原寧〕）．また，民法94条2項は虚偽の外形を信頼した第三者を保護することで取引の安全を確保する趣旨であることに照らすと，手続開始時ではなく，その後の売却処

分等の取引行為時における破産管財人の善意・悪意を基準にすべきとする考え方もあります（吉田勝栄「破産管財人の第三者的地位」園尾ほか編・新版破産法127頁［青林書院2007年］）。

詐欺取消しにおける第三者保護規定（民96条3項）については，この場合も破産管財人を第三者とし，善意・悪意を破産債権者についてみるのが多数説です（伊藤254頁，中島Ⅰ224頁）。もっとも，この場合の破産管財人は，詐欺の加害者に対する債権者の利益代表的地位にあるとみられることから，かかる債権者よりも被害者を保護すべきであるとして，破産管財人は第三者にはあたらず，表意者は管財人に対して取消しを主張できるとする見解（谷口133頁，加藤131頁）も有力です。

第三者性の考え方の基礎

破産管財人が第三者性を有するという場合，破産管財人そのものが管理機構としての第三者性を有するとみる見解（谷口前掲）は，その形式性を重視することに合理性を見出す見解といえます。これに対し，多数説は，破産債権者が全体として第三者性を有しており，破産手続開始によって，これを一点に集中する形で破産管財人が第三者性を有すると理解していると考えられ（山本克己「再生債務者の機関性」事業再生と債権管理115-5），破産管財人という手続機関の背後を実質的に考察する見解とみられます。破産債権者は，手続開始決定前には差押債権者としての地位を取得しうるのに対し，手続開始決定によってこれが包括的に禁止される代わりに破産管財人がその地位を代表して代替すると理解するわけです。

第三者性取得の論理については，かつては，手続開始決定によって，破産者から破産管財人への管理処分権の「移転」が生じるとの理解に基づいて破産管財人の第三者性を基礎づけていたと思われます（最判昭37.12.13判タ140-124が，手続開始によっては，破産者の管理処分権がはく奪されると同時に破産管財人に移付される以上，破産管財人が破産財団を現実に占有管理することを要しないと判示しているのは，このような理解を基礎にするものといえます）。しかし，破産手続開始決定の効果として破産者の管理処分権が「喪失」すること及びそれが破産管財人に「専属」すると理解することで足り，それ以上に管理処分権の「移転」の観念を介在させることなく，背後に存在する破産債権者の利益が集約された機関としての第三者性を肯定できると解されます。

3―破産管財人の職務と権限

　裁判所は，破産手続開始決定と同時に破産管財人を選任します（破産31条1項柱書，74条1項）．その任務は，破産手続終結，廃止，取消し及び失効などによる破産手続の終了並びに破産管財人の死亡，行為能力の喪失，辞任及び解任などによって終了します．

　破産管財人の職務は多岐にわたりますが，本書の構成に対応させて整理すると，積極財産の管理，変動とその確定に関わるものと消極財産の調査・確定に関わるものとに大別することができます．

1　積極財産の管理・確定に関わる職務

[1]　破産財団の管理と調査

　破産管財人は，直ちに破産財団に属する財産の管理に着手しなければなりません（破産79条）．破産手続開始決定は，決定の時から効力を生ずるとされていること（同30条2項）に応じて，現実的に破産財団を掌握して速やかに自らの管理下におくことが求められます．具体的には，印鑑，代表者印，預金通帳，有価証券等の高価品，帳簿類等の引渡しを受けて，事務所・店舗等を閉鎖して破産管財人が占有を取得して管理します．必要があるときは，封印執行を実施します（同155条1項）．

　破産管財人は，破産手続開始後遅滞なく，破産財団に属する一切の財産につき，破産手続開始の時における財産を評定しなければなりません（破産153条1項）．財産目録と清算貸借対照表とを作成することが求められます（同条2項）．これらは破産財団の規模と予想配当率を把握するための資料となります．1000万円に満たない場合には，裁判所の許可を得て貸借対照表の作成・提出をしないことができます（同条3項，破産規52条）．

　破産管財人は，これらの調査を踏まえて，開始後遅滞なく，①破産手続開始に至った事情，②破産者及び破産財団に関する経過及び現状，③否認のための保全処分又は役員責任査定決定を必要とする事情の有無，④その他破産手続に関し必要な事項を記載した報告書を，裁判所に提出しなければなりません（破産157条1項）．破産管財人は，財産状況報告集会（同31条1項2号）において，その要旨を報告することによって（同158条），破産に至った経緯・

原因と今後の管財業務の展開の見込み（抱える問題点と解決方針など），そして，配当の有無・配当実施見込時期等に関する情報を破産債権者に対して提供・開示します．

[2]　破産財団の変動

破産管財人は，破産者から提供を受けた帳簿類や破産者の説明とを通じて破産財団を整理します．利害関係人からも権利主張や法律関係の清算についての打診を受けます．それらの調査過程において他人の財産権が混入していたときには適正に返還処理しなければなりませんし，不当な財産流出が認められるときには，所要の返還請求，相殺禁止違反を理由とする支払請求，否認権行使，従前の契約関係の処理などを行います．また，法人の事業執行における違法行為が発覚したときには役員責任査定を求めるなどの対応をします（Chapter12〜17参照）．

以上のような破産財団の整理は，破産法の規律に基づいて財団の回復・増殖又は減少をもたらすことによって行われ，法律が定めるあるべき姿の破産財団に近づける作業といえます．

[3]　破産財団の換価

破産手続は，すべての財産を換価し，その金銭をもって破産債権者に対し集団的満足を与える手続ですから，換価方法・時期の選択が重要です．

破産管財人の換価行為については，裁判所の許可を要するとされるものがあり（破産78条2項柱書，同項1〜4号・7号・8号），裁判所の監督に服します．裁判所の許可を得ないでした行為は無効とされますが，その無効を善意の第三者に対抗することはできません（同条5項）．裁判所の許可を行政作用としての破産管財人に対する監督権の発動にすぎないとみれば，許可を欠いた破産管財人の行為であっても効力に影響はないと解する余地もありますが，悪意者を保護する必要はありませんし，債権者による監督の建前から裁判所の監督に期待する建前に変更されたこと（157頁参照）に伴い，監督の実効性を確保する趣旨によるものと解されます．もっとも，100万円以下の場合又は裁判所が許可を要しないとした場合には，事務の簡素化・迅速化が優先され，許可は不要とされています（破産78条3項，破産規25条）．

破産財団からの放棄も換価方法の1つです．換価価値のないもの，処分価値に比して維持管理費用・廃棄費用や税負担が大きいときには，保有し続け

ることによって破産財団が減少してしまいます．このようなときには，損失を最小限にするために，裁判所の許可を得て放棄することも合理的な選択となります（破産78条2項12号）．この放棄は，破産財団からの管理処分権の放棄であって，財産権の絶対的放棄とは異なります．このため，個人破産の場合には，財団からの放棄財産は破産者が管理処分権を回復し自由財産となります．法人破産の場合には，清算目的の限度で存続するにすぎない法人（同35条）と自由財産の観念との関係につき，主として別除権の目的物の放棄の可否をめぐり議論があります（302頁）．破産財団帰属財産を自由財産とすることに関しては，破産財団の利益の観点からだけではなく，債務者の経済的更生の機会確保の観点から，自由財産拡張の申立てに際し，積極的に意見を述べることが破産管財人に期待されています（同34条4項・5項）．

別除権は破産手続によらずに行使することができますが（破産65条1項），その目的物が破産財団を構成していることには変わりはなく，別除権者の選択にのみ委ねることは相当ではないため，破産管財人はこれに干渉することができます（同184条2項，185条）．また，別除権の目的物を任意売却するについて合理的な合意形成を促進する目的で，担保権消滅の許可（同186条）を求めることもできます（Chapter14参照）．

破産者の営業又は事業の譲渡も包括的な換価方法として位置づけられ，裁判所の許可を要する事項です（破産78条2項3号）．その前提として，破産者の事業を継続する必要があるときには，別途裁判所の許可を要します（同36条）．清算手続である破産の目的からすれば，破産者の事業は廃止されるのが原則であるところ，事業譲渡等を換価方法として選択するときには，不相当に劣化させないためにも継続が必要な場合があり得ることを考慮したものです．手持ちの仕掛品を完成品にする程度のものは破産財団の管理の一方法にすぎないと解されていますが，事業の継続といえるかは，破産財団の資力と規模にもよる相対的な問題です．自然人たる破産者の技術・技能に係る業種にあっては，破産手続開始後の経済活動として自由財産の問題として理解されますので，営業継続の対象にはならないと解されます．

2 消極財産の調査・確定と配当に関わる職務

[1] 破産債権の調査・確定

　破産債権は，原則として破産手続によらずに行使することはできないため（破産100条1項），破産債権者は破産手続に参加するべく，届出をしなければなりません（同111条）．破産管財人は，これらの届出について調査しなければなりません．全破産債権者の利害を代表し公平に処遇する職責を担う以上，当然の職務といえます．破産債権の調査は，破産管財人が作成した認否書（同117条1項）又は破産管財人が出頭した期日における認否（同121条1項）を軸に行われます（Chapter10参照）．

[2] 配当

　上記2[1]の債権調査の結果を踏まえて，前記1の破産財団の整理と換価によって得られた配当原資をもって破産管財人は，遅滞なく配当をしなければなりません（破産195条1項，Chapter18参照）．

破産財団の変動と意義

　講学上，現有財団，法定財団及び配当財団が区別されます．破産管財人が破産手続開始当時に現実に管理下においた破産財団を「現有財団」といいます．上述したとおり，これには破産者に帰属すべきではない財産が含まれたり，流出していることがありますから，破産管財人は，これを法律が定めるあるべき姿に近づけて一致させる作業を行います．このあるべき姿の破産財団を「法定財団」といいます．そして，これを換価して得られた配当原資を「配当財団」といいます（破産手続におけるバランスシートの解体［8頁］参照）．

3 破産管財人の職務の位置づけ

　以上のとおりに概観した破産管財人の職務を破産法の目的規定との関係で位置づけてみると，破産管財人は，まさに破産法の目的実現に直結する職務を担う重要な機関であることが明らかになります．破産管財人は，就任後直ちに現有の破産財団を把握し，債権者の満足に充てるべき財産としての法定財団に一致させるよう努めます．そして，債権者に対する弁済の最大化を指

向して，これを迅速適正に換価して配当財団を形成して，債権者の公平な満足を図ることになります．これは，破産法1条にいう「債務者の財産等の適正かつ公平な清算を図る」に直結する職務であることになります．他方，破産者の生活維持の観点から，自由財産拡張の申立てに対して適切に対応し，あるいは換価の過程で財産管理処分権を放棄して破産者の自由財産形成に寄与したり，免責不許可事由の調査をするなど，債務者の経済的再起更生の面でも，副次的ながらも，破産管財人が果たすべき役割には大きなものがあることがわかります．これは破産法1条にいう「債務者について経済生活の再生の機会の確保を図る」という部分に資するものとして位置づけられます．

4―破産管財人の義務

1 善管注意義務

破産管財人の職務遂行には，善良な管理者としての注意義務が課されます（破産85条1項）．これは破産管財人としての地位，知識等において一般的に要求される平均人の注意義務をいうとされます．善管注意義務違反の例として挙げられるのは，回収すべき債権について適時適切な措置をとらずに放置して時効消滅させて回収不能とした場合，争いのある債権を漫然と認め，あるいは適切な調査を怠り，その支払を拒絶して配当を行う場合，否認事由の存在が明白であるのに，ことさらに行使しなかった場合などがあります．

善管注意義務の具体的な内容は破産管財人としての職務遂行に必要な法律及び実務知識の水準を備えているかどうか（破産法その他の倒産法制に関する基本的理解，破産法の規定及び解釈が分かれるところについては通説的見解とこれに基づく実務運用のあり方，民・商事取引や管財業務に必要な税法・労働法など広汎な知識が必要とされます）と事件の規模や特質を考慮した適切な運用ができるかという基本的資質とを総合して決定されます．

労働債権の行使について，破産管財人の情報提供努力義務が規定されています（破産86条）．社会政策的観点から労働者の権利行使に配慮すべきことを要請するもので，破産管財人の職務・善管注意義務の問題としてみたとき，特定の権利者の権利行使のために注力することはその内容ではないことを考

慮して訓示規定の限度で定めるものです．

2 債務者の実体的義務との関係
—最判平18.12.21民集60-10-3964について

　債務者（破産者）が権利者に負担している実体的義務と破産管財人の職責に基づく善管注意義務との関係が問題となった判例があります（最判平18.12.21民集60-10-3964）．実務に対し，非常に大きな影響を与えた判例ですので，立ち入って検討しておきたいと思います．

　以下に検討する最高裁の判断は，これを一般化して理解するならば，高度の合目的的裁量的判断が求められる破産管財業務を萎縮させるおそれをもたらします．他方，本件の事実関係に照らせば，このような判断がなされるのはやむを得ないともいえる側面をもちます．そこで，判旨の合理性や問題性の検討に併せて，どのような事実がこのような判断に至らしめたのか，事実のもつ重みというものについても考えてみます．

[1]　事案の概要

　破産会社は，合計4件の賃貸借契約を締結して敷金を差し入れるとともに，各敷金返還請求権につき合計5行の銀行に対し質権を設定していました（後に1行は債権管理回収会社に譲渡しています）．破産宣告とともに就任した破産管財人は，4つの賃貸借契約を破産宣告後も継続した上，賃貸人との間で順次各賃貸借契約を合意解除し，敷金を未払賃料，原状回復費用等に充当する合意をしました．そこで，債権質権者から債権回収業務を委託された上告人が，破産管財人の充当合意はその善管注意義務に違反するものであり，これにより破産財団が破産宣告後の賃料等の支払を免れ，質権が無価値となって優先弁済権が害されたとして，破産管財人（被上告人）に対し，損害賠償又は不当利得の返還（両者の関係は選択的併合）を求めました（原判決破棄・不当利得返還請求につき一部認容，損害賠償請求につき棄却）．

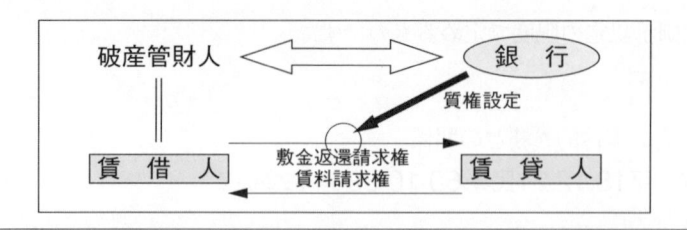

```
破産管財人 ⇔ 銀 行
                   質権設定
    ‖              ↓
  賃借人 ← 敷金返還請求権 → 賃貸人
         賃料請求権
```

（賃貸借・敷金の内容）
第1賃貸借（事務所）　　賃料　約248万円　　敷金　約4960万円
第2賃貸借（居室）　　　賃料　約388万円　　敷金　約777万円
第3賃貸借（駐車場）　　賃料　　49万円　　敷金　　294万円
第4賃貸借（倉庫部分）　賃料　　　3万円　　敷金　　　18万円
（明渡時の充当合意）
第1賃貸借　敷金約4960万円－宣告から9か月後，全額を充当
第2賃貸借　敷金約777万円－宣告から2か月後，全額を充当
第3賃貸借　敷金294万円－宣告から5か月後，全額を充当
第4賃貸借　敷金18万円－宣告から2か月後，約10万余円を充当
（明渡時の財団規模）
第2・4賃貸借合意解除時　＝　約2億2000万円
第3賃貸借合意解除時　　＝　約5億8000万円
第1賃貸借合意解除時　　＝　約6億5000万円

[2]　判旨と分析

ポイントに分けて判旨を掲げ，これについて若干のコメントを付します．

(1)　質権設定者の担保価値維持義務

「債権が質権の目的とされた場合において，質権設定者は，質権者に対し，当該債権の担保価値を維持すべき義務を負い，債権の放棄，免除，相殺，更改等当該債権を消滅，変更させる一切の行為その他当該債権の担保価値を害するような行為を行うことは，同義務に違反するものとして許されないと解すべきである．そして，建物賃貸借における敷金返還請求権は，賃貸借終了後，建物の明渡しがされた時において，敷金からそれまでに生じた賃料債権その他賃貸借契約により賃貸人が賃借人に対して取得する一切の債権を控除し，なお残額があることを条件として，その残額につき発生する条件付債権

であるが（最高裁昭和46年（オ）第357号同48年2月2日第二小法廷判決・民集27巻1号80頁参照），このような条件付債権としての敷金返還請求権が質権の目的とされた場合において，質権設定者である賃借人が，正当な理由に基づくことなく賃貸人に対し未払債務を生じさせて敷金返還請求権の発生を阻害することは，質権者に対する上記義務に違反するものというべきである．」

質権設定者の担保価値維持義務

　これは，抵当権に基づく妨害排除に関する判例（最判平11.11.24民集53-8-1899，執行・保全277・285頁）の奥田裁判官の補足意見で示されたところを，債権質の本件において取り上げたものです．担保価値維持義務を債権質における物権的請求権の内容として理解すべきか，質権設定契約に基づく債権的請求権として理解すべきかは民法解釈の問題です．本件は，質権設定者に対する関係が問題となっていますので，いずれと解するかによって相違はありません．

　かかる義務違反の成否を判断するに際し，「正当な理由」の有無が要求されるのは，例えば，資金繰りに窮した賃借人が，差入敷金額を考慮して賃料を滞納し，それによって生じた資金を運転資金として費消した場合，それが直ちに債務者に義務違反があるとまではいえず，なお合理的な経営判断と評価される余地があることを考慮するものと解されます．

(2)　破産管財人への義務の承継

　「質権設定者が破産した場合において，質権は，別除権として取り扱われ（旧破産法92条），破産手続によってその効力に影響を受けないものとされており（同法95条），他に質権設定者と質権者との間の法律関係が破産管財人に承継されないと解すべき法律上の根拠もないから，破産管財人は，質権設定者が質権者に対して負う上記義務を承継すると解される．

　そうすると，被上告人（注：破産管財人）は，H（注：上告人に債権回収業務を委託した権利者）に対し，本件各賃貸借に関し，正当な理由に基づくことなく未払債務を生じさせて本件敷金返還請求権の発生を阻害してはならない義務を負っていたと解すべきである．」

義務の承継

本判決のように，破産管財人は破産者の義務を承継するとの法的構成を与えるならば，本件は，破産債権者のために破産財団の減少を防止するという管財人の破産法上の義務と破産者から承継した質権者に対して負担する担保価値維持義務とが衝突する局面での管財業務の適正な処理のあり方が問われているとして問題状況が整理されます（才口千晴裁判官の補足意見参照）。破産者の地位の承継という法的構成は，前述したように (79 頁)，破産手続開始前後を通じて破産者の相手方の地位に影響を与えないことを説明する論理として理解され，平時実体法次元と連続面をもつものといえます。債務者について破産手続が開始された場合，平時実体法次元での債務者の利害関係人は，その地位に応じて，破産債権者，財団債権者，取戻権者及び別除権者等に区分されて破産手続上の処遇を受けることになり，破産管財人は，それらの利害を適切に調整する任務を負うと理解することが可能です。このことは目的規定において，「債権者その他の利害関係人の利益」を適切に調整すべきことが謳われている（破産 1 条）ほか，別除権者と破産管財人との交渉が制度上予定されていること（同 184 条 2 項，186 条など）にも現れているように，破産手続外での権利行使が予定されている利害関係人との間でも，利害調整を図るべきことが破産管財人の職責であると解することができます。このような理解によれば，破産者が担保価値維持義務を負う場合には，破産管財人は同様に自らの義務として担保価値維持義務を負うと同時に，善管注意義務を負う名宛人には，これらの利害関係人も含まれると解することになるでしょう。

しかし，破産者の相手方の法的地位に変動を与えないというためには，ことさらに「承継」論理による必然性はないように思われます。破産管財人は，破産者の実体法上の地位を前提にせざるを得ない地位にたつとしても，破産者の義務を承継するのではなく，破産管財人の地位に基づく独自の注意義務を指定して対応することが考えられるからです（林道晴・金商 1268-11，岡正晶・NBL851-24 など）。つまり，破産管財人の地位内在的に義務が衝突するという局面で問題を把握するのではなく，破産管財人の基本的な役割認識としては，別除権行使に積極的に協力したり，別除権者に対し担保価値を維持すべき義務を負担するのではなく，破産債権者に対する弁済を最大化すべく，適正でバランスのとれた処理を指向する職責を担うと理解することが考えられます。このような理解によれば，破産管財人は，担保権者に対し担保価値維持義務を負うものではありませんし，その善管注意義務は，手続の受益主体としての破産債権者との間で観念されるにとどまると解されます。別除権者など手続外での権利行使の地位と機会が保障されている利害関係人との間では，破産管財人の業務処理が担保権侵害であるなどとして一般不法行為を構成するかど

うかによって決定されることになります．

　もっとも，義務の承継を肯定する判例の立場においても，契約当事者としての破産者の義務における「正当な理由」（前記 (1)）と適正な職務執行を担う破産管財人の義務における「正当な理由」（前記 (2)）とは異なると解するときには，破産者が本来的に負っている義務と承継によって破産管財人が負うとされる義務とは同一内容ではないことになりますので，非承継構成（形成論理）を採用する後説とは実質的に相違しないということもできます．他方，後説の立場においても，破産管財人独自の義務の内容を特定するに際しては，破産者が質権者に負っていた義務を基本に，合理的理由がある場合に消滅又は修正を加えた内容をもつ義務が破産管財人に生じるという論理によるとすれば，両説の実際上の相違はそれほど大きなものではないのかもしれません．担保価値維持義務と善管注意義務との関係については，(4)でも検討します．

　いずれにせよ，本判決は，破産管財人に担保価値維持義務があるとした上で，その義務違反を問題にしています．破産財団の維持・増殖を図るために意識的かつ積極的に行った管財業務の義務違反性が問われていますので，次にこの点についての判旨を検討しましょう．

(3)　破産管財人の担保価値維持義務違反の成否

　「以上の見地から本件についてみると，本件宣告後賃料等のうち原状回復費用については，賃貸人において原状回復を行ってその費用を返還すべき敷金から控除することも広く行われているものであって，敷金返還請求権に質権の設定を受けた質権者も，これを予定した上で担保価値を把握しているものと考えられるから，敷金をもってその支払に当てることも，正当な理由があるものとして許されると解すべきである．他方，本件宣告後賃料等のうち原状回復費用を除く賃料及び共益費（以下，これらを併せて「本件賃料等」という．）については，前記事実関係によれば，被上告人（注：破産管財人）は，本件各賃貸借がすべて合意解除された平成 11 年 10 月までの間，破産財団に本件賃料等を支払うのに十分な銀行預金が存在しており，現実にこれを支払うことに支障がなかったにもかかわらず，これを現実に支払わないで B（注：賃貸人）との間で本件敷金をもって充当する旨の合意をし，本件敷金返還請求権の発生を阻害したのであって，このような行為（以下「本件行為」という．）は，特段の事情がない限り，正当な理由に基づくものとはいえない

というべきである．本件行為が破産財団の減少を防ぎ，破産債権者に対する配当額を増大させるために行われたものであるとしても，破産宣告の日以後の賃料等の債権は旧破産法47条7号又は8号により財団債権となり，破産債権に優先して弁済すべきものであるから（旧破産法49条,50条），これを現実に支払わずに敷金をもって充当することについて破産債権者が保護に値する期待を有するとはいえず，本件行為に正当な理由があるとはいえない．」

差入敷金をめぐる利害の交錯

相当額の敷金を差し入れている賃借人が破産した場合，破産管財人としては，物件を早期に明け渡すことによって手続開始後の賃料負担（財団債権）を抑えて敷金の回収を図るか，反対に，賃貸借契約の継続が必要なときには，破産財団が開始後の賃料負担能力を踏まえた対応（使用部分の限局と賃料減額交渉や低廉賃料物件への移転など）を検討するのが通例です．本件判旨は，開始後の賃料を敷金に充当する合意をした事案であることを受けて，原状回復費用と賃料及び共益費とを分け，前者を敷金から控除する取扱いについては，正当な理由があるとし，後者については，敷金からの控除ではなく，破産財団が負担すべき債務として現実に支払われるべきとの前提にたっています．明渡しに際して発生するという原状回復費用の性質に照らせば，これを敷金から控除するのが賃貸人の利益保護という敷金契約の趣旨に適合する以上，敷金返還請求権を質権の目的とした質権者もこれを予定して担保価値を把握していると考えられます．これに対し，開始後の賃料及び共益費は，破産財団が使用収益したことの対価として破産債権者全体の負担に帰すべきものであって，破産債権者としては敷金への充当によって支払を免れることを期待すべきではないというわけです．このような利害関係の交錯が顕在化するのは，抵当権のように特定個別の財産権の交換価値が切り出されて把握されているのとは異なり，本件の別除権は，破産財団から賃貸人に対し賃料等が支払われている限りにおいてその価値が維持される関係，すなわち破産債権者に充てられるべき配当原資が別除権の価値を維持するという緊張関係が存在するからです．

破産管財人の担保価値維持義務違反

処分換価を要する在庫管理などのために賃貸借契約の継続が必須である場合において，破産財団の負担能力が十分ではないときは，上記のとおりに処理することは困難又は不可能です．破産管財人としては，差入敷金額と明渡見込時期を勘案して，敷金からの控除に期待を寄せざるを得ません．破産管財人の職責上，破産債権者

の利益のために財団債権の発生を可及的に抑止することが求められているからです．本件は，実務上みられるこのような事案ではなく，財団債権として支払うのに十分な銀行預金が存在し現実に支払うことに支障がなかったという事案であって，破産者（質権設定者）から承継した担保価値維持義務違反を阻却する「正当の理由」はないと判断されたものです．

　本件判旨は，破産財団に負担能力があったというにとどまりますが，これが前提とする事実関係によれば，財団収集額は，宣告から2か月で2億2000万円，5か月後に5億8000万円，9か月後に6億5000万円と順調に形成されている一方において，他方では，未払賃料額等が差入敷金額に達する頃合いを見計らって，順次賃貸借契約を合意解除していることからすると，破産管財人の解除及び敷金充当合意は，ことさらに敷金返還請求権の発生を阻害して質権の空洞化を企図したのではないかと疑われてもやむを得ません．破産債権者に対する弁済の最大化を指向する破産管財人の職業意識の裏側には，手続外で権利行使可能な別除権者や租税債権者のために困難な管財業務にあたるのではなく，あくまで僅少な財産を分け合う地位にとどまる破産債権者のために財団収集に努めているとの職業意識ないし行動原理が存在するのかもしれません．しかし，手続の直接の受益主体はあくまで破産債権者であるとしても，それが別除権者等に対する権利侵害にまで及ぶときには，かかる行動原理を正当化することはできません（なお，破産管財人の報酬は，管財人が収集した財団の額を基礎に，管財業務の難易，職務遂行の迅速・適切性，配当率との均衡，管財業務が弁護士業務全体に占める負担の程度が総合考慮されて決定されるのが通例です．このため，基礎数値としての収集財団額が大きいほど報酬額も高くなる一般的傾向があります．財団規模が大きいことも併せ考慮すると，破産管財人は自らの報酬の高額化を狙ったのではないかとの疑念をも生じさせかねない点において，破産管財人の処理は相当ではなかったと思います）．

(4)　破産管財人の善管注意義務違反の成否

　「破産管財人は，職務を執行するに当たり，総債権者の公平な満足を実現するため，善良な管理者の注意をもって，破産財団をめぐる利害関係を調整しながら適切に配当の基礎となる破産財団を形成すべき義務を負うものである（旧破産法164条1項，185条〜227条，76条，59条等）．そして，この善管注意義務違反に係る責任は，破産管財人としての地位において一般的に要求される平均的な注意義務に違反した場合に生ずると解するのが相当である．この見地からみると，本件行為が質権者に対する義務に違反することになるの

は，本件行為によって破産財団の減少を防ぐことに正当な理由があるとは認められないからであるが，正当な理由があるか否かは，破産債権者のために破産財団の減少を防ぐという破産管財人の職務上の義務と質権設定者が質権者に対して負う義務との関係をどのように解するかによって結論の異なり得る問題であって，この点について論ずる学説や判例も乏しかったことや，被上告人が本件行為（本件第3賃貸借に係るものを除く．）につき破産裁判所の許可を得ていることを考慮すると，被上告人が，質権者に対する義務に違反するものではないと考えて本件行為を行ったとしても，このことをもって破産管財人が善管注意義務違反の責任を負うということはできないというべきである．」

担保価値維持義務と善管注意義務との関係

　本件判旨は，破産者から承継した質権者に対する関係での担保価値維持義務違反を認めながらも，破産管財人の職務上の善管注意義務を否定しています．両者の関係については，両者を一体として捉え，担保価値維持義務違反性において客観的違法性を検討し，善管注意義務違反性において帰責性を検討するという考え方と，担保価値義務という実体法上の義務と善管注意義務という破産管財人固有の職責に基礎をおく義務とは別ものであって，前者は担保権者との関係で検討されるのに対し，後者は倒産法秩序に照らして義務違反の存否を検討するとの考え方があるとされます（伊藤眞「破産管財人の職務と地位」事業再生と債権管理 119-8，中井康之「破産管財人の善管注意義務」金法 1811-41）．本件判旨は，担保価値維持義務違反を認めつつ善管注意義務違反を否定する判断構造を有することから，後者の考えにたつものであり，破産者から承継した担保価値維持義務が破産管財人の善管注意義務の内容的一部を構成すると理解するものと思われます．このように両者を独自の義務とみるときは，担保価値維持義務違反のみを問題にし，その帰責事由（民 415 条）の有無を検討すれば足りるはずではないかとも思われます．そうだとすると，本件判旨が善管注意義務違反を検討する部分は，本件の解決のために不可欠な判断であったかについて疑問を容れる余地が生じます（山本和彦「判批」金法 1812-55）．また，破産管財人が担保権者に対して義務を負うことを前提にする以上，損害賠償について検討するのがスジであって，本件判旨が後記 (5) のとおり，破産財団の不当利得を問題にするのは違和感が残るとも指摘されています（林・前掲 11 頁）．

　本件判旨が善管注意義務を否定する理由についても疑問が提起されています．本件判旨は，結論の異なり得る問題について論ずる学説や判例が乏しかったこと，②

破産管財人が破産裁判所の許可を得ていることを理由にしています．しかし，議論が分かれているとして管財人の過失がないとするのは管財人の判断ミスに目をつむることになるし，裁判所の許可の有無を問題にするのも裁判所のミスに目をつむることになるとの批判があります（高田賢治「判批」ジュリ 1354-153）．確かに，破産管財人としては議論が分かれていることを理由に管財業務を先送りすることはできませんし，これを遂行するには，善管注意義務が課される趣旨と内容（86 頁参照）に照らし，破産管財人としては合理的な判断能力を備えているべきものと考えられます．したがって，議論が分かれている問題であることのみでは，破産管財人の過失を否定することはできないと思います．また，裁判所の許可があったことをもって破産管財人の過失を否定するならば，処理上の難問に直面したとき，破産管財人が裁判所の許可に依存するようになるのでは，その主体性が失われてしまいます．裁判所も判断の慎重を期する余りに，不必要なまでに証拠資料の収集と許可申請書への添付を求めるようになったときは，管財業務に重い負担となって跳ね返ることになります．このようなところから，裁判所の許可があったことは，それほど重視すべき事情とは考えられないとの指摘があります（林・前掲 13 頁）．

(5) 不当利得の成否

「本件質権の被担保債権の額が本件敷金の額を大幅に上回ることが明らかである本件においては，本件敷金返還請求権は，別除権である本件質権によってその価値の全部が把握されていたというべきであるから，破産財団が支払を免れた本件宣告後賃料等の額に対応して本件敷金返還請求権の額が減少するとしても，これをもって破産財団の有する財産が実質的に減少したとはいえない．そうすると，破産財団は，本件充当合意により本件宣告後賃料等の支出を免れ，その結果，同額の本件敷金返還請求権が消滅し，質権者が優先弁済を受けることができなくなったのであるから，破産財団は，質権者の損失において本件宣告後賃料等に相当する金額を利得したというべきである．」

利得の存否

本件判旨部分は，破産管財人が敷金充当によって宣告後賃料等の支払を免れても，破産財団に帰属する敷金返還請求権から同額が減少するので破産財団には利得がないとした原審の判断を否定するものです．敷金返還請求権の価値は質権によって把握されているため，破産財団としては敷金の返還を受けることができない関係にあるのに，質権が把握した価値を失わせて破産財団は賃料の支払を免れているとみら

れるわけです．他人の財貨によって自らの債務を弁済した関係とみています．

　以上のように，本件判旨は，破産管財人の善管注意義務違反を否定する一方，破産財団の不当利得を指摘するのは，破産管財人の個人責任の追及ではなく，破産財団に対する責任追及の場面であることを示しています．

CHAPTER 9 再生債務者と監督委員

1—再生手続における機関

　再生手続における機関としては，裁判所のほか，再生債務者，保全管理人，監督委員，管財人，調査委員，債権者集会・債権者委員があります．しかし，再生手続においては，再生債務者が手続を遂行する機関としての位置づけが与えられ，破産手続における破産管財人のような必要的機関は存在せず，実務上重要な役割を担う監督委員も，法規上では任意的なものとされています．

2—再生債務者の法律上の地位

1　業務遂行権・財産管理処分権の帰属

　再生債務者とは，経済的に窮境にある債務者であって，その者について，再生手続開始の申立てがされ，再生手続開始の決定がされ，又は再生計画が遂行されているものをいいます（民再2条1号）．

　再生債務者は，再生手続が開始された後も，業務遂行権及び財産管理処分権を有します（民再38条1項）．破産手続においては，事業の解体及び総財産の換価清算並びに債権者への公平かつ平等な弁済を実現するため，破産者の管理処分権を喪失させ，第三者たる破産管財人にこれを専属させます．これに対し，軽量化された手続で迅速に事業の再建を目指す再生手続においては，経営者の資質，信用，技術等もまた重要な経営資源の1つとしてみなされている現実があること，そのような経営者が経営権の喪失をおそれて再建が手遅れになる前に法的倒産処理に誘導するには，事業経営権を失わない途を確保しておく必要があること，また，管財人を必要的機関とした場合，多種多

様な企業に対応できる管財人が得られるかという給源の問題があることなどから，事業内容を熟知した経営者に事業遂行権の保持を認めることとしています．このような管理処分権の所在の定めは，再建の基礎となる財産を適切に管理・運用し，事業価値の毀損を防止しながら，再生債務者の主体的かつ積極的な自助努力による再建を期待するものといえます．

もっとも，再生債務者には，後述のとおり，手続上独自の公平誠実義務が課されます（民再38条2項）．これは手続開始後の債務者は，実体法上の債務者とは区分された，手続機関としての再生債務者として把握され，かかる義務による一般的制約が課された管理処分権の保持を認めるものと理解されます．そして更に，再生債務者に対する牽制と介入のためのデバイスとして，監督委員（民再54条1項）による監督のほか，経営者の業務運営が不適切な場合には，管財人（民再64条1項）を選任することによって経営権をはく奪することも可能とされています．

再生債務者の業務遂行・財産管理処分への介入・制約の多様性

再生手続は，上記のとおり，再生債務者に機関としての性格を付与しながら，監督委員による緩やかな牽制や管財人による全面的排他的介入を可能にしています．民再法は，再建型倒産手続の基本法として適用対象を限定しない一般的性格を有するため，個別事案の特質，介入の必要性・相当性を考慮して，弾力的な機関配置を可能にする趣旨です．そのため再生債務者以外の機関はいずれも任意的なものとされています．監督命令に基づき監督委員による監督に服する場合を監督型（後見型），管理命令に基づき管財人が全権掌握する場合を管理型と呼びます．

2 手続機関としての再生債務者の権限

実体法上の債務者には，再生手続が開始されることによって，手続機関としての「再生債務者」の地位が与えられます．実体法上の地位とは区別された手続機構としての権限を有し義務を負います（伊藤眞「再生債務者の地位と責務（上）」金法1685-16）．

再生債務者は，積極財産の管理・調査に関わるものとして，再生手続開始後遅滞なく，再生債務者に属する一切の財産につき自ら価額を評定し，財産

目録及び貸借対照表を作成するとともに（民再 124 条），再生手続開始に至った事情，再生債務者の業務及び財産に関する経過及び現状等を裁判所に報告しなければなりません（同 125 条 1 項）．これらは権限であると同時に，破産管財人の職務（破産 153 条，157 条）と同様に職責であって，再生債務者の機関性を示しています．この財産状況報告書の提出がないときには，再生計画案を決議に付することができません（民再 169 条 1 項 2 号）．

消極財産の調査・確定に関わるものとしては，自ら債権調査を行って認否書を作成し（民再 101 条 1 項），届出がない債権についても自認できる（同条 3 項）ほか，届出債権に対し異議を述べて確定を阻止することができます（同 102 条 2 項，105 条 1 項）．管理処分権を有しない破産者の異議（破産 118 条 2 項）が確定阻止効を有しない（同 124 条，221 条 2 項参照）ことと対照的です．また，再生債務者は自ら再生計画案を作成することができ（民再 163 条），これを遂行しなければならない地位にあります（同 186 条 1 項）．さらに，未履行双務契約につき選択権を有すること（同 49 条），相殺禁止規定の適用があること（同 93 条），担保権消滅許可申立権を有すること（同 148 条）など実体法上の債務者にはみられない権限が付与されています．これらの規定は，再生債務者が手続機関としての地位を有していることを示すものといえます．

社会現実的基礎と理論との整合性

もっとも，倒産原因を作出した債務者が従前どおりに業務遂行権・管理処分権を行使すること，それにもかかわらず，手続開始前の法律関係に拘束されずに手続上独自の地位を主張できるとする局面においては，社会経済的観点からは理解し難いところもあります．次に述べるように，再生債務者には，破産管財人・破産者にはみられない独自の法的義務が課されるのも，この点に対する理論面からの手当の 1 つとして考えられます．しかし，否認権限は再生債務者には与えられず，監督委員に対して特別に授権してこれを行使する仕組み（民再 135 条）は，手続上の地位と実体上の地位とを截然と区別することが困難であることを示しています．倒産原因を創出した債務者の実体法上の地位と多様な利害関係の調整を任務とする手続法上の機関との関係をどのように把握するかはなお検討すべき問題といえます．

3 手続機関としての再生債務者の義務

手続機関としての再生債務者には，善管注意義務が課されないこと及び公平誠実義務が課されること，この2点において，破産管財人とは異なる規律が与えられています．

[1] 善管注意義務の不存在

破産管財人とは異なり，再生債務者には善管注意義務は課されません．再生債務者に機関性を強く認めようとするならば不徹底の感も拭えませんが，もともと善管注意義務は，受任者（民644条，会社330条）のように，財産の帰属主体から独立した第三者がその管理処分権を行使する場合に課せられる義務ですから，再生債務者に善管注意義務を課すことは，再生手続の構造には適合しないと考えられます．

[2] 公平誠実義務

再生債務者は，債権者に対し，公平かつ誠実に，業務遂行権及び財産管理処分権を行使し，再生手続を追行する義務を負います（民再38条2項）．債務者の業務遂行権及び財産管理処分権に対する一般的制約として機能します．再生手続開始前における利益追及のための事業主体から，債権者に対して公平かつ誠実に権限を行使しなければならない地位に変容するとみられます．

公平義務とは，多数の債権者を公平に扱う義務であり，一部の債権者に新たな担保を提供したり，再生計画によらずに再生債権を弁済することは公平義務違反となります．誠実義務は，総債権者の利益と再生債務者や第三者の利益が相反したとき，再生債務者や第三者の利益を図ることは許されないとの義務を意味しますが，「単に自己または第三者の利益のために債権者の利益を犠牲にしないという消極的義務にとどまらず，債権者に配分されるべき事業の収益価値を最大化するという積極的義務を意味する」との見解（伊藤眞「再生債務者の地位と責務（中）」金法1686-116）もあります．

公平誠実義務は誰に対する関係で観念されるのかという問題があります．破産管財人の善管注意義務の名宛人の問題（90頁参照）と同様，手続による拘束と受益の主体としての再生債権者との関係に限定されるのか，共益債権，一般優先債権及び開始後債権の債権者も公平誠実義務によって保護されるべき債権者に含まれるのかという問題です．法文上，単に「債権者」というと

きは，一般に後者の意味に理解されるわけですが，解釈によって意味が限定される場合があることは，破産管財人の善管注意義務の名宛人の問題以外にも，手続開始申立権者としての「債権者」の理解についてみてきたところです（34, 36 頁参照）．再生債権者に限定する見解（概説 419 頁［笠井正俊］など）と広く手続上の利害関係人に理解する見解（伊藤前掲など）があります．

　公平誠実義務に違反する行為の効力についても問題があります．公平誠実義務違反行為が個別規定（民再 85 条 1 項，41 条，54 条 2 項，45 条等）に該当するときは，これらの規定によって無効とされます．しかし，これらの規定に該当しないものについて，公平誠実義務違反を理由に無効とすることができるかが問題になります．もともと再生債務者には業務遂行権・管理処分権を有することを基本に据え，取引の相手方からは再生債務者が公平誠実義務に違反するか否かを客観的外形的に捕捉し難いことを考えるならば，一律に無効とすることは取引の安全を害する結果となるとして，消極に解する見解が有力です（Q&A117 頁・124 頁［中井康之］参照）．また，かかる行為をした場合，再生債務者は再生債権者に対し損害賠償義務を負うともされますが，この損害賠償債権は，共益債権ではなく開始後債権（同 123 条）にすぎず，対応としては十分ではありません．そこで，公平誠実義務違反となる失当な財産管理処分に基づき，管理命令を発することによって業務遂行権・財産管理処分権をはく奪することが考えられます（109 頁参照）．これに加えて，相手方の悪意等を条件に，その効力が否定されると解する見解もあります（山本和彦「再生債務者の地位」実務解説 410 頁）．

4　裁判所による業務遂行権・財産管理処分権の制限

　再生債務者が保有する業務遂行権・財産管理処分権行使の適正を確保するため，一般的制約原理としての公平誠実義務に加え，裁判所は，必要があると認めるときは，再生債務者が一定の行為をするには裁判所の許可を得なければならないものとすることができます（民再 41 条 1 項）．事業の解体清算を目的とする破産法における 78 条 2 項とは異なり，裁判所の裁量的判断によって指定されます．もっとも，営業等の譲渡にあっては，裁判所の許可は必要的なものとされています（民再 42 条）．実際には，裁判所が直接に要許可事項を指定することはなく，監督委員の要同意事項の指定（民再 54 条 2 項）を

通じて監督されるのが通例です（105頁参照）．

3──再生債務者の第三者性

1　問題の所在

　破産手続における破産管財人は，債務者から管理処分権をはく奪する第三者機関性が明瞭ですので，破産債権者の利益を代表する地位を有するとみるのは比較的容易です．しかし，再生手続における再生債務者は，手続開始後の業務遂行権・財産管理処分権を保持するのが原則であるため，かかる再生債務者の地位に第三者性を認めるべきかが問題となります．先述したように，再生債務者は手続開始前の実体法上の債務者とは異なり，手続機関としての地位に変容すると解されています．再生手続開始決定によって，債務者の財産は再生債権者への弁済原資を生み出す収益の源泉として凍結され，これによって生み出される将来収益は再生計画を通じて再生債権者に配分することが予定されます．このように，凍結された財産の管理・運用及び処分によって再生債権者に対する配分価値の最大化を指向して再生手続が形成され，その機関としての再生債務者には，再生債権者の利益を代表する地位が認められます．平時実体法が規律する利害調整フィールドから，再生手続開始によって再生の手続目的に適合的な利害調整ステージに切り替わり，再生債務者に差押債権者と同様の地位が与えられると理解するもので，破産手続の場合と同様，再生債権者のための包括的差押えの構造を見出して再生債務者の第三者性を肯定するわけです．

　これに対し，再生債務者の第三者性を否定する見解もあります（条解民再159頁［河野正憲］）．手続開始前後を通じて債務者の管理処分権はなお維持されていること，つまり再生手続開始決定には処分制限効がないことから，相手方の外形的認識を基礎にしたときは，再生債権者には取引の相手方を犠牲にしてまで保護に値する利益を観念することは困難であるとみているものと考えられます．もっとも，この見解も監督委員が選任された場合には再生債務者の第三者性を肯定します．

2 通謀虚偽表示における第三者

通謀虚偽表示による無効を理由に契約当事者に対して目的物の返還を請求していたところ，債務者について再生手続が開始した場合，再生債務者が民法94条2項の第三者として保護されるかという問題です．通謀虚偽表示に加担した債務者が手続開始前後で同一でありながら，再生手続開始によって，通謀虚偽表示の当事者から第三者に変容するとみるならば，素朴な社会的な感覚としては，違和感を覚えます．

しかし，多数説は，先述したとおり，規範論としての再生債務者の第三者性を肯定し，債務者の善意・悪意の判断基準も再生債権者のうちに1人でも善意者がいればこれを充足するとしています．破産管財人について検討したところと同様です（80頁）．これによれば，再生債務者が悪意であっても，再生債権者の善意性に基づき，取戻権の行使は否定されることになります．再生債務者が換価処分等に着手した時の善意・悪意を問題にすべきとの見解によれば，権利者は再生債務者に対して取戻権の行使として返還を求めることができます．

3 詐欺取消しにおける第三者

詐欺取消しを理由に契約当事者に対して目的物の返還を請求していたところ，詐欺行為を行った者に再生手続が開始された場合，再生債務者は民法96条3項の第三者としての地位を主張してこれを拒絶することができるかという問題です．自ら詐欺行為を行った者について，再生手続が開始されたという事情が生じただけで，被害者の犠牲の下に再生債務者を保護すべきかという問題設定をするならば，違和感を感じるところです．

しかし，詐欺被害者と再生債権者との利益対立として把握するならば，再生債務者の第三者性を肯定する方向が得られます．もっとも，虚偽表示の場合とは異なり，破産管財人の場合についても，詐欺被害者の立場を考慮すべきとして破産管財人の第三者性を否定する有力説があり（81頁），これによれば再生債務者についても同様に解されます．また，そもそも再生債務者の第三者性を否定する見解は，ここでも第三者性を否定して詐欺被害者の保護を優先することになります．

4 対抗問題における第三者

　再生債務者の第三者性を肯定する見解によれば，債務者から不動産を譲り受けたものの未登記のまま債務者について再生手続が開始された場合，買受人は登記がない以上，自己の所有権取得を再生債務者に対抗することができません（民177条）。また，対抗要件を備えない債権譲渡がなされた後，譲渡人について再生手続が開始された場合，譲受人は債権譲渡の効力を再生債務者に対して主張することができません（民467条）。手続開始前後を通じて実体的な意味での債務者は同一であるとみるならば，手続開始決定後，対抗要件を具備していないことを主張することを認めるのは，矛盾挙動とみられます。しかし，実体法規範にない公平誠実義務を負う再生債務者の手続上の地位に鑑みれば，独自の利害調整ステージとしての再生手続との関係では，そもそも矛盾挙動という観念を容れる余地はないと考えることができます。

5 契約解除における第三者

　売買契約の買主に再生手続が開始された後に，売主が買主の手続開始前の代金不払を理由に売買契約を解除した場合，再生債務者は民法545条1項ただし書の「第三者」として目的物の引渡しを拒絶できるかという問題があります。手続開始前に不払状態を自ら引き起こしておいて，手続開始によって再生債務者は第三者であるとして返還しなくてもよいという結論が合理的なのかと考えるならば，違和感を覚えます。さきの否定説は同様に解しています。しかし，実体法解釈上，同項ただし書の第三者には差押債権者が含まれると解されていますので，再生債務者を第三者として理解し，売主は，再生債務者に対し解除の効果を主張できないと解するのが多数説であろうと思われます。

4―監督委員

1 意義

　裁判所は，再生手続開始の申立てがあった場合において，必要があると認めるときは，利害関係人の申立てにより又は職権で，監督委員による監督を

命ずる処分（監督命令）をすることができます（民再54条1項）．監督委員は，再生債務者の事業及び手続遂行を監督することを職務とする任意機関です．

　DIP型を基本とする再生手続においては，再生債務者の業務遂行の適正さを確保をすることが重要な課題となります．裁判所が監督すること（同41条，42条，125条）も可能ですが，機動性に欠けるのみならず，企業経営の実情に明るくない裁判所の負担が大きすぎます．そこで，再生手続においては，再生債務者の行う一定の法律行為につき，その相当性・適正さを判断し，当該法律行為を行うにつき同意権限を有する監督機関としての監督委員が置かれるのが実務の通例となっています．監督委員が機動的に監督することによって，再生債務者の事業継続について債権者の理解を得やすくなっている側面もみられます．

　監督委員は，その職務を行うに適した者のうちから選任しなければなりません（民再規20条1項）．調査委員（同26条1項）とは異なり，利害関係のないことは求められていません．給源の限定性を考慮に容れつつ適材選任の要請を優先する趣旨です．監督委員に支払われる費用や報酬（民再61条1項）は，共益債権（同119条4号）となります．

2　監督委員の職務

　監督委員の主要な職務は以下のとおりであり，その遂行に際しては善管注意義務を負います（民再60条1項）．

[1]　裁判所の指定行為に対する同意権による監督

　裁判所は，監督命令において，監督委員を選任するとともに，監督委員の同意を得なければ再生債務者がすることのできない行為を指定します（民再54条2項）．民再法41条1項各号所定事項を参考に（後記監督命令第4項参照），業務遂行や財産管理処分の適正化と再生債務者の事業活動の円滑・機動性確保の観点から，第三者たる監督委員の判断を介在させるのが相当と考えられるものが掲げられ，これらの指定行為に対する同意権限の行使を手段として再生債務者の活動を監督します．監督委員は再生債務者の財産管理に関する情報を一般的に保持する地位にはないため，資料を調査・収集することができるものとされています（同59条）．

　これらの要同意事項は登記によって公示され（同11条2項・3項），同意を

得ないでした行為は無効とされます（同54条4項）．また，再生手続の廃止（同193条1項2号）という制裁に結びつくこともあります．なお，法文上は，再生計画認可決定確定後には再生計画の取消事由ともされますが（同189条1項3号），認可決定確定後は要同意事項の指定は全面的に解除されるのが通例です（後記監督命令第4項参照）．

[2] 再生手続開始前の共益債権化の許可に代わる承認

再生手続開始前の原因に基づく財産上の請求権は再生債権として拘束され，計画外での弁済は禁止されます（民再84条1項，85条1項）．これを字義どおりに適用するときは，手続開始申立後開始決定前に資金貸付や販売商品を納入する協力者はおよそ現れないということになりかねません．そこで，このような債権を特別に保護する政策的必要性があることから，債務者の事業価値の維持に寄与し再生債権者全体の利益に適合するものとして，裁判所の許可を通じて共益債権化する途を開いています（同120条1項）．この許可を機動的に行わせるため，監督委員の承認事項とすることができます（同条2項・後記監督命令第3項参照）．

[3] 再生債務者の業務・財産の管理状況その他裁判所が命ずる事項の報告

再生手続開始後，再生債務者は，再生手続開始に至った状況，再生債務者の業務及び財産に関する経過及び現状等のほか，裁判所に命じられた事項について報告しなければなりません（民再125条1項・2項）．これに併せて，第三者たる監督委員にも裁判所に対して報告が求められ（同条3項），そのための調査権限を有します（同59条）．再生債務者の公平誠実義務違反行為の有無について，監視・監督機能が発揮されることが期待されています．

開始決定前段階

監督命令から1週間から10日程度で開始決定に至るのが標準的な運用であるため，開始決定前の段階では，申立棄却事由（民再25条）の存否の調査を行い，開始決定をすることの相当性についての意見書提出が監督委員の主要な任務です．特に，債権者の意向確認は，3号の判断を左右しますし，その際に債権者から提供される情報は，4号該当性の資料となります．監督委員は，上記各判断資料を得ること等を目的として，手続開始の申立直後に債務者が開催する債権者説明会（民再規61条，46頁参照）に同席するのが通例です．

開始決定後再生計画案付議段階

　監督委員は，再生債務者が裁判所に提出する財産評定書や債権認否書を点検します．問題があるときは，申立代理人に対して意見を述べます．再生債務者から再生計画案が提出されたときは，不認可事由（民再174条2項各号［3号を除く］）の存否について，意見書を作成して裁判所に提出します．この要旨は債権者集会の招集通知とともに全債権者に送付されます．

　債権の認否書や再生計画案の作成・提出という手続上の行為について要同意事項として指定できるかという問題があります．監督委員の要同意制度の趣旨が，業務遂行や財産管理処分の適正確保にある以上，これらの手続行為には及ばないのではないかという問題です．監督委員の同意がなければ無効とするのは行き過ぎですし，監督機能を超えて後見的機能まで期待するのは制度趣旨にも合致しません．しかし，監督委員には裁判所の補助機関的な側面があることは否定できませんし，円滑な手続進行のため実務上のニーズがあり得るところであって困難な問題です．

[4]　再生計画の遂行監督

　再生計画認可決定が確定したときは，監督委員は，再生債務者の再生計画の遂行を監督します（民再186条2項）．再生計画認可決定確定から3年を経過したときは再生手続終結決定がされ，監督委員による監督も終了します（同188条2項）．この間，監督委員は，再生計画にしたがった弁済がされたか否かを調査して裁判所に報告します．

　弁済計画ないし事業計画に狂いが生じたときには，その原因に応じた対応を期待して，監督委員には，再生計画の変更申立権（同187条），再生手続廃止の申立権（同194条）が付与されています．ただし，監督委員は再生計画取消しの申立てをすることはできません（同189条参照）．

[5]　否認権が授権された場合の否認権行使

　再生債務者に手続機関としての地位を認めるのが再生手続の基本的な考え方ではありますが，否認権を行使する場合は，監督委員に対し，特定の行為について否認権の行使権限を授権することにより行われます（民再56条1項）．再生債務者に自らの行為の否認を認めるまでに手続機関性を貫徹することには，なお社会経済的見地からみて抵抗感があると考えられたためです（Chapter16参照）．否認権行使権限を授権された監督委員は，その行使に必要な範囲で，再生債務者のために財産管理処分権を有します（同条2項）．

監督命令

　　　　　　　　　決　　　定

　　　　　　　　再 生 債 務 者　　　株式会社○○
　　　　　　　　代表者代表取締役　　　○○　○○

1　株式会社○○について監督委員による監督を命ずる．
2　監督委員として，次の者を選任する．
　　　　　　　　　　○○　○○
3　監督委員は，再生債務者が，民事再生法120条1項に規定する行為によって生ずべき相手方の請求権を共益債権とする旨の裁判所の許可に代わる承認をすることができる．
4　再生債務者が次に掲げる行為をするには，監督委員の同意を得なければならない．ただし，再生計画認可決定があった後は，この限りでない．
　(1)　再生債務者が所有する財産に係る権利の譲渡，担保権の設定，賃貸その他一切の処分（商品の処分その他常務に属する財産の処分を除く）
　(2)　再生債務者の有する債権について譲渡，担保権の設定その他一切の処分（再生債務者による取立てを除く）
　(3)　財産の譲受け（商品の仕入れその他常務に属する財産の譲受けを除く）
　(4)　貸付け
　(5)　金銭の借入れ（手形割引を含む．）及び保証
　(6)　債務免除，無償の債務負担行為及び権利の放棄
　(7)　別除権の目的の受戻し
　　　　　平成○年○月○日
　　　　　　　○○地方裁判所民事○○部
　　　　　　　　　裁　判　官　　　◇　◇　◇　◇

5──管財人

1 意義

　法人・個人を問わず必要的に選任される破産管財人とは異なり，民事再生手続における管財人は，法人たる再生債務者の財産管理処分が失当であるとき，その他事業の再生のために特に必要があると認められることを要件として，選任される機関です（民再64条）．自然人の場合には事業用資産と個人生活用資産とが混然として区別するのが困難であるため，管財人に委付される管理処分権の範囲を明確にできないことから，管財人が選任されるのは，法人を再生債務者とする場合に限られます．

2 管理命令の要件

　「事業の再生のために特に必要があると」きに管理命令が発せられます（民再64条1項）．事業再生のための必要性・有意義性では足りず，特に必要であることが求められるのは，債務者を手続主体として存置するDIP型を原則的な態様とし，保持を許された財産管理処分権を基礎にした債務者の自助努力とそれに対する債権者の自治的判断を基礎とする再生手続の特性を考慮するものです．これに加えて，監督委員が選任されるのが常態であることを考慮すると，管理命令が発せられるのは例外に属するといえます．

　法文上，再生債務者の財産管理処分の失当が例示されています．放漫経営による財産の散逸や一部債権者に対する偏頗行為がみられる場合は，公平誠実義務という一般的制約が伴う財産管理処分権の趣旨を逸脱し，もはや再生債務者に業務遂行を認めることは相当ではありません．また，有能な役員・従業員が現経営陣と袂を分かつ意思を表明したり，多数の債権者が現経営陣に強い不信感を抱くなど，事業の再生のために経営者の交替を必要とする場合もあり，この場合には債務者の自助努力に委ねるという手続の基本的前提が欠けるといえます．これらのような場合に，なお再建の途を歩ませるべきかどうかを検討すべきこととなります．このような認識から，管理命令発令の判断に際しては，公平誠実義務違反の内容だけでなく，再生債務者の意思や経営能力，再生債務者の事業の性質（経営主体の変更が業務の遂行に及ぼ

す影響), 債権者その他の利害関係人 (メインバンク, 主要取引先, 従業員等) の意向, スポンサー選定手続に及ぼす影響, 再建の見込み等を総合的に考慮して判断されるべきとの指摘があります (新注釈上316頁 [籠池信宏])。これは相当重い審理を裁判所に要求するものであり, 管理命令の効果の重大さを考慮するものといえます。

管理命令が発令されない場合の再生手続の帰趨—合理性と限界

再生債務者の財産管理処分の失当が認められる一方, 管理命令が発令されなかったときは, 信頼を失った再生債務者の再生計画案に対しては, 再生債権者がこれを否決するとの投票行動を示すことによって, 手続廃止・破産移行をもたらし, 債務者に対し自己責任を問うことになるのが通例です。このような意味で, 債務者には自助努力と公平誠実義務を尽くすインセンティヴが働き, 債務者と債権者との間での自治的判断が尊重されるという構図が描かれます。

しかし, 管理命令による以外には経営者の交替が円滑にできず, しかも, 破産移行による急激な解体をもたらすことが社会的見地からみて相当ではない場合もあります。医療法人や学校法人を対象とするときは, 会社更生法の適用はなく, 同法による管財人選任によることはできませんし, 経営者交替のためには, 旧経営陣による理事会による承認手続を必要とするため円滑な実現は困難です。しかも, 再生手続廃止・破産移行による急激な解体は, 患者・生徒などの社会的保護を要する受益主体に多大な影響を与えてしまいます。このような場合には, 管理命令による積極的な対応が期待されます。

3 管理命令の効果

管理命令が発せられた場合には, 再生債務者が業務遂行権・財産管理処分権を失い, これらは管財人に専属します (民再38条3項, 66条)。このため, 財産関係訴訟の取扱い (同67条), 郵便物の管理 (同73条), 再生債務者の行為の効力 (同76条), 任務終了時の計算報告 (同77条), 再生債権の調査 (同100条以下), 財産評定 (同124条), 裁判所への報告 (同125条), 否認権行使 (同135条) など, 破産管財人と同様の規律がなされます。

「再生債務者等」

　法文上,「再生債務者」と「再生債務者等」は書き分けられています.「再生債務者等」とある場合,管財人が選任されていないときは再生債務者,管財人が選任されているときは管財人をいいます（民再2条2号）.

6—保全管理人

1 意義

　再生手続開始申立後開始決定までの間において,管財人とほぼ同様の地位と権限が与えられる機関が,保全管理人です.事業の継続のために債務者から業務遂行権と財産管理処分権をはく奪する必要がある場合に発せられる保全管理命令によって選任されます（民再79条1項）.

　開始決定までの短期間ながらも,急激に事業価値が劣化することを防止して事業を継続させるには,現経営陣から事業遂行権・財産管理処分権を失わせておく必要がある場合があることを想定した選択肢です.法文上も,管財人選任における開始決定後の「事業の再生」ではなく,開始決定までの「事業の継続」を念頭においています.

2 権限

　保全管理命令が発せられたときは,再生債務者の業務遂行権及び財産管理処分権は,保全管理人に専属します（民再81条1項本文）.基本的には管財人の前倒し的な位置づけが与えられます（同83条）.ただし,保全管理人は,再生手続開始決定までの「つなぎ」としての役割にとどまりますので,再生債務者の常務に属しない行為をするには,裁判所の許可が必要です（同81条1項ただし書）.裁判所が要許可行為として指定した場合も同様です（同条3項）.

7―調査委員

1 意義

　調査委員とは，手続開始申立後，利害関係人の申立てまたは裁判所の職権で選任され，裁判所によって命じられた事項を調査して，その結果を裁判所に報告することを職務とする任意機関です．調査委員は，裁判所がその必要があると認めるときに発せられる調査命令によって選任されます（民再62条1項）．手続開始申立時における申立人の提出資料，手続開始後における再生債務者の報告（同125条），監督委員による調査報告などに一般的に期待される役割・範囲を超える事項・専門知識を要する場合に，個別の調査事項が指定され，公認会計士や税理士その他の専門家のうち，利害関係のないものから選任されます（民再規26条1項）．費用や報酬（民再63条，61条1項）は共益債権となります（同119条4号）．

2 調査事項

　調査事項として想定されるものとしては，①再生手続開始に至った原因，②再生債務者の財産や業務の状況，③再生の見込みや再生に必要な条件，④債権者の意向，⑤不正な財務会計行為の存否，⑥否認対象行為の存否，⑦役員等の損害賠償責任の存否などがあります（Q&A171頁［中井康之］）．もっとも，これらは監督委員による調査（民再59条）の過程で判明することも多く，また，公認会計士等を監督委員の補助者とすることが多いため，監督委員とは別に調査委員を選任する例はあまりありません．

> **調査委員の独自性**
> 　調査委員は，手続開始の前後を問わず，債務者の財産管理処分権等を制約することなく，必要な事項を指定して調査を命じることができるという点に独自性を有します．例えば，債権者申立ての事案において，仮に再生手続開始原因の存在が判然としない状態で監督命令を発令して監督委員を選任したときは，監督命令が公示されて再生債務者の信用が害されるおそれがありますし，債務者が開始原因の存在を争うときには，監督委員の要同意事項を指定して債務者の行為を制限することに

よって，かえって倒産を早めることになるおそれもあります．このような場合，監督委員を選任せずに，開始原因調査のために調査委員を活用することが考えられます．また，債権者から破産手続開始の申立てがなされた債務者につき，他の債権者が対抗的に再生手続開始の申立てをする場合（債権者が手続費用を予納してまで債務者に経営権を保持させる再生手続を選択するという事態は考えにくいかもしれませんが，債権者たる関連会社が再生手続開始の申立てをする場合があります）や債務者自らが対抗的に再生手続開始の申立てをした場合には，まずは調査命令を発令して公正な第三者を通じて手続開始原因の存否を調査する場合も考えられます．これは監督委員とは異なり，調査委員の選任に際しては，特に利害関係のない者であることが明記されていること（民再規26条1項）を考慮するものです．

消極財産の調査・確定 PART 4

PART 4 消極財産の調査・確定

CHAPTER 10 手続対象債権の処遇

1- 債権区分の意義
1. 破産債権,再生債権
2. 優先権のある債権
3. 財団債権,共益債権
4. 開始後債権

2- 破産債権
1. 意義
2. 要件
3. 等質化（現在化・金銭化）
4. 優先順位

3- 再生債権
1. 意義
2. 要件・特質についての破産債権との比較

4- 数人の全部義務者についての破産・再生手続開始と手続参加
1. 債権者の権利行使一人的担保と手続開始時現存額主義
2. 全部義務者の求償権の確保
3. 物上保証人の求償権
4. 保証人の破産

5- 債権の届出・調査・確定
1. 意義
2. 債権の届出
3. 届出債権に対する調査
4. 調査による債権の確定
5. 異議後の債権確定手続
6. 債権調査・確定手続のない再生手続
7. 租税・罰金等の請求権の特例

6- 債権者集会
1. 意義
2. 破産手続上の債権者集会
3. 再生手続上の債権者集会
4. 招集・決議

7- 債権者委員会と代理委員
1. 債権者委員会
2. 代理委員

CHAPTER 11 財団債権,共益債権

1- 財団債権
1. 意義
2. 財団債権の範囲
3. 財団債権の弁済

2- 共益債権
1. 意義
2. 共益債権の範囲
3. 共益債権の弁済

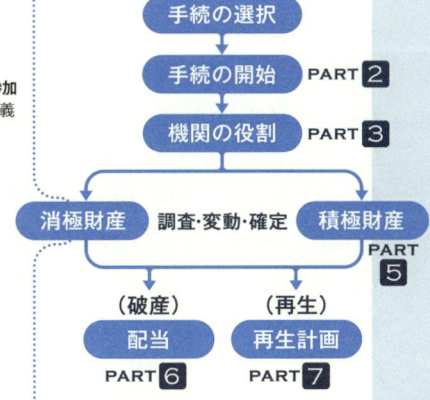

手続の選択
↓
手続の開始　PART 2
↓
機関の役割　PART 3
↓
消極財産　調査・変動・確定　積極財産
　　　　　　　　　　　　　　　　PART 5
↓　　　　　　　　　　　　　　↓
（破産）　　　　　　　　　（再生）
配当　　　　　　　　　　　再生計画
PART 6　　　　　　　　　　PART 7

CHAPTER 10 手続対象債権の処遇

1 ― 債権区分の意義

　倒産手続は，僅少な財産的価値を債権者に配分し，あるいは，その再投資を受けて将来収益から現在の清算価値を超える価値を債権者に配分するとの手続目的に鑑み，手続の受益主体たる債権者を公平・平等に処遇するために，手続に参加させ，これにしたがって価値を配分することが必要となります．他方，倒産手続は，多様な利害関係人を手続に巻き込むことを必然的内容とし，債権者においても，実体法上の性質を反映して多様な内容・優先関係を有しているため，倒産手続における処遇を考案するについては，そのような実体法上の性質や内容・優先関係を反映して区分することが必要です．そして，実体法秩序に照らし，同質の債権者間では平等な取扱いを，異質の債権者間ではその差異に応じた取扱いをするのが公平に合致します．このような観点から，手続上の債権は，明確に区分されています．債権者は相互に優先することなく（非優先原則），債権額の割合に応じた比例的平等弁済を受けること（比例弁済原則）を内容とする債権者平等原則は，同一処遇を受ける債権者間で実現されることとなります．

1 破産債権，再生債権

　実体法上の権利を基礎に，手続拘束・権利変更という手続効果と手続内処遇を与える手続上の債権概念を倒産債権ということができ，破産法における「破産債権」，民再法における「再生債権」がこれに相当します．破産・再生のいずれにおいても，手続開始前の原因に基づいて生じた財産上の請求権であることを基本的な要素とし（破産2条5項，民再84条1項），一定の場合に政策的にこれを拡張する旨の規定を設けています（破産97条，民再84条2項）．こ

れらの債権者に対する集団的処理手続が開始されるため，手続外での権利行使が禁止され（破産100条1項，民再85条1項），手続内で権利の実現を図るため一定の変容を受けます．

2 優先権のある債権

　一般の先取特権その他一般の優先権がある債権は，手続上も尊重されなければなりません．かかる態度は，破産と再生では共通します．しかし，その処遇のあり方は，手続目的・構造の相違に照らし，異なります．

　破産手続においては「優先的破産債権」とされ，破産手続内において他の債権に優先して配当を受ける地位が与えられます（破産98条）．再生手続においては，「一般優先債権」とされ，再生手続外で随時弁済を受ける地位を有します（民再122条）．限られたリソースをどのように配分すべきかを不断に検討しなければならない破産手続においては，手続に拘束される債権を極大化してこれを捕捉するとともに，優先順位を付すことによって平時実体法が想定する秩序にしたがった価値の配分を指向します．これに対し，簡素化・軽量化された手続によって迅速な再建を図る再生手続においては，目的達成に必要な限度でのみ手続拘束を与え，それ以外の債権は手続外におくことによって低コストの手続を実現しようとするものです．

3 財団債権，共益債権

　破産及び再生のいずれにおいても，手続に拘束されずに随時弁済を受ける地位が保障されるカテゴリーの債権があります．例えば，手続を遂行するために必要な費用は，すべての手続上の利害関係人に有用なものですから，それは手続の受益主体である債権者全体の負担に帰するべきものです．したがって，このような債権に対する弁済によって配当財源又は再建原資が減少することは正当なコストとして是認されることになります．

　このような債権は，破産手続では，破産財団の存立・形成・維持にとって必然的に発生する債権であることから，「財団債権」と呼ばれます（破産148条，151条）．もっとも，破産はいわば極限状態での現状の原資を配分する手続であるため，上記のような性質をもつもの以外に政策的に財団債権とされる場合もあります（破産149条）．

再生手続では財団が形成されることはなく，従前の事業主体が存続するため，財団債権の呼称は用いられません．手続遂行という共同の利益のための債権として理解され，「共益債権」と呼ばれます（民再119条，121条）．

4 開始後債権

再生手続には，「開始後債権」という観念が存在します．これは再生手続開始後の原因に基づいて生じた債権で，共益債権，一般優先債権又は再生債権に該当しないものをいいます（民再123条1項）．破産手続では，手続開始後に生じた債権は，その性質に応じて，財団債権（破産148条）又は劣後的破産債権（同99条）として扱われて清算の対象とされます．これに対し，再生手続においては，再生債務者の事業継続が基本であるため，弁済を受ける地位は失われません．そこで，これを再生債権の観念から外し，再生計画で定められた弁済期間満了までは弁済を受けることができない（民再123条2項・3項）との限度で劣後的取扱いをします．再生債務者の財産を引当にするという対応関係もないため，再生計画による権利変更も受けません．

2―破産債権

1 意義

破産債権とは，破産者に対し，破産手続開始前の原因に基づいて生じた財産上の請求権であって，財団債権に該当しないものをいいます（破産2条5項）．これに該当する債権は，①破産手続外での権利行使を禁止され（同100条1項），②調査・確定手続を経た破産債権につき，破産手続への参加資格（配当受領と議決権行使）が認められます（同103条1項）．

2 要件

[1] 破産者に対する請求権であること

「破産者に対し」との要件要素は，破産者に対する人的請求権に限定する趣旨です．物権のように個別特定の財産を対象とする物的請求権については，別の準則（別除権，取戻権）によって規律されます．第三者に対する請求権

も除外されます．

　破産者の総財産ではなく，特定の財産に対して優先権を有する担保権の場合，その被担保債権は，破産者に対する請求権ですから破産債権者としての地位を有します（破産108条1項ただし書参照）が，破産債権として行使できる範囲は，別除権行使によって弁済を受けることができない部分に限定されます（同項本文）．

[2]　**破産手続開始前の原因に基づいて生じた請求権であること**

　「破産手続開始前の原因に基づ」くことを要するのは，破産財団の範囲につき，破産手続開始時を基準とする固定主義（破産34条1項）に対応するものであり，これを引当とする破産債権の範囲を画するものです．破産手続開始時において破産者が負担する債務について，破産財団をもって清算を図るわけです．

　原因があれば足りますので，弁済期未到来・条件成就未確定等により権利の発生等が確定的でなくても足ります（等質化［120頁］や配当調整［121, 305頁］によって対応します）．破産手続開始後に発生する場合は，その性質に応じて財団債権又は劣後的破産債権にそれぞれ振り分けられるのが原則ですが，手続開始後に発生した請求権であっても，政策的に破産債権とされる場合があります．例えば，未履行双務契約の処理（破産53条）につき，破産管財人が解除を選択したとき相手方の損害賠償請求権は破産債権とされます（同54条1項，97条8号）．反対に，手続開始前の原因に基づいて生じた請求権であっても，政策的に財団債権とされる場合があります．例えば，未履行双務契約の処理（同53条）につき，破産管財人が履行を選択したときの相手方の請求権は財団債権とされ（同148条1項7号），労働債権の一部が財団債権とされます（同149条）（176, 164頁参照）．

[3]　**財産上の請求権であること**

　「財産上の請求権」であることを要するのは，破産手続は終局的には金銭配当によって債権の満足を図る手続ですので，金銭配当になじむもののみを手続に取り込む趣旨です．金銭評価が不可能な請求権は除外されます．

　債務者に対する作為・不作為請求権のうち，代替的作為債務の実現を内容とするものは代替執行が可能とされ（民414条2項，民執171条），これは債務者に対する直接強制に代え，金銭債権に転化させて費用負担の問題として処

理するものですから（執行・保全196頁），財産上の請求権に該当します．

不代替的作為又は不作為債務の実現を内容とするものは，原則として除外されますが，破産手続開始前に損害賠償請求権に転化している場合には，破産債権として扱われます．破産手続開始後に破産者の不履行によって損害賠償請求権に転化した場合，これを破産債権とみるべきかについては争いがあります．破産手続開始前に原因がある以上，破産債権となるとの肯定説（山木戸90頁）と破産手続開始時には財産上の請求権ではなかったものが開始後の事情によって破産債権に転化するとみるべきではないとする否定説（加藤143頁，伊藤195頁）があります．

[4] 執行可能な請求権であること

破産債権の強制的満足を図る破産手続の性質上，強制執行可能な請求権でなければならないと解されています．したがって，裁判上請求できない権利や不執行合意のある請求権は破産債権から除外されます．債務名義は必要ではありません．債権の存否及び内容についての破産法特有の調査・確定手続が装備されています（131頁参照）．

3 等質化（現在化・金銭化）

破産債権とされるものには多種多様なものが含まれます．弁済期未到来・条件成就未確定のものや金銭債権以外のものも含まれます．これらを破産手続の迅速な進行という時間的制約と金銭配当による満足の実現という破産手続の特質に照らし，金銭による弁済が可能になるように破産手続との関係において等質化されます．これは破産配当のための政策的変容にとどまります（もっとも，破産者に対する関係においては，配当実施後は金銭化の効力は破産手続外でも維持されると解さざるを得ませんし，債権表の記載が確定判決と同一の効力を有する限度では等質化の効力は手続外でも有することになります［山木戸96頁］）．

未到来の期限付債権は，破産手続開始の時に弁済期が到来されたものとみなされます（現在化［破産103条3項］）．金銭の支払を目的としない債権は破産手続開始時を基準に評価し（金銭化［同条2項1号イ］），金額等の不確定な債権についてはその確定が図られます（額の確定［同号ロハ］）．これらの評価・額の確定の妥当性については，破産債権の届出に際して債権者が行うこ

とによって，調査・確定手続の対象とされます．このため，金銭化は破産債権者表への記載の効果であるといわれます（なお，245頁参照）．

　もっとも，条件付債権や将来の請求権については，条件成就等が擬制されるわけではなく，最後配当に関する除斥期間満了までの間に条件が成就するか否かによって処遇が決まります．停止条件付債権及び将来の請求権については，上記除斥期間内に権利行使できる状態に至っていない（条件が成就しない）ときは，最後配当から除斥されます（破産198条2項）．解除条件付債権については，上記除斥期間内に条件が成就しない限り配当を受けることができ，中間配当を受けるについて担保を供しているときは，担保はその効力を失います（同212条）．

　　現在化・金銭化の根拠
　　　現在化は破産手続開始の効果とされるのに対し，金銭化は債権確定の効果とされます．このことから，債権確定未了のうちに破産手続が廃止された場合，金銭化の効力は生じないのに対し，現在化の効力は維持されると解されています（谷口284頁，伊藤198頁．なお，概説62頁［沖野眞已］参照）．

4　優先順位

　破産手続は破産者の総財産を換価・配当する終末的処理を目的とし，僅少な財産を分配するため，厳格な順位が付されます．破産債権は，配当を受ける順位区分にしたがい，優先的破産債権，一般破産債権及び劣後的破産債権に分けられます．破産配当原資は，まず優先的破産債権に配当され，残余があるときに一般破産債権に，そしてさらに残余があるときには，劣後的破産債権，そして約定劣後破産債権に配当されます（破産194条1項）．

[1]　優先的破産債権

　破産財団に属する財産につき一般の先取特権その他一般の優先権がある破産債権は，他の破産債権に優先します（破産98条1項）．優先的破産債権者相互間の順位は，民法，商法その他の法律の定めるところによって決定されます（同条2項）．

　雇用関係に基づく労働債権は債務者の総財産について先取特権を有するた

め（民306条2号，308条），財団債権とされる部分（破産149条）を除き，優先的破産債権として処遇されます．この場合，破産債権とされる範囲は配当による満足が図られるべきところ，当該債権の性質に照らし，配当前でも裁判所は弁済を許可することができるとされています（同101条1項本文．57頁参照）．これは配当の前倒し実施を意味するため，財団債権者又は先順位もしくは同順位の優先的破産者の利益を害するおそれがない場合に限られ（同項ただし書），破産管財人の合理的判断を介在させるべく，破産債権者には直接の申立権はありません（同101条2項参照）．

租税債権は，一般の優先権ある債権ですので（国税徴収法8条，地方税法14条），破産手続開始前の原因に基づいて発生した租税債権のうち，破産法148条1項3号所定以外のものは，原則として優先的破産債権となります（例外として，延滞税，利子税，加算税など劣後的破産債権となる場合があります［破産97条3号・5号，99条1項1号］．財団債権性につき，160頁参照）．また，かかる優先権に基づき，租税債権は，優先的破産債権の中では最優先となります（同98条2項）．

[2]　劣後的破産債権

一般の破産債権に後れるものを劣後的破産債権といいます（破産99条1項柱書）．劣後的破産債権は，実質的に配当から除外されることを意味し，議決権行使も否定されます（同142条1項）．破産債権者と破産者との間で，破産手続前に配当順位が劣後的破産債権に後れるとの合意がされた債権は，約定劣後破産債権といい，劣後的破産債権に後れる最後順位の破産債権となります（破産99条2項，194条1項4号）．

内部者債権の取扱い

債権者と債務者とが親子会社関係にある場合や債務者代表者が債権者として届出をした場合，特に債権者に倒産責任のあることが強く疑われるときには，当該債権を劣後的に取り扱うことができないかという問題があります．これらの債権者を他の債権者と同列に扱うことが衡平に適するのかという問題です．

将来指向性を有する再生手続においては，再生計画における権利変更・処遇に際し，実質的衡平の観点から，弾力的に取り扱うことが許されます（民再155条1項ただし書）ので，他の再生債権者と同列に扱うことが他の再生債権者との衡平を害

する事情があると認められるときは，劣後化して処遇することが可能です．

　破産手続において，信義則によって親会社の破産債権を劣後化した裁判例（広島地福山支判平 10.3.6 判時 1660-112）があります．子会社の債権者を保護する趣旨であると思われます．しかし，終局的清算を目的とする破産手続においては，厳格な順位区分と形式的平等が要請され，手続の厳格な形式性そのものに固有の価値があるというべきです．これに実質的修正を加えることには，限界を不明確にするリスクを伴いますので，慎重でなければなりません．破産手続における劣後化の可否は，具体的妥当性と一般的確実性との調整問題として難問に属します．戦略的異議（141頁）による実質的衡平確保が議論されるのは，ここにも関係しています．

3─再生債権

1 意義

　再生債権とは，再生債務者に対し再生手続開始前の原因に基づいて生じた財産上の請求権で，共益債権又は一般優先債権に該当しないものをいいます（民再 84 条 1 項）．再生債権は，①再生計画外での権利行使・弁済を禁止され（同 85 条 1 項），②調査・確定手続を経た再生債権につき再生手続への参加資格（議決権行使，再生計画による権利変更，変更後の権利について再生計画に基づく弁済受領）が認められます（同 154 条 1 項 1 号，156 条）．

2 要件・特質についての破産債権との比較

　再生債権の要件は，破産債権の要件について述べたところと同様です．

[1]　等質化の排除

　破産債権の等質化は，多種多様な破産債権に対し金銭配当による満足を図ることによって終結するという破産手続固有の特質に照らして付与される効果であって，手続終結後も事業を継続し再生計画に基づいて弁済することを予定する再生手続においては，そもそも手続開始の効果として等質化を図る必要はなく，必要な権利変更は再生計画によって行うことで足りると考えられます．

　もっとも，議決権の額を定める限度においては，類似の措置が必要とされます（民再 87 条 1 項）．また，個人再生手続においては，再生計画認可決定の

効果として再生債権の現在化・金銭化が図られます（同232条1項）．これらは，上記の原則に対する例外として位置づけられます．

[2] 対象債権の限定

　破産手続においては，限られた原資を分け合う関係にあるため，すべての債権者を手続に取り込み，配当優先順位を付すことは重要な意義を有します．これに対し，再生手続では債務者の事業継続を前提にその将来収益から弁済されるため，手続対象となる債権を選別・限定することが可能かつ合理的であって，これによって手続を簡素化しています．

　一般の優先権を有する債権は，破産手続では優先的破産債権として扱われるのに対し，再生手続では再生債権の観念には含まれません（民再84条1項かっこ書参照）．このような債権は，一般優先債権として手続外で随時弁済を受け（同122条），これによって手続の簡素化が図られます．再生債権に先立ち弁済を受ける共益債権（同121条2項）と随時弁済を受ける一般優先債権とは実質的にみて共通の処遇を受けるといえますが，破産手続に移行したときには，共益債権は財団債権とされるのに対し（同252条6項），一般優先債権は原則として優先的破産債権とされるという相違が現れます．

　破産手続において劣後的破産債権とされる請求権（破産99条1項1号）には，再生手続では一般優先債権として手続外に置かれるもの（同97条3号～5号，民再122条）があるほか，再生債権とされながらも議決権が排除されるもの（破産97条1号，2号及び7号，民再87条2項．なお155条1項ただし書参照）があります．さらに，議決権排除に加えて，再生計画による権利変更を受けることなく，その弁済時期を計画弁済後とするもの（破産97条6号，民再87条2項，155条4項，178条ただし書，181条3項）もあります．これらも手続を複雑化させない配慮といえます．

再生手続の簡素化と計画遂行の円滑化の仕組み

　優先順位・利害を異にする複数の権利者を手続に取り込むとすれば，決議に際して組み分けを行う必要が生じます．かかる煩雑さをできるだけ回避して手続の簡素化を図るため，再生手続は，手続対象債権を再生債権に限定しています．一般優先債権というカテゴリーを手続外に置くこととともに，劣後的破産債権として処遇される債権であっても，破産手続とは異なり，債務者が事業を継続するため将来的に

は弁済を受ける機会が失われないことを基本に，決議のシステムを複雑化させない配慮と再生計画に基づく弁済を阻害しないための配慮がされています．

ところが，約定劣後破産債権の規定が破産法に設けられたことに伴い，平成16年改正によって民再法にも約定劣後再生債権の規定が整備されました．これは約定劣後破産債権に相当するものではありますが（民再35条4項かっこ書），再生債務者の将来収益から弁済を受ける地位を有するため，決議における組分けの必要が生じました（同172条の3第2項本文）．もっとも，再生債務者が手続開始当時において約定劣後再生債権に優先する債権に係る債務を完済することができない状態にあるときは，約定劣後再生債権者は議決権を有しないとされており（同87条3項），この規定によって，実際上は簡素化の要請に応えるものとなっています．

約定劣後破産債権，約定劣後再生債権の基礎―劣後債

劣後債とは，債務者（社債発行会社）に破産，再生手続開始等の一定の事由が発生した場合には，当該債権者に対する元利金の支払が，他の債権者に対する債務の支払よりも後順位になるように定められた債権のことをいいます．一般債権に劣後し，その弁済後の残余原資で弁済される点で株式的な性質を有しながら，議決権を有せず，利息支払を受けることができる点では社債的な性質を有します．

債務超過に陥った企業に対する救済策の1つとして，既存債務の劣後化（約定劣後債権化）が選択されることがあります．既発生の一般債権のうち，一定割合を劣後化することによって，その余の一般債権の弁済の確度及び弁済率を向上させるわけです．また，金融機関としては，単純な債権放棄に応じることはモラル・ハザードを引き起こすおそれがあるために困難であるところ，劣後債は，BIS規制（バーゼル規制，自己資本比率規制ともいい，金融機関に対して一定の自己資本比率維持を求めてその健全化を図ろうとするものです）において，一定限度まで自己資本に算入可能とされており，これによって自己査定上の債務者区分をアップさせることができるため，貸倒引当金の積み増しを減らすことができるというメリットがあるとされます（ただし，自己資本とみなしてよいとされる企業は要注意先企業の段階にあることを要し，破綻懸念先企業（70%の貸倒引当金），実質破綻先（100%），破綻先（100%）は含まれませんし，そもそも法的手続に至らないための救済策の1つであるため，事前に劣後化合意がされるわけです）．このような劣後化合意が功を奏せず債務者が倒産手続に至った場合について，倒産手続上に受け皿としての規律を設ける必要が指摘され，約定劣後破産・再生債権の規定が設けられています．

4―数人の全部義務者についての破産・再生手続開始と手続参加

1 債権者の権利行使―人的担保と手続開始時現存額主義

　数人が各自全部の履行をする義務を負う場合において、その全員又はそのうちの数人もしくは1人について破産手続開始の決定があったときは、債権者は、破産手続開始の時において有する債権の全額についてそれぞれの破産手続に参加することができます（破産104条1項）。連帯債務、不可分債務及び保証債務のように、債務者が同一の給付について各自全部について履行義務を負う場合というのは、責任財産を集積して、債権回収リスクを分散化するための担保として機能しており、そのような実体法上の法律関係は信用破綻の極みともいえる破産においてこそ発揮されるべきものだからです。この点につき、民法は連帯債務者について同趣旨の規定を置いているところ（民441条）、「その債権」額の基準時を破産手続開始時であることを明確にし、連帯債務者（同441条）、不可分債務者（同430条による準用）を超えて、全部義務者一般にこれを拡張して債権の効力を強化する趣旨です。不真正連帯債務、連帯保証債務及び手形・小切手における合同債務（手形法47条、小切手法43条）などが含まれることになります。

　また、破産手続への参加は、破産手続開始時における現存債権額について認められ、破産手続開始後に他の全部義務者から弁済等がなされた場合であっても、その債権の全額が消滅した場合でない限り、破産手続開始時の全額について権利を行使することができます（破産104条2項）。債権者が破産手続開始前後を問わず弁済を受けたときは、債権は実体的にはその限度で消滅するはずですが、破産手続開始後に全部義務者から弁済を受けたときは、その全額が消滅した場合を除き、破産手続との関係では弁済による代位の影響がないものとし、人的担保としての趣旨を徹底しているわけです（全部義務者以外の者による弁済には適用がありません）。債権者が複数の債権を有するときは、個別の債権の全額を弁済したかどうかが基準とされます（最判平22.3.16民集64-2-523）。

　破産法104条から107条までの規定は、再生手続に準用されます（民再86条2項）。

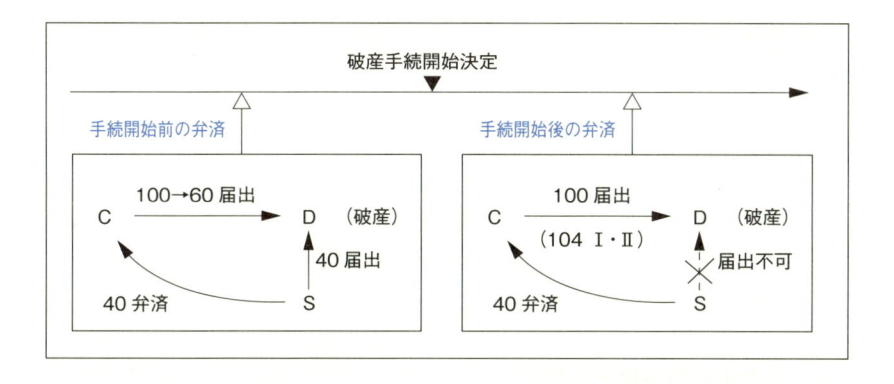

```
┌─────────────────────────────────────────────────────────────────┐
│                    破産手続開始決定                              │
│          △            ▽            △                            │
│   手続開始前の弁済              手続開始後の弁済                 │
│                                                                 │
│      100→60 届出                    100 届出                    │
│   C ─────────→ D（破産）      C ─────────→ D（破産）            │
│   ↑            ↑                （104 Ⅰ・Ⅱ）    ↑届出不可      │
│   │          40 届出          ↑             ✕                  │
│   │ 40 弁済     │              │ 40 弁済    ┊                  │
│   └──────── S                 └──────── S                      │
└─────────────────────────────────────────────────────────────────┘
```

2 全部義務者の求償権の確保

[1] 求償権による手続参加と債権者の優先

　全部義務者について破産手続開始決定があったときは，破産者に対して将来行うことがある求償権を有する者は，その全額について破産手続に参加することができます（破産104条3項本文）．例えば，主たる債務者について破産手続が開始したときは，保証人は求償権を有しますから，これをもって破産手続に参加することができます．ただし，債権者が破産手続開始時に有する債権について破産手続に参加したときは，この将来の求償権について破産手続に参加することができません（同項ただし書）．両者の手続参加を認めるならば，実質的には同一の権利につき二重の権利行使を認める結果となり，他の破産債権者を害するからです．

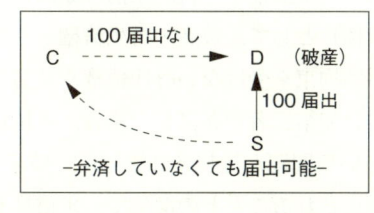

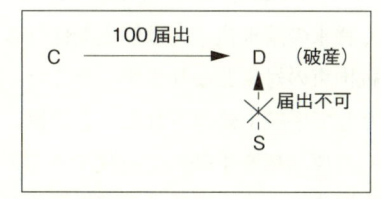

```
  求償権者の届出（104 Ⅲ本文）            求償権者の届出（104 Ⅲただし書）
  ┌──────────────────────────┐          ┌──────────────────────────┐
  │   100 届出なし             │          │    100 届出              │
  │ C ·········→ D（破産）     │          │ C ─────────→ D（破産）   │
  │ ↑            ↑             │          │              ↑届出不可   │
  │ │          100 届出         │          │              ✕          │
  │ └──────── S                │          │              ┊ S        │
  │  －弁済していなくても届出可能－ │          │                         │
  └──────────────────────────┘          └──────────────────────────┘
```

求償権—事前求償権と事後求償権

　破産法104条3項本文の趣旨につき，求償権行使の機会を逸しないようにするため，委託を受けた保証人が有する事前求償権（民460条1号）の取扱いを全部義務者一般に拡張したものと解する見解（山木戸93頁，加藤282頁，伊藤219頁）と将

来の事後求償権は弁済等による債権の消滅を法定停止条件として破産手続開始前の原因に基づき発生するため,「将来の請求権」(破産103条4項)に該当することを確認的に規定したものと解する見解(大コンメ444頁[堂園幹一郎])があります.前者は事前求償権＝現在の請求権の側面をみるのに対し,後者は事後求償権が条件付き債権としての破産債権であることを基礎とするものです.実務では,後者の理解に基づき,除斥期間満了による最後配当からの除斥(破産198条2項),中間配当における寄託と最後配当への加算(破産214条1項4号・3項)等の規律を適用しています.

[2]　求償権と原債権との関係

　破産者に対して将来の求償権を有する全部義務者が破産手続開始後に弁済するなどして,債権者の債権の全額が消滅したときは,求償権の範囲内で,債権者が有した権利を破産債権者として行使することができます(破産104条4項).事後求償権を有する全部義務者が同規定に基づき破産手続に参加するときは,届出名義の変更によることができます(破産113条1項).この場合,弁済によって当然移転された原債権と事後求償権のいずれの行使も可能であって,届出名義の変更による場合であっても,事後求償権の消滅時効は,求償権全額について届出名義変更の時から破産手続終了に至るまで中断します(最判平7.3.23民集49-3-984).

　弁済による代位制度(民501条)は,求償権を確保するため,弁済によって消滅するはずの原債権及び担保権を移転させ,代位弁済者に求償権の範囲内で原債権及び担保権の行使を認める制度であると解されています(最判昭59.5.29民集38-7-885,最判昭61.2.20民集40-1-43).求償権が手続開始前の原因に基づく将来の請求権(又は停止条件付き債権)として,破産・再生債権として手続拘束の対象となります.そこで,手続拘束を受けない財団債権や共益債権として手続上処遇されるべき債権について第三者が弁済した場合,代位取得した原債権を手続外で行使できるかという問題が提起されました.破産・再生債権である求償権は手続外行使が禁止されることとの関係で,求償権を確保する目的で移転される原債権にもその制約が及ぶのかという問題です.裁判例は分かれていましたが,最高裁は,求償権の行使が倒産手続による制約を受けるとしても,原債権の行使自体が制約されていない以上,原債権の

行使には求償権と同様の制約を受けるものではないとし，弁済した第三者は，原債権に与えられる手続上の債権区分属性としての財団債権・共益債権を取得すると解して手続外行使を認めています（破産につき最判平23.11.22最高裁HP，再生につき最判平23.11.24最高裁HP）．また，手続開始後の弁済によって移転した原債権を自働債権とする相殺は，破産法72条1項1号によって禁止されます．これに対し，求償権をもってする相殺が許されるかについては，求償権の性格づけ及び条件付き債権ないし将来の請求権による相殺を許容する破産法67条2項後段の解釈をめぐり議論があります（250頁参照）．

求償権と原債権（104 Ⅳ）

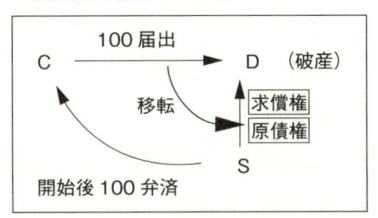

```
         100 届出
    C ─────────→ D （破産）
    ↑         移転  ┌─────┐
    │       ────→ │求償権│
    │              │原債権│
    │              └─────┘
    │              S
    └── 開始後100弁済 ─┘
```

3 物上保証人の求償権

物上保証人が破産した場合は，債権者は担保設定財産に対して別除権を行使することができるにとどまり，破産手続への参加は想定できません．これに対し，主債務者が破産した場合の物上保証人の処遇については，債権者の権利と物上保証人の求償権との調整問題が生じます．破産法104条5項が同条2項から4項を準用するのは，全部義務者の規律にしたがい，物上保証人といえども，債権を全額消滅させない限り，破産手続への参加を認めないとした判例（最判平14.9.24民集56-7-1524）の趣旨を承認するものです．これによれば，物上保証人も債権の全部を消滅させたときにはじめて破産手続に参加でき，反対に担保目的物を処分しても債権の全額に満たないときは，破産手続において求償権を行使することはできないこととなります．

主債務者破産と物上保証人

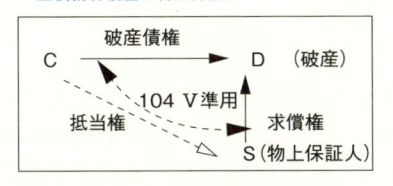

```
         破産債権
    C ─────────→ D （破産）
    ↑ ╲   104 Ⅴ準用
    │  ╲────────→ 求償権
    │ 抵当権
    └──────────→ S（物上保証人）
```

4 保証人の破産

　保証人について破産手続開始の決定があったときは，債権者は，破産手続開始の時に有する債権の全額について破産手続に参加することができます（破産105条）．保証人も全部義務者であり，条文の文言も破産法104条1項と同様ですが，本条の実質的な意味は，保証人の催告・検索の抗弁権（民452条，453条）を喪失させるところにあります．保証人の破産手続において，債権者がこれらの抗弁権を対抗されるとするならば，その間に保証人の破産手続が進行し，保証人に対して破産債権を行使する時機を失うおそれがあると考えられるからです．

　もっとも，実際には補充性のない連帯保証契約が締結されるのが通例ですので，本条が適用される事案はほとんどみられません．なお，主たる債務者に破産手続が開始された場合には，保証人には催告・検索の抗弁権は認められません（民452条ただし書，453条参照）．

保証人の破産

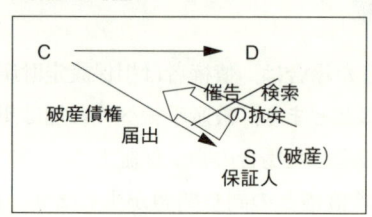

```
C ─────────→ D
 ＼         ╱
  ＼  催告・検索
   ＼   の抗弁
破産債権 ╲ ╱
   届出  ╳
        ↓
       S（破産）
       保証人
```

5——債権の届出・調査・確定

1 意義

　倒産手続は，債権者に対する満足の最大化のため，消極財産（負債）と積極財産（資産）との調査を重要な構成要素としています．特に，手続の対象となる債権＝負債を確定することは，弁済率を算定する基礎として重要な意義を有します．このような債権調査の意義を債権者から見るときは，配当又は再生計画の定めにしたがって弁済を受けるという実体的側面と債権者集会において議決権を行使して自らの意思を手続に反映させるという手続的側面の両面から捉えることができます．

　債権調査・確定手続は，破産手続と再生手続には共通するところが多く認められます．他方，調査方法には，破産手続には書面による期間調査と集会による期日調査とがあるのに対し，再生手続は期間調査のみという相違がみられます．破産手続における債権調査を基本に，再生手続との対比を通じて理解を深めます．

2 債権の届出

[1]　債権届出の意義

　手続の拘束を受ける権利者にとっては，手続への参加が唯一の権利行使方法であって，債権の届出は，当該手続の受益主体として権利行使の意思を表明するものとして理解されます．

[2]　破産手続——手続参加の基本要素

　破産手続に参加しようとする破産債権者は，自ら裁判所に対して届け出なければなりません（破産111条1項）．

(1)　届出の方式

　破産債権の届出は，破産法111条1項各号所定の事由を記載した書面をもってしなければなりません（破産規1条1項）．これには，破産債権者にとって破産債権の調査・確定手続のレールに乗るための事項（債権額及び原因，優劣順位［破産111条1項1～3号］）に加え，破産管財人に対する情報提供として機能する事項（同項4号・5号，破産規32条2項）の記載も含まれます．証

拠書類の写しの添付が必要です（破産規32条4項1号）。再生手続では証拠書類の添付が求められておらず（民再規31条3項・4項参照），破産管財人による第三者管理型と再生債務者による自己管理型との相違があります。

別除権者は，さらにこれらのほか，別除権の目的物及び予定不足額を届け出ることを要します（破産111条2項）。

(2) 届出期間

債権届出期間は，裁判所によって破産手続開始決定の同時処分として，又は事後的に定められ（破産31条1項1号・3項，111条1項柱書，破産規20条1項1号），この期間内に届け出るのが原則です。もっとも，破産債権者がその責めに帰することができない事由によって，一般調査期間の経過又は一般調査期日の終了までに届け出ることができなかった場合には，その事由が消滅した後，1月以内に限り届出の追完が許されます（破産112条1項，破産規34条）。上記期間又は期日終了後に生じた破産債権については，その権利発生後1月の不変期間内に届け出ることが必要です（破産112条3項）。これらの場合には，特別調査期間が定められ，それに関する費用は届出債権者の負担とされます（同119条2項・3項）。

このように届出期間経過後であっても，一般調査期間の経過前又は一般調査期日の終了前までは，債権届出そのものは制限されません。期間経過後の届出であっても，破産管財人が認否書に記載している場合（期間調査）又は利害関係人に異議がない場合（期日調査）には，調査するには支障はありませんし（同119条1項ただし書），期間経過後の届出によって，当該届出債権調査のための特別調査期間を定める必要がある場合には，その費用の負担は期間経過後の届出債権者の負担とされるにとどまります（同項本文，同条3項）。届出期間を定めるのは，段階的に区切ることによる手続の遅延防止を目的とするものではありますが，このように緩やかな届出処理を認めているのは，再生手続とは異なり再建計画を策定するわけではなく，むしろ換価・配当に至るにはなお相当の時間を要するのが通例であるため，早期に債権額を確定させる必要はさほど高くはない一方，最終的な権利行使の機会を保障するため，可能な限り失権時期を遅らせるのが相当であると考えられるからです。

破産財団をもって破産手続の費用を支弁するのに不足するおそれがあると認めるときは，裁判所は，届出期間を定めないことができます（同31条2項）。

(3) 届出事項の変更

届出事項に変更が生じたとき，当該変更が他の破産債権者の利益を害するものか否かによって取扱いが異なります．破産債権の消滅又は減額は，他の破産債権者の利益を害しませんので，上記の (2) のとおり，全部又は一部取下げとして扱われ，特に制限はありません．破産債権者は，遅滞なく変更の内容を裁判所に届け出なければならないとされています（破産規 33 条）．これに対し，破産債権額や優先権の追加など他の破産債権者の利益を害すべき変更の場合には，新たな届出として扱われ，届出期間経過後のものについては，破産法 112 条 4 項，破産規則 34 条によって処理されます．

債権届出後に，弁済による代位，債権譲渡，相続・合併等によって破産債権が移転した場合，新たに債権を取得した者は，一般調査期間経過後又は一般調査期日終了後でも届出名義の変更を受けることができます（破産 113 条 1 項，破産規 35 条）．債権譲渡においては，対抗要件（破産管財人に対する通知）を具備する必要があります．

(4) 届出の効果

債権の届出は，破産債権者自ら積極的に破産手続に参加する意思の表明と認められますので，時効中断効が認められます（民 147 条 1 号，152 条）．この届出に対し，破産管財人又は他の債権者から異議が述べられても，届出による時効中断効（同 152 条）には影響がありません（最判昭 57.1.29 民集 36-1-105）．

(5) 届出の取下げ

破産債権者はいつでも債権届出を取り下げることができ，この場合は遡及的に届出の効力が失われ，届出による時効中断効も消滅します．債権確定後であっても届出を取り下げることができるか，取り下げた後に再度届け出ることができるかについては，破産債権者表の記載には確定判決と同一の効力を有するとされていること（破産 124 条 3 項）から疑義が生じます．届出の取下げを認めても他の債権者を害するものではありませんし，届出の取下げは，将来に向かって破産手続を離脱し，配当受領権及び議決権その他の破産手続上の権能を放棄するとの意思表示にすぎないと解されますので，取下げを否定する理由はないとされます（加藤 157 頁，伊藤 457 頁）．再度の届出がなされたときは，民訴法 262 条 2 項類推適用によって処理されると解すれば足ります．この場合，破産債権者表の記載の効力も維持され，既に一部配当を受け

ていたとしてもその弁済の効力には影響がありません．

[3]　再生手続—期間の重要性と再生債務者の自認

(1)　届出期間の意義

再生債権者は，再生手続開始決定と同時に定められる債権届出期間内に，再生債権の内容及び原因等を届け出ることが必要であり（民再34条1項，86条1項，94条1項，民再規31条），一定の場合には届出の追完が認められるところは破産手続と同様です（民再95条）．もっとも，一般調査期間又は一般調査期日を基準として届出期間経過後の届出を比較的緩やかに認める破産手続（破産119条，122条）に比して，債権届出期間を基準とする厳格な規律を設けているのは（民再95条1項・4項），再生計画の基礎となる再生債権を早期に把握する必要があるからです（同163条1項参照）．届出期間内に届け出なかった再生債権者には議決権が認められません（同170条2項，171条1項）．また，届出のない再生債権は再生計画に記載されないため，再生計画認可決定が確定したときは，原則として失権します（同178条本文）．

(2)　自認債権

もっとも，再生債務者は，届出のない再生債権であっても，それを知っている場合には，自認する内容その他の事項を認否書に記載して債権調査の対象にしなければなりません（民再101条3項）．管理処分権を失わない再生債務者に手続機関としての役割を期待する以上，単に届出がないとの形式的理由で失権させるのは相当ではないからです．

このような自認債権も認否書に記載され確定したときは，届出再生債権者と同様に，再生計画に基づく弁済を受けることができます（民再179条）．ただし，積極的な届出を欠く点では，議決権が排除される（同104条1項かっこ書参照）等の異なる取扱いを受けます．このため，自認債権であっても当該再生債権者が債権届出をすることは妨げられません．

再生債務者が知っているのに認否書に記載しなかった場合でも，失権することはなく，権利変更の一般的基準に従って変更されて存続します（同181条1項3号）．しかし，再生債権者自ら届け出る機会があったことを考慮して，計画弁済完了後に弁済を受けることができるにとどまります（同条2項）．

3 届出債権に対する調査

　裁判所書記官は，破産手続においては，破産債権者の届出に基づいて破産債権者表を作成し（破産115条1項），再生手続ではこれに自認債権（民再101条3項）を加えて再生債権者表を作成します（民再99条1項）．この破産債権者表・再生債権者表を基礎に調査・確定手続が開始されます．

[1]　債権調査のメカニズム

　倒産手続は，多数の債権者のため，迅速かつ平等に，そして満足の最大化を指向する適正な手続であることが求められます．このため，裁判所による債権調査においては，訴訟におけるような厳格な判定によることはできず，価値の配分を受けるについての利害関係人間及び適正な手続進行を職責とする手続機関との間での相互監視と牽制を基礎にした異議に係らせる制度設計がなされています（破産116条，民再100条）．すなわち，関係人間に異議がないときは，届出どおりの債権として全関係者間において確定し（破産124条1項，民再104条1項），異議があるときは，これに接続する裁判手続による判定結果は，当該個別の当事者のみならず債権者全員に及ぶとする確定方式が採用されています（破産131条，民再111条）．配当又は再生計画による弁済，議決権行使等に関わる手続参加の許否を決するのに必要な限度で，簡易迅速に集団的かつ一挙的に権利の確定を図る手法です．

債権の優先劣後区分と債権調査における異議の利益―債権調査の省略運用

　財団債権を弁済した残余原資をもってしては優先的破産債権の一部にしか配当できず，一般破産債権には配当できないことが明らかな場合には，債権調査を省略して手続コストを低減できないか，という実務上の問題関心があります．特に，租税等の請求権や労働債権のうち優先的破産債権とされるものについてのみ配当可能見込みのときに，わざわざ全破産債権者を対象として債権調査をしなければならないのか，破産債権者にとっても無意味な手続参加コストを投下しなければならないのかという問題です．

　租税等の請求権については，債権届出をしなければならない点では，一般の破産債権と同様ですが，後記のとおり（149頁），債権調査の対象ではなく（破産134条1項），これに対する不服申立ても破産管財人のみが行う特則が設けられています（同条2項）．他の破産債権者は，租税等の請求権の届出に対して異議を述べる利益

はないため，これらに対する弁済の限度では，破産債権者を害することはないと考えられます．このため，破産管財人は，債権調査をせずに，裁判所の和解許可を得て，法定順位に従って弁済することもあります．

財団債権ではない労働債権については，一般破産債権者にも異議を述べる利益がありますので，債権調査を省略することはできません（労働債権者は，配当原資の分配について一般破産債権者とは競合しませんが，破産債権の存否・額の確定は，配当との関係のみならず，議決権額との関係においても意義を有するため，一般破産債権に対して異議を述べる利益は否定されません）．しかし，労働債権の配当に足りる原資しか形成できない見込みのときに債権調査のコストを投下するのは，手続の煩雑さと債権者の無益な労力を求めるにすぎないともみられます．そこで，このような場合には，裁判所と協議をして，労働債権の許可弁済制度（破産101条）を利用して，労働者の生活の維持を図りつつ，手続コストを削減することも行われています．

[2] 破産手続—期間調査と期日調査

(1) 債権調査期間による調査（期間調査・書面方式）

a 意義

書面による債権調査を先行導入していた再生手続と平仄を合わせ，書面による債権調査を原則形態としています（破産116条1項）．定められた債権調査期間内に，破産管財人が作成した認否書（同117条）並びに破産債権者及び破産者の書面による異議（同118条）に基づいて調査する方法です．

b 一般調査期間

一般調査期間は，破産手続開始決定との同時処分によって定められた期間をいい（破産112条1項，31条1項3号），この期間前で裁判所が定める期限までに，破産管財人は，所定の事項を調査して認否書を作成しなければなりません（破産117条1項・3項）．認否書に記載がないものは，破産管財人において認めたものとみなされます（同条4項）．

届出破産債権者は，一般調査期間内に，裁判所に対し，書面で異議を述べることができます（破産118条1項，破産規39条）．破産者は，破産債権の額について，書面で異議を述べることができます（破産118条2項）．優先権や別除権の予定不足額は，破産手続との関係で意味をもつにすぎないため，破産者による異議の利益は否定されます．

c　特別調査期間

　債権届出期間経過後，一般調査期間の満了前又は一般調査期日の終了前に届出があり，又は他の債権者の利益を害すべき届出事項があった破産債権については，裁判所は，原則としてその調査のための期間を定めます（破産119条1項）．これを特別調査期間といいます．破産債権者の責めに帰することができない事由による届出の追完，届出事項の変更の場合（同112条1，3，4項）も同様です（同119条2項）．一般調査期間と同様，書面による調査が行われます（同条4項，5項）．特別調査期間に関する費用は，当該破産債権者の負担です（同条3項，120条1項・5項）．特別調査期日（口頭調査）によることも可能です（同116条3項）．

(2)　債権調査期日による調査（期日調査・口頭方式）

a　意義

　破産手続においては，期日調査の方法を選択することが可能です（破産116条2項）．裁判所が招集する債権調査期日において，破産管財人の認否（同121条1項）並びに破産債権者（同条2項）及び破産者の異議（同条3・4項）に基づいて調査する方法です．期間方式における破産管財人の認否書提出義務は法律事項であるのに対し（同117条），期日方式においては口頭での陳述を基礎とするため，認否予定書の作成が求められるにとどまります（破産規42条）．

b　一般調査期日

　裁判所は，必要があると認めるときは，同時処分において，債権調査期間に代えて債権調査のための期日を定めることができます（破産116条2項，31条1項3号）．これを一般調査期日といいます．

　破産管財人は，一般調査期日に出頭し，債権届出期間内に届出があった破産債権について認否をしなければなりません（同121条1項）．届出期間経過後の届出又は他の破産債権者の利益を害すべき届出事項の変更について，他の破産債権者に異議がないときは，調査の対象に加えて認否をすることができます（同7項）．

　届出破産債権者は，期日に出頭して異議を述べることができ（同121条2項），破産者は期日に出頭する義務を負い（同条3項），破産債権の額について異議を述べることができます（同条4項）．

c 特別調査期日

期日調査の方法による場合、裁判所は、特別調査期間と同様の規律により、特別調査期日を定めることができます（破産122条）。特別調査期間（書面調査）によることも可能です（同116条3項）。

破産手続における期日方式の意義

再生手続と同じく期間調査を採用しながら、破産手続においては、旧法で採用されていた期日調査を選択できるようにしています。旧法における債権調査期日は、債権者集会が必要的開催とされていたことと相まって必ず指定されていました。しかし、異時廃止が見込まれる事案においては、配当がないのに債権届出・調査のためのコストを投下せざるを得ないという硬直性に直面していたことに加え、債権者集会そのものにも関心が向けられることはなく、債権調査も債権者集会もきわめて低調でした。そこで、厳格かつ重厚な手続しか持たなかったことに対し、運用面において軽量化を図り、事案の個性に応じた迅速と適正とを両立させる試みがなされました。その一環として、配当見込みが生じるまで債権調査を留保しながら、債権者への情報提供を主眼とする債権者集会を運営する試み（「金銭の配当」の有無にかかわらず「情報の配当」を行う試み）もなされ、そこでは、関係人が一堂に会して行う期日方式のメリットが再認識されるようになりました。期日の続行や次回期日の指定を留保する「追って指定」の方法が可能である点においても、期日方式は弾力性に富むといえます。このような運用改善の試みが反映される形で、破産法独自の債権調査としての期日方式が存置されたわけです。形式的には旧法を踏襲しながらも実質的には装いを新たにしたものといえます。現在では、債権調査を必要とするときは財産状況報告集会（151頁）と併せて調査期日が指定されています。異時廃止が見込まれる場合には、さしあたり配当の基礎を確定する必要はないため、債権調査を留保しつつ期日を続行するなどの柔軟な対応がとられています。

[3] 再生手続―期間調査

再生手続においては、時間的段階的区切りを設けて再生計画を策定する必要があるため、一定時期までに債権調査を終えておく必要があります（民再163条1項、169条1項1号参照）。簡便な期間方式によることに合理性があり、手続の軽量化にも資するといえます。他方では、手続開始申立て直後に債権者説明会（民再規61条 [46頁]）が開催されることを前提にするならば、債権者が一堂に会する期日方式に特段のメリットは見出せません。このため、再

生手続における債権調査は期間方式によって行われます.

再生債権の調査は,再生債務者が,届出期間内に届出があった再生債権について,その内容及び議決権についての認否を記載した認否書と再生債権者の書面による異議に基づいて行われます（民再 100 条, 101 条 1 項）. 認否書に,再生債権の内容又は議決権について明示的に認めるとの記載があるときはもちろん,その記載がないときも,再生債務者等においてこれを認めたものとみなされます（同 101 条 6 項）.

一般調査期間と特別調査期間の種別と規律が与えられているところは,破産手続と共通です（同 102 条, 103 条）.

4 調査による債権の確定

[1] 異議なき債権の確定

債権調査において,手続機関（破産管財人又は再生債務者等）が認め,かつ届出債権者の異議がなかったときは,破産債権又は再生債権は確定します（破産 124 条 1 項,民再 104 条 1 項）. 裁判所書記官は,債権調査の結果を破産債権者表・再生債権者表に記載しなければならない（破産 124 条 2 項,民再 104 条 2 項）とされるのは,調査結果と確定内容を明確にし公証させる趣旨です. 確定した事項についての破産又は再生債権者表は,破産又は再生債権者の全員に対して確定判決と同一の効力を有します（破産 124 条 3 項,民再 104 条 3 項）. 確定された事項について,他の債権者は,以後手続内において,債権者表の記載に反する主張をできなくなることを意味します. これにより配当又は再生計画策定・遂行の基礎が形成されます.

> **破産債権者表に付与される「確定判決と同一の効力」**
>
> 破産債権者表の記載が既判力を有するかについては議論があります. 手続に対する信頼性・安定性を高めるためには,破産手続外であっても破産債権者表の記載に反する主張をすることは既判力によって遮断されるという見解（中田 215 頁,伊藤 466 頁・745 頁,概説 377 頁［山本和彦］）と,破産手続での確定は手続内での配当受領及び議決権額のみを視野にいれたものである以上,手続内での不可争性を認めることで十分であって,手続外にまで既判力を及ぼすべきではないとする見解（谷口 298 頁,霜島 457 頁,中島Ⅰ169 頁）があります.

破産債権調査・確定手続フロー

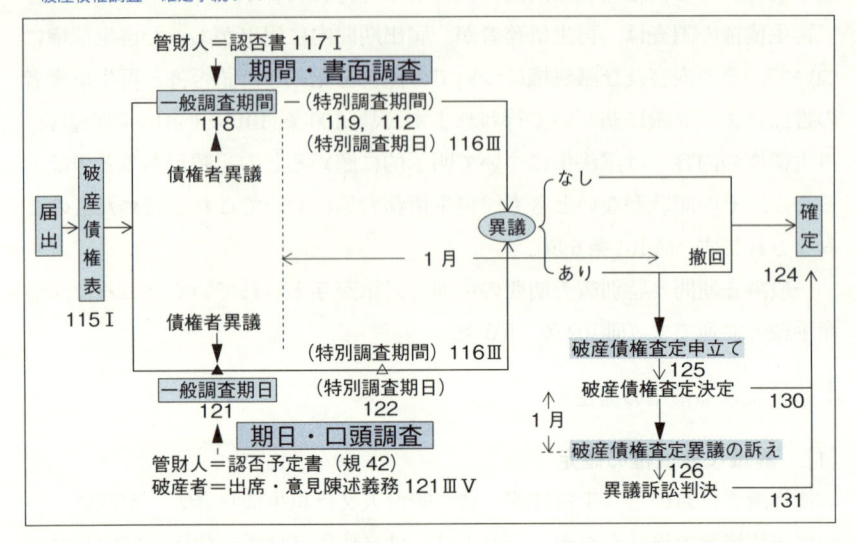

```
                    管財人＝認否書 117 Ⅰ
                         ↓
                   ┌─ 期間・書面調査 ─┐
                   ↓
          ┌─ 一般調査期間 ──（特別調査期間）
          │      118       119，112
          │   債権者異議  （特別調査期日）116 Ⅲ
          │                              ↓
 届  →  破  │                          ┌─ 異議 ─ なし ──────→ 確
 出     産  │←──────── 1月 ────────┤       撤回           定
        債  │                          └─ あり ──→┐     124 ↑
        権  │   債権者異議                          │
        表  │                              破産債権査定申立て
       115Ⅰ │                                     ↓ 125
          │                              破産債権査定決定 ─── 130
          └─ 一般調査期日 ──（特別調査期日） ↑
                121          122          1月
             期日・口頭調査                ↓ 破産債権査定異議の訴え
        管財人＝認否予定書（規42）             ↓ 126
        破産者＝出席・意見陳述義務 121Ⅲ Ⅴ    異議訴訟判決 ─── 131
```

[2] 異議による確定遮断効の有無

(1) 手続機関又は届出債権者の異議

手続機関（破産管財人又は再生債務者等）が認めず，又は届出破産又は再生債権者が異議を述べた場合には，当該債権は確定せず，異議を述べた者がこれを撤回しない限り，次に述べる査定手続及び査定決定に対する異議訴訟によって確定を図らなければなりません．

届出債権者が異議を述べるときは，その理由を述べる必要があります（破産規39条1項前段・43条1項，民再規39条1項）．これは濫用的異議を抑止する政策的理由によるものであり，手続機関の認否（異議）には理由を要するとの規定はありません．もっとも，手続機関が債権者に対して異議を述べる際には，その理由が開示されるのが通例です（再生債務者の権限として規定とする民再規則38条には，そのような運用を促す意味があります）．異議の理由としては，債権の全部又は一部の不存在，証拠書類の不備，別除権付債権であること，反対債権の存在，重複届出等があります．

戦略的異議

　手続機関が述べる異議には，理由を付すことが求められておらず，仮に理由を述べても債権確定手続に移行した場合であってもそれに拘束されないと解されています．そこで，債権調査の限度を超えて，届出債権者に対する対抗・制裁等を目的とする異議の適否が問題とされます．届出債権者の非協力的態度や不法に引き揚げた物品の返還拒絶に対する制裁の趣旨に基づく異議は，破産債権者の協力を確保して破産財団の増殖を図るものであるとし，実質的に劣後化されるべき親会社の破産債権に対する異議など（122，123頁参照）破産債権者間の実質的衡平を図る目的での異議も，手続機関の職責の一環として正当な権限行使であるとする評価が有力です（伊藤465頁）．その後の査定決定及び査定異議訴訟での審理・立証活動の展望を視野に入れて検討されるべき問題のように思われます．

手続機関の異議と債権者の確知

　破産手続において破産管財人が届出債権につき異議を述べたときは，破産管財人がこれを通知しなければなりません（破産規43条4項）．これに対し，再生手続における再生債務者の異議については通知義務を定めた規定は存在しません．届出債権者において認否書の閲覧で対応することが想定されています．このため，再生債務者が任意的通知をしないときは，債権者としては，届出債権に対し異議が述べられているかどうかを知らないという事態が起こり得ます．

(2) 破産者の異議

　手続機関ではない存在である破産者の異議の取扱いは，破産手続特有の問題です．上述のとおり，破産者も調査手続において異議を述べることができますが，破産債権の額に限られます（破産118条2項，119条5項，121条4項，123条1項）．優劣順位や別除権不足額は，破産手続との関係でのみ意義を有するからです．そして，破産者の異議には確定を阻止する効果はありません．債権調査は，配当の基礎を明らかにするためのデバイスである以上，配当財源となる破産財団帰属財産について管理処分権を有しない破産者には利害関係は認められないからです．破産者の異議は，破産債権者表の記載が破産者に対する関係で確定判決と同一の効力を持つことを排除する意義をもちます（破産221条）．もっとも，法人破産の場合には，破産手続終了によって財産の換価は終了して清算解体されますし，自然人破産の場合には，免責の裁判確定によって破産債権に基づく強制執行の余地はなくなりますから，実際には

破産者の異議には意味がありません．

管財人が選任されている再生手続においては，再生債務者は手続機関としてではなく破産者と同様の地位にたちます．この異議は，再生債権の確定を阻止する効力を有せず，再生計画不認可の決定が確定したときに再生債権者表の記載が確定判決と同一の効力を持つことを排除する意義をもつにとどまります（民再185条1項ただし書）．

5 異議後の債権確定手続

[1] 決定手続と訴訟手続との2段構成

破産手続において債権額及び優劣の別につき破産管財人が認めず，あるいは再生手続において再生債権の内容について再生債務者等が認めず，又は届出債権者が異議を述べた場合には，当該債権を有する債権者は，手続機関及び異議を述べた届出債権者全員を相手方として，裁判所に査定の申立てをすることができます（破産125条1項，民再105条1項）．そして，この債権査定申立てについての裁判に不服がある者は，異議の訴えを提起することによって（破産126条，民再106条），終局的に債権の確定が図られます．これに対し，議決権について異議が述べられたにとどまる場合は，かかる厳格な手続によらず，裁判所が定めます［破産140条2項・1項3号，141条1項2号，民再170条2項3号，171条1項2号］）．

倒産手続内での査定という決定手続と倒産手続外での訴訟手続による2段構成を採用するのは，目的適合性の見地から簡易迅速性を優先した決定手続によることに合理性が認められるとともに，他方では，それが権利行使の最終的な局面の問題であるため，終局判断を決定手続にのみ委ねることにつき相当性の限界を超えると考えられるからです．

権利判定制度の手続目的適合性

倒産手続における債権調査・確定手続は，多数の債権者間において，乏しい原資を配分するための基礎を構築する作業ですから，かかる目的に適合する限度での権利判定手続が装備されれば足りると考えられます．ここでは，決定手続とするだけでなく，倒産事件を担当する裁判所自ら審判することとすれば，簡易迅速性のメリットを増幅することができます．しかし他方，この債権調査は，倒産手続での終局的

な権利行使の可否そのものに関わる問題である以上，権利の存否判定によって紛争の解決を図るという民事訴訟の機能が発揮されるべきことが期待されるため，訴訟手続による慎重かつ厳格な審理と手続が装備されなければならないとも考えられます．かかる観点からすれば，倒産事件を担当する裁判所を離れた裁判所が訴訟事件として担当することで，第三者性と機能分担が貫徹される関係にあります．このような要因の合理的調整を図るため，現行法は決定手続と訴訟手続の2段階構成を採用していると理解されます．

　最終的に訴訟手続での判定に委ねなければならないとするならば，決定手続を経ることは迂遠なものに見えるかもしれません．旧破産法は，破産債権確定訴訟によってのみ確定を図るものとしていました．しかし，常に訴訟手続によらなければならないとするのは硬直であり，破産手続の進行を阻害してしまいます．第三者の判断である限りにおいては，裁判形式の如何にかかわらず，確定が図られることはなお期待できるからです．倒産手続と倒産手続外の訴訟手続との間に，倒産事件を担当する裁判所が迅速に判断する査定手続が設けられているのは，硬直性を排する緩衝装置としての合理性を基礎にするものといえます．

[2] 債権査定手続と査定異議訴訟手続
(1) 決定手続

　先述のとおり，届出債権につき異議が述べられた場合，債権者が破産・再生手続への参加を貫徹するためには，異議を排除すべく異議者全員を相手方として査定手続を起動しなければなりません（破産125条1項本文，民再105条1項本文）．この申立ては，破産手続においては，異議等のある破産債権に係る一般調査期間もしくは特別調査期間の末日又は一般調査期日もしくは特別調査期日から1か月の不変期間内にしなければならず（破産125条2項），再生手続においては，異議等のある再生債権に係る調査期間の末日から1か月の不変期間内にしなければなりません（民再105条2項）．この期間内に申立てがないときには確定します．不変期間とするのは，法律関係の早期確定，迅速な手続進行を図る趣旨です．

　査定の申立てがあったときは，裁判所は，異議者等を審尋して（破産125条4項，民再105条5項），決定で，債権の存否・額及び内容等を定めます（破産125条3項，民再105条3項・4項）．届出債権に対する異議を容れてその全額について存在しないと判断するときは，申立てを棄却するのではなく，異議に

係る債権は0円であるとの査定決定をします．

債権査定決定に対して，出訴期間内に異議の訴えが提起されなかったとき，又は却下されたときは，査定決定が債権者全員に対して確定判決と同一の効力を有します（破産131条2項，民再111条2項）．

(2) 訴訟手続—債権査定異議の訴え

a 訴えの提起

債権査定決定に不服がある者は，その送達を受けた日から1か月の不変期間内に，異議の訴えを提起することができます（破産126条1項，民再106条1項）．この訴えは，当該破産又は再生事件が係属する官署としての裁判所の専属管轄に属します（破産126条2項，民再106条2項）．

査定異議の訴えの目的と性格

この訴えは，手続債権としての適格性，存否，額等のうち，異議の対象となった事項の存否を確定して手続参加の基準を明らかにするものです．訴訟物の把握，査定決定と異議との関係につき，査定異議訴訟を査定決定における審判対象の再審理手続とみて確認訴訟として理解するのか，査定決定を前提にこれを認可・変更・取消しによる法律関係の変動・形成を図る形成訴訟として理解するのかという問題があります．この訴えの訴訟物を破産・再生債権そのものとみて，手続機関又は他の債権者が提起する，異議対象債権の存否・内容に関する確認の訴えとして理解するならば，他人間の法律関係の確定を求めるものとして把握されます．これに対し，査定決定に表示された権利関係と実体法上の地位の齟齬を是正する破産・再生法上の異議権を訴訟物として把握するならば，査定異議訴訟を訴訟法上の形成の訴えとして理解することになります．いずれの見解も，実体法上の権利の属性を確定することによって倒産手続上の地位の確定を図るとの認識は異ならないものの，その発現形態としての査定決定と異議訴訟の関係性・性格づけが異なります．

b 当事者適格と審理

債権査定異議の訴えを提起する者が異議等のある債権を有する債権者であるときは異議者等全員を被告とし，異議者等が提起するときは当該債権者を被告としなければなりません（破産126条4項，民再106条4項）．

同一債権について数個同時に係属するときは，弁論及び裁判は併合してしなければならず，必要的共同訴訟の規律（民訴40条1項〜3項）が準用されま

す（破産126条6項，民再106条6項）．すなわち，この訴えに対する判決には対世効が付与されるため（破産131条1項，民再111条1項），複数の訴訟が同時に係属するときは合一確定の要請（民訴40条1項参照）が働き，類似必要的共同訴訟として規律されます（山木戸251頁，谷口302頁，伊藤471頁・747頁）．出訴期間が経過するまでは新たな異議の訴えが提起される可能性があることを考慮し併合審判を確保するため，異議訴訟の口頭弁論は出訴期間が経過した後でなければ開始することができないとされています（破産126条5項，民再106条5項）．

c　異議訴訟の判決

異議訴訟の判決においては，査定の裁判を認可又は変更する旨主文で明らかにします（破産126条7項，民再106条7項）．査定の裁判を認可する場合とは，査定決定に対する異議に理由がないときであって，請求棄却に相当します．判決が確定したときは査定決定で示された内容のとおりに債権が確定します．査定の裁判を変更する場合とは，査定決定に対する異議に理由があるときであって，査定決定の全部又は一部を取り消し，新たな判断が示されます．判決が確定したときは，変更された内容で債権が確定します．

d　訴訟の結果の効力

上記査定決定に対する異議訴訟（[2](2)），次に述べる係属訴訟の受継による異議訴訟（[3](1)）及び有名義債権に対する異議訴訟（[3](2)）についての判決は，債権者全員に対して，その効力を有します（破産131条1項，民再111条1項）．裁判所書記官は，手続機関又は債権者の申立てにより，その結果を債権者表に記載しなければなりません（破産130条，民再110条）．

債権査定決定

異議提出
債権者　←　異議　　異議者
　　　　　査定申立て　→

査定異議訴訟

	原　告	（目的）	被　告
査定で異議が容れられた場合	債権者	⇒（異議排斥）⇒	異議者
査定で異議が排斥された場合	異議者	⇒（異議貫徹）⇒	債権者

[3] 査定手続によることができない場合
(1) 係属中の訴訟がある場合

　異議等のある債権に関し手続開始当時訴訟が係属する場合において，債権者がその内容・額等について確定を求めようとするときは，査定申立ての方法ではなく（破産125条1項ただし書，民再105条1項ただし書），中断中の当該訴訟について（破産44条1項，民再40条1項），異議者等の全員を相手方として1月の不変期間内に，訴訟手続の受継の申立てをしなければなりません（破産127条・125条2項，民再107条・105条2項）．既に紛争として具体化した訴訟手続が係属している以上，これを確定訴訟に転換して利用させることが合理的である（中断までに形成された訴訟状態を反映するのが公平であると同時に訴訟経済に合致する）と考えられるからです．

　受継後は，債権者は異議の排除に適するように確認訴訟へ請求の趣旨を変更し，又は反訴を提起しなければなりません．異議者全員を被告とする固有必要的共同訴訟となります．次に述べる有名義債権に対する異議の取扱いとの均衡上，原則として，異議者は従前の訴訟状態に拘束されると解されます（ただし，管財人がそれまでの訴訟追行に対し否認権を行使する場合は，この例外です）．

訴えの変更

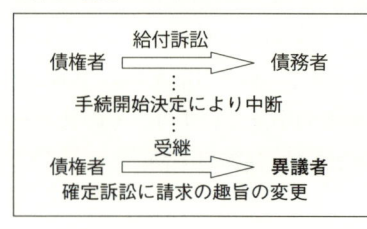

```
              給付訴訟
債権者 ─────────▶ 債務者
       ┆
       手続開始決定により中断
       ┆
               受継
債権者 ─────────▶ 異議者
  確定訴訟に請求の趣旨の変更
```

反訴の提起

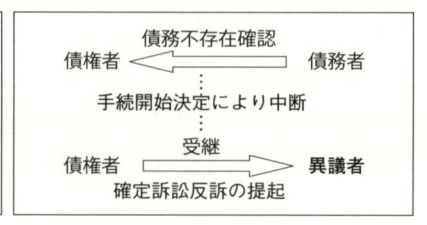

```
              債務不存在確認
債権者 ◀───────────  債務者
       ┆
       手続開始決定により中断
       ┆
               受継
債権者 ─────────▶ 異議者
    確定訴訟反訴の提起
```

(2) 有名義債権に対する異議の場合

　異議等のある債権のうち執行力ある債務名義又は終局判決のあるものについては，査定の申立てによることはできず（破産125条1項ただし書，民再105条1項ただし書），破産者又は再生債務者がすることのできる訴訟手続によってのみ，異議を主張することができます（破産129条1項，民再109条1項）．既に執行力ある債務名義が作成されている場合には，その存否，額及び内容等につき一応の蓋然性が担保されていると考えられますので，そのような債

権者の既得的地位を尊重する趣旨です．

　執行力ある債務名義とは，原則として執行文が付与されていることを要すると解されていますが，既に債務名義を取得している者が手続開始決定後に単純執行文の付与を受けて有名義債権者として扱われることは妨げられないと解されています（伊藤 474 頁，中島Ⅰ 179 頁）．終局判決は，上記既得的地位の保護の観点に照らし，給付判決に限られず，届出債権の存在を認める趣旨であれば足り，確認判決，請求異議棄却判決，和解調書でもよいと解されています（伊藤 475 頁）．

　破産者又は再生債務者がすることのできる訴訟手続とは，債権者が有する債務名義の種類によって異なります．確定判決のときは，判決の更正（民訴 257 条），再審の訴え（同 338 条）及び請求異議の訴え（民執 35 条）又は債務不存在確認の訴えなどが挙げられています（後 2 者につき，請求異議を認める見解［加藤 167 頁］と債務不存在確認によるとする見解［伊藤 476 頁，中島Ⅰ 180 頁］があります）．未確定の終局判決に対しては上訴，仮執行宣言付支払督促に対しては督促異議（民訴 393 条）があります．これらの訴えについての管轄等は，民事訴訟の一般原則によって決定されます．

有名義債権に対する確定訴訟

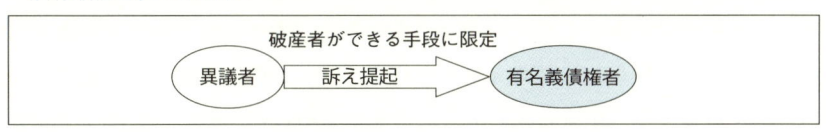

```
                破産者ができる手段に限定
   ┌─────┐  訴え提起  ┌─────────┐
   │ 異議者 │ ━━━━━━▶ │ 有名義債権者 │
   └─────┘             └─────────┘
```

[4]　主張の制限

　債権査定の手続又は査定異議の訴えもしくは既存訴訟の受継による確定訴訟における債権者の主張は，債権者表に記載されている事項に制限されます（破産 128 条，民再 108 条）．債権確定手続は，異議者と異議の相手方との間で争うことを通じて手続機関及び債権者の関与の下に一挙に確定させる趣旨であって（135 頁参照），そのような趣旨に基づき作成された債権者表の記載以外の事項を個別の当事者間で主張できるとするのは，その趣旨から逸脱して個別の当事者間で権利関係を確定することにつながりますし，早期確定の利益にも反するからです．もっとも，債権者表の記載と必ず一致した主張でなければいけないかについては，上記趣旨と届出期間の時間的制約に置かれた

債権者の利益との調整問題であって，債権の同一性を害しない限り，一定程度の付加変更は許されると解されています．異議理由の差替えについては，債権者の異議の場合は理由付記が義務的であることに鑑み，信義則違反とされる可能性があるとの指摘があります（伊藤473頁）．

[5] 　破産・再生手続が終了した場合における債権確定手続の帰趨

基本となる破産又は再生手続が終了した場合における債権確定手続の取扱いについては，破産法133条・民再法112条の2が規定を整備して明確にしています．

6 債権調査・確定手続のない再生手続

[1] 　再生手続における債権調査手続の意義

再生手続において，以上のような債権調査手続を装備するのは，債権の実体的確定が図られるからであり，さらに，再生の実効性を確保するために必要な免責効付与（民再178条1項本文）の基礎ともなるからです（358頁参照）．債権調査手続を装備しなかった和議は，簡易迅速のメリットを有する一方，再建の実効性を欠くという重大な欠陥を有していました．そこで，再生手続では，再建の実効性を確保すべく，債権調査手続を備えることとし，他方では，これまで見てきたように，期間調査・書面方式や自認債権制度を導入してその簡素化・軽量化に努め，重くなりすぎないように配慮しています．

これに対しては，中小企業をも適用対象とする再建手続として重すぎないかとの懸念から，やはり和議と同様の簡素さを備えた手続を加えて多様化を図り，事案に応じた選択を可能にしておくべきであるという問題意識も根強く存在しました．そこで，民再法は，債権の実体的確定を伴わない再生手続を設けて，選択の幅を広げています．

[2] 　簡易再生と同意再生

あらかじめ再生債務者等の作成した再生計画案について書面によって同意し，かつ，債権の調査及び確定手続を経ないことについても同意している場合には，債権調査及び確定手続を経ない簡易な手続によることが可能です．この場合，法定多数の債権者の同意による簡易再生（民再211条～216条）と参加しているすべての再生債権者の同意による同意再生（同217条～220条）とがあります．

簡易再生につき，裁判所は，法定の要件を充足する場合に，再生債権の調査及び確定の手続を経ない旨の決定をします（民再211条1項）。再生計画案の決議は，必ず債権者集会の期日において議決権を行使する方法によらなければなりません（同212条2項）。議決権について異議を述べる機会を与える必要があるからです（同170条1項参照）。

　同意再生につき，裁判所は，法定の要件を充足する場合に，再生債権の調査及び確定の手続並びに再生債務者が提出した再生計画案の決議を経ない旨の決定をします（民再217条1項）。したがって，この決定は再生計画案の決議を経ることなく認可されたことを意味します（同219条1項）。

　いずれも再生債権の調査及び確定の手続がとられないため，その実体的確定に関する規定の適用は排除されています（民再216条，220条）。また，手続開始決定によって中断した訴訟は（同40条1項），通常再生手続の場合には，調査・確定手続がとられるのに対し，簡易再生・同意再生においては，その決定が確定したときは，再生債務者等においてこれを受継しなければならないとされています（同213条5項，219条2項）。

7　租税・罰金等の請求権の特例

　手続開始前の原因に基づく債権であっても，債権調査の対象にならない債権があります。破産における財団債権や再生における共益債権及び一般優先債権に属する債権はもとより，租税・罰金等の公法上の請求権であって，私法上の請求権ではないものについては，異議権の行使機会を通じた相互的牽制による集団的確定にはなじまないため，手続機関による認否や債権者による異議の対象外とされます（破産134条1項，民再113条1項）。

　もっとも，破産手続においては，租税債権等の請求権には，財団債権とされるもの（破産148条1項3号），劣後的破産債権とされるもの（同97条3号～6号）及び優先的破産債権とされるもの（同98条1項）とに区分され，破産債権としての権利行使のためには届出を必要とします。破産管財人としても，特に財団債権部分を早期に把握する必要があります。このため，遅滞なく届出をすることが要請されます（同114条）。

　また，再生手続においては，一般優先債権とされるもののほかに，随時弁済の対象でも再生計画による権利変更の対象でもなく（民再155条4項，178

条ただし書），計画弁済終了後に弁済がなされる（同181条3項・2項）ものがあります．これらの債権は，債権届出期間の規律には服さないものの，手続遂行上，これらの情報が必要となるため，かかる権利者は，遅滞なく，その額及び原因を裁判所に届け出なければならない（同97条）とされています．

調査の対象にはならないとしても，請求権の原因が審査請求や訴訟その他の不服申立てをすることができる処分である場合には，手続機関は，当該届出のあった請求権について，当該不服申立てをする方法で，異議を主張することができます（破産134条2項，民再113条2項）．

6──債権者集会

1 意義

債権者は，倒産手続における受益主体として当該事件についての情報開示を受けるとともに，自己の利益に関わる手続に対し意見を反映させることによって，手続目的が適正に実現されることについて重大な利害を有します．債権者集会は，裁判所の招集，指揮のもとに開催され，集団的意思決定を行う機会として機能します．

債権者集会は，債権者が一堂に会して議事・決議を行う点において直接参加型の典型ではありますが，これを開催するについての手続コスト，参加するに際しての債権者の負担などには軽視できないものがあります．そこで，法は，債権者集会の開催以外に，その情報開示の代替ないし補強手段を拡充するとともに，意向反映の方法についても，複数の議決権の行使方法から選択して定めることを可能にし，事案の規模や個性に応じて工夫する余地を広げています．

債権者集会の法的性質

債権者集会の性質につき，期日ごとに成立する債権者の集合体とする見解（中田205頁，山木戸86頁，加藤81頁ほか）と破産手続上の機関とする見解（伊藤160頁［再生手続につき634頁］，中島Ⅰ107頁）があります．

2　破産手続上の債権者集会

　破産手続上の債権者集会は，下記[1]〜[3]について原則として開催する形式を採用する一方で，代替手段を選択することも可能とされています．

[1]　財産状況報告集会

　破産手続開始後，破産者の財産状況を報告するための債権者集会は，破産手続開始決定との同時処分において期日を定めて開催するのが原則です（破産31条1項2号）．もっとも，知れている債権者の数その他の事情を考慮して，財産状況報告集会を招集することを相当でないと認めるときは，裁判所は，集会を開かず（同条4項），財産状況報告書（同157条）等の書面送付等による代替的な情報開示を行うことも可能です（破産規54条）．

　財産状況報告集会では，破産管財人は，①破産手続開始に至った事情，②破産者及び破産財団に関する経過及び現状，③否認のための保全処分又は役員責任査定決定を必要とする事情の有無，④その他破産手続に関し必要な事項について報告し（破産157条1項，158条），今後の管財業務の見込みなどに関する情報を破産債権者に対して提供します．

[2]　任務終了計算報告集会

　破産管財人の任務が終了した場合には，適切な換価・配当がなされたかを検証するため，計算報告書について破産債権者の承認を得るための債権者集会が招集されます（破産88条）．破産管財人は，就任から任務終了までの破産財団の処理状況及び収支計算結果をまとめ，破産管財人の業務全体がわかるように書面を作成し，債権者集会において報告します．異議なく計算が承認されたときは，破産管財人の責任が解除されます．もっとも，異議が述べられても，破産管財人の損害賠償責任の存否に係る問題にとどまりますので，集会そのものは終了し，破産手続の終結に向かいます．この集会も任意的開催とされ，書面による計算報告に代えることができます（破産89条）．

[3]　廃止求意見集会

　破産手続開始決定後，破産財団をもって破産手続の費用さえも支弁できないと認めるときは，破産手続は廃止されます．この場合，裁判所は，債権者集会を招集して破産債権者の意見を聴取しなければなりません（破産217条1項）．廃止求意見集会で異議がないときは，任務終了計算報告集会に移行す

るのが通例です．このため裁判所が債権者集会を招集するときは，この2つの集会を併せて開催するものとして招集手続をします．裁判所は，相当と認めるときは，書面による意見聴取に代えることができます（同条2項）．

[4] その他の債権者集会

このほか，破産管財人，債権者委員会又は10分の1以上の債権額を有する破産債権者から積極的な要請があるときは，裁判所は，債権者集会を招集しなければならないとされ（破産135条1項本文），裁判所の職権裁量によって債権者集会を招集することもできます（同条2項）．

破産法における債権者集会任意化の趣旨

現行法が規定する債権者集会は，旧法ではいずれも必要的開催とされていました．ところが実際には，ごく一部の例外を除き，債権者集会への出席率はきわめて低く形骸化していた現実が指摘され，債権者の意向を反映させる方法として債権者集会という費用と時間を要する厳格な形式しかないという固い制度が果たして合理的なのかという問題に突き当たりました．かかる形骸状況を打開するには，活性化への方策と合理化への方策という2つの選択肢が考えられるところ，破産法は債権者の負担軽減を図る趣旨と手続の迅速化の要請に基づき合理化の途を選択したものといえます．事業規模や負債額，債権者数，債権者の特徴や意向，開催目的等の多様な事情に応じて使い分けられるようにメニューの多様化を図ることで，適時適切な方法を採用することが可能となり，債権者及び裁判所の手続負担の軽量化と迅速な手続進行の要請とも調和させるものと考えられます．

破産管財事件における債権者集会

破産手続における債権者集会の機能としては，①債権者の手続参加，②債権者に対する情報開示，③債権者からの情報提供のほか，④破産管財人が換価方針の策定に困難を感じる場面では，換価方針を開示して同意を得ることによって管財業務の正当性の基礎とすることや，⑤適切なタイミングで招集して進行状況等を報告することによって，管財業務遂行上の区切りをつけて段階化を図る機能もあります．

3 再生手続上の債権者集会

再生手続上の債権者集会は，手続の簡素化要請に基づき，任意的開催を原則としています．

[1] 債権者集会

裁判所は，再生債務者等もしくは債権者委員会の申立て又は再生債権者の総債権の10分の1以上に当たる債権を有する再生債権者の申立てがあったときは，債権者集会を招集しなければならず，相当と認めるときは，職権で招集することもできます（民再114条）．債権者集会が不開催であっても対応可能な制度を装備する一方で，債権者集会招集の方法によることもできるよう個別規定を設けています．

[2] 財産状況報告集会

再生手続が開始された時点における再生債務者の財産状況，倒産原因等に関する情報提供は，債権者集会を通じて行うことができます（民再126条）．破産法158条と同趣旨です．もっとも，手続の簡素化要請からすれば，これらについては，再生債務者の裁判所への報告書（民再125条）の閲覧・謄写によるのが本則といえますし，実際上，申立直後の状況説明・情報開示等については，債権者説明会（民再規61条）で代替されるのが通例ですので，財産状況報告集会が開催される例はあまりありません．

[3] 再生計画案決議集会

再生計画案の決議のために債権者集会を招集し，その期日において議決権を行使する方法を採用することができます（民再169条2項1号）．再生計画案決議の方法としては，書面等投票の方法によることも可能とされ（同項2号），併用することもできます（同項3号）．期日の続行（同172条の5第1項）が可能な点において，実務では債権者集会を開催するのが通例です．

書面投票決議方式のメリット・デメリット

手続簡素化の要請が高いとみられる，債権者多数事例，債権者の遠隔地所在・散在事例，債権者説明会（民再規61条）を通じて，債権者が事実上了解済みの事案などで書面投票決議を活用することが想定されます．他方，書面投票決議方式では，再生計画案が否決されるおそれがある場合に，債権者に対し補充説明や説得をする機会がありませんし，書面投票決議で否決されたときには，期日における場合とは異なり「続行」できませんので，手続廃止の可能性が高くなります．

4 招集・決議

債権者集会の招集・決議方法については，破産手続と再生手続とはほぼ共通します．これに対し，可決要件については，破産と再生の手続目的に応じた相違がみられます．

[1] 招集

債権者集会の期日には，手続機関，届出債権者等を呼び出さなければなりません（破産136条1項本文，民再115条1項本文）．ただし，一定の場合（破産31条5項，136条2項，民再34条2項，115条1項ただし書，同条2項）には，呼び出さないことができます．また，労働組合等にも通知されます（破産136条3項，民再115条3項）．

[2] 決議

(1) 付議決定における決議方法の選択

債権者集会において決議を要する事項については，裁判所は，付議決定をするとともに，①債権者集会の期日において議決権を行使する方法，②裁判所が定める期間内に書面等で議決権を行使する方法，③議決権者がいずれかを選択して議決権を行使する方法，のいずれかを定めます（破産139条）．

再生手続における再生計画案決議のための債権者集会についても同様に，裁判所は，①期日決議方式，②書面投票方式，③選択方式，のいずれかを定めます（民再169条2項）．

(2) 議決権の額

破産・再生債権者は，確定した債権額に応じて，議決権を行使することができます．経済的利益の大きさが債権者の意向として反映されます．

ただし，破産手続においては，劣後的破産債権及び約定劣後破産債権については，議決権を有しませんし（破産142条1項），既に弁済を受けた額については議決権を行使することはできません（同条2項）．これに対し，再生手続においては，そもそも再生債権間に法定順位を観念せず，個別規定を設けて実質的な取扱いを異にする対応をしていることは前述しました（124頁参照）．約定劣後再生債権については，議決権が排除される場合があるほか（民再87条3項），議決権を有する場合は組分けされます（同172条の3第2項・3項）．

議決権の額の定め方については，債権者集会を招集する場合（破産139条2

項1号又は3号，民再169条2項1号又は3号）と債権者集会を招集せず書面等投票による場合（破産139条2項2号，民再169条2項2号）とで取扱いを異にしています．債権者集会期日を開く場合，確定しているものは確定額，異議なきものは届出額とし，異議あるものは裁判所が議決権の有無及び額を定めます（破産140条，民再170条）．期日を開かない場合，確定しているものは確定額，未確定のものは裁判所が定める額とされます（破産141条，民再171条）．

(3) 可決要件

　破産手続において債権者集会の決議を要する事項を可決するには，議決権の総額の2分の1を超える議決権を有する者の同意がなければなりません（破産138条）．

　再生手続において再生計画案を可決するには，①集会又は書面投票において積極的に意思を表明した議決権者の過半数の同意（頭数要件）及び，②議決権者の議決権の総額の2分の1以上の議決権を有する者の同意（議決権額要件）のいずれも必要とされます（民再172条の3第1項）．①の頭数要件が存在するのは，事業を継続・再生するには商取引債権者の意向を反映させることも重要な要素であることから，大口金融債権者の意向のみで左右されることを回避する趣旨です（判例［最決平20.3.13民集62-3-860］は，民再法172条の3第1項1号の少額債権者保護の趣旨を潜脱して信義則に反する行為によって再生計画が成立するに至ったものであるときは，その再生計画の決議は不正の方法によって成立したものとして，同法174条2項3号の不認可事由があるとしています）．積極的に賛否を明らかにした者を算定の基礎にします．また，②の議決権額要件については，破産では2分の1を「超える」必要があるのに対し，再生では2分の1「以上」であって，2分の1で足りるところは，可決・再生を容易にするものといえます．

債権者の同意調達と調達コストの低減―可決要件の再生計画への影響

　債権者の同意は，債権者自治の観点に照らし，決議対象たる再生計画の正統性の基礎といえます．もっとも，倒産は債権者の競合という集団現象として現れるため，これを法的手続によって規律する場合には，債権者と債務者の個別的同意の集積という多大なコストを要する方法は非現実的かつ不合理であると考えられます．ここでは債権者の同意調達そのものの問題と同意調達に要する手続コストの問題の両面

から検討されなければなりません．後者の同意調達に要するコストを抑えて迅速な手続進行を図る要請は，これまで検討してきたとおり，手続の軽量化，決議方法の選択等を通じて具体化されます．前者の同意調達そのものの問題は，個別同意の集積に代え，決議の方法によらざるを得ず，その結果は不同意債権者をも拘束する効果をもつことから，手続目的と実効性とを考慮して決定された可決要件の合理性如何という問題に投影されます．このようなところから，再生計画案の可決要件として頭数要件と議決権額要件とが併用されているのは，事業活動の多様性と経済的利益の大きさとを調和的に考慮することが事業再生にとって必要であることを示していると考えられます（頭数要件は主として商取引債権者の意向を重視し，議決権額要件は金融債権者の意向を反映することが想定されます．金融債権者の関心は，主として弁済率と弁済期間，そして健全な事業計画による計画遂行の蓋然性や倒産責任の除去に向けられます．これに対し，商取引債権者の関心は，損失分を将来取引で回復するためにも今後の取引継続の安定性や事業展開の可能性にあるといえます）．

7―債権者委員会と代理委員

1 債権者委員会

［1］ 意義

　債権者集会の機動性の乏しさを埋め合わせ，債権者の意思を手続に反映させる制度として，債権者委員会があります（破産144条以下，民再117条以下）．債権者委員会とは，債権者の利益代表的に手続に関与する組織をいい，これが組織された場合において，裁判所が法定の要件を充足すると認めて承認したときは，法定された権限を行使できます．債権者自治の理念を実現する制度として活性化することが望まれるところですが，債権者間での利害対立の存在をどのように反映させるかという問題がありますし，そもそも債権者には手続に積極的に関与していく成熟度が求められます．

［2］ 権限

　裁判所が承認した債権者委員会には，意見陳述権（破産144条2項・3項，145条2項，民再117条2項・3項），債権者集会招集申立権（破産135条1項，民再114条），手続機関に対する報告命令申立権（破産147条，民再118条の3）など

の権限が与えられます．再生手続においては，営業譲渡の許可に際しては，裁判所は，再生債権者の意見聴取に代えて債権者委員会の意見を聴くことで足りるとされています（民再42条2項ただし書）．

監査委員の廃止──破産管財人に対する監督と債権者自治との峻別

旧破産法は，破産管財人の職務執行を監督する手段として，監査委員の制度を設けていました．旧破産法197条は，破産管財人が一定の職務行為をするには，債権者から選任された監査委員の同意を要する旨規定し，その内容として，現行破産法78条2項1号ないし14号と同一の行為が列挙されていました．そして，第1回債権者集会前にかかる行為をする必要があるときには，裁判所の許可を要するものとし（旧破産法198条1項），第1回債権者集会後は全面的に監査委員の同意を必要としていました．また，監査委員を置かない場合は債権者集会の決議を経ることを要し，急迫の必要性があるときは，例外的に裁判所の許可をもって代替することが可能であるとの規定を置いていました（同条2項）．これらの規定によれば，債権者の意思が監査委員を通じて破産管財業務に行き渡ることによって管財業務の適正が確保されるというメカニズムを基本とした上で，機動的判断を必要とするときに限り，裁判所が代替する仕組みを採用していたといえます．しかし，現実には，監査委員の職務に関心を示す債権者は絶無といってよく，全く活用されていませんでした．かえって監査委員が選任された場合には，破産管財人の手足を縛り，機動性を害する結果になっていました．そこで現行法は，監査委員の監督機能・債権者自治の要素と裁判所の監督との関係を整理し，監査委員の要同意事項を裁判所の許可事項とすること（破産78条2項）等により管財業務の円滑と適正を確保する一方で，債権者委員会制度の活用を通じた債権者自治の実現を期待しています．

2 代理委員

多数の債権者が個別的に手続上の権利行使をする場合に，手続の複雑化を回避するため代理委員の選任が認められます（破産110条，民再90条）．事実上又は法律上同種の原因に基づく債権を有する債権者が多数にのぼる場合に，これらのグループを一括して代理することを可能にして，債権者の権利行使を容易ならしめるとともに，手続の簡素化と円滑さを保持するものです．例えば，ゴルフ場経営会社に破産・再生手続が開始された場合にゴルフ会員権者の代表者を選任したり，多数の労働債権者が存在する場合に労働組合代

表者を選任することが考えられます．民訴法上の選定当事者（民訴30条）と同趣旨と考えられます．

CHAPTER 11 財団債権, 共益債権

1—財団債権

1 意義

　破産手続によらないで，破産財団から随時弁済される債権を財団債権といい（破産2条7項），破産債権に先立って弁済されます（同151条）．「破産手続によらないで」の意味は，破産債権の行使は破産手続によらなければならない（同100条1項）こととの対比によって明らかとなります．届出・調査・確定手続を経て配当を受けることによってのみ満足を得る破産債権と，手続外での随時優先弁済が保障されるカテゴリーとがあるわけです．前者のカテゴリーは，実体法上の優先関係を反映する仕組みが採用されているのに対し，後者のカテゴリーは，破産手続の存在を前提とし，破産手続との関係で観念される優先権として理解されます．

2 財団債権の範囲

　財団債権の範囲については，破産法148条ないし150条のほか，個別に規定が設けられています．破産手続への拘束を認めるべきではないとの政策的必要性と破産債権者の負担に帰する結果が正当化されるかという視座による検討を経た範囲決定ということができ，多様なものから構成されています．

[1] **破産債権者の共同の利益のためにする裁判上の費用の請求権（破産法148条1項1号）**

　破産債権者全体のために遂行される破産手続に必要な費用を財団債権とするものです．破産手続開始決定や終結決定の公告費用，債権者申立てにおける申立費用，予納金等がこれに該当します．

[2] 破産財団の管理,換価及び配当に関する費用の請求権（破産法148条1項2号）

本号も破産手続を遂行するために不可欠の費用であるため財団債権とされます．破産管財人の報酬，財団評定に要する費用，配当公告・通知費用，破産財団に属する財産の固定資産税等がこれに該当します．判例（最判平23.1.14民集65-1-1）は，破産管財人の報酬については，破産管財人自ら源泉徴収義務を負い，源泉所得税債権は破産財団の共益的負担として，旧破産法47条2号ただし書の財団債権に該当するとし，破産者が雇用していた労働者に対し破産債権である退職手当等を配当するについては源泉徴収して国に納付する義務を負うものではないとしています．

[3] 破産手続開始前の原因に基づいて生じた租税等の請求権の一部（破産法148条1項3号）

(1) 規定の内容

破産手続開始前の原因に基づく租税等の請求権のうち，破産手続開始当時，まだ納期限が到来していないもの又は納期限から1年を経過していないものは財団債権とされます．これに該当しないものは，延滞税・利子税のように劣後的破産債権とされるもの（破産99条1項1号，97条3号〜5号）を除き，一般の優先権（国税徴収法8条）があるため，優先的破産債権とされます（破産98条1項）．

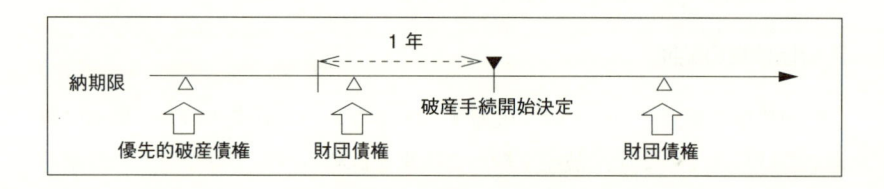

租税債権の特質

租税債権は，①実体法上，私債権に対して優越的地位を有する（国税徴収法8条），②一定の範囲で特定財産に対する優先効を有する（法定納期限と担保権設定日との先後による優先的地位），③自己執行力（滞納処分）を有する，との特質を有します．

(2) 規定の適用要件

そこで，どのように財団債権と破産債権とが切り分けられるのかが問題となります．「破産手続開始前の原因に基づく」とは，納税義務が破産手続開始前に成立していること（国税通則法15条2項）を意味し，その法定納期限（同法2条8号参照）が到来していることまでは必要ではありません．また，「納期限」未到来又は到来後1年以内を基準とするのは，租税債権は，公示されない優先性を有し，債務名義等を要せずに滞納処分を開始できることから，納期限後滞納処分が可能な状態にあるにもかかわらず，1年以上これを放置して破産手続に至ったときには最優先の地位を主張することができないという失権的な理解をするものです．このため，「納期限」については，法定納期限（法律が本来の納期限として予定している期限で，納税義務の消滅時効の起算点とされ，また，その翌日が延滞税の計算期間の起算日とされる）と具体的納期限（その日までに納付しなければ履行遅滞に陥り，督促を経て滞納処分を受けることになる）とがあるところ，滞納処分差押えができる時期を画する具体的納期限を意味することになります．

「1年」の合理性

自己執行権を合理的期間内に行使しなかった場合に失権を認めるという考え方を基礎にするとき，どの程度の期間をもって合理的とみるかが問題となります．所得税など1年単位で課税するものが多いことや納税猶予制度も原則1年以内としていることからすれば，1年を過ぎても差押えをしないときには失権効を働かせても関係諸制度とも整合性が保たれるといえますし，実質論としてもあまりに短期間に設定するならば徴税権者が早期に滞納処分に着手することを促進してしまうのは望ましくないという配慮があります．

(3) 規律の性格決定—実体法の尊重か変容か

旧破産法は，破産手続開始前の原因に基づいて発生した租税債権は，全額について財団債権としていました（旧破産47条2号）．租税債権はすべての債権に先立って徴収されるとの租税優先原則（国税徴収法8条，地方税法14条）に対応していたと考えられます．このことは，法定納期限と担保権設定との先後関係によって特定財産に対して公示なき優先効をもつ場合があることか

らも説明されるところです．現行破産法が，これを一定の範囲にとどめつつ，なお財団債権として扱っていること（破産 148 条 1 項 3 号）につき，上記の考え方を引き継ぐとともに，財団債権として扱われない部分については，1年の経過によって最優先的地位を主張できなくなるとの失権の理解をして，優先的破産債権へ切り下げをしているとみられます．かかる理解は，租税債権の破産手続上の本籍は財団債権にあるとみているわけで，ここでは平時実体法との連続性を基調にして，実体法上の租税の優先関係が手続上の債権の区分を通じて反映されているとの理解を基礎にしています．

　これに対し，基本認識としての租税の絶対的優先性を否定して，租税債権の破産手続上の本籍は優先的破産債権にあるとみて，1年以内のものについては特別に優遇する措置を講じて財団債権に格上げを図ったのが現行法の規律であるとの理解もあります．平時実体法の優先関係を手続目的との関係から変容して現在の規律が設けられていると理解するわけです．この理解によれば，失権効的に現行法の規律を説明するのではなく，破産財団所属財産形成との牽連性の強度が直近 1 年以内の租税債権が優遇される根拠であると説明します（伊藤 228 頁）．

(4)　滞納処分の続行

　財団債権及び優先的破産債権に基づく滞納処分は，破産手続開始後に開始することは許されません（破産 43 条 1 項）．この点では両者は共通します．しかし，財団債権となるべき権利に基づく強制執行は，破産手続開始決定によって失効する（破産 42 条 1・2 項）のに対し，破産手続開始決定前に着手した滞納処分は，その続行を妨げられません（同 43 条 2 項）．これは特定の財産に滞納処分差押えをした場合は，特定財産に対する担保権と同様の地位に立ち，差押登記による公示も備えることになります．そうすると，別除権が破産手続の影響を受けないことと同様に，滞納処分も影響を受けることなく続行することは許容されると考えられるからです．旧破産法 71 条 1 項を承継したものといえますが，租税債権については優先権の範囲限定とその失権が認められる代わりに，具体的現実的に実行段階に入ったものについては優先的な回収を保障してバランスをとったものとみるならば，失権的効果と整合的な説明が可能です．

[4] 破産財団に関し破産管財人がした行為によって生じた請求権（破産法148条1項4号）

　破産管財人の行為によって生じた請求権については，受益主体たる破産債権者全体の負担とすることが是認されます．破産管財人が新たな物件の賃借，補助者の雇用，和解等の行為を行った場合に生ずる請求権がこれに該当します．破産管財人の管理下にある財産が第三者に損害を与えた場合の不法行為に基づく損害賠償請求権もこれに含まれます（例えば，破産財団に属する建物が破産手続開始決定後も他人の土地を不法占拠する場合の当該損害賠償請求権［最判昭43.6.13民集22-6-1149]）．また，破産管財人の不法行為に基づく損害賠償請求権など厳密には破産債権者の利益のための行為といえない場合であっても，管財人の職務・手続遂行による利益を享受する破産債権者の地位に照らし，そのリスクを引き受けるべきときには，本号に含まれると解されます．

[5] 事務管理又は不当利得により破産手続開始後に破産財団に対して生じた請求権（破産法148条1項5号）

　破産財団が保持すべきではない利益又は利得を配当から除外して，財団債権として流出することを是認するものです．

[6] 委任の終了又は代理権の消滅の後，急迫の事情があるためにした行為によって破産手続開始後に破産財団に対して生じた請求権（破産法148条1項6号）

　委任は，委任者又は受任者の破産によって終了し（民653条2号），代理権は代理人の破産によって消滅しますが（民111条1項2号），急迫の事情がある場合には，委任事務を処理すべき義務があるため（民654条），破産管財人が現実に事務に着手するまでになされたそのような事務処理は，破産債権者の利益のためになされたものとみて財団債権とする趣旨です．

[7] 破産法53条1項により破産管財人が債務の履行をする場合において相手方が有する請求権（破産法148条1項7号）

　破産管財人が債務の履行を選択した場合には，破産財団が利益を受ける以上，相手方の請求権を財団債権として保護しなければ対価的利益バランスを欠くため財団債権としています（Chapter12参照）．

[8] 破産手続の開始によって双務契約の解約の申入があった場合において破産手続開始後その契約の終了に至るまでの間に生じた請求権（破産法148条1項8号）

　賃貸借契約や雇用契約などの継続的な双務契約関係において，解約申入後一定期間経過によって終了する場合（民617条，借地借家法27条1項，民627条，労働基準法20条1項），その間に生じた相手方の賃料や賃金等の請求権を財団債権とするものです．

[9] 破産管財人が負担付遺贈の履行を受けた場合の負担受益者の請求権（破産法148条2項）

　破産手続開始前の負担付遺贈の履行を破産管財人が受けたとき，当該財産が破産財団に組み込まれて利益を受けるため，相手方の負担の請求権を遺贈の目的物の価額を超えない限度（民1002条1項）において，財団債権としています．この場合，受益者の負担の請求権も破産手続開始前の原因に基づくものとして破産債権となるはずですが，負担付遺贈には双務契約に関する規定が準用されますので（民553条），破産管財人が未履行双務契約につき履行を選択した場合に準じて財団債権とされます．

[10] 保全管理人が債務者の財産に関し権限に基づいてした行為によって生じた請求権（破産法148条4項）

　この場合は破産手続開始前の原因に基づく請求権ともいえますが，破産法148条1項4号と同趣旨による財団債権化として理解されます．もっとも，保全管理人の権限は，原則として常務に関する行為に限定されていること（破産93条1項ただし書参照）に注意を要します．

[11] 使用人の給料・退職金手当請求権の一部（破産法149条）

　破産手続開始後に破産管財人が雇用を継続した場合の給料及び退職手当請求権は，財団債権として扱われます（破産148条1項7号又は8号）．

　破産手続開始前における給料の請求権は，破産債権として扱われますが，その要保護性の高さを考慮して一般の先取特権による保護（民306条2号，308条）が与えられていることから，優先的破産債権とされます（破産98条1項）．退職手当請求権は，支給基準が労働協約，就業規則等によって明確に定められている場合には，賃金の後払的性格を有するので（最判昭44.9.2民集23-9-1641），同様に優先的破産債権とされます．

これらの労働債権は労働者の生活の基盤ですから，商取引債権とは異なり，他の取引等によって損失を埋め合わせることは困難であって，その生活に対し直接的な打撃を与えます．また，租税等の財団債権が圧迫して優先的破産債権としての労働債権に配当が全くない事態も生じ得ることから，労働債権に対する政策的保護の必要性が強く指摘されました．そこで，現行法は，破産手続開始前3か月間の給料の請求権（破産149条1項），退職手当請求権のうち退職前3か月間の給料の総額（又は手続開始前3か月間の給料の総額）に相当する額（同条2項）の限度において，財団債権に格上げして保護しています．3か月間に発生した部分に限られますので，破産手続開始申立前に従業員を解雇するのが実務上の通例であるところ，解雇から申立てまでに時間を要するときは，財団債権とされる部分が減少（又は消滅）することに注意が必要です．

破産手続開始後に解雇した場合

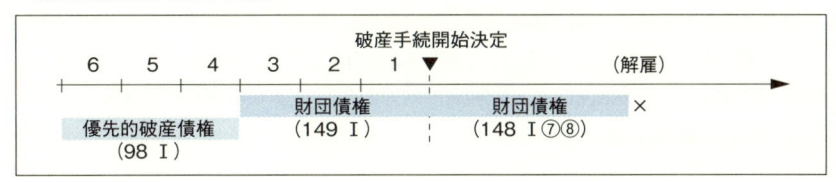

```
       6   5   4   3   2   1  ▼破産手続開始決定      （解雇）
                                                              
       優先的破産債権   財団債権      財団債権      ×
         (98 I)       (149 I)     (148 I ⑦⑧)
```

破産手続開始前に解雇した場合

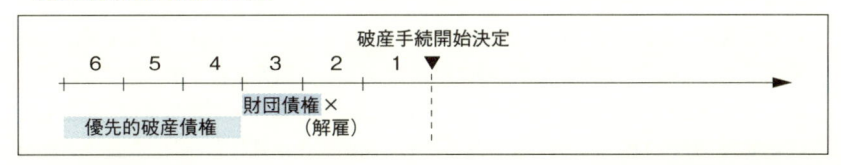

```
       6   5   4   3   2   1  ▼破産手続開始決定
                                                              
       優先的破産債権   財団債権 ×
                       （解雇）
```

労働債権の処遇——破産と再生

　事業の解体清算を行う破産手続においては，手続開始後は基本的には全員が退職することを前提に，破産手続開始前3月間の労働の対価を保護します（破産149条）．これに対し，事業の継続を前提とする再生手続においては，再建に必要な労働者の権利を制限することは想定していません．手続開始前は一般優先債権（民再122条1項），手続開始後は共益債権（民再119条2号）として処遇され，随時弁済されます．

解雇予告手当（労働基準法 20 条）の取扱い

予告期間なしに，また解雇予告手当の支払なしになされた解雇は，即時解雇としての効力は生じませんが，予告期間を経過するか，又は予告手当の支払をしたときに効力を生じると解されています（最判昭 35.3.11 民集 14-3-403）。もっとも，従業員が解雇の効力を認めることは妨げられませんし，むしろこれを争うのが合理的な判断かは微妙な問題です。解雇を有効と認めて解雇予告手当の請求をする場合，即時解雇の代償として取得する予告手当の性格決定の如何により，実務での取扱いが異なります。解雇予告手当を新たな就労先を探す期間の収入保障としての労働政策的給付をみるときは，労働との対価性を見出すことができず，「給料」，「退職手当」に該当せず，優先的破産債権の限度にとどまると考えられます。他方，解雇予告手当は，予告期間中に就労した場合に得ることができたはずの給料を先取りするものであるとみれば，「給料」に含めることによって財団債権として扱うことが可能と解されます（解雇予告手当は，労働者健康福祉機構による立替払制度の対象ではありませんので理論的には前説がすっきりしますが，労働者保護を重視する後説にも合理性があると考えられます）。これに対し，解雇の無効を前提とするならば，解雇の効力が発生するまでの間，休業手当（労働基準法 26 条［平均賃金の 100 分の 60 以上］）請求権を有することとなり，手続開始決定前 3 か月以内であれば財団債権（破産 149 条 1 項），手続開始決定後解雇の効力が生じるまでの分も財団債権となります（破産 148 条 1 項 8 号準用）。

牽連破産と労働債権の保護

再生手続から破産手続に移行した場合，再生手続開始前 3 か月間の給料の請求権は財団債権とされます（民再 252 条 5 項）。破産手続においては，破産手続開始決定前 3 か月の給料の請求権は，特に財団債権として保護されます（破産 149 条 1 項）。ところが，牽連破産の場合には，先行する再生手続中の労働債権は，もともと共益債権（民再 119 条 2 号）とされるため，開始前 3 か月分を特別に保護する趣旨は共益債権としての保護に埋没してしまいます。そこで，かかる特別に保護する趣旨を再生手続開始前 3 か月に移行させて労働債権の優先的保護を図るものです。

牽連破産と労働債権

| 3 か月
（民再 252 条 5 項）
財団債権 | 再生手続開始決定 ──→ 共益債権
（民再 119 条 2 号，252 条 6 項）
財団債権 | 破産手続開始決定 ──→ |

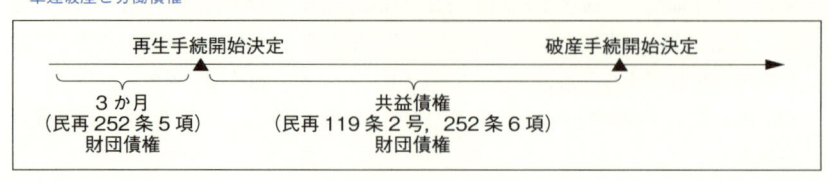

[12] 社債管理者の費用及び報酬請求権（破産法150条）

これは破産管財人の事務処理負担が社債管理者によって軽減され，手続の円滑な遂行に寄与すると認められる場合に，事務処理費用等の請求権を財団債権化することを認めるものです．

[13] 個別規定による財団債権

個別規定において，未履行双務契約を解除した場合の相手方の反対給付価格償還請求権（破産54条2項），破産管財人が受継・続行した手続に関する費用請求権（破産44条3項，46条，42条4項），破産債権確定手続で異議者たる債権者が勝訴した場合の費用償還請求権（破産132条），否認において破産者が受けた反対給付が現存しない場合の相手方が有する価額償還請求権（破産168条1項2号），再建型手続からの移行処理費用（民再252条6項，会更254条6項）などが財団債権とされています．

3 財団債権の弁済

[1] 破産管財人による随時優先弁済

財団債権は，破産手続によらずに，破産債権に先立って弁済されます（破産151条）．破産管財人に知れなかった財団債権者は，弁済を受けることができませんので（破産203条，205条，208条3項，209条3項，215条2項），財団債権者は破産管財人に申し出ることが必要です（破産規50条）．破産管財人が，その合理的判断に基づき財団債権として承認するときは，裁判所の許可を得て（破産78条2項13号），支払います．

[2] 財団債権者の権利行使

破産管財人が財団債権として承認しない旨回答したとき，なお支払を求めるには，財団債権者は，破産管財人を被告として，給付の訴えを提起することになります．財団債権に基づいて強制執行ができるかについては，旧法においては解釈上議論がありました．現行法は，破産管財人が裁判所の監督に服することを前提に，財団債権に基づく強制執行を禁止し，すでになされている手続は，破産財団との関係で失効するものとされています（破産42条1項・2項）．財団債権とされるもののうちには，本来的な意味での破産債権者全体が負担すべき共益的費用のほかに多様な政策的考慮に基づくものが含まれていることや手続の円滑な進行を確保する必要があることを考慮して，破

産管財人の判断とこれに対する裁判所の適正な監督に委ねる趣旨です。ただし、破産手続開始時に既に着手された国税滞納処分の続行は妨げられず（破産43条2項）、滞納処分手続によって弁済を受けることができます。これに対し、交付要求の方法による場合は、破産手続開始前に自らも滞納処分による差押えをしていた場合を除き、別除権の行使としての担保不動産競売手続において、その売却代金から直接弁済を受けることはできず、配当金の交付を受けた破産管財人の合理的判断に基づいて随時弁済を受けることになります（最判平9.11.28民集51-10-4172）。

[3] 財団不足の場合の取扱い

破産手続においては、財団債権の総額を弁済するのに不足する事態が生じ得ます。そこで、破産財団をもって財団債権の総額を弁済するのに足りないことが明らかになった場合には、破産法148条1項1号及び2号の財団債権を優先弁済し（破産152条2項）、その余のまだ弁済されていない財団債権は債権額の割合に応じた按分弁済とされます（破産152条1項本文）。これによれば、破産管財人の報酬が最優先となり、実体法上一般の先取特権に優先する租税債権も労働債権等との間では按分弁済されます（「法令に定める優先権にかかわらず」同条1項本文参照）。

未払の財団債権については、財団債権の性格に応じて、破産手続遂行のための共益費用的なものは責任財産を破産財団に限定して理解し、租税債権や労働債権など政策上の財団債権は破産者を債務者とすべきと解されています（概説90頁［沖野眞已］）。

2—共益債権

1 意義

再生手続によらないで、再生債務者から随時再生債権に優先して弁済される債権を共益債権といいます（民再121条1項・2項）。再生債権者全体の共同の利益を確保するのに資する費用・負担であって、手続による受益者全体がこれを負担すべきことに優先性の根拠があり、また、それは実体法上の優先関係ではなく、手続の存在を前提にしてその目的等との関係を考慮した優先

性を観念する点において，破産手続における財団債権におおむね相当するものといえます．

しかし，次にみるとおり，再生手続と破産手続との基本的相違に基づき，あるいは，破産手続における財団債権そのものが政策的考慮に基づく多様な根拠から構成されているために，再生手続における共益債権とは範囲を異にしています．

2 共益債権の範囲

共益債権の範囲は，民再法119条が一般的にこれを規定しているほか，個別に規定がおかれています（民再39条3項，40条の2第3項，49条5項，50条2項，51条，67条5項，132条の2第1項2号・第2項1号・3号，140条2項，151条4項，190条9項）．

再生手続の簡素化を図るために，一般の優先権のある債権は手続外におかれ，一般優先債権として再生手続によらないで随時弁済を受けます（民再122条1項・2項）．このため，租税債権や労働債権は，再生手続ではその全額が手続外で弁済されます．これに対し，破産手続においては，その一定範囲が財団債権とされるにとどまり，その余は優先的破産債権とされるため，再生手続から破産手続へ移行したときには，相違が顕在化します．

民再法は再建型基本法として法人と自然人とを問わず適用されます．このため，再生債務者個人の生活に関する費用も再生債権者全体が負担すべきものとされます（民再119条2号）．再生債務者が日常生活の中で惹起した不法行為に基づく損害賠償請求権は，厳密には再生債権者の共同の利益とはいえないものの，開始後債権（同123条）とするのは被害者保護に欠けることから，2号によって共益債権とせざるを得ないと解されています．

再生手続が事業継続による再建を目的とするところから，再生債務者が手続開始後にした資金の借入れその他の行為によって生じた請求権（民再119条5号）のほか，開始決定前に資金の借入れ，原材料の購入その他再生債務者の事業の継続に欠くことができない行為をする場合に，裁判所の許可又はこれに代わる監督委員の同意を得ているときは共益債権化されます（同120条）．

事業継続に不可欠な債務と共益債権

　事業の再生は，過剰債務を圧縮し，財務体質の改善と収益力の向上を図ることによって，弁済能力を回復することによって行われます．過剰債務の圧縮は再生計画による権利変更によって行われますが，事業を維持・継続して財務体質の改善と収益力の向上を図るには，多額の資金的手当を要します．例えば，事業用資産に担保権が設定されている場合，別除権に対する手当（別除権協定，担保権消滅請求）をしてこれを安定的に保持するためには，多額の資金的手当を要します．財務体質を改善するために人員整理が必要な場合は，解雇予告手当や退職金の支払が必要になりますし，不採算分野から撤退して事務所を閉鎖するにも原状回復費用等が発生します．さらに，そもそも事業を継続するには，仕入等従前の取引を継続することが不可欠であり，これができなければ，再生はたちまち頓挫し事業価値は急速に劣化してしまいます．このように，事業の継続・再生にとって資金を導入する必要があることから，手続開始後にした資金の借入その他の行為によって生じた請求権は，共益債権とされます（民再119条5号）．また，再生手続開始の申立てに至るのは，運転資金の枯渇によることが多く，上記のような資金導入の必要性は開始決定前であっても同様に存在することを考慮して，裁判所の許可又はこれに代わる監督委員の同意によって共益債権化することが可能です（民再120条）．

　企業に対する投融資による信用創造は，銀行をはじめとする金融機関の社会的役割でもあります．事業価値と再建可能性を有する破綻債務者については，事業を解体清算せずに，これを保持させて必要な資金を投下して再生を図ることは，上記金融機関が担うべき社会的役割に適合します．そして，そのようにして債務者の事業が再生され，清算価値を上回る将来収益が得られるときは，再生債権者の共同の利益に合致するわけですので，前記各法条は，このような再生のための基軸となる資金を投下した債権者に対し最優先で価値を割り当てることが是認されるという思想に基づいています．

3　共益債権の弁済

　共益債権は，再生手続によらずに，かつ再生債権に先立って弁済されます（民再121条1項・2項）．再生債務者が任意に履行しないときは，破産手続とは異なり，共益債権に基づく強制執行や一般先取特権の実行等は妨げられません（同39条，121条3項参照）．ただし，その強制執行が再生に著しい支障を及ぼし，かつ再生債務者が他に換価の容易な財産を十分に有するときは，裁

判所は，当該強制執行の中止又は取消しを命ずることができます（同121条3項）ので，この限度では，共益債権者の権利行使は制限を受けます．

　破産手続は，債務者の財産の包括的清算・事業の解体をもたらすため，すべての財団債権を弁済するのに不足する場合に対応するための規定が設けられていますが（破産152条），再生手続には，そのような規定は存在しません．共益債権及び一般優先債権を弁済するのに不足するときは，再生計画案作成の見込みがないことが明らかであり（民再191条1号），また，再生計画認可決定確定後であるならば再生計画遂行の見込みがないことが明らかであり（同194条），再生手続は廃止されます．破産手続に移行したときは，共益債権は財団債権として扱われます（同252条6項）．破産手続に移行しないときは，管理命令が発令されている場合（同77条4項）を除き，債務者の負担において弁済することとなります．

積極財産の変動・確定 PART 5

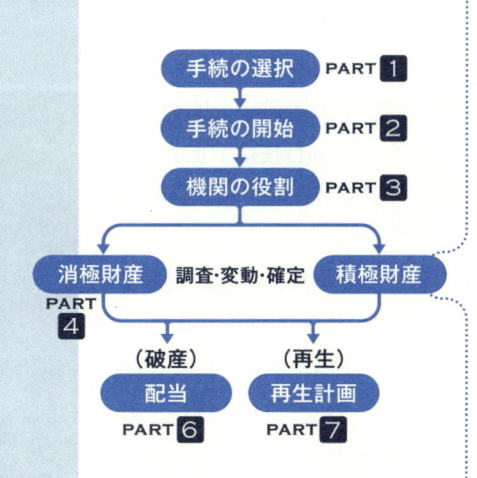

PART 5 積極財産の変動・確定

CHAPTER 12 契約関係の処理
1- 倒産手続開始の契約関係に対する影響
2- 双方未履行双務契約の基本的規律
3- 賃貸借契約と倒産処理
4- 請負契約と倒産処理
5- 雇用契約と倒産処理

CHAPTER 13 取戻権
1- 意義
2- 一般の取戻権
3- 特別の取戻権

CHAPTER 14 担保権の処遇
1- 担保権の処遇に関する基本的視座
2- 別除権の行使方法
3- 別除権者の手続参加
4- 破産・再生手続による担保権の消滅
5- 非典型担保の位置づけ
6- 別除権協定

CHAPTER 15 相殺権
1- 相殺の意義と機能
2- 相殺権の拡張
3- 相殺権の制限
4- 相殺権の行使

CHAPTER 16 否認権
1- 意義と類型
2- 否認権の要件
3- 否認の特別類型
4- 否認権の行使
5- 否認の効果

CHAPTER 17 法人役員の責任追及
1- 意義
2- 役員の責任査定についての決定手続と判決手続
3- 役員に対する損害賠償請求と財産保全

- 手続の選択 PART 1
- 手続の開始 PART 2
- 機関の役割 PART 3
- 消極財産 PART 4 ― 調査・変動・確定 ― 積極財産
- （破産）配当 PART 6
- （再生）再生計画 PART 7

CHAPTER 12 契約関係の処理

1—倒産手続開始の契約関係に対する影響

1 契約の相手方の地位

　倒産手続が開始されると，従前の債務者との間で契約関係を有していた相手方は大きな影響を受けます．相手方の有する契約上の権利は，基本的には破産債権又は再生債権となり，倒産手続によらない権利行使は禁止され（破産100条1項，民再85条1項），破産管財人又は再生債務者による契約関係の整理・処遇を受けることになります．

　もっとも，手続開始前に生じていた原因を理由とする契約の無効主張並びに取消権及び解除権の行使は妨げられません（ただし，議論があります［180頁］）．また，弁済禁止等の保全処分が発せられたときは，債務者は履行が禁止されるため，相手方はその保全処分に係る債務の履行遅滞を理由に契約を解除することはできません（最判昭57.3.30民集36-3-484）．

2　手続機関による契約関係の処理

　倒産手続が開始された場合，破産管財人又は再生債務者は，解体清算目的又は再建再生目的に資するよう，契約関係の存続又は解消を図らなければなりません．この場合，これらの手続機関の地位については，実体法上の債務者の地位を前提にせざるを得ない側面と手続上の債権者の利益を代表する側面との複合的性格を有することは既に検討したとおりです（79，102頁）．ここでは後者の側面から，倒産手続開始前から存続する契約関係への介入処理を図ることになります．

2―双方未履行双務契約の基本的規律

1 双務契約における一方のみ未履行

　互いに対価関係にある債務を負担し合う双務契約の当事者の一方について倒産手続が開始された場合において，倒産した債務者の債務が履行され，相手方の債務のみが未履行であるときは，相手方は破産財団又は再生債務者に対し，その債務を履行しなければなりません．これに対し，倒産債務者の相手方は自らの債務を履行したにもかかわらず債務者の債務が未履行状態にあるときは，これに対応する相手方の債権は倒産債権として拘束され，僅少な配当又は再生計画による大幅な減免変更を受けた割合的満足を受けるにとどまります．後者の事態は，誠実に履行した相手方にとって冷たい処理のようにも思われます．また，先履行義務を負う場合であっても，債務者が危機的状況に至るおそれがあるときは，相手方としてはあえて不履行状態においた方が，後に検討するように，破産法 53 条，民再法 49 条の適用を受けられるとするのは不合理ではないかともみられます．しかし，この点については，同条の制度趣旨，内在する法理に照らしやむを得ないと解されています．

債務者既履行・相手方未履行

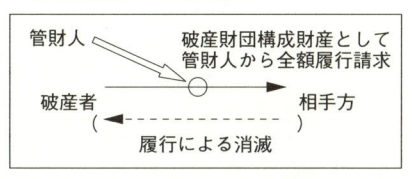

```
管財人 ──→ 破産財団構成財産として
              管財人から全額履行請求
破産者 ○ ─────→ 相手方
      (←---------)
         履行による消滅
```

相手方既履行・債務者未履行

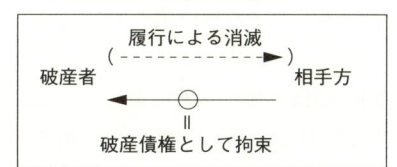

```
       履行による消滅
       ←------------
破産者 ←────○──── 相手方
              ‖
         破産債権として拘束
```

未履行双務契約処理の基礎と一方未履行冷遇の理由

　破産法 53 条，民再法 49 条の基礎につき，同時履行の抗弁権によって双務契約における対価的バランスを尊重することが当事者の衡平に合致するとの考えが存在するとみる（177 頁［第 1 説］参照）ならば，一方のみ未履行の場合は，既履行状態におくことで自ら同時履行の抗弁権を放棄しているといえるし，同時履行の抗弁権が認められない双務契約においては対価の債務の担保的機能に対する相手方の信頼も低いとみてよく，相手方の請求権が破産債権とされても当事者間の不公平は耐え難

いほどには大きくないと説明されます（谷口174頁）．これに対し，同条を実体法次元での理解ではなく，手続機関の職責・特別の権能を与えている倒産法次元での政策判断がその基礎にあると理解するときは（178頁［第2説］参照），相手方の債権は，もともと債務者の一般財産から弁済・履行を受ける地位を有しているにすぎず，他の破産・再生債権と同様の比例的満足で足りるのであって，かかる一般原則に従って処理されるのは当然であると説明されます（伊藤267頁）．破産法53条は，双方未履行双務契約という倒産処理にとって特別な事態を整理・解決して迅速な処理を促進するために，特別に手続機関に付与された権能であると位置づけるならば，それとの対比において，かかる特則を必要としない一方未履行の場合には，一般原則によって処理するため冷遇されるように映るにすぎないというわけです．

2 双務契約における双方の未履行

手続開始当時，双方の債務の履行が完了していない場合には，破産管財人又は再生債務者は，解除か履行かの選択権を有します（破産53条，民再49条）．

[1] 選択による規律内容

(1) 履行を選択した場合

履行が選択された場合は，相手方が有する請求権は，財団債権（破産148条1項7号）又は共益債権（民再49条4項）となり，手続外で随時弁済されます．

(2) 解除を選択した場合

解除が選択された場合は，相手方はそれによって生じた損害賠償について，破産債権又は再生債権として手続内で満足を受けます（破産54条1項，民再49条5項）．

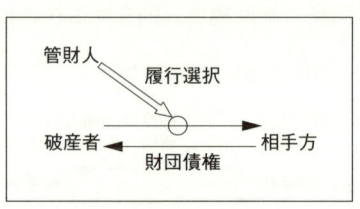

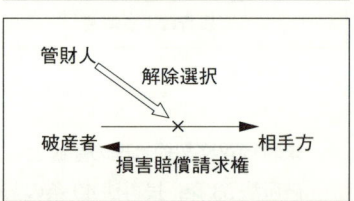

破産財団又は再生債務者及び相手方は，それぞれ解除による原状回復義務を負い（民545条1項本文），債務者の受けた反対給付が破産財団又は再生債務者に現存するときは，その返還を請求することができ，現存しないときは，その価額について財団債権者又は共益債権者としてその権利を行使することができます（破産54条2項，民再49条5項）．

[2] 確答催告権

このように履行選択と解除選択とでは相手方の地位に大きな相違がありますので，相手方の地位の安定・早期確定のため，相手方から破産管財人又は再生債務者に対し，相当の期間を定めて，契約解除か履行請求かについて確答すべき旨催告することができます（破産53条2項前段，民再49条2項前段）．

期間内に確答がなかったときの法律関係の擬制の方向性は清算型と再建型とでは異なります．破産手続では，期間内に確答がないときは解除されたものとみなされ（破産53条2項後段），契約関係は強制的に清算されます．むしろ管財人が履行を選択するときは，裁判所の要許可事項とされます（同78条2項9号）．これに対し，事業継続を前提とする再生手続では，期間内に確答がないときは，再生債務者が解除権を放棄したものとみなされます（民再49条3項後段）．再生債務者等が解除を選択するときは，裁判所の要許可事項とされています（同41条1項4号）．

また，事業継続を前提とする再生手続においては，労働協約は選択権の適用対象外であることが明示されています（民再49条3項）．

[3] 制度趣旨

(1) 問題の所在

上記のように，双方未履行双務契約における債務者の相手方には，他の破産・再生債権者とは異なる優先的処遇が与えられていることはどのように正当化されるのか，他方，平時実体法とは異なる契約の一方的解消手段が倒産手続上与えられることがどのように正当化されるのか，また，この規律は伝統的には同時履行の抗弁権の存在を前提にした理解であったところ，それに限定されるのかなどについて理論的な解明課題があります．実体法的属性としての双務契約における対価的均衡の理解と手続法的属性としての履行・解除選択権の位置づけの理解が関わります．

以下，破産法の規定をめぐる議論として展開されていますので，ここでも破産法を念頭に置くとともに，議論の分岐を網羅的に検討することは本書の任ではありませんので，対立軸が比較的明快な3説に限定します．

(2) 議論の多様化

第1説は，契約当事者の債務は対価的関係にあり，互いに他を担保視し合う関係にあるとの実体法的認識を基礎にした上で，それにもかかわらず，こ

の規定がないと仮定すると，相手方にはその債務の完全な履行を要求し，他方では相手方の債権が破産債権としての比例的満足を受けるにとどまることになり当事者の衡平に反すると考えます．そこで，民法が同時履行の抗弁権を与えたのと同趣旨において，破産手続における対価関係の尊重として，履行選択した場合には，本来は破産債権である相手方の権利を財団債権へ格上げして積極的に保護し，解除を選択した場合には，契約解消・損害賠償・返還請求によって相手方の保護を図るものと理解します（中田101頁，山木戸119頁，谷口173頁）．これが通説的な見解とみられます．

　第2説は，破産管財人に破産的清算の必要から特別の解除権を認めたところに破産法53条の意義があると考えます（伊藤268頁以下）．解除選択の場合に相手方の損害賠償請求権を破産債権として処遇するのは，相手方の保護と破産財団の負担との調整を図ったもので，これによって管財人に解除を躊躇させない意義があるとします．また，履行選択の場合に相手方の請求権が財団債権とされるのは，破産債権から格上げになるのではなく，それによって財団増殖の利益を受ける以上，その負担は破産債権者が共同で負担すべきものであって本来的に財団債権としての地位が与えられるとしています．

　第3説は，破産法53条は，双務契約の性質，相手方の保護，迅速処理要請などによるものではなく，同時履行の抗弁権や不安の抗弁権が付着した破産債権を破産手続に取り込んで換価清算するための法政策に基づくものであるとします（福永有利「破産法59条の目的と破産管財人の選択権」倒産法研究74頁［信山社2004年］）．破産管財人が履行を選択した場合の相手方を不当に害しないように，これらの抗弁権付破産債権を財団債権に変容して，その財団債権との間で同時履行関係を維持することとしたものと解します．解除に重点を置く第2説との対比でいえば，履行選択を認めて財団債権化することに意義があると位置づけます．これは管財人が取り立てようにも相手方から抗弁権の対抗を受け，他方，相手方が履行請求しようにも破産債権である以上，管財人から抗弁の対抗を受けて破産手続外に置かれてしまうという状況にあるとの理解を前提にその解決を構想する見解です．

[4] 未履行債務
(1) 債務の属性
　未履行という場合，全く履行がない場合のほか，一部未履行，従たる給付のみの未履行もこれに含まれ，履行されない部分の割合も問わないと解されています．

　この点につき，双方未履行双務契約の処理における「債務」について，限定を付して適用範囲を制御すべきかが問題となります．上記[3]の制度趣旨の基礎には，同時履行の抗弁対抗を前提に，双務契約における対価的均衡維持を据える見解にたてば，価値的に均衡のとれた債務を想定すべきとの理解もあり得えます．これに対し，倒産法固有の視座から問題解決を指向するときには，手続目的適合性の観点から，比較的柔軟に解決することが可能になる余地があります．

　後述するように，判例（最判平12.2.29民集54-2-553）は，「破産者の側の未履行債務が双務契約において本質的・中核的なものかそれとも付随的なものにすぎないか」という考慮要因を掲げていますが，ロジックとしては，それを破産法53条の適用範囲を画する基準としては位置づけておらず，同条の適用を肯定した上で行使阻止事由として考慮すべきことを指示しています．

(2) 未履行の原因
　双方未履行状態にある限りにおいては，その原因を問うことなく，破産法53条・民再法49条の適用を受けると解されています（概説210頁[沖野眞已]）．債務者が手続開始前に履行遅滞にあることは履行未了に該当するとされます（相手方からの解除の可否につき後記[6]参照）．

[5] 解除権行使の制限
　双方未履行双務契約処理規定に基づいて解除をするには，①双務契約か，②双方未履行状態にあるかという点検作業だけでは十分ではありません．判例（最判平12.2.29民集54-2-553）によれば，手続開始当時，双務契約の当事者双方に未履行の債務が存在していても，契約を解除することによって相手方に著しく不公平な状況が生じる場合には，手続機関は，双方未履行双務契約処理規定に基づく解除権を行使することができないとされています．この場合，相手方に著しく不公平な状況が生じるかどうかは，解除によって原状回復等としてすべきことになる給付内容が均衡しているかどうか（給付の均

衡），破産法54条等の規定により相手方の不利益がどの程度回復されるか（損害回復の程度），破産者の側の未履行債務が双務契約において本質的・中核的なものかそれとも付随的なものにすぎないか（未履行債務の属性）などの諸般の事情を総合的に考慮して決すべきであるとしています．ここでは，本質的・中核的な債務か付随的債務かによって破産法53条の適用を区別することは困難とみた上で，規定の趣旨が当事者間の公平確保を図りつつ手続の迅速な終結を図るためにあることから，そこに内在する法理を探求して，著しく不公平な状況が生じるときには解除権行使が制限されるという解釈を示したものと考えられます．これは権利濫用法理のロジック（権利という観念的所産は，社会を離れては存在しえないという意味において，本質的に社会性を具有する技術的所産でもあることに基づき，権利者として認められる場合であっても濫用と評価される態様での行使までは許されない）に近いとみられます．

[6] **相手方からの解除の可否**

債務者の相手方が手続開始前に法定又は約定解除権を有している場合，手続開始後に破産管財人に対し解除権を行使できるかという問題があります．相手方からは破産手続によらずに履行の請求をすることはできないことを理由に否定する見解（中田102頁，山木戸120頁）と破産管財人が契約の効力を主張できる以上，これに付着した抗弁の対抗を受けるのが公平であるとの理由でこれを肯定する見解（谷口182頁，伊藤274頁結論同旨）に分かれます．後者の肯定説は，解除の結果，給付した目的物を取り戻すことができるか否かにつき，手続機関の第三者性（Chapter8, 9）の理解（民545条1項ただし書）に基づき取戻しを否定する見解（伊藤254頁）と手続開始後に解除を認める趣旨に照らし，解除との関係においては手続機関の第三者性の一般論を排除すべきとして取戻しを肯定する見解（谷口184頁注(1)）とがあります．

3 継続的給付を目的とする双務契約

[1] **再建型倒産手続における保護の必要性**

電気，ガス，水道等の継続的給付を目的とする継続的供給契約は，当事者の一方が一定期間又は期間の定めなく，反復的かつ継続的に種類をもって定められた給付をし，他方がこれに対して各給付ごと又は期間を区切ってその

期間内にされた給付に対する対価を支払うことを内容とする双務契約であるため，手続開始当時に基本契約が存続する限り，双方未履行双務契約の規律（破産53条，民再49条）が適用されます．

　もっとも，受給者側に破産又は再生手続が開始された場合，供給者側が既経過期の給付についての不履行を理由に後続期の給付を拒むことができる（同時履行又は不安の抗弁権）とするならば，事業の継続を前提とする再建型倒産手続では致命的な問題となります．事業は，電気・ガス・水道等はもちろんのこと，原材料・部品の継続的供給契約，エレベーターの保守点検のような継続的請負契約など多様な契約の束によって構成されており，その供給停止は直ちに事業価値の毀損をもたらすからです．そこで，民再法は，再生債務者に対して継続的給付の義務を負う双務契約の相手方は，再生手続開始の申立前の給付に係る再生債権について弁済がないことを理由としては，再生手続開始後は，その義務の履行を拒むことができない（民再50条1項）として相手方の抗弁権を剥奪するとともに，他方では，手続開始申立後の給付の対価を共益債権として扱い，相手方を保護しています（同条2項）．手続開始申立後も安定的な供給を維持するための特則として理解されます．

[2]　清算型倒産手続における保護の必要性

　このような継続的給付の維持・確保の必要性は再建型手続において顕著ではありますが，清算型である破産手続においても，管財業務の遂行，資産劣化防止の観点から必要であるため，同趣旨の規定が設けられています（破産55条）．破産手続において事業譲渡がなされる場合や若干の仕掛品の完成作業が必要になる場合が想定されるほか，事業が解体清算される場合であっても，仮に短期間であるとしても管財業務の遂行のために電気・水道が必要になることは当然です．したがって，このような継続的給付は，破産債権者の共同の利益に資する以上，対価にかかる請求権を財団債権として扱うことが正当化されるわけですし，破産の場合には申立てから短期間のうちに開始決定がなされるのが通例であって，財団の負担が過度にはならないことも考慮されています．

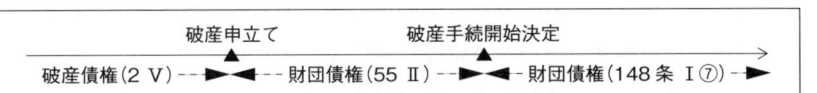

```
                    破産申立て        破産手続開始決定
                        ▲                  ▲
  ────────────────────┼──────────────────┼──────────────────→
    破産債権（2 V）---  ---  財団債権（55 Ⅱ）---  ---  財団債権（148条 Ⅰ ⑦）--▶
```

[3] 適用範囲

以上のところから，事業継続ないし管財業務の遂行に必要な継続的給付にかかる契約である限り，電気・水道・ガス等には限られない一方，かかる契約における不安の抗弁権を封じることに主眼を置く規律ですから，賃貸借契約のように，ある期の対価の支払がないことを理由として次期以降の給付をしないという事態を想定していない契約類型には，破産法55条・民再法50条は適用されません（論点解説（上）154頁［松下淳一］）．

3—賃貸借契約と倒産処理

1 賃借人の破産・再生

賃貸借契約は，当事者の一方が使用収益させることを約束し，相手方がその対価としての賃料を支払うことを約束する双務契約であって（民601条），契約期間中に破産手続開始決定がされたときは，残存期間につき当事者双方に上記各債務が残りますので，双方未履行双務契約の一般規定（破産53条，民再49条）の規律に委ねられます．

破産法制定に伴い削除された民法旧621条（現622条）は，賃借人に破産手続が開始した場合について，賃貸人からの解約申入を認めていました．これは賃借人の破産によって賃料債務の支払が不安定になるために，賃貸人にも契約関係からの離脱を認める必要があるとの趣旨にて理解されていました．しかし，賃貸人の賃料債権は財団債権とすることで保護に欠けるところはないのに対し，破産管財人は財産的価値の高い借地権を換価する機会を一方的に喪失することになります．そこで，前記一般規定による規律に委ねるべく，民法旧621条（現622条）の特則は削除されました．これによって，賃借人の破産管財人のみが履行・解除選択権を有することになりますので，履行を選択して賃貸借契約を維持し，賃料を財団債権として支払う（破産148条1項7号）か，契約を解除して敷金返還請求権を破産財団に組み入れる，あるいは，財産的価値が高く譲渡可能な借地権のような場合には，これを第三者に譲渡して換価するという選択が可能になりました．

以上の規律は，再生手続でも同様に妥当します．

破産手続開始後の賃料債務等

破産手続開始後の賃料債務（破産148条1項7号・8号），賃料相当損害金（同項4号・5号）は，財団債権として財団を確実に減少させます．このため，破産管財業務の軽減，財団債権の発生抑止のため，申立代理人によって，申立前に解約・明渡しを完了しておくことが行われています．

2 賃貸人の破産・再生

[1] 賃貸借契約一般

前述のとおり，賃貸借契約は双務契約であって，破産手続開始当時に存続する限り，双方未履行双務契約の一般規定（破産53条，民再49条）によって処理されます．

[2] 第三者対抗要件を具えた賃貸借の特則

しかし，破産法56条は，第三者対抗要件を具えた賃借権その他の使用収益権については，破産法53条の適用を排除しています．再生手続にも準用されます（民再51条）．これは，双方未履行双務契約に関する一般規定を適用すると，賃貸人たる破産管財人又は再生債務者は契約の解除を選択でき，賃借人としては，自己に全く関係のない賃貸人の経済的破綻という事情で，賃借権という生活又は事業の基盤を喪失させられる不合理が生じます．そこで，第三者に対する対抗要件を具えた契約上の使用収益権については，一般規定による破産管財人（再生債務者）の解除権を排除して，要保護性の高い利用権を保護する趣旨です．例えば，登記を具えた不動産賃借権（民605条），地上建物の登記を具えた建物所有目的賃借権（借地借家法10条1項），引渡しを受けている建物賃貸借（借地借家法31条1項）がこれに該当します．

手続機関の解除権が排除される場合，相手方の請求権は破産管財人（再生債務者）に対し使用収益させるよう求める権利であることから，随時弁済される財団債権（破産56条2項）又は共益債権（民再51条）として位置づけられ，相手方は目的物の利用を継続することになります．履行が選択されたのと同様の結果が現れます．

契約解除権排除の基礎

対抗要件の具備は，社会的に要保護性の高い使用収益権の選別・範囲画定のための客観的指標（政策論）であって，賃借権の例で言えば，保護の必要性が認められるのは不動産賃借権の場合であること（要保護性の選別），その場合は賃借人が対抗要件を具備するのは容易であること（範囲限定の合理性），そのような賃借権については，第三者に対してその契約上の地位を主張することができる以上，破産管財人に対して主張できるとすることに理論上の支障はないことが考慮されています．

[3] 賃貸人による将来発生すべき賃料債権の処分

将来発生すべき賃料債権を譲渡していた賃貸人につき破産手続が開始された場合，目的物の固定資産税や維持管理費のコストを要するにもかかわらず，否認権行使によって回復される場合を除き，破産財団には賃料が全く入らない状態となります．しかも，それは公示を伴わないため予測可能性が与えられていない不合理を伴います．このような考慮から，旧破産法63条は，破産宣告時における当期及び次期に関するものを除いて，賃料債権の処分は破産債権者に対抗できないと規定していました．その基礎には，賃貸人破産の場合における賃料債権の譲渡は取引行為としての合理性が乏しいとみられていたことが影響しています．

しかし，このような認識は，不動産を基調とする資金調達方法への依存から脱却して債権の資産価値を重視する資金調達方法への転換にとって阻害要因になっているとの指摘がされました．すなわち，不動産担保融資は資産価値の安定性には富む一方，その市況の冷え込みとともにキャッシュフローを生み出さないデメリットが認識され，これに対し，債権は，債務者の資力に依存する点において安定性を欠くものの，キャッシュフローに直結する資産としての価値を有することが重視されるようになりました．判例も，将来発生すべき債権を目的とする債権譲渡契約を一般的に有効とし（最判平11.1.29民集53-1-151），将来の賃料債権を差し押さえた後に目的建物が譲渡された場合に差押えの効力を優先する判断をしています（最判平10.3.24民集52-2-399）．そこで，現行破産法は，このような制限を撤廃して無制限に有効なものとしています．このため，このような処分がなされている場合，破産管財人は賃料を収取できなくなりますので，管財業務への支障や損失への懸念は残りま

すが，破産者が資金調達の利益を受けた見返りとして賃料債権は既に手続開始時には流出してしまっており，否認対象として捕捉できない限りは，破産財団に負担のみが帰することもやむを得ないと考えられています（破産債権者の利益にならないと判断するときは，破産管財人は目的物の譲渡又は財団からの放棄も検討せざるを得ません）．

[4] 賃借人による賃料債務との相殺
(1) 賃借人からの相殺一般
 a 破産手続の場合

旧破産法103条は，賃借人が破産債権を有する場合，これを自働債権とし賃料債務を受働債権とする相殺につき当期及び次期の賃料のみとする制限規定をおき，次々期以降の賃料を破産財団に確保することとしていました．現行破産法は，上記 [3] と同様の観点から，この制限を撤廃したため，破産手続においては，賃借人は，無制限に賃料債務と相殺することができます．したがって，かかる相殺がされたときは，破産財団は賃料を収取することができません．

 b 再生手続の場合

これに対し，再生手続においては，手続開始時における賃料の6か月相当額を限度とし，債権届出期間内に限り相殺することができるとしています（民再92条2項）．規定の趣旨の捉え方には議論の余地があるようですが，無制限かつ無期限に相殺を許容したときは，再生債務者の再建に及ぼす影響が大きく再生計画の基礎が不安定なものとなりますし，収益計画と債務総額が確定できないため手続の円滑性を害するおそれがあることを考慮するものです．6か月を超える部分は，再生計画によって賃借人に対し弁済されます．

賃料債権の性格と相殺の制限・拡張
　賃料債権は賃貸借契約締結によって発生するのではなく，各期ごとに使用収益可能な状態におかれたことを条件とする将来の請求権と考えられます．そして，将来の請求権を受働債権とする相殺を認める破産法67条2項後段の趣旨をどのように理解するかによって，民再法92条2項の趣旨の捉え方に影響が及びます（247頁参照）．将来の請求権を受働債権とする相殺も民法上許容されているとの認識を基礎にするならば，破産法67条2項後段は確認規定にすぎず，民再法92条2項は同

条 1 項によって本来的に相殺可能であるところを賃料債権に限り，6 か月に制限したものと理解することになります．これに対し，破産法 67 条 2 項後段は，将来の請求権を受働債権とする相殺は民法上許容されていないことを前提にその例外として相殺権行使を拡張したものとみるときは，再生手続開始時には開始後の使用収益の対価に相当する部分は民再法 92 条 1 項にいう相殺適状にないことからみて，同条 2 項は賃料債権に限り，受働債権となる範囲を 6 か月を限度として拡張していると理解することになります（以上につき，条解民再 407 頁以下［山本克己］参照）．

将来賃料債権譲渡と民再法 92 条 2 項

再生手続開始前に賃貸人が将来賃料債権を譲渡していた場合に，賃借人が再生債権と賃料債務とを相殺するについて，民再法 92 条 2 項の制限が及ぶかという問題があります．既に賃料債権が再生債務者から第三者に移転している以上，相殺を制限しなくても再生計画には影響を及ぼすおそれはないこと，同条項にいう「再生債権者が再生手続開始当時再生債務者に対して負担する債務」は譲渡によって存在しなくなっていることから，この場合には，同条項の適用はなく，賃借人は無制限に相殺可能と解されています．

(2) 敷金を差し入れている場合

a 敷金返還請求権の性格

敷金返還請求権は，明渡完了時において，未払賃料債務があるときは当然に充当されて，その残額があることを条件として具体的に発生する停止条件付権利として存在すると解されています（最判昭 48.2.2 民集 27-1-80，最判平 14.3.28 民集 56-3-689，最判平 11.1.21 民集 53-1-1）．手続開始前に原因があるため，破産債権として扱われます．もっとも，上記の特性から，敷金返還請求権は，金銭化・現在化される停止条件付権利としての破産債権（破産 103 条 4 項，70 条前段）とは異なり，権利としての存在は認められていても，そもそも具体的に発生するか否かは不明確であり，その金額も不確定で評価不能な権利として理解されます．

b 破産手続の場合

そうすると，賃貸借契約が継続する限り，敷金返還請求権を自働債権とし賃料債務を受働債権とする相殺は許されないこととなります．破産管財人は，敷金が交付されていても賃借人に対し賃料の支払を請求することができ

ます．しかし，これを賃借人の立場から見ると，敷金が返還されるかどうかの見込みがたたないままに破産管財人に対する賃料支払が先行してしまうことになり，賃料支払のインセンティヴが働かなくなるおそれがあります．そこで，破産法70条後段は，停止条件付債権を有する者が破産者に弁済する場合に準じて，賃借人が賃料債務を弁済する場合には，差入敷金の限度まで，その額の寄託を請求することができるとしています．この場合，最後配当に関する除斥期間満了までに賃貸借契約が終了し，敷金返還請求権が現実化したときは，賃借人は寄託された金額を優先的に回収することができます．敷金返還請求権が現実化しないとき（例えば，破産管財人による売却処分や営業譲渡等により敷金返還請求権が承継され，譲受人の下で引き続き利用している場合）は，破産財団との関係で停止条件の不成就確定と同様の状況となり，寄託額は最後配当の原資となります（破産198条2項，214条3項）．

破産法70条のメカニズム

　寄託請求を伴う弁済の実質は，停止条件の成就を解除条件とする弁済として構成されます．停止条件が成就すると寄託金は弁済者に返還され，これにより受働債権としての債務が弁済されていないものとして復活し，これと停止条件の成就により現実化した債権を自働債権として相殺できるというのが破産法70条の規律です．民法上は許容されない相殺を破産手続において現出させるメカニズムとして理解されます．

c　再生手続の場合

　再生手続においては，再生手続開始後にその弁済期に賃料債務を弁済したときは，賃料の6月分に相当する額を限度として，敷金返還請求権を共益債権としています（民再92条3項）．破産とは異なり事業が継続されるのに，6か月分の限度額を設定するのは，将来的な支払額を織り込んでおくことによって再生計画策定・遂行の障害を除去する趣旨であり，共益債権とするのは，破産のように寄託としたのでは，凍結資金を作出することとなり再建に支障を来しますし，賃借人は直ちに共益債権化された敷金返還請求権を行使できるわけではなく，賃貸借契約終了後に目的物を返還してはじめて弁済を受けることができるにすぎませんので，それを手続外で随時弁済すれば足り

るからです．「弁済期に弁済をした」ことを要するのは，弁済期を経過した場合には保護を受けることができないとすることによって，賃借人に対し期限どおりに弁済するインセンティヴを与え，再生債務者がキャッシュフローを確保することが企図されています．

民再法92条3項の基礎と再生債権者・賃借人保護の限界

上記のとおり，民再法92条3項は，再生債務者に不動産の収益性を維持してキャッシュフローを改善させ又は将来敷金返還請求権が現実化したときの原資を確保する方策を与えています．再生債務者のキャッシュフローが改善されるからこそ，本来は再生債権である敷金返還請求権を一定限度で共益債権化することによって，再生債権者全体の引当財産から弁済することが正当化されます．

そこで，①再生手続開始前に再生債務者が賃料債権を第三者に譲渡していたときは，前述のとおり，再生債務者に賃料は入りませんので，民再法93条3項が構想する上記のスキームは実現されない関係にあります．また，②再生手続開始後賃料債権について物上代位による差押命令が発せられた場合，賃料は差押債権者に対して支払われ，この場合も再生債務者には支払われない以上，同項適用の基礎を欠くのではないかが問題となります．

これらの場合に同項の適用を否定するならば，再生債務者自ら再建のための原資を処分して利益を受け（①），あるいは別除権の被担保債権消滅の利益を享受する（②）一方，賃借人は自らの意思とは無関係に敷金返還請求権を確保する手段を失ってしまうのは均衡を失するとも考えられます（②につき共益債権化を肯定するのは，Q&A134頁［木川裕一郎］）．

これに対し，先述のとおり，本来は再生債権にとどまる敷金返還請求権が共益債権として他の再生債権者全体の犠牲の下に保護されるのは，再生債務者の事業継続に貢献することに正当性の基礎があるとみるならば，賃料が現実に入っていないのに敷金を払い出さなければならない負担を再生債務者に課す再生法上の合理性は見出し難いと考えることになります（①につき共益債権化を否定するのは，概説266頁［沖野眞巳］，新注釈上510頁［中西正］）．

4―請負契約と倒産処理

1 請負人の破産

[1] 破産法53条の適用
(1) 問題の所在

請負契約は，請負人の仕事完成義務と注文者の報酬支払義務とが対価的関係にたつ双務契約です（民632条）．請負人の仕事完成前かつ報酬支払前に手続が開始されたときは，双方未履行双務契約の一般規定の適用があるともみられます．もっとも，請負契約には，いわば職人的技法を要する個人的な労務の提供を要素とするものから，法人による大規模な建築請負に至るまで多様な態様が存在します．前者の観点を念頭におくときは，請負契約を雇用契約の連続面に置くこととなり，破産管財人による法的処理になじまないと考えられます．これに対し，後者の観点を念頭におくときには，破産財団帰属財産に関する法律関係として，破産管財人の積極的な干渉・整理，財団への取り込みが期待されることになります．

(2) 学説

a 全面否定説

請負契約は，本来的には請負人の個人的な労務の提供を目的とするものであるとみて，その契約関係は換価対象として破産財団に吸収されないとする全面否定説があります（中田106頁，山木戸126頁）．

これに対しては，①清算も完成もされない契約関係が放置されるのは社会的に是認されず，現代社会適合性の観点から問題であること，②注文者を経済的に破綻した破産者との請負契約に拘束し続けるのは不当であること，③大規模な請負工事については，破産財団増殖の観点から破産管財人の責務として干渉すべきであること，などの批判が向けられます．

b 二分説

破産者の個人的な労務の提供を目的とするものとそうでないものとを区分する見解があります（谷口179頁）．この見解によれば，請負契約には，破産者の個人的な労務の提供を目的とし他の者では代替できないものは破産管財人に引き継がれることなく，破産手続外において破産者たる請負人と注文者

の間に存続し，仕事完成のときは報酬請求権は破産者の自由財産に属するとされます．これに対し，法人請負業務のように個人的な労務が請負契約の要素ではない場合には，破産財団に吸収され，破産法53条の適用対象になるとしています．

これに対しては，二分説によっても，個人請負人の場合には，破産手続開始当時の出来高に応じた報酬請求権を破産者が取得した場合には破産財団所属財産となるはずであって，これを含めて自由財産として位置づける点で不当であるとの批判があります．

c 全面肯定説

契約の性質や態様によって適用範囲を区分するのではなく，基本的には破産管財人の選択に委ねるべきであるとする全面適用説があります（伊藤289頁）．適用範囲をあらかじめ定めるのではなく，破産者の自由財産関係に置くのか，出来高に応じて割合的に破産財団に組み込むのか，それとも残工事の続行処理をするのかについて，破産管財人に検討と処理の機会を与えることを企図するものといえます．

これに対しては，個人的労務の提供を内容とする場合が存在することは否定できないはずであるとして，請負人の自由意思に介入することの当否について疑問が提起されています．

(2) 判例

判例（最判昭62.11.26民集41-8-1585）は，原則として破産法53条を適用しながら，例外的に債務の性質による代替性を問題にする区分説といえます．ここでは個人・法人という事業主体の区別ではなく，「当該請負契約の目的である仕事が破産者以外の者において完成することのできない性質のものであるため，破産管財人において破産者の債務の履行を選択する余地のないときでない限り」，破産法53条によるという判断がされています．これによれば，破産者以外の者が履行できる性質のものは，破産管財人の選択に委ねられます．非代替的債務であっても，破産手続開始当時に存在した限度では破産財団に組み入れられます．もっとも，このような考えによれば，法人が請負人となる場合であっても，特殊な技術・ノウハウによる請負債務のときには非代替的債務として自由財産になってしまうことの合理性やそもそも法人破産に自由財産が観念できるかが問われます（302頁参照）し，実際上の結論が全

面肯定説とは異ならないと考えられることなどから，判例はなお流動性を秘めているとも評されています．

[2] **管財人が解除を選択した場合の法律関係**

全面否定説以外の見解によれば，破産管財人の解除選択が是認されます．請負契約が解除された場合，原状回復請求として現存部分の返還，又は現存しないときは財団債権として処理されます（破産54条2項）．

もっとも，建築その他の工作物の工事請負契約のように，工事内容が可分であり，既施工部分の給付を受けることが注文者にとって利益があるときは，既施工部分を解除することはできず，未施工部分について一部解除ができるにすぎないと解されています（最判昭56.2.17判タ438-91）．破産管財人は出来高に応じた報酬請求権を有します．このことから，破産手続開始時点での出来高を査定評価して，前受金と工事出来高との差額精算を行い，当該差額を財団債権として返還するというのが一般的な実務処理です（前記最判昭62.11.26参照）．この返還請求権の位置づけについては，解除権の代償・履行選択とのバランスを理由とする財団債権説（伊藤291頁）と注文者の前払は与信であり対価関係の保護を受ける関係にはなく，出来高に応じた価値は注文者が保持することを理由とする破産債権説（加藤252頁など）の対立があります．

解除によって生じた損害賠償請求権は，破産手続開始後に発生したものではありますが，破産債権とされ，その限度で保護されます（破産54条1項）．

　請負人が破産した場合の契約関係の処理対応は，工事未完成で放り出される不安を抱える施主，連鎖倒産を危惧する下請業者，納入済資材を引き揚げようとする商取引債権者等の利害が交錯し，倒産直後の混乱の中で迅速かつ適正に実施することが求められ，破産管財人にとって困難かつ重要な作業の1つであるといえます．また，請負契約のほどんどは建築請負であり，元請，下請，孫請という重層的な形態が多いため，中間的な下請業者が破産したときには，元請との関係では請負人の破産であると同時に，孫請との関係では注文者の破産の規律が問題となります．

2 注文者の破産

[1] 適用条文

　請負契約は，請負人の仕事完成義務と注文者の報酬支払義務とが対価的関係にたつ双務契約であり（民632条），双方の債務が未履行の場合，破産法53条の適用により，破産管財人のみが解除権を有することになるはずです．しかしながら，注文者が破産した場合には，請負人を報酬支払の見込が定かではない契約関係に拘束し続けるのは酷であることから，請負人にも契約関係からの離脱を認める必要があります．そこで，民法は破産管財人だけでなく，請負人にも解除権を認めています（民642条1項前段）．双方未履行双務契約に関する一般原則（破産53条）に対する特則として位置づけられます．

　民法642条の特則は破産手続開始を適用対象とするものであって，事業継続を前提にする再生手続において適用はされません．再生手続では，双方未履行双務契約の一般原則（民再49条）によって規律されるため，請負人には解除権はありません．

[2] 法律関係の規律

(1) 解除された場合

　請負契約が解除された場合，請負人は，既にした仕事の報酬及びその中に含まれていない費用について，破産債権者として権利行使をすることができます（民642条1項後段）．

　上記によって補填されない損害が生じた場合には，破産管財人が解除したときに限り，請負人は，その損害賠償についても破産債権者として破産手続に参加することができます（同条2項）．破産管財人の解除によって帰責性のない請負人が受ける不利益に配慮する趣旨であって，請負人が自らの意思で解除するときには1項の限度を超える賠償請求を請負人に認める必要はないとの判断がその基礎にあります．請負人から解除された場合であっても，破産管財人は，請負人に損害賠償を請求することはできません．帰責性のない請負人に解除権を付与した趣旨に照らし，負担なくして請負人に解除権行使を認めるべきだからです．

(2) 履行が選択された場合

　完成した目的物は破産財団に帰属し，請負人の報酬債権は財団債権となり

ます（破産 148 条 1 項 7 号）．

　出来高割合による査定評価が可能である以上，破産手続開始前の仕事に相当する部分は破産債権となるのが原則です（大コンメ 218 頁［松下淳一］）．これに対しては，請負人の仕事完成義務は不可分であるとして，全額を財団債権とすべきとの見解もあります（伊藤 288 頁）．後説は，請負人の報酬全額が財団債権として確保されないときは請負人から解除されてしまい，結局破産管財人が履行を選択した意義が失われてしまいますし，目的物完成によって得られる破産財団の利益の大きさを考えるならば，手続開始前の出来高部分を破産債権とするのは不均衡ではないかという問題意識に基づくものと思われます．しかし，破産手続開始前の部分を含めて，請負人の報酬の全額を財団債権とするならば，破産財団の収集見込み如何によっては，破産管財人は，現実には履行を選択できないことになってしまうという問題を抱えます．このようなところから，実務では，請負工事契約は，出来高査定による可分給付とみて，手続開始前の出来高に対応する債権は，破産債権として取り扱っています．

3 請負契約と民事再生

[1]　請負人の再生

　請負人の破産の場合には破産財団の増殖の観点からこれに介入することの是非が問題とされる（189 頁）のとは異なり，請負人について再生手続が開始された場合，再生債務者の事業が継続されることにより，双方未履行双務契約処理の一般規定（民再 49 条）によって規律されることに問題はありません．

[2]　注文者の再生

　注文者について再生手続が開始された場合，破産における民法 642 条のような特則が存在しないため，民再法 49 条によって規律されます．

　破産手続について述べたところと同様に，再生手続開始前の出来高に対応する請負代金債権は，再生債権になります．再生債務者が履行を選択した場合，再生手続開始後の請負人の出来高に対する請負代金債権は，共益債権となります（民再 49 条 4 項）．再生債務者が解除した場合，解除によって請負人に生じた損害賠償請求権は再生債権となります（民再 49 条 5 項，破産 54 条 1 項）．いずれの場合でも，再生手続開始前の既履行部分がすべて再生債権と

されるため，零細な請負業者は，資金が枯渇して連鎖倒産に至るおそれがあります．このような場合，再生債務者との取引依存度が高い請負人のときは民再法85条2項，再生債務者の事業継続に必要な請負人のときは同条5項後段の適用を検討する必要があります（64頁参照）．

5―雇用契約と倒産処理

事業の解体清算を内容とする破産法においては雇用契約の終末処理に関する規律が必要となります．これに対し，労働力を維持して再建を図る民事再生法には，その準用規定は存在しません（民再50条3項参照）．

1 使用者の破産

使用者が破産手続開始の決定を受けた場合は，期間の定めがあるときであっても，労働者又は破産管財人は，いつでも損害賠償の負担を考慮することなく，解約の申入れをすることができます（民631条）．民法631条は破産法53条1項の特則として位置づけられます（破産53条3項参照）．労働者に解約権が認められるのは，転職・再就職の機会を保障する趣旨であり，損害賠償の負担回避も必要かつ合理的な措置と考えられます．使用者の解約権についても，事業の解体清算が予定されている以上，やむを得ない措置とみられます．もっとも，破産管財人からの解約には労働基準法の規律が及びます（労働基準法20条）．

労働者健康福祉機構による立替払事業

労働債権については，社会政策的理由から破産手続上優遇措置があります（165頁）．しかし，多くの中小企業倒産では，未払労働債権の保護として十分には機能していないのが現実です．このため，「賃金の支払の確保等に関する法律」（昭和51年法律第34号）に基づく，労働者健康福祉機構による未払賃金の立替払事業が利用されます．これは，企業倒産における労働者の賃金及び退職手当の未払分を事業主に代わって立替払いをすることを主たる目的とする制度で，事業主に破産手続開始，再生手続開始決定があった場合において，労災保険の適用事業（労働者1名以上，保険加入・保険料納付の有無を問わない）で1年以上にわたり事業活動を行ってきた企業に労働者として雇用され，倒産手続開始申立日の6か月前から2年間の間に

当該企業を退職した労働者で賃金又は退職手当の一部が未払になっているときは，未払給与総額の80％又は退職時年齢に応じた88万円〜296万円を限度とする退職金を，労働者健康福祉機構が立替払いを行うものです．

2 労働者の破産

　雇用契約は，労働従事と対価としての報酬支払とを内容とする双務契約です（民623条）．しかし，破産法53条の適用を認めて，破産管財人が破産者に労働を強制したり（履行選択），雇用契約を強制終了させること（解除選択）を可能にするのは相当ではありません．このため，破産法53条は雇用契約には適用されないと解されています．したがって，労働者が破産しても労務の提供には影響がないので，破産者と使用者との間の雇用契約は存続します．破産手続開始後の労務提供によって，破産者が取得した賃金債権は新得財産となります．

　退職金債権の扱いについては，Chapter19（320頁）を参照してください．

CHAPTER 13 取戻権

1―意義

1 第三者の財産混入の可能性と取戻権の種類

　破産財団の構成財産は，破産者に帰属する外形（占有・登記等）がある限りにおいては，さしあたり破産管財人の管理下に置かれます．他方，それは破産手続開始時における破産者の占有又は名義を基礎にするものですから，実体的にみて第三者の財産が破産財団に混入している可能性は否定できません．そのような財産については，破産債権者は換価・配当を期待すべきものではありませんので，破産法は，かかる第三者に対し破産財団に返還を求める実体的地位を破産手続においても保障し，破産手続の開始はそのような権利には影響を及ぼさない旨規定しています（破産62条）．このように，民法その他の実体法に基づく取戻権を一般の取戻権といいます．民再法も同旨の規定を置いています（民再52条1項）．

　これとは別に，破産法は関係人間での適切な利害調整を図るために，実体法的観点を離れて，独自の考慮に基づく取戻権を創設しており（破産63条，64条），これを特別の取戻権といいます．民再法は破産法を準用しています（民再52条2項）．

2 取戻権の行使

　破産財団所属財産について自らの権利を主張するには，破産管財人を相手方とすることになります．個別執行においては，開始された強制執行手続を排除するには第三者異議の訴えを提起しなければなりませんが（民執38条），破産手続では，「影響を及ぼさない」とされますので（破産62条），裁判による

必要はなく，破産管財人に対し任意履行を求めることが可能です．取戻権の行使について破産管財人がこれを承認して応じる場合，目的物の価額が100万円以上であるときは，破産裁判所の許可が必要です（破産78条2項13号・3項，破産規25条）．取戻権の主張に対し破産管財人がこれに応じないときは，破産管財人と取戻権の主張者との間で訴訟による解決が必要となります（破産80条）．

2――一般の取戻権

1 意義

　破産法63条，64条が一定のカテゴリーを特別に取戻権として処遇していることとの対比において，民法その他の実体法に基づく権利を破産法上も尊重する趣旨の取戻権（破産62条）を講学上，一般の取戻権と呼んで区別します．したがって，第三者の権利が破産法62条による取戻権として処遇されるか否かは，実体法の規律によって決定されます．民再法上も同様です（民再53条）．

2 所有権

　所有権は，目的物に対する直接的排他的支配権能を意味しますので（民206条），取戻権の基礎の典型例といえます．そのような支配権能の設定・行使を困難視すべきときには，取戻権の行使は認められません．例えば，目的物が特定性を喪失したとき（所有権の客体としての要件を欠く）や破産者が返還を拒絶できる正当な権原を有する場合があります．
　所有権を取戻権の基礎とする場合，差押債権者の地位と同視される破産管財人は，民法177条，178条の「第三者」に該当しますので（80頁），対抗要件を具えていない所有権者は取戻権を行使することができません．例えば，破産手続開始前に破産者から不動産を譲り受けた未登記の第三者は所有権取得を破産財団に対抗することができません．実体法上第三者保護規定によって権利行使が拒絶される場合（民94条2項，96条3項，545条1項ただし書等）も同様に，取戻権の行使は認められません．

3 所有権以外の物権

　所有権以外の物権としては，占有権，用益物権（地上権，永小作権，地役権及び入会権），担保物権（留置権，先取特権，質権，抵当権）があります．破産手続が当該権利の実質を阻害することを契機に目的物の取り戻しを認める趣旨からすると，占有を内実とする用益物権のほか，占有を伴う担保物権（質権，商事留置権）も取戻権の基礎になります．その余の担保物権には，別除権（破産2条9項，65条，66条，民再53条），優先的破産債権（破産98条），又は一般優先債権（民再122条）として異なる規律が与えられます．

4 債権

　債権的請求権は，破産手続開始前に原因がある限り破産債権とされ，原則として取戻権の基礎にはならないと考えられます．ただし，債権的請求権であっても，その内容が破産管財人の占有支配を否定して自己への引渡しを可能にするものであるときは，取戻権の趣旨に照らし，その基礎になると考えることができます．例えば，破産者に対する転貸人や寄託者が契約上の返還請求権を主張するときは取戻権として構成されます．また，破産手続開始前に破産者が譲り受けた財産について，譲渡人と破産者との間の移転行為を詐害行為として取り消して破産管財人に返還を求める場合も，その基礎は債権ではありますが，取戻権の基礎になると理解されています．

5 離婚に伴う財産分与

　離婚に伴い配偶者の一方が他方に対して有する財産分与請求権（民768条，771条）は，慰謝料，離婚後の扶養及び婚姻中の共有財産の清算分配の各要素を併有すると解されています．このうち，財産分与合意の成立又はこれに基づく給付を命じる裁判が確定しても，それが金銭給付を内容とするときには，破産者に対する債権的権利にとどまるため破産債権であると解されています（最判平2.9.27判タ741-100）．清算分配的財産分与が配偶者の潜在的持分を顕在化させて物権的利益の帰属・移転を内容とするときは，取戻権の基礎になり得ると解されます（ただし，対抗要件具備を必要とすることは前述のとおりです）．

なお，詐害行為取消し（民424条）に関する判例（最判昭58.12.19民集37-10-1532）の趣旨に照らし，不相当に過大であり，財産分与に仮託してされた財産処分であると認めるに足りる特段の事情のない限り，この場合の取戻権の主張に対して否認権を行使することはできないと解されます．

3─特別の取戻権

1 売主の取戻権

[1] 意義

隔地者間で締結された売買契約の買主に破産手続が開始された場合において，買主がまだ代金の全額を弁済せず，かつ，売主の発送に係る物品を買主が受け取っていないときは，売主はその物品を取り戻すことができます（破産63条1項本文）．再生手続にも準用されます（民再52条2項）．隔地者間売買の売主保護のため，物品の所有権の帰属を問わない点において意義があります．取戻しによる原状回復を認めた上で，双方未履行双務契約の規律によって破産管財人の処理に委ねられます（破産63条2項）．

[2] 他の売主保護規定との関係

もっとも，買主が破産した場合における売主の救済手段としてはより有力な方法があるため，破産法63条1項の存在意義については必ずしも明らかではないところがあります．すなわち，売主（＝荷送人）は運送人に対し運送の中止，運送品の返還その他の処分を求める指図権（商582条）を有していますし，運送品が買主に引き渡された後は，動産売買の先取特権（民311条5号，321条）を有しますので，目的物は破産財団に現存する限り，別除権者として保護されるからです（破産2条9項）．このため，実際上この規定が機能する余地は乏しいとの指摘があります（伊藤326頁）．

2 問屋の取戻権

[1] 委託者の倒産と問屋の取戻権

問屋とは，自己の名義をもって他人の計算で物品の販売又は買入をする営業主体のことをいいます（商551条）．委託者との関係は，委任及び代理に関

する規定が準用されます（同552条2項）．物品買入の委託を受けた問屋がその物品を委託者に発送した場合において，委託者が報酬及び費用の全額を弁済せず，かつ，委託者がその物品を受け取らない間に委託者について破産手続開始決定がされたときは，問屋に取戻権が認められます（破産63条3項）．委託者と問屋との関係については，法律的形式としては委任契約の準用によって規律されますが，経済的実質において隔地者売買に関する破産法63条1項と異ならないとの理解に基づくものです．

　もっとも，この場合には双方未履行双務契約の規定（破産53条1項・2項）は準用されません．問屋と委託者の間に存する委任契約は，破産手続の開始によって当然に終了するため（民653条2号），双方未履行双務契約の規定を適用する前提を欠くからです．

　これに対し，再生手続においては，手続開始は委任契約に影響を及ぼさないため，双方未履行双務契約の規定の準用が認められます（民再52条2項）．

[2]　問屋の破産と委託者の取戻権

　問屋と委託者との関係に関連して，委託に基づき問屋が物品を買い入れた後，委託者に引き渡す前に問屋について破産手続が開始した場合，委託者の実体法上の地位に基づき（一般の取戻権として），目的物の引渡しを求めることができるかという問題があります．買入委託を受けた物品は経済的には委託者に帰属すべきものといえるのに対し，委託者と問屋との間の内部関係を破産債権者に主張できるとする根拠は乏しいとも考えられることから問題が生じます．判例（最判昭43.7.11民集22-7-1462）は，「問屋は，その性質上，自己の名においてであるが，他人のために物品の販売または買入をなすを業とするものであることにかんがみれば，問屋の債権者は問屋が委託の実行としてした売買により取得した権利についてまでも自己の債権の一般的担保として期待すべきではない」として取戻権を肯定しています．

　委託者が問屋に自己の物品の販売委託をした後に，問屋について破産手続が開始された場合にも，委託者には取戻権が認められます．破産手続開始により委任関係が終了しますし，委託者が物品の所有権を有するからです．

3 代償的取戻権

[1] 意義

　破産者が破産手続開始前に取戻権の対象となる財産を第三者に譲渡していた場合，破産財団に目的物が現存しませんので，これを破産財団から取り戻すことはできません．破産手続開始後に破産管財人が譲渡した場合も同様です．しかし，これに代わる反対給付請求権が特定性を維持している限りは，取戻権者にその帰属を認めるのが公平に合致すると考えられます．このようなところから，取戻権の代償としての反対給付請求権の移転を請求する地位が取戻権者に認められています（破産64条）．再生手続にも準用されます（民再52条2項）．

[2] 内容

(1) **破産者が破産手続開始前に取戻権の目的である財産を譲渡した場合**

　破産管財人が第三者から反対給付を受け取っていない場合は，取戻権者は，破産管財人の第三者に対する反対給付請求権の移転を請求することができます（破産64条1項前段）．かかる権利を破産債権とせずに，反対給付請求権の移転を認めるところに意義があります．破産管財人は，移転の意思表示と債権譲渡通知をすることになります．

　破産者が破産手続開始前に反対給付を受領していた場合は，既に破産財団の一部を構成して破産債権者のための責任財産となっているため，取戻権を主張することはできません．取戻権を有するはずであった相手方は，破産者に対する損害賠償請求権又は不当利得返還請求権を破産債権として行使できるにとどまります．

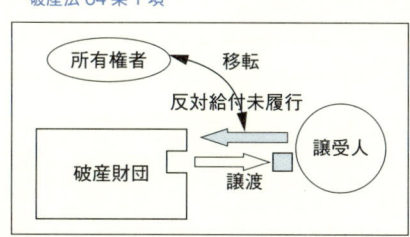

破産法64条1項

(2) 破産管財人が取戻権の目的である財産を譲渡した場合

破産管財人が第三者から反対給付を受け取っていない場合は，上記(1)と同様，反対給付請求権の移転を請求することができます（破産64条1項後段）．財団債権として（同148条1項4号・5号）ではなく，請求権そのものの移転を認める点において，財団債権とするよりも保護を強化するものです．

破産管財人が第三者から反対給付を受けた場合は，破産管財人に対し反対給付として受けた財産の給付を請求することができます（破産64条2項）．ただし，反対給付が金銭支払であるときのように，一般財産に混入して特定性を欠くときは，破産管財人が受領した場合であってもその給付を請求することはできず，財団債権として権利行使できるにとどまります（同148条1項4号・5号）．

破産法64条2項

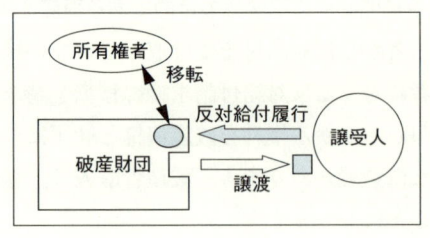

CHAPTER 14 担保権の処遇

1―担保権の処遇に関する基本的視座

1 倒産手続と担保権

　担保制度は，債権者平等原則の適用領域を離脱して，債権の回収をより確実にするための法技術ですから（執行・保全238頁），倒産という債務者の経済的破綻においてこそ，その機能が発揮されなければならないといえます．他方，担保目的物とされる財産は優先弁済権を確保するために価値ある物に選定される以上，事業活動の基軸となる収益源泉であったり，事業の安定的基盤としての財産的基礎に関わるものであるのが通例です．このため，このような資産に設定された担保権が実行されるときは，清算型手続においては一般債権者に対する配当原資となる基礎の多くを失わせ，場合によっては破産手続の空洞化・機能不全を招くおそれがあります．再建型手続においては事業の再生継続にとって大きな障害となることは避けられず，手続目的を挫折させる場合が生じることがあります．

2 破産手続と担保権

　破産手続においては，破産手続開始の時において破産財団に属する財産につき特別の先取特権，質権，抵当権又は商法もしくは会社法の規定による留置権を有する者は，破産手続によらずにその権利を行使できるものとされ，これを別除権といいます（破産2条9項，66条，65条1項）．破産手続開始前から特定の財産の上に存する担保権の優先的地位を破産法上も尊重する趣旨であり，担保権によって把握された交換価値は，担保権者のために破産財団から別に除かれていると理解するものです．破産手続は，債務者の事業・経済

活動の解体清算を目的とする手続である以上，担保権の個別的な行使を認めても手続目的を害するものではありませんし，むしろ債務者財産の清算に資する点では手続目的とは連続面にあり，管財事務の軽減につながるため，このことから実体法における優先弁済権・換価権を尊重する政策判断の合理性が基礎づけられます．

他方，別除権の目的たる財産権は破産財団に帰属するものである以上，その保管維持管理にコストを要しますし，破産手続の終局時期との関係においても別除権者の換価時期選択権も無制約ではあり得ません．このため弁済率の極大化指向と清算換価の円滑性の確保の点において，破産債権者と担保権者との利害は対立します．

3 再生手続と担保権

再生手続においても，特別の先取特権，質権，抵当権又は商法もしくは会社法の規定による留置権は，別除権として処遇されます（民再53条1項・2項）．主要な事業用資産には担保権が設定されているのが通例であるため，これを拘束せずに個別実行を許すならば，事業の再生・再建を図ることは著しく困難なものとなります．しかしながら，担保権を拘束して手続に取り込むとすれば，合理的範囲で簡素化・軽量化された手続で迅速な再建を図る再生手続の基本デザインに適合しないことになります．すなわち，担保権を拘束するとすれば，会社更生法がそうであるように（ただし，正確には，会更法が更生担保権として拘束するのは担保権ではなく，その被担保債権です［会更2条10項］），利害関係人の多様性に応じて組分けを要するため決議の手続を複雑化させますし，担保目的物の価額評価とこれに対する争訟処理の手続が必要となるため手続が重いものとなり，時間・労力・費用のいずれのコストも大きなものとならざるを得ません．そのため，再生手続においては，適用対象と手続コストとのバランスの観点から，担保権を拘束せずに手続外に置くこととし，必要に応じて，担保権実行手続中止命令（民再31条）や担保権消滅請求制度（民再148条以下）によって，権利行使を制限して事業再生上の障害を個別に除去するという手続構成を採用しています．

このように，同じく別除権構成を与えているとしても，破産手続と再生手続とでは，その政策的基礎は異なります．

4 別除権の倒産手続上の地位

別除権は，倒産手続に拘束されることなくその権利を行使することができます．このほかにも手続外での権利行使を許容する趣旨の倒産法上の権利処遇が存在していますので，これらについて比較してみます．

[1] 財団債権・共益債権との比較

手続によらない権利行使が可能なものとして，財団債権・共益債権があります（破産2条7項，民再121条1・2項）．これは債務者の財産全体から優先弁済を受け得る地位を表現するものであり，破産債権者・再生債権者の共同負担において履行されることを意味します．これに対し，別除権は，債務者の特定財産から優先弁済を受け得る地位を表現するものであり，目的財産の交換価値の限度において優先的地位が保障されていることを意味します．

[2] 取戻権との比較

手続に拘束されない権利行使を保障するものとして，取戻権があります（破産62条，民再52条）．取戻権は，特定の財産そのものの引渡しを求める地位を是認するのに対し，別除権は，その特定の財産から金銭的価値を優先的に取得する権利である点に相違があります．別除権として処遇されるのは担保権である以上，その基礎には被担保債権が存在することが前提であり，担保権によってカバーされる範囲からオーバーフローとなった部分は破産・再生債権として扱われますので，別除権は倒産手続との交渉が生じることが避けられません．しかも，担保権の実行中止命令（民再31条）や担保権消滅請求制度（破産186条以下，民再148条以下）の発動も想定され，この点でも手続との交渉が生じます．これに対し，取戻権については，そのような干渉権限は手続機関には認められません．このような相違は，非典型担保を別除権とすべきか，取戻権を認めるべきかの思考の基礎に存在しています（226頁以下）．

[3] 債務者の総財産を引当とする担保権との比較

個別の特定財産に対する担保権が別除権として処遇されます．一般の先取特権（破産2条9項，98条1項参照）は公示なきままに債務者の総財産を対象として成立するため，破産管財人による換価清算と衝突を来します．それは債務者の総財産を引当とする点において破産債権・再生債権と共通の地位にあることを意味しています．そこで，一般の先取特権については，優先的破

産債権として処遇することで調整を図っています．一般の先取特権から換価権をはく奪して，総財産に対する優先弁済権という特質を反映させているわけです．

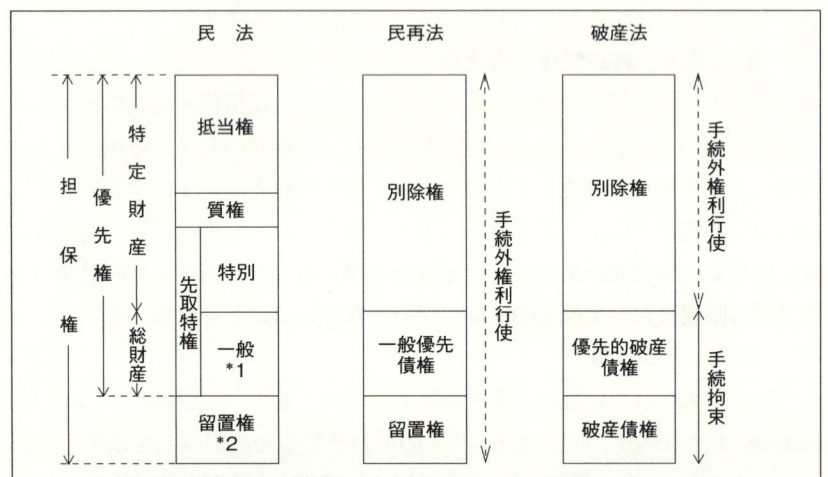

民法と破産法・民再法上の権利関係の対応

民　法	民再法	破産法
担保権／優先権｛特定財産｛抵当権／質権／先取特権｛特別／一般*1｝｝／総財産｛留置権*2｝｝	手続外権利行使｛別除権／一般優先債権／留置権｝	手続外権利行使｛別除権｝／手続拘束｛優先的破産債権／破産債権｝

*1　一般の優先権のある債権には租税債権が含まれます．上図は「民法上の権利」に限定したので記載していません．労働債権は，破産手続上，財団債権とされるものと民法の一般の先取特権の限度で優先的破産債権として処遇されるものとがあります．
*2　上図は民法上の権利に限定したので，商事留置権は記載していません．

（参考：西澤102項）

2―別除権の行使方法

1 総説

　別除権は，破産又は再生手続によらないで，行使することができ（破産65条1項，民再53条2項），別除権の基礎となっている担保権について認められている本来的な方法によって権利を行使することができます．

　不動産を目的とする担保権（抵当権，不動産質権，不動産の先取特権）は，不動産競売等の手続（民執180条以下）により，目的不動産の売却代金や収益から優先弁済を受けます．動産を目的とする担保権（動産質権，動産の先取特権）は，動産競売の手続（民執190条以下）等により，目的動産の売却代金から優先弁済を受けます．債権を目的とする担保権（権利質等）は，民法（366

条1項）や民事執行法（193条）等により，権利を実行し又は換価して弁済を受けます．担保権者は，約定等に基づく法定の方法以外の方法で換価することも許されます（破産185条1項参照）．

別除権の受戻し

別除権の受戻しとは，別除権の目的である財産について，被担保債権を弁済して，担保権を消滅させることをいいます（破産78条2項14号，民再41条1項9号参照）．担保権には不可分性があるため，任意弁済によって担保権を消滅させるためには，その全額を弁済しなければならないのですが，例えば，不動産競売という特殊な換価環境に基づく減価要因を排して，合理的な換価を実現するために，担保権者と管財人との交渉によって，その一部の弁済にとどめる努力がなされます．担保権者にはより迅速かつ高額な回収の利益を与え，破産債権者には，迅速な手続進行を図るとともに破産財団の維持・増殖の利益を得ることできるからです．

2 個別問題

[1] 動産売買先取特権

(1) 目的物が破産財団に存在する場合

双務契約としての売買契約の売主の地位は，同時履行の抗弁権等によって保護されます．しかし，月末締め・翌月20日払というような信用取引や回し手形による決済が日常化しているため，これを補完して未払リスクを回避する代金債権担保手段が必要とされます．これが動産売買先取特権の主要な機能であり，逐一担保を徴求していたのでは取引が煩雑にすぎるデメリットを回避する点に合理性が認められます．目的物が破産財団に存在するときは，動産売買先取特権は動産競売手続によって実行することができます（民執190条1項・2項）．

動産売主が買主から破産手続開始前に目的物の代物弁済を受けた場合，判例（最判昭41.4.14民集20-4-611）は，先取特権の目的物はもともと破産債権者の共同担保を構成していないとして否認を否定しています．もっとも，動産買主が動産売主に返還する意図で転売契約を合意解除して取り戻して代物弁済をした場合，買主による取戻しは売主に対し担保権の行使を可能にするという意味において新たな担保権の設定と同視でき，代物弁済は義務なくして

設定された担保目的物を代物弁済に供する行為として否認（旧破産72条4号，破産162条1項2号）の対象になるとしています（最判平9.12.18民集51-10-4210）．

(2) 目的物が転売された場合——物上代位

　動産売買先取特権は公示のない担保権であるため，目的物が第三取得者に引き渡されたときは，動産そのものを目的とする担保権を行使することはできません（追及効の制限［民333条］）．もっとも，第三者に売却して利益を得る債務者と当該利益の源泉である目的動産の供給者たる売主との間では，後者を保護すべきことから，民法は売主が当該債権に対して物上代位することを認めており，他の一般債権者に優先する地位を与えています．

　物上代位の要件としての差押え（民304条）の意義については，優先権保全説と特定性維持説との対立があります．優先権保全説は，目的物が消滅すれば担保権も消滅すべきところ，民法304条1項ただし書の差押えをすることによって物上代位権を保全することができるとし，したがって，担保権者自ら差押えをしなければならないと説きます．これに対し，特定性維持説は，担保物権は価値把握を特色とする権利であるから，価値が具体化した価値変形物に当然にその効力が及び，転売代金などが債務者の財産に混入することなく特定性を維持し，債務者の帰属を離れていないことが重要であると主張し，担保権者自ら差し押さえることを要するものではないと解しています．

　この議論を民事執行手続の見地からみるならば，既に差し押さえられている債権であっても二重差押えや配当要求をすることができ，それによって当該手続への参加資格を取得するということになります（執行・保全265頁以下）．個別執行たる民事執行では，先行して差押えを行った一般債権者も後から他の一般債権者や担保権者が割り込んでくることは想定しなければならず，割り込むためには自ら差押え等をしなければなりません．総債権者のために差押え類似の効力を有する破産手続においても，特別の先取特権の行使が予定されており，その優先権を主張するためには自ら差押えをすることが必要です（物上代位による差押えは，破産手続の開始によって妨げられません［最判昭59.2.2民集38-3-431］）．

[2] 商事留置権

(1) 破産手続における商事留置権の処遇

a 特別の先取特権

　破産手続においては，商事留置権（商521条）は特別の先取特権とみなされ（破産66条1項），別除権として処遇されます（同2条9項）．民事留置権が消滅扱いとされる（同66条3項）こととは対照的です．商事留置権については商人間の信用取引維持のために先取特権として扱うものであるとされ，歴史的沿革的には，商取引ごとに約定担保権を設定する手間を省く手段として生成してきたとされます．

　別除権として取り扱われることから，留置権者による競売手続開始の申立て（民執195条）をすることができます．これによって換価の促進が期待されます．他方では，特別の先取特権とみなされたうえで別除権となるので，他の特別の先取特権に劣後します（破産66条2項）．しかし，この破産法特有の処遇内容は必ずしも明らかではなく，劣後の意味に関しては，留置的効力が破産法上認められるのか，それとも特別の先取特権として付与される優先弁済順位において劣後するという意味なのかについて議論があります（商事留置権消滅請求制度［破産192条］の存在は，留置的効力の存続を前提にしていると考える余地があります［210頁］）．

手形に対する商事留置権と弁済充当の可否──破産手続

　債務者から手形割引や取立委任を受けて占有している手形を開始決定後に取り立て，債務者に対する債権に弁済充当・相殺処理できるかにつき問題があります．破産手続においては，判例（最判平10.7.14民集52-5-1261）は，手形上に商事留置権を有する者は，手続開始後も留置権能に基づき破産管財人からの返還請求を拒絶して占有することができ，特別の先取特権を有することから銀行取引約定に基づいて手形を取り立てて債務者に対する債権の弁済に充当できるとしています．再生手続については，212頁参照．

b 商事留置権消滅請求制度

　留置権者が留め置いている破産財団財産の利用価値・処分価値が高い場合には，破産財団との間において適切に権利調整を図る現実的必要性があるこ

とから，通常の担保権消滅請求制度の枠外に，商事留置権の消滅請求制度が設けられています（破産192条）．これは，例外的に継続されている破産者の事業に必要なものであるとき，その他当該財産の回復が破産財団の価値の維持又は増加に資するとき（破産192条1項）を適用対象とするもので，きわめて限定された局面を想定しています．

消滅請求は，裁判所の許可を得た破産管財人の商事留置権者に対する意思表示で足り，消滅請求そのものは訴え等による必要はありません．裁判所の許可を得て財産の価額に相当する金銭を留置権者に弁済しなければなりません（同条2項・3項）．消滅請求及び価額弁済につき裁判所の許可があった場合，弁済額が目的財産の価額を満たすときは，弁済時又は請求時のいずれか遅い時に，商事留置権が消滅します（同条4項）．そこで，破産管財人は，これを理由に，商事留置権者に対し目的物の返還を求めます．

商事留置権消滅請求及び目的物の価額弁済についての裁判所の許可に対しては即時抗告は許されず，価額評価の相当性を審査する仕組みも設けられていません．破産手続外の訴訟での解決に委ねる趣旨です．

商事留置権消滅請求における価額の相当性判断

破産管財人が裁判所の許可を得て行った価額弁済額に留置権者が満足しないときは，目的物の留置を継続するはずですので，破産管財人は留置権の消滅を前提に所有権に基づく返還請求訴訟を提起することになります．この訴訟において許可弁済額の価額相当性が判断されます（この場合，目的物価額＞被担保債権額のときは，被担保債権を弁済して通常の受戻し［破産78条2項14号参照］をすれば足りますので，目的物価額＜被担保債権額であることがここでの前提です）．受訴裁判所は，許可弁済額が不足すると認めるときは，引換給付判決をすることのほか，原告の申立てがあるときには相当期間内に弁済することを条件とする判決をすることもできます（破産192条5項）．破産管財人が訴えを提起してまでも留置目的物の返還を求める事態にまで至るのは，特に迅速処理の要請が高いことを考慮するものです（もっとも，そうであるからこそ訴訟にまで発展することはあまり想定されておらず，現実にはむしろ合理的な交渉の足がかりとして機能するとみられます）．

さきに述べた商事留置権の留置的効力に関する議論との関係では，裁判所による消滅・価額弁済の許可を得て任意引渡しを求め，あるいは引渡請求訴訟を提起することになるとの破産法192条のスキームは，商事留置権の留置的効力が残存してい

ることを前提にしていると理解せざるを得ないと思われます．

(2) 再生手続における商事留置権の処遇

再生手続における商事留置権に対する処遇は，先取特権とみなす破産手続（破産66条1項）とは異なり，別除権としてその本来の権利行使を可能とする扱いです（民再53条1項）．つまり，商事留置権は，実体法上の効力がそのまま維持されます．留置権能，目的物と引換えに任意弁済を求める権能，受領した弁済を被担保債権の弁済に充当する権能を有すると考えられます．もっとも，強制換価方法としての動産競売（民執195条）の申立てをしても，その売却代金につき優先弁済権はなく，再生債権と代金返還債務との相殺も許されないため（民再93条1項1号），結局のところは，民再法85条5項後段による弁済を期待する限度において，目的財産の引渡しを拒絶して，事実上の優先弁済を受ける地位を有すると考えられています（法的手続による強制換価の側面はともかく，現実問題としては，留置権の被担保債権を弁済しない限り目的物は回復されない強力な権能として現れます）．換価清算を目的とする破産手続とは異なり，事業が継続される再生手続においては，特段の修正・変容を加えてまで別除権行使を促す必要性が認められないため，平時処遇と同様とする趣旨と解されます．

実務上は，倉庫業者が在庫商品について商事留置権を主張した場合には，再生債務者の事業継続のために留置権解放を受ける必要性が高いことが多く，開始決定前においては，和解を試み，被担保債権の一部を支払って受け戻します．開始決定後は，担保権消滅請求の適用対象となることを前提にした交渉が行われます．

会社更生手続における商事留置権の取扱い

会更法上の商事留置権の消滅請求制度は，更生手続開始前において利用可能な制度として設計されています（会更29条）．手続開始申立直後開始決定前の混乱期においてこそ事業継続のために留置権の目的物を取り戻す必要性が高いことを考慮するものです．開始決定後は担保権消滅請求（会更104条）の適用対象として処理されます．

手形に対する商事留置権と弁済充当の可否—再生手続

　破産手続とは異なり，再生手続における商事留置権は，本来的に別除権として処遇され，目的物の留置継続又は留置権による競売（民執195条）が可能です．判例（最判平23.12.15 最高裁HP）は，留置権による競売・換価として取り立てた手形金に留置的効力が及ぶことを認め，これを法定の手続によらず債務の弁済に充当できる旨の銀行取引約定は，別除権の行使に付随する合意として民再法上も有効であるとし，再生手続開始後の取立てに係る取立金を再生債務者の債務の弁済に充当できるとしています．別除権の行使として換価金を留置できる以上，それが被担保債権額を上回るものでない限り，再生計画の弁済原資や再生債務者の事業原資に充てることは予定され得ないものであり，再生債権者を害するものではないと考えられています．

[3]　民事留置権

(1)　破産手続における民事留置権の処遇

　民事留置権は，破産手続においては失効する扱いです（破産66条3項）．破産手続の進行を阻害しないようその効力を失わせるもので，破産管財人は，留置権者に対し無条件で目的物の引渡しを求めることができます．民事留置権による競売（民執195・190条）は，中止命令や包括的禁止命令の対象となります（破産24条1項1号，25条1・3項）．免責手続における強制執行の禁止等の対象にもなります（同249条）．

(2)　再生手続における民事留置権の処遇

　再生手続においては，民事留置権に関する特別の規定はなく，破産法66条3項のような規定も存在しないので，消滅しないと解されています．民再法53条1項に規定する担保権ではないため，担保権消滅請求制度の適用対象ではありません（民再148条1項参照）．民事留置権者は目的物を留置し続けることになりますので，再生債務者は，このような取扱いとなることを前提に，受戻しのための和解交渉をすることが必要となります．

3―別除権者の手続参加

1 不足額責任主義

　別除権者は，その被担保債権について破産債権者又は再生債権者でもあるのが通例です．しかし，別除権者としての手続外権利行使と一般債権者としての手続による権利行使とを並存させる合理的理由はなく，むしろこれを認めるならば一般債権者への弁済を圧迫することになります．そこで，別除権者は，別除権の行使によって弁済を受けることができない債権の額についてのみ，破産債権者又は再生債権者としてその権利を行使することができるものとされています（破産108条1項本文，民再88条）．これを不足額責任主義，残額責任原則といいます．

2 別除権者の破産・再生手続への参加

[1] 予定不足額の届出・調査

　破産債権者又は再生債権者である別除権者が手続に参加するには，債権全額のほか，別除権の行使によって弁済を受けることができないと見込まれる債権額（予定不足額）を，債権届出期間内に届け出ることが必要です（破産111条1項・2項，民再94条）．予定不足額の算出は，担保権者各自の評価に基づきます．

　破産管財人又は再生債務者は，届出債権全額の存否及び予定不足額について調査して認否をします．もっとも，別除権付債権の不足額に対する破産配当又は計画弁済は，いずれも不足額の確定を待って行われますので，届出時の予定不足額は，別除権者の議決権行使の基礎となる金額の決定に関して意義があるにとどまります．したがって，不足額について異議が述べられても，査定手続（破産125条，民再105条）を利用することはできません．

[2] 不足額の証明

(1) 破産手続

　中間配当において不足額について配当を受けるには，配当除斥期間内に，別除権の目的物の処分に着手したことを証明し，かつ，不足額を疎明することが必要であり（破産210条1項），この配当額は不足額が確定するまで寄託

されます（同214条1項3号）。最後配当との関係では、最後配当の除斥期間内に不足額を証明しない限り、配当から除斥され（同198条3項）、寄託された配当金は他の破産債権者に対して配当される（同214条3項）のが原則です（根抵当権の極度額超過部分に関する破産法196条3項、198条4項はこの例外です）。このため、担保権者が有する換価時期選択権は、破産手続の進行に左右されることになります。破産手続の円滑・迅速な進行の利益が優先されています。

破産手続における不足額責任主義

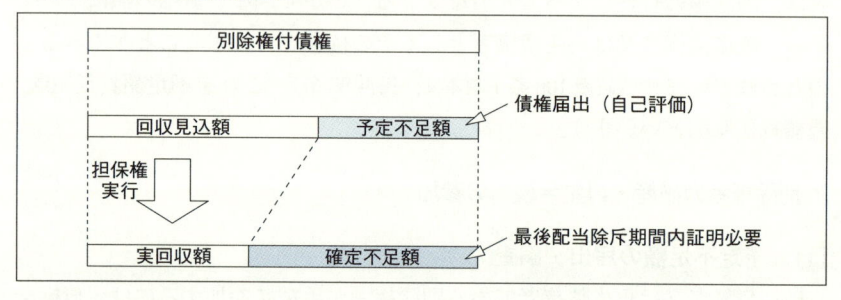

```
┌─────────────────────────────────────┐
│          別除権付債権                │
│  ┌──────────────┬──────────┐        │
│  │  回収見込額   │ 予定不足額 │ ← 債権届出（自己評価）
│  ├──────────────┤          │        │
│  │ 担保権       │          │        │
│  │ 実行 ↓      │          │        │
│  ├──────────────┼──────────┤        │
│  │   実回収額   │ 確定不足額 │ ← 最後配当除斥期間内証明必要
│  └──────────────┴──────────┘        │
└─────────────────────────────────────┘
```

(2) 再生手続

再生計画による計画弁済に関しては、不足額が確定した場合に限り、認可された再生計画に従って弁済を受けることができます（民再182条本文）。事業の解体清算結了によって終結してしまう破産手続においては、配当からの除斥制度が必要となるのに対し、事業と計画弁済の継続を前提とする再生手続においては、再生計画成立までに不足額が確定している必要はありません。不足額が確定しない別除権付再生債権者のために、再生計画案に適確な措置を定めなければなりません（民再160条1項）。不足額部分は再生債権ですから、権利変更の一般的基準（同156条）に従いつつ、将来不足額が確定したときに他の再生債権者との間で不公平が生じないようにするとともに、計画弁済の履行に支障が生じないよう配慮して弁済方法等を定めます。

根抵当権の元本が確定している場合は、極度額を超える部分について、権利変更の一般的基準に従った仮払に関する定め及び精算に関する定めを置き（民再160条2項）、これによって弁済されます（同182条ただし書）。極度額超過部分は不足額となる可能性が高いことを考慮する破産法196条3項、198

条4項と共通の考え方によるものです．
[3] 不足額の確定方法

別除権の不足額を確定する方法としては，①別除権の行使（担保権の実行），②破産者又は再生債務者等と別除権者の一部不担保合意（破産108条1項ただし書，民再88条ただし書参照［別除権協定〈236頁〉はこれに該当します］），③別除権目的物の受戻し（破産78条1項14号，民再41条1項9号参照［207頁，任意売却はこれに該当します］），④担保権消滅許可による価額相当金銭納付（破産190条4項，民再152条2項参照），⑤別除権の放棄（302頁参照）があります．

上記②につき，被担保債権が合意により減縮された場合，例えば，別除権協定による手続外弁済の対象外とされたことに基づく不足額について再生計画による弁済を受けるには，合意された弁済額の限度で被担保債権額を減縮する変更登記を要するかについて議論があります．ここでの問題は手続への参加資格の問題であって対抗問題ではない以上，変更登記を要しないと解されますが（Q＆A252頁［難波修一］，概説135頁［沖野眞巳］），実務上は手続運用の明確性を期するために変更登記を要するのが望ましいとされます（伊藤701頁参照）．

3 破産手続における担保権に対する干渉—破産手続における換価権の衝突

[1] 破産管財人の別除権に対する干渉

破産手続において別除権との交渉が生じるのは，別除権付債権者が積極的に手続に参加する場合（上記2）のほか，破産管財人が別除権に積極的に干渉する場合もあります．迅速な換価・配当，破産財団の管理に伴う負担の早期解消などの必要性があるため，破産財団所属財産の換価・清算を職責とする破産管財人に対し，別除権に対する干渉権限を付与しているためです．

[2] 別除権目的物の提示要求・評価権

破産管財人は，別除権者に対し，目的たる財産の提示を求めることができ（破産154条1項），その財産を評価することができます（同条2項）．この提示要求権及び評価権は，任意売却による換価（同78条2項1号・2号・7号参照）を検討する際の判断資料や予定不足額の届出（同108条1項参照）に関する情報を破産管財人に収集させる意義があります．

[3] 破産管財人による換価

別除権者がいつまでも換価に着手しないときや別除権者の換価の適正に疑念があるときには，破産管財人は強制執行手続によって換価することができ，別除権者はこれを拒むことができません（破産184条2項）．破産管財人による換価のための競売（執行・保全268頁参照）には，無剰余換価禁止原則（民執63条，129条，188条，192条［執行・保全130頁］）は適用されず（破産184条3項），剰余を生ずる見込みがないときでも目的物を換価することができます．別除権不足額は破産債権者の利益に影響を与えますし，固定資産税等の負担を軽減して破産債権者への配当原資の減少を阻止する意義があります．無剰余換価禁止原則の排除（担保権者の換価時期選択の利益に対する制約）は，このような破産手続上の合理性によって正当化されます．

別除権者に法定の方法によらない換価処分権が認められているときは，破産管財人は，別除権者の処分期間を定めるよう裁判所に申し立てることができ（破産185条1項），その期間内に処分に着手しないときは，別除権者は換価処分権を失います（同条2項）．別除権者は，処分期間内に自ら処分するか破産管財人の換価処分に委ねるかの選択が事実上強制されることになります．

換価権能の競合

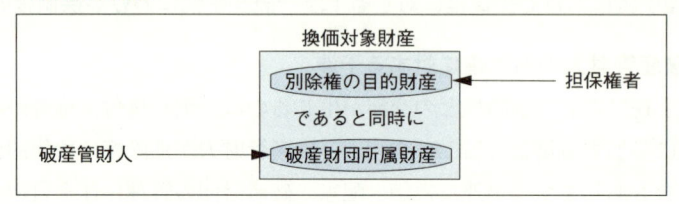

換価対象財産
　別除権の目的財産　← 担保権者
　であると同時に
破産管財人 → 破産財団所属財産

4 ― 破産・再生手続による担保権の消滅

1 破産手続における担保権消滅請求制度

[1] 任意売却における合理的な合意形成の促進

破産手続は事業の解体清算を目的とするため，担保権を別除権として処遇することは手続目的に適合します．もっとも，担保権実行の方法は，債務者の協力を得られない強制換価手続という特殊な環境的要因による減価が避け

られませんし，登録免許税や評価等の手続費用などの執行手続に要するコストを考えると，より効率的な換価方法としての任意売却を指向するのが一般的な実務のあり方です．破産管財人は，買受希望者及び目的不動産上の抵当権者との間で価額交渉を行い，売却代金をもって抵当権を抹消して，別除権の目的物の受戻しと売却換価とを一体的に処理します．競売手続での換価に比して，簡易迅速で，抵当権者にとっては手続コストを抑えてより高額の回収が見込まれ，破産債権者にとっては売却代金の一部を財団に組み入れることが期待されます．

ただし，任意売却交渉においては，正常取引価額を前提とする抵当権者と競売市場に近い処分価額を想定する破産管財人との間で売却価額について対立が生じたり，競売手続では配当を期待できない後順位抵当権者が抹消料（いわゆる「ハンコ代」）を要求して合意形成が阻害されるとの限界が指摘されていました．そこで，破産法は，任意売却における合理的な合意形成を促進・支援する機能をもつ担保権消滅請求制度を導入して破産手続の円滑な進行を図っています（破産186条）．

[2] 要件

任意売却して担保権を消滅させることが破産債権者の一般の利益に適合すること及び担保権者の利益を不当に害しないことという要件は，任意売却の経済的合理性を基礎にするものです．

(1) 破産債権者の一般的利益適合性（破産法186条1項本文）

担保権の目的財産を任意売却して担保権を消滅させることが破産財団の拡充に資する場合をいい，積極的に組入れが実現される場合のみならず，迅速に売却することによって維持管理に伴う負担を免れる場合も含まれます．

多額の財団債権が存在するため破産債権者への配当財源が全く確保できない場合（異時廃止が見込まれる場合）であっても担保権消滅請求制度が利用できるかという問題があります．破産法の担保権消滅請求制度は，破産手続の目的実現のために担保権者の権限を制約する形で実体法秩序に変容を加えるものですから，破産債権者の一般の利益に適合することが変容の合理性を基礎づける関係にあります．破産債権は破産手続の目的を達した場合にはじめて満足を受けるのであって，異時廃止のように，目的を達することなく終了する場合は，財団債権者は破産特有の規律によって弁済を受ける一方，破

産債権者には何らの利益ももたらしません．このように考えるならば，実体法秩序の変容の合理的限界を超えるものとして否定に解することになります．破産手続の受益主体には財団債権者は含まれないと解する見解ということになります（34, 90頁参照）．これに対しては，破産手続は破産債権者のための清算手続であるとしても，財団債権の中には，手続開始前の労働債権のように，本来的には破産債権に軸足を置きつつも政策的に財団債権としての保護が与えられているものが含まれている以上，破産債権と財団債権との区別も破産法秩序における相対的序列の問題にすぎないと考えることも可能です．このように考えるならば，財団債権という位置づけから直ちに担保権消滅請求制度の適用を排除するのは適切ではないと解することになります（概説116頁［沖野眞已］参照）．

(2) 担保権者の利益犠牲の不当性（破産法186条1項ただし書）

破産法186条1項本文・ただし書の書き分けからみると証明責任の分配のようにも読めますが，破産債権者の一般利益適合性を積極要件，担保権者の利益詐害性を消極要件とする裁判所の判断要件を示すものです．担保権者の利益を不当に害する場合としては，実体面と手続面とが考えられます．実体的に担保権者の利益を不当に害する場合としては，財団組入額が過大な場合や競売手続等の方法による方が高額で売却できる場合が想定されます．手続的に担保権者の利益を害する場合としては，破産管財人が担保権者との事前協議義務に著しく違背し，担保権者がこの請求に適宜に対応できない場合などが挙げられます．

[3] 手続

(1) 破産管財人と担保権者の事前協議（破産法186条2項）

破産管財人は，売却によって取得する金銭の一部を破産財団に組み入れようとするときは，組入金の額について，あらかじめ担保権者と協議しなければならず（破産186条2項），その内容及びその経過は，許可申立書に記載しなければなりません（同条3項7号）．任意売却に向けた合理的な合意形成を促進するための制度であるため，担保権者との間で適切に協議の機会を設けることを破産管財人の職責として要求するものです．交渉経緯及び内容を担保権消滅許可の実体要件の判断資料とする意味もあります．ここでの協議は組入に関するものですから，弁済を受ける見込のない後順位担保権者について

まで協議を必要とするものではありません．

(2) 担保権消滅許可の申立て（破産法186条3項・4項・5項）

　担保権者との協議が調わなかったときは，破産管財人は，破産法186条3項所定事項を記載した書面を作成し，売買契約の内容を記載した書面を添付して（同条4項），裁判所に対し，担保権消滅許可の申立てをすることができます．これらの書面は，消滅すべき担保権（破産186条3項4号）として表示された担保権者に送達されます（同条5項）．

　　任意売却交渉が不調に終わった場合，破産管財人としては，担保権消滅許可の申立てをして換価を強行するか，これを諦めて速やかに目的財産を破産財団から放棄するかについて慎重に検討します．担保権消滅請求を利用する場合の手続的・時間的コストを考慮しなければなりませんし，仮に担保権者から対抗措置を受けると財団組入額が消失するだけでなく，それまでに投下したコストが無駄になるとともに，破産管財人・破産手続に対する信頼を損なうというリスクもあり得るところです．

(3) 担保権者の対抗措置（破産法187条，188条）

a　担保権の実行

　担保権消滅許可の申立書等の送達を受けた担保権者は，送達を受けた日から1月以内に，担保権の実行を申し立て，それを証する書面を裁判所に提出して異議を申し立てることができます（破産187条1項）．この場合，裁判所は，担保権消滅許可申立てに対し，不許可決定をします（同189条1項柱書）．

b　買受の申出

　申立てを受けた担保権者は買受けの申出をすることによって異議を申し立てることもできます（破産188条1項）．この場合，買受申出額は売得金に5％相当額を加えた額以上でなければならず（同条3項），破産規則60条所定の保証を破産管財人に提供しなければなりません（破産188条5項）．破産管財人が買受希望者に売却する旨の届出をしたとき（同条8項）は，裁判所は，届出書記載の買受希望者を売却の相手方として許可決定をします（同189条1項2号）．

対抗措置の機能

担保権実行の選択は，任意売却から強制売却への市場環境の移行によって破産管財人提示額の相当性を争う方法であり，買受申出の選択は，破産管財人の提供に係る買受希望者という市場から担保権者が自ら探し出す市場への移行によって破産管財人提示額の相当性を争う方法です．担保権者に複数の対抗措置を与えるのは，担保目的物の換価及び処分価値の最大化指向の点では破産管財人と担保権者は共通の目的・利害を有することを基礎にしながらも，破産管財人に対して担保権消滅という強いイニシアティヴを与えることの反面として，価額及び市場の両面において，破産管財人が描いたスキームを突き崩す手段を認めるものです．担保権者がこれらの対抗措置を積極的にとらないことをもって，担保権者の消極的同意が付与されたものと構成して担保権消滅の合理性が説明されます．

もっとも，担保権実行における予納金納付という担保権者の負担は決して小さくはありませんし，買受申出の方法も，相手方及び金額を除き，破産管財人が提示する任意売却条件と同一でなければならない（破産189条2項参照）とされ，担保権者による反撃のサイズが破産管財人によって枠付けされること，さらにその金額も5％以上を付加したものでなければならない（同条3項）との制約が課されています．これらの特殊な制約の存在が担保権者が対抗措置に出ることを事実上封ずる可能性も否定できません．そうすると，破産管財人と担保権者との積極的な事前協議を必要的なものとし，可及的に合意形成を促す仕組みが設けられているのは，消極的同意構成になじむ環境を構築するものといえますし，担保権消滅の峻厳さを緩和する配慮ともいえます．このような交渉ルールの存在が任意売却交渉に事実上投影されることによって合理的な換価を促進することになると考えられます．

(4) 許可・不許可決定と即時抗告

担保権消滅許可申立ての裁判に対しては，即時抗告をすることができます（破産189条4項）．許可の裁判に対しては担保権者，申立却下・棄却の裁判に対しては破産管財人が抗告の利益を有します．

(5) 納付金の配当手続（破産法190条，191条）

担保権消滅許可決定が確定したときは，当該許可に係る売却の相手方は，法定区分に応じた額の金銭を裁判所の定める期限までに裁判所に納付しなければなりません（破産190条1項）．金銭が納付された時に被申立担保権は消滅します（同条4項）．その後，裁判所は，担保権者に対する配当を実施します（同191条）．担保権は別除権として処遇される以上，破産手続に取り込ん

だ配当手続ではなく，その外側に民執法の準用による配当手続が装備されているわけです．

非典型担保への類推適用の可能性

非典型担保には多様なものが存在するため，個別的に検討する必要があります．破産法上の担保権消滅請求制度を構成する要素に照らせば，類推適用を肯定するには，①目的物について管財人が売却・換価権を保持する前提にたち（効率的な任意売却を合理的に促進するとの制度目的適合性［取戻権構成の否定］），②担保権者に対抗措置としての換価権行使の機会が保障されている場合であって（消極的同意という制度的基礎への適合性），③再生手続と異なり担保権実行中止命令制度を装備していないことから，権利実行の完了までに時間的余裕があり，裁判所の裁判によって効果の発生を阻止又は覆滅させる余地のあること（制度の実効性）を必要とすると思われます．これらの構成要素は，抵当権を念頭において設計されていることに起因します．これに近似する不動産譲渡担保であっても，設定者が保有する権利は何か（①）という理論的問題，私的実行を認めることと対抗措置との関係（②，③）という政策的問題のほか，他人名義に移転しているため嘱託登記（破産190条5項）の可否について疑問があることからすれば，非典型担保への類推適用問題は，破産法上の担保権消滅請求制度の想定外に位置するのではないかと思われます．

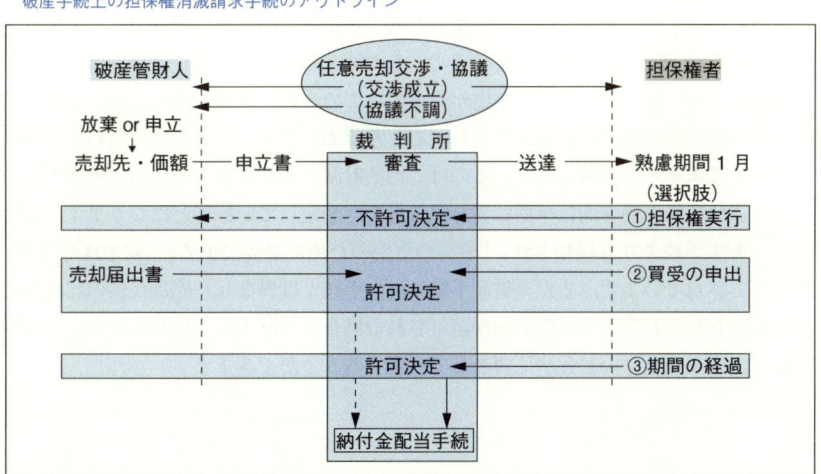

破産手続上の担保権消滅請求手続のアウトライン

```
破産管財人         任意売却交渉・協議         担保権者
                   （交渉成立）
                   （協議不調）
放棄 or 申立
              裁 判 所
売却先・価額 ─申立書─→ 審査 ─送達→ 熟慮期間1月
                                    （選択肢）
         ←──── 不許可決定 ←──── ①担保権実行

売却届出書
         ──── 許可決定 ────→ ②買受の申出

         ──── 許可決定 ←──── ③期間の経過

              納付金配当手続
```

2 再生手続における担保権消滅請求制度

[1] 事業の継続・再生における不可欠資産と担保権

　再生債務者の事業継続にとって不可欠な資産について担保権が実行されたならば，再生の目的は挫折せざるを得ません．再生債務者としては，まずは競売手続の取下げを求めるべく担保権者との交渉を行い，別除権協定の締結に向けた努力を重ねるのが通例です．担保権者との交渉のための時間的余裕又は担保権消滅請求制度の実効性を確保させるため，暫定的停止措置としての担保権実行の中止命令制度（民再31条）が設けられています（70頁）．

　再生手続においては，再生債務者の事業の継続・再生に必要不可欠な財産を確保させる目的で担保権消滅請求制度が装備されています（民再148条1項）．担保権については，別除権として手続外におきながらも，債務者の事業継続とその不可欠財産性に政策的優位性を認めて，担保権者の換価時期選択の利益（債務者の収益力回復又は市場の好転を期待する利益）を喪失させ，担保権の不可分性を制約して現在の処分価値の限度で担保権者の満足を図るものです（民再規79条1項）．

会社更生手続における担保権消滅請求

　会社更生手続においては，担保権者もその被担保債権が更生担保権として拘束され（会更47条1項，2条12項），その代わり更生計画の中で優先弁済を受ける（同138条2項）というスキームが描かれます．このため，事業継続のために必要な担保目的物が担保権実行によって失われることはありません．それにも関わらず担保権消滅請求制度が装備されているのは，当該財産を含む事業を一体的に譲渡する場合や遊休資産を効率的に早期に売却する場合を想定していることになります．要件も，再生手続よりも緩和され，「事業の更生のために必要である」（同104条1項）こととされています．また，破産手続や再生手続とは異なり，売却代金の配当手続は設けられておらず，更生計画が認可された場合は管財人に支払われます．売却代金は，事業資金ないし弁済原資として利用することができます．

[2] 手続
(1) 担保権消滅許可の申立てと裁判

再生債務者は，許可申立書において，担保目的財産の申出価額（民再148条2項2号），消滅すべき担保権（同項3号）等を記載して申立てをします．申立書に記載された担保権のみが消滅の対象となります．

裁判所が担保権消滅を許可したときは，その裁判書とともに申立書を消滅すべき担保権者に送達しなければなりません（民再148条3項）．担保権者に対して再生債務者の申出価額を明らかにするとともに，許可の裁判があったことを告知して，次に述べる対抗手続の機会を保障する趣旨です．

(2) 担保権者の対抗措置
a 即時抗告

担保権消滅許可決定に対しては，担保権者は即時抗告をすることができます（民再148条4項）．担保権消滅許可要件である「事業の継続に欠くことのできないもの」の認定を争う機会を保障するものです．

b 価額決定請求

担保権者に再生債務者の申出額の相当性を争う機会を保障するため，価額決定請求（民再149条）があります．価額決定請求があったときは，再生裁判所は，評価人を選任し，財産の評価を命じなければなりません（同150条1項）．いわゆる処分価額を基本とし，現在時点での交換価値を実現する観点から価額を決定します（民再規79条2項）．価額決定は，価額決定の請求をしなかった全担保権者に対しても，その効力を有します（民再150条4項）．価額決定請求についての決定に対しては，即時抗告をすることができます（同条5項）．

> **再生手続に価額決定手続を置く趣旨**
>
> 破産手続においては，最終的に換価することを目的とする点において，競売手続と共通するため，価額の相当性の決定につき両者を選択的な関係におき，競売手続を破産手続上の担保権消滅請求に対する対抗手段として機能させることができます．しかし，事業継続のため目的財産を再生債務者に保持させる必要性を考慮する再生手続においては，競売手続の利用は手続目的との衝突を来すため，価額についての紛争の受け皿として価額決定手続が必要とされます．

価額の相当性に関する争訟処理

再生債務者は自らの申出額算定の根拠となる資料を積極的に提出すべき立場にあり（民再規71条1項1号），その価額の合理性に関する紛争は，手続の起動及び費用負担の問題を通じて解決が図られます．価額決定請求により，再生債務者の申出額を超える価額が決定された場合には，敗訴者たる再生債務者に手続費用の負担が命ぜられます．他方，担保権者の価額決定請求によっても申出額を超えない場合には，担保権者がその手続費用を負担することになります（民再151条）．このような費用負担の規律によって，不当に低額な申出や濫用的な価額決定請求を抑止する効果が期待されているわけですが，手続費用は納付金から最優先で弁済されますので（同151条3項），最終的には担保権者の負担となります．

(3) 納付金の配当手続

担保権消滅許可決定等の送達後，価額をめぐる紛争が止んだとき，又は請求期間内に価額決定の請求がなかったとき等の場合には，再生債務者は裁判所の定める期限までに申出額に相当する金銭を納付しなければなりません（民再152条1項）．金銭が納付された時に担保権が消滅します（同条2項）．納付された金銭は，民執法の準用規定に従い，裁判所による配当又は弁済金交付手続が行われます（民再153条）．破産手続と同様，別除権として処遇されているため，再生手続の外側におくものです．

再生手続上の担保権消滅請求制度の限界

担保権消滅許可制度を利用するためには，目的財産の価額の全額を一括納付しなければならない（民再152条1・4項）ことから，スポンサーによる資金援助がある場合，DIPファイナンス等による借入や借換が可能な場合，事業譲渡等によってまとまった資金が獲得される場合等に事実上限られることになります．したがって，そのような資金を準備する見込みがないときには，後述する別除権協定の締結が，再生手続による事業再生の死命を決することになります．

非典型担保への類推適用の可能性

非典型担保とされる契約に即した個別的な検討が必要となります．事業の再生・再建を目的としながらも，担保権者を拘束しない仕組みを基本的前提として採用している再生手続においては，実務上も理論上もきわめて重要な問題を提起します．非典型担保に対する再生手続上の担保権消滅請求制度の類推適用の可能性は，再生

債務者に目的物価額申出を認めることの合理性，消滅許可の裁判という観念行為によって再生債務者に財産保持が認められる可能性，納付金の配当による満足という手続のスキームへの適合性，そして，価額決定請求という対抗措置を与えることで担保権者の利益保護として十分かどうか等，制度の基本的構成要素に照らして検討されることになると思われます．

再生手続上の担保権消滅請求手続のアウトライン

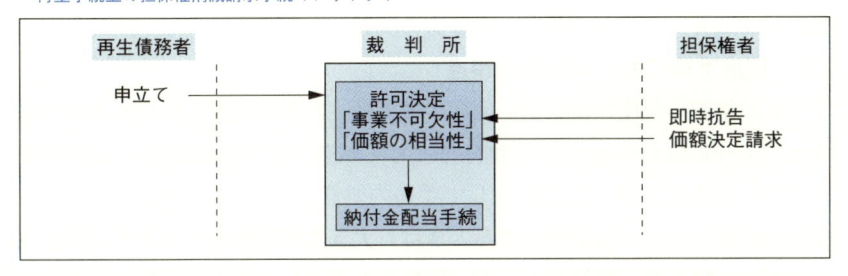

```
再生債務者              裁 判 所              担保権者

  申立て   ──────▶  許可決定                
                     「事業不可欠性」  ◀────  即時抗告
                     「価額の相当性」          価額決定請求
                          │
                          ▼
                     納付金配当手続
```

5——非典型担保の位置づけ

1 実体法の規準性

[1] 問題の所在

双務契約の概念や取戻権や別除権の概念と枠組みなどにみられるように，倒産法上の概念や枠組みが民法上のそれをもって規律されることがあります．利害関係と権利関係との調整を図りながら手続目的に応じた集団的な倒産処理を行うため，実体法秩序の維持又は変容を加えるための規準性が実体法に求められることに基づきます．このような実体法と倒産法との連携の仕組みからすれば，典型契約・典型担保は，倒産法上も明確な位置づけが与えられます．これに対し，実体法に規定を持たない非典型契約・非典型担保は，実体法の規準性に期待することができないだけでなく，選択された法的形式と経済的実質とが乖離することがあるため，契約自由の原則と倒産処理秩序への適合性との調整問題となります．

当事者の合意を尊重して，これを基礎に倒産法秩序への適合性を検討する方向性は，実体法秩序との連続性を重視するわけですが，倒産秩序との不適

合をもたらすことがあります．特に取引先の破綻によるリスクを回避・軽減する趣旨の約定を設ける場合に顕著に現れます．他方，倒産法の手続目的に適合する合理的規律はいかにあるべきかという観点から当事者の合意について法的性質決定を与える方向性も考えられます．これは倒産法の固有の機能を重視するものといえますが，当事者の合意を倒産法の見地から読み替えることを意味し，ときに合意の効力を否定することもあり得ますので，取引活動に対する介入・干渉の是非・あり方の問題ともなります．

[2] 倒産手続における処遇の相違

上記の解釈の視座に基づき，倒産手続では，非典型担保契約に取戻権の基礎としての地位を与えるのか，別除権として処遇するのかが問題となります．担保権を更生担保権として拘束して手続内処遇を与える会社更生手続では，手続に拘束されない取戻権とするときは，大きな影響を及ぼします（会社更生手続における動産譲渡担保権者の取戻権を否定し，更生担保権者として権利行使すべきものとする判例があります［最判昭 41.4.28 民集 20-4-900］）．しかし，再生手続と破産手続では，取戻権も別除権も権利者は手続に拘束されずに行使できる点で共通します．したがって，取戻権とするか別除権とするかは，一見すると大きな相違はないとも考えられます．もっとも，取戻権は，本来的に破産財団又は再生債務者財産として帰属すべきではない個別財産の回復を認める制度であるのに対し，別除権は特定の財産の交換価値を把握する担保権の機能を承認する制度である点において，本質的な相違があります．このため，担保権として構成したときには，別除権者には清算義務が認められますし，破産管財人には換価への介入（破産 184 条 2 項，185 条）が認められ，目的物の受戻し（破産 78 条 2 項 14 号，民再 41 条 1 項 9 号）が可能であること，また，担保権消滅請求（破産 186 条，民再 148 条）や担保権実行の中止命令（民再 31 条）の対象となる可能性があるなど制約措置が存在するという相違が現れます．

2 譲渡担保契約

[1] 意義

譲渡担保契約とは，債権担保の目的で債務者又は第三者が所有する物の所有権を譲渡担保権者に移転させる合意をいい，経済的実質としては目的物の

交換価値を把握する目的でありながら，それを超えて所有権移転の形式によることを合意するものです．現在では，譲渡担保権者には清算義務が肯定され（最判昭46.3.25民集25-2-208），債権担保目的に必要な範囲で所有権の効力が生ずるとされ（最判平5.2.26民集47-2-1653，最判平7.11.10民集49-9-2953），担保権者には所有権移転の形式による担保権が帰属し，設定者にはそのような担保権の負担が付着した所有権を保有していると理解されています．

[2] 譲渡担保権者の破産

　譲渡担保権者について破産手続が開始された場合，設定者が取戻権を行使することができるかについては，設定者に留保されている所有権は被担保債権を弁済するまではいわば不完全なものである以上，その限りにおいては，これを否定すべきこととなります．設定者は，被担保債権を弁済したときは完全な所有権を回復しますので，目的物を取り戻すことができます．設定者が被担保債権を弁済しないときは，破産管財人は譲渡担保権を実行した上で目的物を換価して配当原資に加えることができます．この際，目的物の価額が被担保債権を上回り清算金が発生するときは，設定者は，財団債権としてその支払を求めることができます（破産148条1項4号又は5号）．

譲渡担保権者の破産

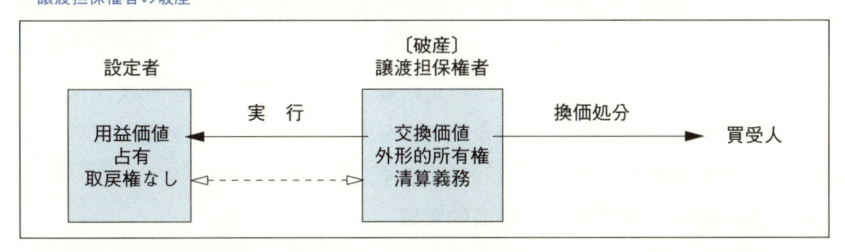

```
                                 〔破産〕
         設定者                 譲渡担保権者
       ┌─────────┐   実　行   ┌─────────┐   換価処分   ┌─────┐
       │ 用益価値 │ ←─────→ │ 交換価値 │ ─────────→ │買受人│
       │   占有   │           │外形的所有権│           └─────┘
       │取戻権なし│ ←─ ─ ─ ─ │ 清算義務 │
       └─────────┘           └─────────┘
```

[3] 譲渡担保設定者の破産

　譲渡担保権の設定者につき破産手続が開始された場合，譲渡担保権者には所有権を有する外形が伴いますが，その実質は担保権であるとの理解によれば，別除権として権利行使ができるにとどまり，取戻権としての行使は認められないことになります．

　もっとも，取戻権と別除権は破産手続によらずに権利行使できる点において共通し（破産62条，65条1項），譲渡担保権の実行方法には，担保権者が目的物を処分してその価額と被担保債権の清算を行う処分清算型と担保権者が

目的物を自己に帰属させて被担保債権との清算を行う帰属清算型とがあり，いずれも目的物の取戻しを実質的に認めるのに等しいとも考えられます．しかしながら，破産・再生手続における担保権はもはや無制約ではなく，取戻権と別除権との相違は無視できないことは前述しました．

個別執行における譲渡担保権者の処遇

強制執行手続においては，譲渡担保権者は，設定者の債権者がした譲渡担保目的物に対する強制執行を第三者異議の訴えにおいて排除することを是認しています（最判昭 56.12.17 民集 35-9-1328，最判昭 62.11.10 民集 41-8-1559）．かかる方法で担保の実効性を確保・保全する余地を認めることは，個別執行段階での債務者に対する救済融資を引き出すインセンティヴとして機能するものと考えられます（執行・保全 101 頁参照）．

3 所有権留保

[1] 意義

所有権留保とは，売買契約に際し，代金債務の割賦弁済合意とともに，代金完済まで目的物所有権を売主に留保するとの合意をし，この留保所有権をもって代金債務の担保とすることを目的とするものです．買主が代金債務の履行を遅滞したときは，売主は，約定に基づき売買契約を解除して，又は解除を要せずに留保所有権に基づき目的物を引き上げ，これを評価して残代金債権との清算を行うことを予定しています．

[2] 法的構成——法的形式と経済的実質

所有権留保売買の買主について破産手続が開始された場合，売主に取戻権を認める構成は，売主は代金完済まで留保された所有権を有し，買主は代金完済までの目的物利用権と代金完済によって所有権を取得できる期待権を有するにすぎないと理解します．留保売主に所有権が帰属しているため，所有権に基づく返還請求を取戻権として承認することになります．

売主に別除権者としての地位を認める構成は，買主は代金完済を停止条件とする所有権を取得しているのに対し，売主は代金債権担保のための担保権を有するにすぎないと理解します．

個別執行における留保売主の処遇

強制執行においては，売主による第三者異議の訴えを認めるのが判例（最判昭49. 7.18 民集 28-5-743）です．これは所有権留保売買の特質を個別執行の段階ではなお尊重する合理性が認められることに基づくものと考えられます（執行・保全 100 頁参照）．

[3]　倒産処理規律への適合性

所有権留保を取戻権として構成するときは，売主の一方的な判断によって共同財産からの完全な流出が余儀なくされる点で倒産法の目的・機能との不適合が生じます．担保権として把握したとしても，その実行方法としての引揚げを認める以上，取戻権構成と実質的には大きな差はないとも考えられますが，前述したように，清算義務の存在，受戻しが可能であること等において，取戻権構成との相違が現れます．これらを契機として，破産手続の場合には換価に関する管財人の介入・干渉の余地が認められますし，再生手続の場合には事業継続における必要性について再生債務者に検討の機会と売主との交渉の機会が与えられることになります．ここに別除権構成とする倒産処理規律の合理性が見出されます．

判例（最判平 22.6.4 民集 64-4-1107）は，自動車の所有権留保売買について，債権担保目的のための留保所有権を別除権（担保権）と解した上で，その対抗要件の具備につき，再生手続開始時点で販売会社に売買代金を立替払いした者を所有者とする登録がされていない限り，販売会社を所有者とする登録がされていても，別除権を行使することはできない（民再 45 条参照）としています．

4　ファイナンス・リース契約

[1]　意義

ファイナンス・リース契約（以下「リース契約」といいます）は，リース会社がユーザーからの申込に応諾して，そのニーズに応じた目的物を販売業者（サプライヤー）から購入し，これをユーザーに使用収益させ，ユーザーはリース会社に対しリース料を一定期間にわたり支払うことを内容とする契約です．

ユーザーが支払うリース料には，購入代金，購入資金調達のための利息，管理事務費，保険料，リース会社の利益等が含まれ，これらを合算した金額から期間満了時における物件の残存価値を差し引いた金額が期間内に支払われるように算定されるのが通例です（これに対し，リース期間満了時における物件の残存価値はないものとみて，リース会社が物件取得費その他の投下資本の全額を回収できるように算定されているものをフルペイアウト方式といいます）。このように，リースの経済的実質は，リース会社がユーザーに対して物件の購入資金相当額を融資して，リース料支払によってその投下資本の回収と利潤の獲得を図ることにあります。ユーザーとしては，多額の設備投資資金を準備する必要がないため，このような契約が利用されます。

[2]　リース契約における約定の態様

　リース契約は，上記のとおり，金融の利益をユーザーに与えることに主眼があるため，①リース会社はユーザーに対し物件の瑕疵担保責任や修繕義務を負わないとの約定を挿入するのが通例です（これに対し，リース会社が物件の修繕義務を負う特約がある場合をメンテナンス・リースといいます）。また，リース会社の投下資本回収のため，②ユーザーには，リース期間中物件を借り受ける義務があり，中途解約ができない特約が存在します（これに対し，ユーザーから中途解約できるものをオペレーティング・リースといいます）。他方，③リース会社は，ユーザーにリース料支払に不履行がある場合には，残リース料につき期限の利益を喪失させ，その即時一括弁済を請求できるとともに，物件の返還を受けるとの約定がされるのが通例です。そして，リース期間満了時における物件の残存価値を控除してリース料が算定されていますので，④ユーザーはリース料を完済しても物件の所有権を取得しないのが原則です（この点が所有権留保売買と異なるといえますが，期間後にユーザーに物件を譲渡する場合もあります）。

[3]　法的構成

　リース物件の使用収益及びこれに対して一定期間ごとにリース料を支払う関係を「賃貸借契約」に類比して手続上の処遇を考えるときは，双方未履行双務契約として破産法53条，民再法49条の適用を肯定することになります。これによれば，破産管財人・再生債務者には履行又は解除の選択権があり，履行が選択された場合，未払リース料は財団債権（破産148条1項7号）又

は共益債権（民再 49 条 4 項）として扱われます．破産管財人・再生債務者がリース契約を解除した場合，リース会社は目的物を取り戻して，解除の日までのリース料は財団債権（破産 148 条 1 項 8 号）又は共益債権（民再 119 条 2 号）として扱われます．将来のリース料は，損害賠償の性質を有するものとして破産債権（破産 54 条 1 項）又は再生債権（民再 49 条 5 項による破産 54 条の準用）とされます．

これに対し，経済的実質としての「融資」「金融」を重視するならば，リース契約をリース物件の取得・利用資金の貸付と担保権の設定として理解することになります．すなわち，未払リース料債権は破産又は再生債権となり，これがリース物件によって担保され，リース会社には別除権者としての地位が与えられることになります．判例（最判平 7.4.14 民集 49-4-1063）は，フルペイアウト方式の場合について，リース期間満了時にリース物件に残存価値がなく．リース業者が投下資本の金額を回収できる側面を考慮して，リース契約の実質はユーザーに対して金融上の便宜を付与するものであるから，リース料債務はリース契約の成立と同時にその全額について発生し，リース料の支払が毎月一定額によることと約定されていても，それはユーザーに対して期限の利益を与えるものにすぎず，各月のリース物件の使用と各月のリース料の支払とは対価関係に立つものではないとの認識を前提に，リース業者はユーザーに対してリース料の支払債務と対価関係に立つ未履行債務を負担していない以上，当該リース契約は双方未履行双務契約に該当しないと判示しています．

[4] 破産手続における処遇

ユーザーに破産手続が開始された場合，未払リース料債権はその全額が破産債権となり，これを被担保債権としてユーザーのリース物件について担保権を有すると解されます．この点につき，担保の目的をリース物件の所有権とみる見解（田原睦夫「ファイナンス・リース契約と会社更生手続」金法 1425-14, 伊藤眞「ファイナンス・リース・ユーザーの会社更生手続における未払リース料の法的性質」金法 1428-65）とリース物件の利用権とみる見解（山本和彦「倒産手続におけるリース契約の処遇」金法 1680-8）とがあります．ユーザーにはリース期間中であっても，所有権の中核的要素である処分権までは認められず，使用価値の本質的部分を費消する権利が認められるにとどまる以上，その権利の内

実は利用権であるとする後説が妥当と考えます．

これによれば，リース業者がリース契約を解除してユーザーに対し目的物件利用権を移転するよう求めることが別除権としての担保権の実行方法となります．リース契約の解除権の行使・ユーザーの利用権消滅によって，リース会社は完全な所有権を回復します．このようにして，リース会社が回復した所有権に基づき破産管財人に対し目的物の返還請求をするときは，取戻権の行使として理解されることになります．残リース料債権又は規定損害金から目的物件の処分価値を控除した残額は，別除権の確定不足額として破産債権となります．

実務では，目的物を引き揚げても転売等による処分が可能な程度の残存価値さえもない場合，リース業者が目的物の所有権を放棄することがあります．担保権と解する以上，その放棄は妨げられないのですが，事後処理費用が破産財団の負担となりますし，それによって賃借事務所の明渡しが遅滞することになれば，より一層の財団債権の増加をもたらします．破産管財人の迅速かつ適切な対応が必要です．

[5]　再生手続における処遇

再生手続においては，破産手続と同様，担保権は別除権として手続によらずに行使できる地位が与えられます（民再53条2項）．したがって，リース会社は，再生債務者に対し，担保権の実行としてリース契約を解除して，物件の引渡しを請求することができます．この場合，残リース料債権又は規定損害金と目的物の残存価値との清算後の残額が再生債権となります．

しかし，再生債務者にとって，当該物件が事業の継続に不可欠な場合は，再生が不可能になります．他方，リース業者にとっても，リース物件はユーザーのニーズに応じて調達されていますので，一般に交換価値・担保価値は大きくはなく，残リース料債権額を大きく下回る金額にとどまるのが通例です．このため，リース物件について別除権者として処遇されるメリットはそれほど大きくはなく，むしろ引き続きリース料の支払を受けることがその利益にかないます．このため，リース業者との間で別除権の目的である財産の受戻し（民再41条1項9号）に関する別除権協定を締結して残リース料を共益債権化することが行われています．

5 倒産解除特約

[1] 問題の所在

倒産手続の開始やその申立てを契約の解除事由又は解除権発生事由とする特約が付されている場合，平時における契約自由原則の下においては，契約によるリスク回避のための権利保全措置とみられる一方，実質的には倒産手続の影響を回避して，取戻権処遇への効力強化を指向するものとして，倒産処理規律の潜脱ではないかが問題となります．期限の利益喪失特約の形式をとる約定もこれに含まれます．

[2] 判例と学説

(1) 会社更生手続に関する判例

事業の継続のために不可欠な財産（建設用機械）を目的とする所有権留保売買契約に，会社更生手続開始の申立ての原因となるべき事実の発生を無催告解除事由に含む倒産解除条項が付されていたという事案において，判例（最判昭 57.3.30 民集 36-3-484）は，「債権者，株主その他の利害関係人の利害を調整しつつ窮境にある株式会社の事業の維持更生を図ろうとする会社更生手続の趣旨，目的（会社更生法 1 条参照）を害するものであるから，その効力を肯認しえない」と判示しました．しかし，その理由が抽象的なものであったことから，その射程の理解には議論があります．

(2) 倒産手続一般について無効とする論理

倒産手続一般について無効とする見解は，本来であれば債務者の責任財産として債権者全体の満足に供せられるべき財産が倒産解除条項により公示もないまま取戻権の対象となって責任財産から離脱することを認めるのは債権者間の平等の確保という倒産手続の目的に反すること（竹下守夫「所有権留保と破産・会社更生」担保権と民事執行倒産手続（有斐閣・1990 年）311 頁），倒産解除条項は，倒産法が双方未履行双務契約について管財人等に解除か履行かの選択権を与えた趣旨を失わせること（伊藤 274 頁）を指摘しています．

(3) 会社更生手続のみ無効とする論理

これに対し，上記判旨の射程を最も狭く捉えて，倒産解除特約は更生手続のみに妥当するとみることも可能です．手続の開始によって担保権の被担保債権を更生担保権として拘束する会社更生法の趣旨に照らせば，リース契約

も担保権の1つとして考えられる以上，目的財産が流出する事態を招く倒産解除条項は更生手続との関係では無効と解され，別除権として手続外での行使を許容する破産・再生手続では妥当しないと解するわけです．下級審判決には，このような理解に基づくとみられるものがあります（東京地判平15.12.22判タ1141-279，東京地判平16.6.10判タ1185-315）．

　もっとも，この論理は問題をやや単純化しすぎるきらいがあるように思います．破産・再生手続では別除権扱いとされていることによって問題が解決されるわけではありません．再生手続における別除権は，担保権実行中止命令（民再31条）や担保権消滅請求（民再148条）等によってもはや無制約ではあり得ず，事業継続に不可欠な財産を対象とする場合には，担保権者の一存によって多数の再生債権者の利益が犠牲にされないようにするための方策が装備された環境の下での担保権だからです．非典型担保という位置づけをしながらも，倒産解除特約の有効性を認めて，実質的には取戻権として機能させ，容易かつ完全な財産の離脱を承認せざるを得ないとするのは，バランスを欠きはしないかという疑問があります．

(4)　会社更生・再生手続では無効，破産手続では有効とする論理

　倒産解除条項の効力は，債務者の事業の維持再建という再建型倒産手続の目的に抵触する限りで否定されるべきであると理解すると，事業の継続に必要な財産の取戻しを伴う限りにおいて，更生手続及び再生手続においては無効とされ，破産手続においては有効と解することができます．再生手続において無効とした裁判例（東京高判平19.3.14判タ1246-337）があります（東京地判平16.6.10の控訴審判決）．

　学説上，再生手続においては，事業の再生のために当該担保権の実行を制約する必要があるか否かについて，担保権の実行中止命令や担保権消滅請求を通じて，裁判所に判断の機会を与える必要があるというべきであって，倒産解除特約の有効性を是認してしまうならば，このような機会が定型的に奪われてしまうとの指摘があります（山本前掲・金法1680-13）．これはファイナンス・リース契約についても目的物の引渡しによる精算義務が完了するまでは担保権の実行中止命令を発動する余地があることを想定するものです．取戻権と同等の取扱いになってしまうことの不合理を指摘するものといえます．このような理解によれば，破産手続には中止命令制度は存在しませんの

で，破産手続では有効と解することが可能になります．

(5) 民事再生手続に関する判例

このような議論の状況において，判例（最判平 20.12.16 民集 62-10-2561）は，フルペイアウト方式によるファイナンス・リース契約において再生手続開始申立てがあったことを契約の解除事由とする特約を無効とする判断を示しました（東京高判平 19.3.14 の上告審判決）．判旨は，「民事再生手続は，経済的に窮境にある債務者について，その財産を一体として維持し，全債権者の多数の同意を得るなどして定められた再生計画に基づき，債務者と全債権者との間の民事上の権利関係を調整し，債務者の事業又は経済生活の再生を図るものであり（民事再生法1条参照），担保の目的物も民事再生手続の対象となる責任財産に含まれる」とした上で，「ファイナンス・リース契約におけるリース物件は，リース料が支払われない場合には，リース業者においてリース契約を解除してリース物件の返還を求め，その交換価値によって未払リース料や規定損害金の弁済を受けるという担保としての意義を有するものであるが，同契約において，民事再生手続開始の申立てがあったことを解除事由とする特約による解除を認めることは，このような担保としての意義を有するにとどまるリース物件を，一債権者と債務者との事前の合意により，民事再生手続開始前に債務者の責任財産から逸出させ，民事再生手続の中で債務者の事業等におけるリース物件の必要性に応じた対応をする機会を失わせることを認めることにほかならないから，民事再生手続の趣旨，目的に反することは明らかというべきである」としています．

(6) 小括

以上から，会社更生手続と民事再生手続においては倒産解除特約を無効と解するのが判例であることが明らかとなりました．破産手続でも無効とするのか，破産手続では有効とするのかについての判断が待たれるところですが，企業再建のリソースの流出を阻止する必要性の高い再建型と事業の解体に伴い継続的な契約関係を解消処理するのが原則である清算型とはやはり区別して考えられるべきなのではないかと思います．上記民事再生の判例も，(4) の見解を意識した判示をしているように思われます．

6 ─ 別除権協定

1 意義

　再生債務者の事業継続・再建に不可欠な資産に担保権が設定されている場合，担保権者は別除権として担保権を実行することができるため，これに対応するために中止命令（民再31条）や担保権消滅請求制度（民再148条以下）が設けられています．しかし，中止命令は，担保権者との交渉の糸口をつかむための一時的過渡的措置にとどまりますし，担保権消滅請求制度を利用するには，目的物価額に相当するまとまった弁済原資が必要となるため，スポンサーがつくなどの特段の事情のない限り，再生手続に入った企業にはそれだけの体力もないのが通例です．このため，別除権者と再生債務者との間で，別除権の目的物評価額を一定期間内に再生債務者が分割弁済し，その間は別除権行使をしないものとし，超過額については再生債権として弁済するなどの合意をすること（民再41条1項9号）が行われています．これを別除権協定といいます．

　別除権協定に基づく弁済は，共益債権（民再119条2号）として位置づけられ，再生債務者の財産をもってする手続外弁済としての適法性が基礎づけられます．計画外弁済であるため再生計画に関する規律は及びません（利息を付したり，10年を超える弁済期間を定めることも可能です）．

2 再生手続との関係性

[1] 再生計画の履行可能性

　別除権協定は，再生手続外での合意であって，再生計画の認可・不認可の問題とは直結しません．しかし，再生債務者の事業継続を前提とする再生手続においては，事業継続にとって不可欠な財産は，将来の事業収益の源泉そのものを構成しますので，これを失うときは，事業再生は直ちに挫折することになります．したがって，別除権協定の成否は，再生計画の履行可能性そのものに影響します．

[2] 別除権の目的物の価額評価のあり方

　別除権協定の締結交渉においては，弁済総額，弁済方法（期間・金額），回

収実効率等が検討され，なかでも担保目的物価額の評価がそれらの基礎となるため，これをめぐり再生債務者と担保権者の利害が先鋭化します．再生手続における財産評定は，手続開始時点における清算価値を把握することを主眼としています（民再124条1項，民再規56条1項［332頁］）．担保権者は別除権を行使をしても換価処分価値を手にするにすぎないため，それよりも有利となる弁済には応諾するインセンティヴが働き，債務者としてもは担保権消滅請求制度を利用するに足りる一括弁済資金を保有していないことから，両者の利害が一致し，別除権協定の締結に至ることが一般的には想定されるわけです．しかしながら，担保権者としては，担保目的物が事業価値を維持して将来収益を獲得するために不可欠の資産であることに着目し，継続企業価値に近い高めの評価を望む傾向があります．再生債務者としても，事業継続のために別除権協定の締結を渇望するあまり損益計画を超える弁済条件に応諾することもなくはないといえます．このようなインセンティヴに基づく別除権協定は，担保目的物の価額を高く評価してしまうため，再生債務者の財務体力を超える弁済を続けるおそれがあり，その場合には事業の継続が困難になることが予測され，別除権協定が単なる債務者の延命措置に変容してしまうおそれがあります．また，目的物評価をあまりに高いものとするときには，本来は財産評定によって不足額となるべき被担保債権の一部が，別除権協定の名の下に実質的には再生債権が再生計画外で弁済されるおそれが生じることにもなります．このような別除権協定は，再生手続の基礎から乖離する問題を孕みますが，そもそも別除権協定は再生手続の枠外での問題であるため，これを法が直接に規律することは困難です．

　担保権実行の回避手段としての担保権消滅請求と別除権協定を再生債務者の保有する価値の配分という観点から対比してみるならば，担保権者に現在の処分価値による満足を与えて担保権の消滅を図るのが担保権消滅請求制度であり，再生債務者の事業継続による将来の収益価値による満足を与えて担保権の拘束を図る（担保権実行の猶予を得る）のが別除権協定であるといえます．このことから，再生債務者としては，担保権消滅請求（清算価値の現時一括払）と別除権協定（清算価値を超える価値の長期分割払）とのそれぞれの価値を比較検討しながら，適正かつ現実的な解決のため，ねばり強い交渉を重ねることが必要になります．

別除権協定の締結時期

　再生計画案は，再生債務者の事業再生に不可欠な資産の保有・利用を前提にした収益予測を基礎に策定されます。それを可能にするのが別除権協定であることからすれば，再生計画案の策定段階では，少なくとも別除権協定締結に至る見込みがなければなりませんし，再生計画認可前には締結に至っているのが本来の姿であろうと思います。もっとも，実務においては，担保権を実行することが必ずしも得策ではないとの判断から，担保権者は直ちに担保権を実行しない場合も少なくありません。このような場合，手続の迅速が図られているために，再生計画案の審議・可決に至るまでの時間的余裕があまりない一方，担保権者が担保割れ部分の再生計画案での回収率等を検討するのに時間を要したり，再生計画の可決・認可を見届けてから，協定締結に入りたいとの希望を有するときは，別除権協定締結前に再生債務者の当該財産保有を前提とする再生計画が認可されてしまうこともあります。このような場合には，再生計画認可後，再生債務者と担保権者との交渉が継続されることになります。

別除権協定例 1

担保権に関する協定書

　株式会社○○銀行（以下「甲」という）と○○株式会社（以下「乙」という）は，乙の東京地方裁判所平成 16 年（再）第○号再生手続開始申立事件（以下「本件再生手続」という）につき，甲乙間の従前の法律関係を変更することについて，本日，次のとおり合意した。

第 1 条（協定書の趣旨）
　甲と乙は，本件再生手続の開始決定後の日である平成 16 年○月○日現在（以下「本件基準日」という）で，甲が乙に対して有する貸付金債権（以下「本件貸付金」という）に関する別紙担保物件（以下「本件担保物件」という）の処理につき，必要な合意を行う。
第 2 条（担保物件の評価）
　甲と乙は，協議の上，本件基準日現在における本件担保物件の価額について，別紙記載の各記載評価額をもって評価するものとする。
第 3 条（継続使用物件）
　本件担保物件のうち，乙が継続使用のために選別した別紙担保物件のうち番号 1 及び 2

の物件（以下「継続使用物件」という）については，乙が本協定書記載の義務を履行しない場合を除き，甲は乙による継続使用物件の使用継続について異議を述べず，担保権実行をしない．

第4条（別除権の弁済）

乙は，甲に対して，継続使用物件について，第2条によって評価された継続使用物件についての評価額（以下「評価額」という）を，乙についての認可決定の確定した日から1年を経過した日の属する年の末日を第1回支払日とし，以下，同一の応答日にて，翌年，翌々年，翌々々年の各末日限り，4年間にわたって，均等に分割して，甲指定の口座に送金して支払う．

第5条（完済した場合の担保解除）

乙が第4条記載の条件に従って，同条記載の金額を完済した場合，甲は，継続使用物件についての担保権の設定を解除する．

第6条（担保物件の任意売却）

本件担保物件のうち番号3及び4の物件については，これを任意に売却するものとし，その売却代金を本件貸付金の一部に充当することとする．この場合，乙が当該物件を任意売却するに当たっては，第2条によって評価された担保物件の価格又はそれを上回る価格で売却できるよう可能な限り配慮しなければならない．

甲は，当該売却によって得られた金額の支払いを受けるのと引換に当該担保物件の担保登記登録等を解除する．

第7条（担保物件の売却の追加）

甲と乙は，本協定書締結後，継続使用物件のうち継続使用の必要性が消滅した物件については，協議の上，これを任意に売却することを決定することができる．

第8条（別除権評価を下回る価格で物件を売却した場合の処理）

本件担保物件を任意売却した結果，第2条の評価額の合計を下回る価格でしか売却できなかった場合，その下回つた差額金額については，再生計画上の一般債権の条件に従って，返済するものとする．

第9条（別除権評価を上回る価格で物件を売却した場合の処理）

本件担保物件を任意売却した結果，第2条の評価額の合計を上回る価格で売却できた場合，その上回った差額金額については，乙はこれを甲に支払う．

第10条（再生計画案についての同意）

甲は，本件再生手続の債権者集会において，再生計画案に賛成する．

第11条（再生債権の額）

本協定書は，甲が乙の本件再生手続の債権者集会において行使する再生債権の額につい

て，取り決めることを目的とするものではない．
第12条（営業活動の支援）
　甲は，乙の再建及びその営業活動を支援し，本件再生手続の進行に協力するものとする．
第13条（停止条件）
　本協定書は，監督委員の同意（再生裁判所の許可）を条件として効力を生じる．
　　　　平成16年○月○日
　　　　　　　　　　甲
　　　　　　　　　　乙
（注）本協定は合意により別除権行使を制限するものである．

（参考：園尾隆司・須藤英章監修　民事再生法書式集・第3版（信山社・2004年）359頁）

別除権協定例2

協　定　書

　別除権者株式会社○○銀行（以下「甲」という）と再生債務者株式会社○○（以下「乙」という）とは，乙の東京地方裁判所平成16年（再）第○号再生手続開始申立事件（以下「本事件」という）につき，以下のとおり協定を取り交わす．

第1条（債権債務の確認）
　甲と乙は，甲の乙に対する債権が，下記のとおりであることを相互に確認する．
　　　　　　　　　　　　記
(1) 平成○年○月○日付金銭消費貸借契約書に基づく債権
　　　貸付金元金　　　金○○，○○○，○○○円
　　　利　　息　　　　金○○，○○○円
　　　遅延損害金　　　金○○○，○○○円
　　　開始決定以後の損害金　　　額未定
(2) 平成○年○○月○日付金銭消費貸借契約書に基づく債権
　　　貸付金元金　　　金○○，○○○，○○○円
　　　利　　息　　　　金○○，○○○円

　　　　遅延損害金　　　　　金〇〇〇，〇〇〇円
　　　　開始決定以後の損害金　　　　額未定
第2条（不動産担保の確認）
　甲と乙とは，第1条に定める債権について，別紙物件目録記載の不動産に別紙別除権目録記載のとおり，担保権が設定・登記されていることを相互に確認する．
第3条（別除権及び不足額の確認）
　甲と乙は，別紙物件目録記載の不動産の時価評価額が，金〇〇〇，〇〇〇，〇〇〇円であり，別紙別除権及び不足額一覧表のとおり，甲の別除権の価額が金〇〇，〇〇〇，〇〇〇円，同不足額が金〇〇，〇〇〇，〇〇〇円であることを相互に確認する．（注1）
第4条（別除権の変更登記）
　甲は，別紙物件目録記載の不動産について，下記のとおり変更登記を行うものとする．但し，登記費用は乙の負担とする．
　　　　　　　　　　　　　　　　記
　極度額を金〇〇，〇〇〇，〇〇〇円から，金〇〇，〇〇〇，〇〇〇円に減額する．
第5条（弁済の合意）
　甲は，下記のとおりの債権の弁済に関する乙の提案を受け，同提案を受諾する．
　　　　　　　　　　　　　　　　記
　第1順位担保権者（丙）①　被担保債権金〇〇，〇〇〇，〇〇〇円の〇〇パーセントを〇
　　　　　　　　　　　　　　年分割で年〇　〇〇，〇〇〇円．
　　　　　　　　　　　　②　①の残債権の支払については，〇年後に甲乙協議するもの
　　　　　　　　　　　　　　とする．
　第2順位担保権者（甲）①　被担保債権のうち，別除権額である金〇〇，〇〇〇，〇〇〇
　　　　　　　　　　　　　　円の〇〇パーセントを〇年分割で年〇〇〇，〇〇〇円
　　　　　　　　　　　　②　①の残債権の支払については，〇年後に甲乙協議するもの
　　　　　　　　　　　　　　とする．
　　　　　　　　　　　　③　被担保債権のうち，別除権不足額金〇〇，〇〇〇，〇〇〇円
　　　　　　　　　　　　　　については，再生債権として，再生計画により弁済する．
　第3順位以下の担保権　①　被担保債権全額を再生債権として，再生計画により弁済する．
　者（丁，戊）
第6条（担保権の抹消）
　1　甲と乙は，第5条の支払により，甲が別除権額の全額の弁済及び再生計画に従った弁済を受けたときは，担保権が消滅することを確認する．（注2）
　2　前項の場合，甲は，直ちに担保権の抹消登記手続をしなければならない．但し，その

費用は乙の負担とする.
第7条（担保権不行使）
　甲は，第5条に定める弁済の合意に従った支払が行われることを条件として，第4条により変更登記を経た別除権を行使しない.
第8条（解除条件）
　甲と乙は，本協定書を，本事件につき再生計画認可決定の効力が生じないことが確定すること，再生計画不認可決定が確定すること，または再生手続廃止決定がなされることを解除条件として締結する.
第9条（停止条件）
　本協定書は，監督委員の同意（再生裁判所の許可）を条件として，効力を生じる.

　　　　平成16年〇月〇日
　　　　　　　　甲
　　　　　　　　乙

（注1）　別除権者は，別除権予定不足額について，再生債権者として議決権を行使できるが（法88条），予定不足額が確定しない間は，再生計画による弁済を受けることはできない（法182条）．この条項は，その予定不足額を協定により確定するものである．

（注2）　再生債務者が別除権目的物を協定に従った弁済によって別除権者から受け戻す条項であるが，受戻しには監督委員の同意か裁判所の許可が必要となる（法54条2項，41条1項9号）．また，この条項は，別除権者の再生債務者に対する全ての債権が別除権により担保されているという解釈を前提としている．

（参考：園尾隆司・須藤英章監修　民事再生法書式集・第3版（信山社・2004年）361頁）

CHAPTER 15　相殺権

1―相殺の意義と機能

1　民法上の相殺

[1]　意義

　相殺とは，相互に同種の債務を負担する者が，対立する債権債務を対当額にて消滅させる意思表示をいいます（民505条1項本文）．相殺をする者が相手方に対して有する債権を自働債権といい，相殺される者が相殺を主張する者に対して有する債権を受働債権といいます．民法上の相殺は，債権の消滅原因の1つとして規定され，債務の履行を免れるための制度として位置づけられている一方，その担保的機能の重視により，相殺の権利性が承認されるに至っています．

[2]　機能

　相殺は，簡易決済機能，公平確保機能及び担保的機能を有するとされます．

(1)　簡易決済機能

　対立する債権債務を有する当事者間において，意思表示のみで簡易に決済・回収できるならば，各々別々に請求・履行することに要する労力，費用及び時間のコストを省力化できます．債権債務の消滅原因としての側面に基礎を置く理解といえます．

(2)　公平確保機能

　対立する債権債務を別々に請求・履行しなければならないとすれば，一方当事者の資力が危機に瀕したときは，他方当事者は債権回収ができないとの不公平が生じます．相殺による決済処理が可能となれば，履行を免れさせることによって，この間の公平を保持することができると説明されます．

(3) 担保的機能

相殺は，自己の債務を消滅させると同時に相手方に対する債権を回収することを意味するため，自己の債権の担保として相手方に対し債務を負っているとみることができます．これは，相手方の資力が低下して自己の債権が回収困難となった場合に備えて自働債権に担保権の設定を受けたのと同様であるとみられます．これによって，事実上独占的かつ優先的に回収することができるわけです．この担保的機能を重視することは，相殺を権利として把握する理解に連なります（債務者の経済的破綻により，実価の低下した債権を失う代わりに自らの債務を100％履行しなければならない状況を離脱する意義があります）．

2 破産法・民再法上の相殺

[1] 破産法上の相殺

相殺の担保的機能に対する期待は，自働債権の債務者について破産手続が開始されたときにこそ保護されなければなりません．仮に相殺を認めないとするならば，債権者は自らの債務を全額履行しなければならない地位に立たされ，他方では，割合的満足が図られるにすぎない破産配当に甘んずるほかないこととなり，公平を害します．また，破産手続は事業の解体清算を目的とする以上，債権債務関係を簡易に決済するために相殺処理を認めるのが手続の迅速化に資するわけです．そこで，破産法は，破産債権を自働債権とし，破産債権者が破産手続開始の時において破産者に対して負担する債務を受働債権とする相殺については，破産債権の手続外行使禁止原則（破産100条1項）の例外としてこれを許容しています（同67条1項）．破産債権者が債権回収のために行使する相殺について，別除権類似の地位を認めるもので，破産債権者の権利として位置づけて，相殺権と称しています．このように破産法における相殺に対する処遇の基本は，その実体法上の機能を尊重し，権能として保障するところにあります．

[2] 民再法上の相殺

再生手続において，相殺権としてその行使が保障されるのは，再生債権を自働債権とし，再生債務者に対し負担する債務を受働債権とする相殺であることは（民再92条），破産手続におけるところと同様です．

もっとも，破産と再生の手続目的の相違等に基づき，破産手続に比して，

相殺権の要件とその行使については，やや制限的です（そもそも再生債権の範囲は限定的です［123頁参照］）．

そこで，破産手続における相殺権の検討を基本とし，再生手続における独自性を検討します．

2―相殺権の拡張

1 破産手続における相殺権の拡張

[1] 相殺適状要件の緩和

民法上の相殺は，対立する債権債務を簡易に決済処理させて債務を免れる制度として位置づけられているため，同種の債権債務について相殺適状にあることが必要とされています（民505条1項参照）．これに対し，破産手続では，すべての債権が等質化（120頁）されることとの関係を考慮して，民法の原則を拡張しています．同種の債権債務であることを要せず，弁済期が到来していることも必要ではありません．破産法67条1項が規定する要件は，「破産手続開始の時において破産者に対して債務を負担するとき」とあるのみです．

[2] 自働債権―破産債権

破産債権者の有する債権が破産手続開始の時において，期限付もしくは解除条件付であるとき，又は非金銭債権等であっても相殺に供することができます（破産67条2項前段）．

(1) 期限付債権・非金銭債権―等質化との関係

破産手続開始時に期限未到来の債権であっても現在化（破産103条3項）によって期限が到来したものとみなされ，非金銭債権も金銭化（同条2項）によって相殺に供することができ，民法上の相殺が拡張されていると解されています（もっとも，民法上，破産手続開始によって期限の利益は失われ［民137条1号］，非金銭債権も履行不能に基づく損害賠償請求権に転化するとみて，これらは拡張ではないと解する見解もあります）．期限未到来債権の自働債権の額には制限があり，利息付債権については，元本及び破産手続開始日前日までの利息が自働債権とされ，破産手続開始後に生じた利息は自働債権額に

含まれません．無利息債権や定期金債権についても，劣後的破産債権とされる部分（破産99条1項2号～4号）を控除した額とされています（同68条2項）．

(2) 解除条件付債権

解除条件付債権も既に債権として発生していますので，これを自働債権として相殺に供することができます．ただし，破産手続中に解除条件が成就して消滅する可能性があり，この場合には破産財団への支払を確保する必要があるため，破産債権者は担保提供又は寄託をしなければなりません（同69条）．最後配当の除斥期間内に解除条件が成就しなかったときは，担保は失効し，寄託金は債権者に支払われます（同201条3項）．条件が成就したときは，配当財団に組み入れられます．

(3) 停止条件付債権，将来の請求権

破産法67条2項前段は，停止条件付債権や将来の請求権については言及していません．これらについては，現実化していないので，これを自働債権とする相殺をすることはできません．しかし，条件成就又は現実に発生したときの利益を保護するため，債権者が破産者に対する債務を弁済する場合には，その債権額の限度において弁済額の寄託を請求することができます（破産70条前段）．最後配当の除斥期間内に停止条件が成就せず，又は将来の請求権が現実化しなかったときは，寄託額が配当財団に組み入れられます（同201条2項）．条件が成就したり，将来の請求権が現実に発生したときは，相殺権の行使として寄託額を取り戻すことができます．民法上の相殺との相違が顕著な規律です．

破産法70条後段は，賃借人が賃貸人たる破産者に敷金を差し入れている場合における敷金返還請求権と破産者に対する賃料債務の弁済についても「同様とする」と規定しています．敷金返還請求権と未払賃料等の清算は当然充当によってされるのであって，厳密には相殺ではありません．しかし，その基礎に存在する賃借人の期待保護と賃料支払のインセンティヴ確保のため，同様の処理を認めるものです（186頁参照）．

前述（187頁）したとおり，破産法70条は，民法上は許容されない相殺を破産手続において現出させるために複雑なメカニズムを構想する規律なのですが，民法上許されない相殺の利益を破産手続において与える合理性は何か，賃料支払のインセ

ンティヴ確保のために，一般債権者の利益を犠牲にして敷金返還請求権を保護すべき要請が果たして存在するのかについて，あらためて検討しなければならないのではないかと思います．

[3]　受働債権―破産債権者の債務

　破産債権者の負担する債務が破産手続開始の時において，期限付もしくは条件付であるとき，又は将来の請求権に関するものであるときも相殺することができます（破産 67 条 2 項後段）．

　受働債権は金銭化されませんので，自働債権と同種の目的を有することが必要です．受働債権が期限付債権であるときは，破産債権者は期限の利益を放棄することにより相殺することができます．解除条件付債権であるときは，条件が成就したときには履行せずに済む利益を放棄して解除することができます．

　破産手続開始時において，債務発生の基礎は存在するものの未だ具体的には発生していない停止条件付債権や将来の請求権の場合はどうでしょうか．停止条件付債権の場合，停止条件付債務が成立した契約時ではなく，条件成就時に債務が発生するとみるのが伝統的理解です．これによれば，停止条件付債権について，破産手続開始後に条件が成就したときは，破産法 71 条 1 項 1 号によって禁止されるべきところ，特に破産法 67 条 2 項後段を設けて相殺を許容していると理解することになります．また，将来の請求権を受働債権とする相殺についても，民法上は許容されていないことを前提に，破産法が相殺を拡張していると理解されます（中田 130 頁，山木戸 167 頁，谷口 235 頁）．このような理解によれば，同旨の規定を持たない民再法への準用の可否が問題となります（248 頁参照）．これに対し，停止条件不成就の利益を放棄し，あるいは将来の請求権の不発生の利益を放棄して相殺することは民法上妨げられないと解するときは，同項後段は，破産法が特に相殺を拡張したものではなく，確認規定として理解します（概説 249 頁［沖野眞已］）．

2　再生手続における相殺権の処遇

[1]　破産手続・民法上の原則との関係

　破産手続における相殺権の拡張は，清算目的との関係における破産債権の

金銭化・現在化を基礎とする側面があるのに対し，再生手続では，再生債権は，原則として金銭化・現在化されません（議決権額決定のための手続的な限度での金銭化にとどまります［民再 87 条 1 項，会更 136 条］）．再生債権者が相殺権を行使するには，再生手続開始当時，再生債務者に対して債務を負担し，自働債権及び受働債権の双方が債権届出期間の満了前に相殺適状になることが必要です（民再 92 条 1 項前段）．相殺適状の判断にあっては，民法の原則との関係を考慮しなければなりません．

[2] 自働債権―再生債権
(1) 相殺適状

債権の金銭化の規定が存在しない再生手続においては，自働債権は受働債権と同種の債権であることが必要です（民 505 条 1 項本文）．現在化もされないので，自働債権について債権届出期間満了前に弁済期が到来している必要があります．

(2) 解除条件付債権

解除条件付債権は，既に発生している債権ですから相殺に供することができます．破産手続においては，先述のとおり，解除条件の成就に係る破産財団の利益と手続の早期終結を考慮して担保提供又は寄託の手当（破産 69 条）がなされているのに対し，再生手続においては，相殺後に解除条件が成就した場合には，再生債務者が受働債権とされた債務の履行を請求すれば足りるので，破産手続のような手当を必要としません．

(3) 停止条件付債権

停止条件付債権を自働債権とする場合には，債権届出期間満了時までに条件が成就しなければ相殺適状にならないので相殺をすることはできません．後日の相殺期待を保護するための寄託の手当（破産 70 条）は存在しません．

[3] 受働債権―再生債権者の債務

再生手続における相殺の受働債権は，自働債権について述べたところと同様，自働債権と同種の債権であることが必要であり，債権届出期間満了前に弁済期が到来することが必要です（民 505 条 1 項本文）．

受働債権に期限が付されているときは，再生債権者は期限の利益を放棄して相殺をすることが可能です（民再 92 条 1 項後段）．受働債権に条件が付されている場合の相殺の可否については，破産法 67 条 2 項後段に相当する規定

が存在しないため，明らかではありません．相殺を広く認めるときには再建の障害になるとみて，規定の不在に照らして否定に解する見解（伊藤693頁，加藤224頁）と，破産法67条2項後段は破産法特有の規律ではないとの理解から，民法上の原則に基づき，条件に関する利益の放棄も可能であって，相殺の合理的期待の有無には変わりはないとして債権届出期間満了までに相殺適状に達したときは肯定すべきとする見解（概説249頁・264頁［沖野眞已］，松下113頁，新注釈上504頁［中西正］）があります．

3――相殺権の制限

1 相殺禁止の制度設計

　相殺に担保的機能が認められる以上，相殺への期待は債務者の経済的危機にこそ保護されるべきといえます．他方，相殺権行使は債権者に対し独占的かつ優先的地位を認めるに等しいため，それが濫用されるときは，比例的平等的満足にとどまらざるを得ない破産手続では債権者間の平等・公平を害する態様において配当原資が失われることを意味しますし，再生手続においても再建の基盤となるキャッシュフローを失わせることを意味します．相殺権をどこまで保障するか，どのような相殺を制限すべきかは，相殺の趣旨・機能と倒産法の手続目的との調整に係る政策問題です．債権債務の対立状態が破産債権者間の平等・公平を害すると評価される時期及び態様において作出された場合には，これを制限することが合理的な措置であると考えられ，他方では，その要件設定に際しては，信用取引に対して萎縮的効果を与えない程度に明確かつ客観的であることが要請されます．

　破産法は，受働債権の負担（破産71条）と自働債権の取得（同72条）に分けた上，手続開始時と危機時期（支払不能，支払停止，手続開始申立て）を基準時として設定しています．基本的内容は，民再法とも共通ですので（民再93条，93条の2），以下，破産法の相殺禁止規定について検討します．

破産債権者の債務負担による相殺禁止（破産71条）

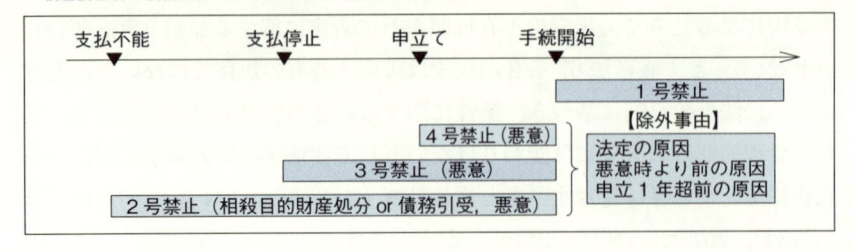

```
支払不能    支払停止    申立て    手続開始
  ▼          ▼         ▼         ▼──────────────▶
                                  ┌──────────────┐
                                  │  1号禁止     │
                                  └──────────────┘
                      ┌──────────────────┐ ┌──────────────┐
                      │ 4号禁止（悪意）  │ │【除外事由】  │
                      └──────────────────┘ │法定の原因    │
              ┌──────────────────────────┐ │悪意時より前の原因│
              │    3号禁止（悪意）       │ │申立1年超前の原因│
              └──────────────────────────┘ └──────────────┘
  ┌──────────────────────────────────────┐
  │ 2号禁止（相殺目的財産処分 or 債務引受，悪意）│
  └──────────────────────────────────────┘
```

債権者の破産債権取得による相殺禁止（破産72条）

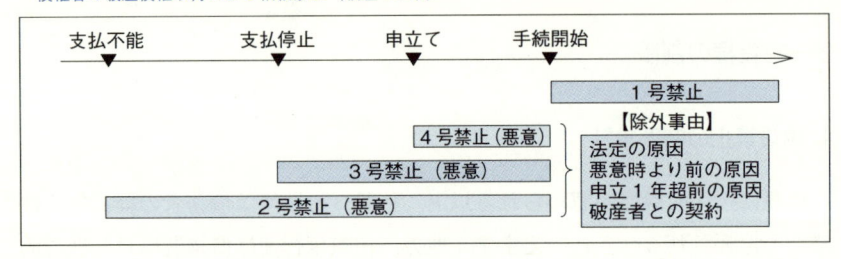

```
支払不能    支払停止    申立て    手続開始
  ▼          ▼         ▼         ▼──────────────▶
                                  ┌──────────────┐
                                  │  1号禁止     │
                                  └──────────────┘
                      ┌──────────────────┐ ┌──────────────┐
                      │ 4号禁止（悪意）  │ │【除外事由】  │
                      └──────────────────┘ │法定の原因    │
              ┌──────────────────────────┐ │悪意時より前の原因│
              │    3号禁止（悪意）       │ │申立1年超前の原因│
              └──────────────────────────┘ │破産者との契約│
  ┌──────────────────────────────────┐     └──────────────┘
  │       2号禁止（悪意）            │
  └──────────────────────────────────┘
```

2 破産債権者の債務負担による相殺の禁止
─受働債権取得時期（破産法71条1項）

　破産債権者が債権者間の平等・公平確保が要請される時期に至り，破産者に対して債務を負担する態様において債権債務の対立状況を作出した場合には，以下のとおり相殺が禁止されます．

[1] 破産債権者が破産手続開始後に破産財団に対して債務を負担したとき（1号）

　相殺権は破産手続開始時に存在する債権債務の決済に対する合理的期待を保護する趣旨ですから，手続開始後の債務負担については，かかる期待は存在しないと考えられます．破産手続開始後に破産財団に対して負担する債務は財団の利益のために現実に履行される必要があります．

　破産手続開始前に成立した停止条件付債務について破産手続開始後に条件が成就した場合，破産法67条2項後段によって相殺が可能なのか，破産手続開始後の債務負担として破産法71条1項1号によって相殺が禁止されるのかが問題となります．判例（最判平17.1.17民集59-1-1）は，破産手続開始時

に期限付である場合には，期限の利益を放棄したときだけでなく，開始後に期限が到来したときにも相殺することができ，停止条件付である場合には停止条件不成就の利益を放棄したときだけでなく，手続開始後に停止条件が成就したときにも相殺することができ，さしあたり自働債権について破産債権の届出をし，期限到来が停止条件成就を待って相殺することができるとしています．学説上は，破産法上の相殺権行使には時期的制限がなく，条件成就を待つことはできるとして判例と同様に解する多数説（中田131頁，山木戸167頁，加藤224頁，中島Ⅰ399頁）と，停止条件付債務を負担している破産債権者の相殺期待は類型的に低い以上，条件成就の利益を放棄して相殺することは許されるとしても，破産手続開始後に条件が成就して，破産債権者にのみ有利になった段階では，本号によって禁止されるとの反対説（谷口242頁，基本法158頁［山本克己］）があります．

相殺の合理的期待

破産法67条2項後段は，相殺の合理的期待を保護する趣旨であるとし，相殺期待の合理性の有無が同項後段の適用の有無を分けると考える見解もあります．停止条件成就の時期からみて，同71条1項1号禁止に該当する場合であっても，相殺の期待が合理的なものとして同67条2項後段の保護が及ぶときはその保護が優先し，相殺の期待が脆弱であって合理的とはいえない場合には同項後段の保護は及ばず，同71条1項1号禁止が及ぶとします（概説253頁［沖野眞已］）．相殺の合理的期待を指導原理とし，弾力的な調整を図る見解です（新注釈上496頁以下［中西正］参照）．

[2] 支払不能となった後に契約によって負担する債務を専ら破産債権をもってする相殺に供する目的で破産者の財産の処分を内容とする契約を破産者との間で締結し，又は破産者に対して債務を負担する者の債務を引き受けることを内容とする契約を締結することにより破産者に対して債務を負担した場合であって，当該契約の締結の当時，支払不能であることを知っていたとき（2号）

(1) 破産者との取引による新たな債務負担による相殺（前段）

破産債権者が破産者との取引によって新たな債務を負担して相殺をする場合としては，債権者が破産者の財産を買い受け，それによって負担した売買

代金債務と破産債権とを相殺する場合が典型例として挙げられます．それが債務者の経済的破綻である支払不能後に行われた場合，既に実質的価値が低下した債権について代物弁済がされたのと同視されるため，支払不能後の代物弁済等が否認対象として捕捉されること（破産162条1項）とのバランスを確保する必要が生じます．また，受働債権として行使される債務を新たに債権者に負担させるのは実質的には新たな担保設定ともみられます．支払不能が破産手続開始原因とされている趣旨に照らし，支払不能後の偏頗行為は債権者の平等・公平を害するものと考えられます．

ところが，破産者の財産処分を内容とする契約には預金口座への振込など継続的反復的に行われているものも含まれるため，客観的に明確な要件設定がされない限り，取引に対する萎縮的効果を生じさせ，かえって債務者の経済的破綻を早める弊害も考えられます．

そこで法は，債権者平等原則が現実化する基準時点となるのは支払不能であることを基点としながら，それが必ずしも外部的表示を伴わないことを考慮して，破産債権者が専ら相殺に供する目的で破産者の財産の処分を内容とする契約を締結した場合であって，破産債権者が破産者の支払不能を知っていたときに限定して，相殺を禁止しています．この場合，破産管財人において，破産債権者を被告として受働債権とされた債権の履行を求める訴訟を提起して，本号の要件該当事実を主張立証することになります．「専ら相殺に供する目的」の主張立証の具体的内容としては，債権者の業種，契約時期及び相殺との時間的接着性，破産者の財産処分及び債権者の財産取得の経済的合理性の有無等が重要になると考えられます．支払不能の認識については，破産者と破産債権者との関係，取引経過等から破産債権者が破産者の資金繰りや財産状況についてどの程度の認識を有していたかを検討します．

支払不能概念をめぐる緊張関係

債権者間の公平・平等の確保に制度の基礎をおく場合，支払停止という外部的な表示行為がなくても支払不能であると認められる場合には，債務者の財産管理処分権に介入することが正当化されると考えられます．これに対しては，外部的表示がないからこそ資金調達の円滑化・取引の自由度確保の要請もまた重要であって，可視性の乏しい要因に取引行為の効力を左右する重大な効果を結びつけるべきではな

いとの考慮も政策バランスとして重要です．取引の相手方の悪意を要件とすることによって調整を図るのは，かかる考慮に基づくものといえます．

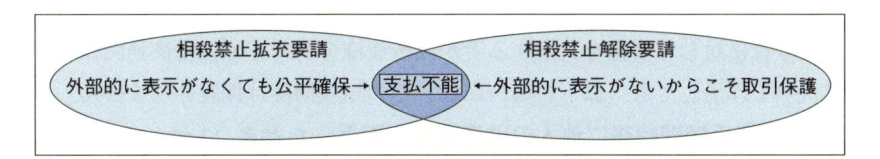

```
   相殺禁止拡充要請              相殺禁止解除要請
外部的に表示がなくても公平確保→ 支払不能 ←外部的に表示がないからこそ取引保護
```

(2) 他人の破産者に対する債務を引き受けてする相殺（後段）

これは旧法において疑義があったために明文が設けられたものです．前段に比して適用対象に限定がないのは，取引に対する萎縮的効果・破産者の資金調達への支障が生じることはないためです．破産者に対して債務を負担している者が他人の債権を取得して相殺可能状態を作出した場合に相殺が禁止されること（破産72条1項2号）と表裏の関係にあります．

[3] 支払停止後にそれを知って破産者に対して債務を負担した場合（3号）

債務者が経済的破綻状態に陥った後に，それを知りつつ負担した債務を受働債権とする相殺が債権者間の公平を害する行為であることは，上記[2] (1)で述べたところです．そこでは，外部認識性の低い状態でありながらも，理論的には支払不能が債権者の平等・公平確保の要請が作動する基準として選択されて1号禁止を支払不能まで遡らせて2号禁止が設けられているわけです．本号では支払停止という債務者の外部的行為によって債務者の経済的破綻が表面化した時期を基準時点としています．債務者の経済的破綻の外部的表示によって債権の実価が下落することを考慮したもので，1号禁止を支払停止まで遡らせたものといえます．

[4] 破産手続開始申立後にそれを知って破産者に対して債務を負担した場合（4号）

3号禁止の危機時期を破産手続開始申立後という手続的に明確な指標で定めたもので，実体的には支払停止が支払不能を推定させることに対応して，破産手続開始申立てによって手続開始に接続する蓋然性の高さを考慮するものといえます．

3 破産者の債務者の破産債権取得による相殺の禁止
―自働債権取得時期（破産法72条1項）

破産者に対して債務を負担する者が破産債権を取得して債権債務関係の対立状態を作出しても，以下の場合には，その相殺期待は保護されません．

[1] 破産手続開始後に他人の破産債権を取得したとき（1号）

破産手続開始によって実質価値が下落した破産債権を破産者の債務者が額面未満の廉価にて取得して，これを自働債権とする相殺を認めるならば，破産者の債務者は債務を有利に免れ，その結果，破産財団の充実が損なわれます．これは他の破産債権者の犠牲の下に破産者の債務者を利する点で不当と評価されます．破産法71条1項1号と同様，破産手続開始時点における債権債務を基準とする趣旨です．

弁済による代位と相殺禁止

他人の債務について破産手続開始後に弁済した第三者は，弁済による代位制度（民499条，500条）によって，破産債権たる原債権と破産手続開始後に現実に発生した求償権を取得します（128頁参照）．委託を受けた保証人が債権者に弁済したときは，保証契約締結時に将来の請求権としての事前求償権を取得します．これは自己の固有の地位に基づく債権であり，これを自働債権とする相殺は本号による禁止の対象ではありません．問題は事後求償権ですが，これが先鋭化するのは委託を受けない保証人が弁済した場合です．保証人の立場からみると，主たる債務者は知らないとはいえ，保証人による信用の補完を得て利益を得ていることとの見合いにおいて，相殺可能とする法律構成の合理性が説明されます．これに対し，他の破産債権者の立場からみると，主たる債務者の関与のないままに創出される保証人の相殺期待は定型的に合理性が乏しいとみられます．このように解するときは，破産法67条2項前段も停止条件付債権ないし将来の請求権について言及していないことを踏まえて，72条1項1号の準用ないし類推適用によって禁止されると解することになると思われます．

[2] 支払不能後にそれを知って破産債権を取得したとき（2号）

1号禁止を債権者平等原則が発動されるべき支払不能に遡らせて破産財団の財産が失われるのを防止する趣旨です．破産債権者の債務負担に関する破

産法71条1項2号に対応する規定ですが，支払不能後にそれを知りながら破産債権を取得することにはそもそも経済的合理性は認め難いため，同号と本号では要件設定が異なります（251頁参照）．

[3]　支払停止後にそれを知って破産債権を取得したとき（3号）

2号の趣旨について，危機時期を外部的発現としての支払停止とするものです．破産法71条1項3号に対応します．

[4]　破産手続開始申立後にそれを知って破産債権を取得したとき（4号）

同様に，危機時期を破産手続開始申立時とするもので，破産法71条1項4号に対応します．

4　相殺禁止の除外事由（破産法71条2項，72条2項）

破産手続開始前における取引活動に対して相殺禁止を拡張する1項2号ないし4号については，それぞれ2項において除外事由を定めています．他の破産債権者との公平を害さない類型を規定するものです（71条と72条は，規定形式とその趣旨において共通しますので，条文の引用は，72条2項4号について検討する場合を除き，号のみで示します）．

[1]　法定の原因に基づく場合（1号）

債権者の意図によらない債権債務の発生という定型性を考慮するもので，合併，相続や不当利得による場合がこれに該当するとされてきました．合併については，一般承継として相続と同様に解する見解（伊藤374頁）と合併は合意によるものであるとして，「法定の原因」該当性に疑問を呈する見解（概説255頁［沖野眞已］，中島Ⅰ407頁，基本法162頁［山本克己］）があります．

　　相殺権の保障は，その担保的機能への合理的期待を保護することにあることを貫徹するならば，法定の原因に基づく偶発的な債権債務の対立状況の発生には相殺の担保的期待保護の要素は乏しいと考えられるため，本号の除外事由としての合理性には立法論的な批判が加えられます．

[2]　危機時期を知った時より前に生じた原因に基づく場合（2号）

1項2号ないし4号が規定する危機時期（支払不能，支払停止及び破産手続開始申立て）を知った時より前に生じた原因によって債権債務の対立が生

じた場合は，危機時期との関連性が希薄であって，原因時に定型的に相殺の期待が生じていると考えられるからです．このような趣旨に照らし，相殺禁止除外としての「原因」は，具体的な相殺期待を生じさせる程度に直接的なものでなければならないと解されています（伊藤374頁，概説255頁［沖野眞已］）．換言すると，将来の発生がほぼ確実に予期されるため，原因発生時にあたかも債権債務の対立が生じたといえる程度であることを要するということです．

債務負担（破産71条2項2号）の例としては，破産者との間で，破産者が債務の履行をしなかったときには破産債権者が占有する破産者の手形を取り立ててその取得金を債務の弁済に充当する旨の条項を含む銀行取引約定を締結し，支払停止又は破産の申立てのあることを知った後に手形を取り立て，破産者に対して負担した取立金引渡債務は「前に生じた原因」に基づき負担したものに当たるとしたものがあります（最判昭63.10.18民集42-8-575）．

債権取得（破産72条2項2号）の例としては，割引手形の買戻請求権が危機時期以後に具体化しても，危機時期より前に締結された手形割引契約を原因として発生する以上,「前に生じた原因」に基づき取得したものであるとする判例があります（最判昭40.11.2民集19-8-1927）．

[3] **破産手続開始の申立てがあった時より1年以上前に生じた原因に基づく場合（3号）**

相殺禁止が発動されるのは，債務者について破産手続が開始されたことによるものですから，相殺が禁止されるかが確定されるまで長期間を要したのでは，債権者の地位は不安定になります．理論的にも，債務負担又は債権取得の原因が生じてから破産手続開始までに相当な時間的離隔が存在する場合は，開始された当該破産手続における債権者平等原則・公平確保の要請との関連性は希薄となり，その相殺期待を保護してもよいと考えられます．そこで，開始された破産手続の申立時から1年以上前に生じた原因に基づく場合には相殺は禁止されないものとしています．破産手続開始の申立てを基準とするのは，開始決定までの審理期間の長短によって相殺禁止の発動が左右されるのでは合理性を欠くと考えられるからです．

[4] 破産者との契約による債権取得に基づく場合（破産法72条2項4号）

　破産者に対して債務を負担する者が破産者と契約を締結するとき，当該契約に基づく破産者に対する債権の回収リスクは，自己の負担する債務を相殺することに織り込むのが通例です．この場合の相殺を禁止してしまうならば，経済的危機に瀕した債務者に商品を売るなどの取引をする者がいなくなり，債務者の経済的再起を阻害するおそれがあることを考慮しています．

4―相殺権の行使

1　破産手続によらない権利行使

　相殺権は，破産手続によらないで行使することができます（破産67条1項）．破産手続における届出・調査を経ることなく，破産管財人に対する意思表示によって破産債権の優先的回収を図ることができます．このため，破産管財人が相殺の効力を争うときは，受働債権たる破産財団帰属債権について給付訴訟を提起することを必要とし，相手方が提出する相殺の抗弁について，自働債権の不存在などの積極否認や相殺禁止規定の適用を求める再抗弁を主張立証することになります．

　破産手続によらない権利行使には，その時期の選択も含意されます．相殺は，実体法上の形成権であって，行使するか否かは権利者の意思に委ねられますし，相殺の担保的機能の観点からみても，換価権の行使時期は権利者の選択に委ねられるのが原則です．破産法は，かかる相殺の実体法上の機能・地位を尊重する態度を明らかにしています．

2　行使時期の制約

　もっとも，相殺権行使の有無によって，破産管財人又は再生債務者は積極財産としての債権の回収見込，消極財産としての債務総額がいくらになるのかが左右されますし，時期的制約がないとすれば，これらがいつまでも確定しないことになってしまう不都合が生じます．

[1] **再生手続における期間制限**

再生債務者が有する債権の額，内容及び回収見込みは，事業計画及び資金繰計画の基礎となりますし，再生債権の総額が確定しなければ再生計画案の作成にも支障が生じます．このため，民再法では，債権届出期間内に限り，相殺をすることができると規定しています（民再92条）．

[2] **破産手続における確答催告**

破産法は事業の解体清算を目的とするので，上記再生手続とは事情を異にしますが，相殺権行使が不確定であるときは，配当財団の形成及び配当率算定などの管財業務に支障を来すことになります．そこで，円滑な手続進行を図るため，破産管財人は，弁済期にある破産債権者の債務につき，1月以上の熟慮期間を定めて相殺するかどうかを確答すべき旨を催告することができるものとし，期間内に確答がないときには，破産手続との関係においては，相殺の効力を主張することができないとされています（破産73条）．破産債権者が有する相殺権を失権させて破産手続に取り込み，破産管財人は財団所属債権について履行を求めることになります．

3 破産管財人からの相殺

相殺権は，破産債権者が破産管財人に対して相殺の意思表示をする場合を想定して規律を設けています．これに対し，破産管財人から相殺することが許されるかが旧法において議論がありました．破産管財人が任意弁済するのと同視されるとして債権者平等原則違反を理由とする否定説と，破産財団所属債権の実価が破産債権より低下している場合には債権者平等原則に反しないし，むしろ相殺を認めた方が管財業務の円滑に資するとする肯定説がありました．現行破産法は，破産管財人は，破産債権者の一般の利益に適合するときは，裁判所の許可を得て相殺することができるとしています（破産102条）．破産債権者の一般の利益に適合することの判断に際しては，肯定説の問題認識を踏まえて，破産債権者にも破産手続が開始されたときに，それぞれの手続での予想配当率，手続終結時期の見込み等を勘案して相殺を検討すべきことになります．

4 再生債務者からの相殺

　破産法 102 条が設けられたことと平仄を合わせて，再生債務者からの相殺を許容しています（民再 85 条の 2）．再生債権者の経済状態が著しく悪化してその債権の価値が下落し，再生計画で弁済するよりも相殺した方が有利な場合には，再生債権者の一般の利益に適合すると解することができます．

CHAPTER 16 否認権

1 ― 意義と類型

1 意義

　否認権とは，破産・再生手続開始前に行われた財産減少行為又は債権者平等の潜脱行為について，当該手続との関係でその行為の効力を否定して逸出した財産を回復させ，又は偏頗弁済を受けた債権者をあらためて手続に取り込む破産・再生法上の制度をいいます．破産又は再生手続開始前での債務者は，当座の資金繰りのために財産を著しく廉価で処分したり，強硬な一部の債権者だけに弁済や担保提供をして追及を免れようとすることがあります．このような行為は手続開始前のものではあるものの，その後に手続が開始されたときには，債権者への弁済原資となる責任財産を不当に流出させ，債権者間に平等な配当・弁済を実現するという法の目的に反するものとして，破産・再生手続との関係において，その効力を否定して財産の回復を図る必要があります．

　否認権の規律の趣旨・内容は，破産法上の否認権（破産160条～176条）と民再法上の否認権（民再127条～141条）とでは共通しています．規律内容については，破産法の規律をとりあげて検討します．

　否認権の行使については，破産法上の否認権は第三者機関である破産管財人が行使するのに対し，民再法上の否認権においては，手続機関の選択の幅，財産管理処分権の帰属等に関係して，独自の規律が設けられています．そこで，行使については，破産法上の否認権を基本に，民再法上の否認権の問題を加えて検討します．

2 否認権類型の把握

[1] 基本類型—詐害行為否認と偏頗行為否認

　旧法における否認権の類型は，故意否認，危機否認及び無償否認とに区別されていました（意義につき後述）．しかし，客観的行為類型と行為者の主観的態様とが交錯する要件設定であったことなどから解釈上の疑義が生じていたとされ，現行法は，行為態様，否認の目的・効果の相違を考慮して，詐害行為と偏頗行為という対象行為の相違を基礎に，時期的区分を考慮して主観的要件を書き分けて否認の類型を整序しています．

（1） 詐害行為否認

　詐害行為とは，債務者の責任財産を絶対的に減少させる行為をいいます．その実質からみて，破産者の責任財産から逸出させる効果をもたらす行為である限り，私法上の行為と裁判上の行為とを問いません．事後に開始される破産手続との関係においてその効力を否定し，逸出した責任財産の回復を図る手段として詐害行為否認の規定が機能します（破産160条1項・2項）．また，無償行為否認（同160条3項）は，破産者の無償行為は破産財団の減少のみが結果として現れ，有害性が強いことから認められ，詐害行為否認の特殊類型として位置づけられます．

詐害性の基礎と要件設定の視座

　行為の詐害性は共同担保の毀損によって基礎づけられます．すなわち，バランスシートが債務超過にありながら，更に財産を減少させて債権者に対する弁済額を低減させ，あるいは債務超過幅を拡大させてバランスシートを悪化させることに詐害性の基礎があるとみられます．そして，このような詐害行為について否認権の成立を認めるにつき，行為者，特に受益者の主観面を考慮するのは，平時に行われる取引活動の効力を事後的に覆滅させる効果をもたらすため，取引の安全に対する配慮が不可欠であるからです．このような観点から，詐害行為否認の要件が設定されています．

故意否認と危機否認

　否認類型について，故意否認と危機否認が区別されます．故意否認は，債務者の詐害意思に効力否認の基礎を求め，危機否認は，債務者の財産状況の悪化という危

機的時期における行為であることに効力否認の基礎があるとされます．旧法はかかる類型的把握によっていました．現行法でいえば，破産法160条1項1号の詐害行為否認が故意否認に属します．同条2号の詐害行為否認は，旧法の危機否認（旧破産72条2号）と同様に支払停止をもって危機時期とする規律を採用しているため，これを危機否認とみるべきかについては，説明に相違がみられるようです．破産法160条1項1号と2号との関係につき，(a) 1号は故意否認を規定し，2号は危機否認を規定したとの説明，(b) いずれも債務者の詐害意思を要件とする故意否認ではあるものの，行為の時期及び態様から詐害意思が定型的に推認されるものとしてこれを擬制して証明負担を緩和するのが2号であるとの説明，(c) 2号はただし書所定の事由に照らし，支払停止等を知っていたことを要件とする危機否認と破産債権者を害することを知っていたことを要件とする故意否認とを1つにまとめて規定しているとの説明があるとされます（概説279頁［沖野眞已]）．

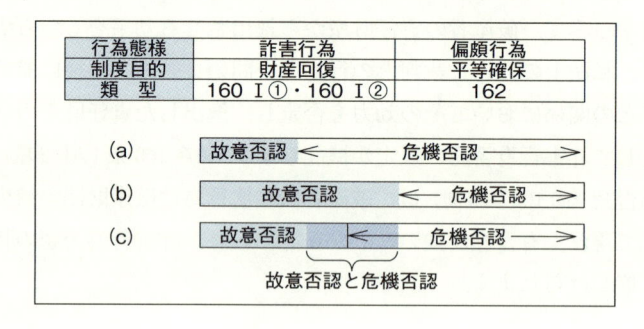

行為態様 制度目的 類　型	詐害行為 財産回復 160 I①・160 I②	偏頗行為 平等確保 162

(a) 故意否認 ←――― 危機否認 ―――→
(b) 　　　故意否認　←― 危機否認 ―→
(c) 　故意否認　←―　危機否認　―→
　　　　　　　故意否認と危機否認

(2) 偏頗行為否認

偏頗行為とは，出捐と同額の債務の消滅をもたらすため，計数上は責任財産に変動はないものの，特定の債権者にのみ担保供与による優先的地位を与え，又は実価の低下した債権に額面どおりの弁済をして，比例的平等的満足を図るほかない他の債権者との平等性・公平性を害する行為をいいます．既存の債務についてされた担保供与又は債務の消滅に関する行為は，いわば「抜け駆け」的回収といえることから，その効力を否認して当該債権者を破産手続に巻き込み，破産手続における配当を受ける地位を与えるにとどめることによって，債権者間の平等・公平を回復・確保する手段として機能します（破産162条）．

偏頗性の基礎と要件設定の視座

　偏頗行為否認の対象となる債務消滅行為や担保提供行為は，詐害行為とは異なり，バランスシートを直接に悪化させるものではありません．しかも，これらの行為は，外形上，通常の取引活動の一環にすぎないとみられます．しかし，それが支払不能という全債権者について平等原則が作動すべき局面で行われた場合には，本来は割合的弁済で満足せざるを得ない立場にあるにもかかわらず，独占的排他的満足を得てしまうことが倒産手続との関係において不当と評価されるものです．このような観点から，偏頗行為否認は，債務者の経済活動を不当に制約しないよう，あるいは債権者の正当な利益を害しないための配慮・限定が必要となります．

[2]　特別類型

　以上の基本類型に加え，破産法・民再法は，否認権行使の制限又は拡充を図る趣旨に基づき，特別類型を定めています．手形支払の否認 (破産 163 条)，対抗要件の否認 (同 164 条)，執行行為の否認 (同 165 条)，転得者に対する否認 (同 170 条) があります．

[3]　否認権のための保全処分

　否認権の実効性確保の観点から，特殊な保全処分が設けられています (68 頁)．

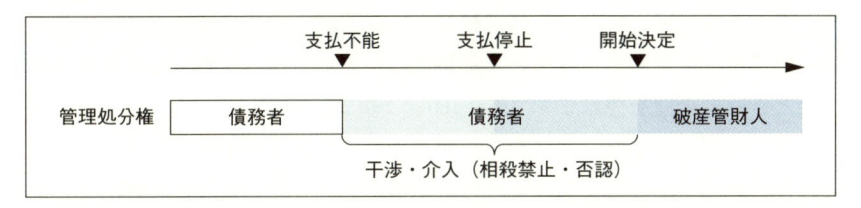

2—否認権の要件

1　詐害行為否認—責任財産回復—の要件

[1]　詐害行為否認 (破産法 160 条 1 項 1 号)

　破産者が破産債権者を害することを知ってした行為は，否認の対象となります．責任財産を減少させることについての破産者の詐害意思という主観面に効力否認の基礎があると考えられます（加害の結果を認識していれば，特別の事情のない限り，加害の意思があるものと推定されます［大判昭 8.12.28

民集 12-3043，大判昭 15.9.28 民集 19-1897])。破産管財人は，破産者の詐害意思と詐害行為性について証明責任を負います（破産 160 条 1 項 1 号本文）。ただし，受益者が，行為当時，破産債権者を害する事実を知らなかったときは否認権の発生が障害されます（同号ただし書）。ただし書の証明責任は受益者にあります（最判昭 37.12.6 民集 16-12-2313）。受益者には，取引の相手方である債務者の財産状態の調査義務はありませんので，善意である限り，過失の有無を問いません（最判昭 47.6.15 民集 26-5-1036）。

160 条 1 項 1 号 — 詐害行為否認の基本規定

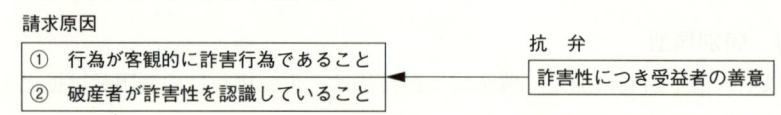

請求原因
① 行為が客観的に詐害行為であること
② 破産者が詐害性を認識していること

抗　弁
詐害性につき受益者の善意

[2]　危機時期の詐害行為否認（破産法 160 条 1 項 2 号）

支払停止後又は破産手続開始の申立後にした破産債権者を害する行為は，外形的客観的にみて破産者の詐害意思が定型的に推認されるため，否認の対象となります（同号本文）。これに対し，受益者が，行為当時，支払停止等があったこと及び破産債権者を害する事実のいずれも知らなかったことを立証したときは，否認を免れます（破産 160 条 1 項 2 号ただし書）。

破産手続開始の申立ての日から 1 年以上前にした行為であるときは，支払停止後の行為であること又は支払停止の事実を知っていたことを理由として否認することはできません（同 166 条）。開始された破産手続との関連性が希薄な場合に受益者を保護する趣旨です。支払停止を要件とする否認権類型（同 160 条 1 項 2 号，同条 2 項，162 条 1 項 1 号イ，164 条）に適用されます。

160 条 1 項 2 号 — 危機時期の詐害行為否認

請求原因
① 行為が客観的に詐害行為であること
② ①が支払停止等の後であること

抗　弁
① 支払停止等につき受益者の善意
② 詐害性につき受益者の善意

抗　弁
行為が申立てから 1 年以上前にされたこと　(166)

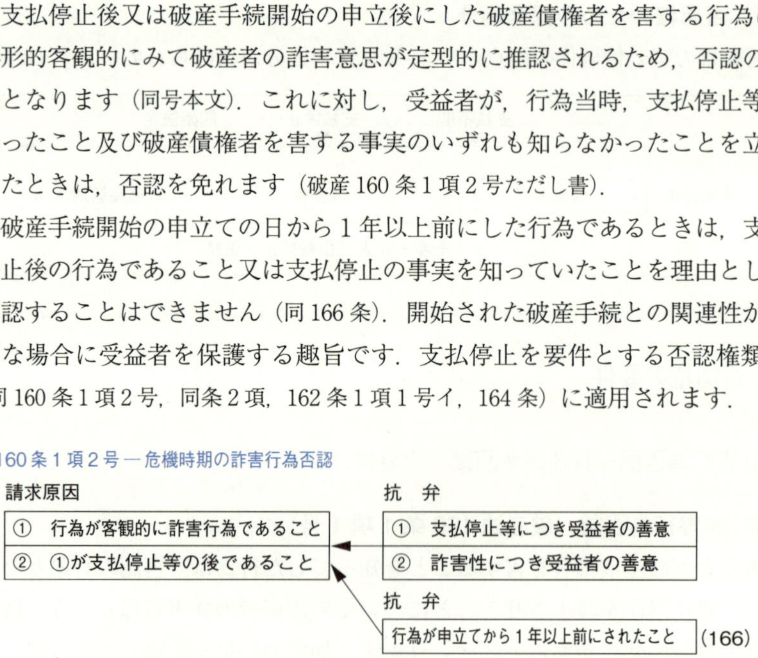

[3] 債務消滅行為の詐害行為否認（破産法 160 条 2 項）

債務消滅行為は債務者の計数上の財産状態を変更するものではないので，本来的には詐害行為否認の対象ではなく，偏頗行為否認の対象とされます（破産 160 条 1 項柱書かっこ書，162 条 1 項柱書かっこ書）．しかし，それが対価的均衡を欠き過大にわたるときには，詐害的な債務消滅行為として計数上も破産財団の減少をもたらします．そこで，これを不当な財産減少行為として詐害行為否認の対象とし，当該過大部分について，1 号・2 号の要件の下に否認して取り戻すことができます．その実質は，対価的均衡が確保されている限度では否認を制限する趣旨であるとみられます．

過大な代物弁済を否認する場合，当該弁済が支払不能後にされたときは，偏頗行為否認（破産 162 条 1 項）によってその全体を否認して目的物の返還を求めることができますが，本条項により過大部分の価額償還を求めることが換価コストの上で合理性をもつ場合があります．

[4] 無償行為否認（破産法 160 条 3 項）

贈与，債務免除，権利放棄などの無償行為又はこれと同視すべき有償行為は，債務者＝破産者に利益をもたらさず，破産財団の減少のみが結果として現れるために，詐有害性が強く，しかも，無償行為である以上，相手方の利益を考慮する必要も少ないと考えられます．このため，支払停止等があった後又はその前 6 か月以内に行われた無償行為又はこれと同視できる有償行為を否認対象行為として捕捉し，主観的要件の具備を要しないものとして否認の要件が緩和されています（破産 160 条 3 項）．究極の財産減少行為として理解されるため，詐害行為否認の特別類型として位置づけることができます．無償否認の詐害性の強度に鑑み，支払停止を要件とする否認権の制限規定（同 166 条）は適用除外とされています（同条かっこ書）．

160 条 3 項 — 無償行為の詐害行為否認

請求原因

① 行為の無償性
② ①が支払停止後になされたこと
（②に代えて）
②′ ①の後 6 月内の支払停止発生

無償性の理解について，破産者が他人のためにした保証や担保提供が無償行為否認の対象になるかという問題があります．金融機関が企業に融資する際には代表者の個人保証を徴求するのが通例であるところ，代表者の破産事件からみると保証債務の負担は対価も伴わず無償といえるのに対し，債権者からみると保証は企業に対する融資の見返りという面があり無償とは必ずしもいい難いところがある上，このような保証による融資によって企業の経営が可能になるという意味では代表者も利益を得ているともいえるからです．判例（最判昭 62.7.3 民集 41-5-1068）は，無償性は破産者について決すれば足り，破産者が義務なくして他人のためにした保証や担保の提供は，それが債権者の主たる債務者に対する出資の直接的な原因をなす場合であっても，破産者がその対価として経済的利益を受けない限り，無償行為にあたるとしています．

議論の分岐点

無償性を誰について判断するかが議論の第 1 分水嶺です．上記判例は，無償性はもっぱら破産者について決すれば足りるとしています．これは，無償行為否認が緩やかな要件の下に認められるのは，無償行為が債務者の責任財産を減少させる危険性が高いことにあるとみて，破産財団，破産債権者の利益を重視する視座にたつものです．これに対しては，無償行為否認の要件が緩和されているのは，相手方が対価・代償なしに財産上の利益を得ている場合には，破産財団の増殖のために事後的に取り戻されたとしても，相手方としては財産状態が元に戻るだけで損失がないことにあるとの見解があります（島谷裁判官の反対意見）．そして，保証の場合には，相手方は貸付等の信用供与をしているのであるから無償ではないし，仮にこの場合に否認できるとすると，保証・担保付きの与信が事後的に無保証・無担保とされた場合の相手方の不利益は深刻であるとしています．

求償権が保証等の対価といえるかが議論の第 2 分水嶺です．求償権は，保証等に基づいて債権者が満足を得た場合に保証人が取得する権利であり，経済的には保証等に基づく出捐の代償であるといえます．このような求償権の存在を重視するならば保証等は無償行為に当たらないとみることになります（島谷裁判官の反対意見）．これに対しては，求償権は保証の対価・代償ではなく，保証債務の履行という出捐の回復手段でしかなく，これを経済的実質的にみるならば，主債務者が無資力に陥っているのが通例である以上，法形式的存在としての求償権が額面どおりの実質価値を有することはあり得ないともいえます．このように考えるならば，求償権が保証の対価・代償であるとみるのは困難であろうと思います．

[5] 適正価格処分行為の否認（破産法161条）
(1) 意義

廉価処分とは異なり，適価処分の場合には，形式的計数的にみる限り，破産債権者を害するものではないといえます．相手方としても，適正価格での取引の効力が事後的に覆滅されるのは耐え難いといえます．しかしながら，判例はより実質的な観点に立ち，共同担保として価値が高く安定した不動産を隠匿・消費しやすい金銭に換えることは共同担保の実質的減少を来すものであるとして否認を肯定していました（大判昭 8.4.15 民集 12-637 等）．これに対しては，①そもそも否認の可能性にさらされることが取引の相手方に対して萎縮的効果を与え，遊休資産の処分等による事業再建の妨げになっており，倒産を早める結果になること，②判例理論による否認の肯定は，規定上の明確性を欠き，相手方にとって不測の不利益をもたらしていたこと，③主観的要件の証明責任が受益者にあるとされていたため，受益者が善意の証明に失敗すると否認の成立が認められることになり，そのリスクが資金調達に悪影響を及ぼしていること，などの問題点が指摘されていました．そこで，破産法161条は，1号ないし3号において要件を明確化し，「いずれにも該当する場合に限り」否認することができるとしてこれを厳格化し，これを原則としてすべて破産管財人の証明責任に属するものとして，詐害行為否認の成立範囲を限定する特則としての位置づけを明らかにしています．

(2) 客観的要件

破産者が相手方から相当の対価を取得していることが必要です（破産161条1項柱書）．対価の相当性については，これが評価概念であることから，処分時の時価を基本にしつつも，破産者が置かれた状況に照らして処分可能な価額を考慮して決定される相対的な問題となります．

不動産の金銭への換価その他の当該処分による財産の種類の変更により，破産者において隠匿，無償の供与その他の破産債権者を害する処分をするおそれを現に生じさせるものであることが必要です（同項1号）．実質的にみて共同担保の減少というに足りる「財産の種類の変更」であることを要し，例示されている不動産の金銭換価のほか，動産への変更も共同担保としての確実性・安定性という点では不動産よりも劣りますし，散逸・毀損等の劣化の危険も金銭と変わらないといえます．かかる詐害処分のおそれが生じたとき

に適価売却を否認対象とします。

(3) 主観的要件

破産者の主観的要件として，破産者が，当該行為の当時，対価として取得した金銭その他の財産について，隠匿等の処分意思を有していたことが必要です（破産161条1項2号）。処分行為についての詐害意思（同160条1項1号）ではなく，対価の使途についての主観的認識が問題とされており，隠匿，無償の供与が例示されています。従前の判例理論によれば，客観的事情としての有用の資以外の使途に充てたことをもって否認の成立を認めてきたことと比較して，行為当時における主観的認識を問題にするわけですので，旧法下の判例理論より否認の成立範囲を限定していることになります。

受益者の主観的要件として，処分行為当時に，破産者が上記意思を有していたことを知っていたことが要求されます（同161条1項3号）。否認リスクにさらされることによる取引の相手方の萎縮的効果を除去し，債務者の再建の途を確保するために主観的要件を限定するものです。証明責任の分配については，適正価額による財産処分の場合には，受益者が詐害性を疑うべき契機が存在しない場合も多いと考えられますので，これを受益者の証明責任とすると，善意の証明に失敗することをおそれる取引の相手方は，経済的危機に瀕した債務者との取引を回避するとの萎縮的効果が生じます。このため，破産管財人が上記悪意の証明責任を負います。

(4) 証明責任の転換

もっとも，受益者が破産者の内部者である場合には，破産者の意思を知りつつ加担した蓋然性が比較的高く，取引への萎縮的効果を懸念する局面でもないので，上記趣旨は妥当しません。破産者が法人である場合は，①受益者がその機関又はこれに準ずる者であるとき（破産161条2項1号），②受益者が破産者を事実上支配下においているとみられるとき（同項2号）を内部者とし，破産者が個人である場合は，③受益者が親族及び同居者である場合（同項3号）を内部者とみて，証明責任の転換を図っています（同項）。したがって，受益者の悪意に代えて，破産管財人が受益者の内部者性を証明したときは，受益者において善意を証明しない限り，否認を免れることはできません。

161条 ── 適価処分の詐害行為否認
請求原因

①	処分による財産種類の変更により，破産者の隠匿等処分のおそれを現に生じさせるものであること
②	破産者が取得した対価を隠匿等処分する意思を有していたこと
③	相手方が②を知っていたこと

（③に代えて）　　　　　　　　　　　　　　　　　　　　　　　**抗　弁**

③′	相手方が破産者の内部者［2項各号］であること	← 詐害性につき受益者の善意

2　偏頗行為否認─債権者平等・公平確保─の要件

[1]　支払不能と否認権介入の正当性

　支払不能が破産手続開始原因とされているのは，債務者の事業活動継続の利益と債権者の清算価値保障の利益との均衡の観点に基づきます（30頁）．したがって，支払不能が発生したときは，破産手続を速やかに開始して清算配分するのが最適状態をもたらすと措定されているわけです．しかし，破産手続が現実に開始されるまでには時間的離隔が生じるため，その間，債務者は自由に財産を管理処分することができ，支払不能を基準時点として利益の均衡を図った趣旨が損なわれてしまうことになります．しかも，支払不能というのは，現在保有する資産・収益，信用をもって支払を継続した場合に，将来の一定時点における資金不足によってその大部分が支払えなくなる予測が成立する場合を指すわけですので，支払不能状態であってもなお債務者は返済見込みの立たない借入や商品の投げ売り等によって支払を続ける余地があります．このように，支払不能時から破産手続開始までの間の事業活動の継続・財産処分等により，破産債権者への配当原資となる債務者の財産は減少し続けます．そこで，支払不能をもって手続を開始して債権者の平等・公平を確保するとの法の趣旨を貫徹すべく，この間に不当に流出した債務者の財産を回復して配当原資とするため，偏頗行為否認が認められます．破産財団を支払不能時に遅滞なく破産手続が開始された状態に可及的に近づけるために，破産手続開始の効果を前倒しする機能をもちます．

　ここでの財産流出の不当性の判断に当たっては，当該利益を受けた債権者の主観を問題にせざるを得ません．破産手続が開始されていない段階におい

て，支払不能という債務者の内部事情をもって否認権の成立の限界を基礎づけようとするわけですから，取引の安全に対する配慮（日常的反復的取引としての弁済等の安定性の確保）が必要となり，他方では，取引の相手方が債務者の支払不能を認識していた場合には，その効力が否認されてもやむを得ないと考えられることに基づきます（後記[3]参照）．

[2] 対象行為

偏頗行為否認の対象は，既存の債務についてされた担保の供与又は債務の消滅に関する行為です．債務の消滅に関する行為には，弁済，相殺，更改，代物弁済，免除などが含まれます．

「担保の供与又は債務の消滅に関する行為」を偏頗行為否認の対象とし，これを詐害行為否認の対象から除外しているのは（破産160条1項柱書かっこ書），旧法下の判例・通説が肯定していた本旨弁済の故意否認を否定する趣旨です．本旨弁済の故意否認が肯定されてきたのは，偏頗行為に対する危機否認が，原則として支払停止又は破産手続開始申立後に限定され，それ以前に遡ることができなかったことを補完するためでした．現行法は，債務消滅行為を詐害行為否認の対象としないことによって否認範囲の限定を加えていますが，他方，偏頗行為否認について，支払停止発生前の支払不能状態における行為も対象とすることによって（同162条1項1号），旧法下の債務消滅行為の故意否認の実質的機能を実現しています．

「既存の債務についてされた」担保供与又は債務消滅行為のみを対象にするのは，新規融資と担保設定や債務消滅行為が同時にされる場合（同時交換的取引）を除外する趣旨です．危機時期における担保設定が否認対象として捕捉されることになると，いわゆる救済融資に対する萎縮的効果が働き（救済融資をする債権者は債務者の破綻危機状態について悪意であるのが通例です），債務者の再建を阻害することになるからです．また，新規に出捐して同時交換的取引をした債権者は，債務者の信用リスクを負担すべき一般債権者の地位にたつことがない以上，既存の債権者との平等を確保する必要性がないと考えられるからです．

　　既存の債務―財団債権者間の平等・公平

　　条文上は「既存の債務」とされているにすぎませんが，偏頗行為否認の趣旨は，僅

少ない財産を配分し合う破産債権者間の平等・公平確保にあることは明らかです。このため既存の破産債権に対する担保供与・債務消滅行為が偏頗行為否認の対象であると解されます。そこで、手続開始前に発生する既存の債権で手続開始後には財団債権として処遇される債権に関して偏頗行為が行われた場合には、破産債権者に対する配当率には影響がない以上、否認できないのではないかが問題となります。財団債権者間の平等を害する行為があった場合に、他の財団債権者は損失を回復する手段がない（詐害行為取消訴訟も提起できない）という法状態に対していかなる評価をすべきかという問題でもあります。この点については、破産手続は破産債権者のための手続であって、財団債権者間の平等・公平を図ることまでは期待されていないとみるならば、否認できないと解することになるでしょう（概説274頁［沖野眞已］）。もっとも、財団債権には、労働債権のように、政策的に財団債権として格上げ処遇されるものが含まれる以上、財団債権であるとの一事をもっては否認を否定するのは問題ですし（35，218頁，概説同頁），そもそも先述の法状態を不合理なものとみて偏頗行為否認を肯定する余地もあると思います。

新規融資による弁済と偏頗行為否認

第三者から新たに借り入れた資金によってされた弁済を否認することができるかという問題があります。借入行為と弁済行為とを分解して考えると、弁済を否認対象とすることが可能です（中田162頁、谷口251頁など）。両者を一体として考え、弁済対象債務と同一の条件・態様（例えば、利率等）に差がないときには、借入・弁済を通じて債務者の資産状態は変動がなく、単に債権者が入れ替わっただけにすぎないとも考えられます（山木戸200頁、伊藤402頁など）。そうすると、理論構成の適否ではなく、否認による財団の増殖・債権者間の公平確保を重視するのか、否認リスクにさらされることによる債務者の再建機会の確保・取引の相手方保護を重視するのか、あるいは、両者の調整を図るとすればどのような要件設定をするかという実質的な観点から考察すべき問題として把握されなければなりません。

特定の債務の弁済に充てる約定で借り入れた金員による弁済が問題になった事案において、判例（最

借入と弁済との関係把握

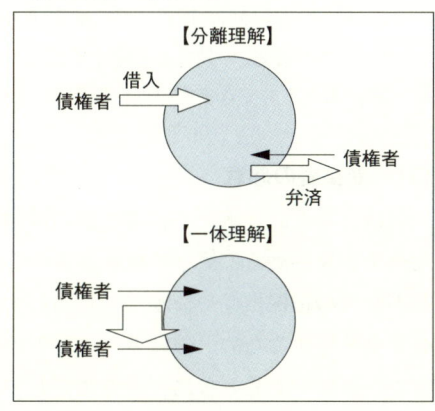

【分離理解】
債権者 → 借入 → （債務者）
（債務者） → 弁済 → 債権者

【一体理解】
債権者
債権者

判平5.1.25民集47-1-344）は，①借入前と弁済後とでは積極財産の減少も消極財産の増加も生じていないこと，②借入の際，借入金を特定の債務の弁済に充てることを約定しなければ借入ができなかったものであり，かつ，借入後直ちにその約定を履行しており，借入金を他の使途に流用したり，他の債権者に差し押さえられるなどして約定を履行できなくなる可能性も全くなかったことの事実を認定し，このような趣旨による借入金は予定どおりに弁済に充てられたときには共同担保を構成しておらず，破産債権者を害するものではないと判示しました．破産債権者としては，このような借入金によっては配当率の上昇を期待すべきではないという実質判断によるものと考えられます．ここでは否認の一般要件としての「有害性」（275頁）を否定する趣旨に読むことができます．これによれば，「実質的に債権者が入れ替わっただけで共同担保に影響を与えないとみられる場合には有害性が否定される」との命題を引き出すが可能です．しかしながら，本件は証券会社破産の事案であって，多数の投資家を保護すべき社会的要請と証券業界の信用維持目的による貸付であったとの事実も認定されていることからすると，一般的射程をもつものとして抽象化した命題を引き出すのが相当かどうかには慎重でなければならないと思われます．

新規融資における担保設定に際して既存債務を含めた場合の否認対象の可分性

新規融資部分は同時交換的取引として否認できませんが，既存債務を含めたときには，偏頗行為否認の対象となると考えることができます．担保設定行為が1個の行為として行われた場合には，全体を否認できるとする見解が有力です（伊藤403頁）．新規融資金については，財団債権（破産168条1項2号又は148条1項5号類推適用），共益債権（民再132条の2第1項2号又は119条6号の類推適用）として債権者に返還されます．他方では，同時交換的取引を否認対象外とし，適価売却否認の要件の厳格化を通じて，債務者の破綻前後の資金調達に関する否認リスクを軽減した立法趣旨に照らせば，破産法160条2項類推適用によって，既存債務についての担保設定の効力を否定する限度で，担保設定行為の否認を認めれば足りると考えることもできます（仙台高判昭53.8.8金法872-40参照）．

[3] 受益者の悪意

偏頗行為否認が破産手続開始前の破産者の行為について破産手続開始後の効果を遡及させるに等しい機能をもつことは前述のとおりです．しかし，支払不能後の担保供与や債務消滅行為のすべてを否認の対象としたのでは取引の安全を害するため，破産者との取引の相手方が効力を否認されてもやむを得ない事情があるときに否認を限定して調整を図る必要があります．受益者

の主観面を考慮することの合理性は，このような点に求められます．

(1) 原則類型―破産法162条1項1号

　支払不能後の偏頗行為を対象とする場合は，破産者が支払不能であったこと又は支払停止があったことを受益者が知っている場合でなければなりません（破産162条1項1号イ）．破産手続開始申立後の偏頗行為を対象とする場合は，破産者につき破産手続開始の申立てがあったことを受益者が知っていることが必要です（同号ロ）．破産管財人が証明責任を負担します．

　ただし，破産法161条2項各号と同様に，法人とその機関，支配・被支配関係，親族及び同居者というカテゴリーに属する場合は，受益者の悪意が推定され（同162条2項1号），証明責任の転換が図られます．

　また，義務なくして担保を供与した場合（行為自体の非義務性），金銭債務に対し代物弁済をする場合（方法の非義務性），期限前の繰上弁済（時期の非義務性）など，危機時期にことさらに非義務行為をするのは，倒産リスクを他の債権者に転嫁する趣旨とみられるため，受益者の悪意が推定され（同162条2項2号），証明責任の転換が図られます．これらの場合，受益者の悪意に代えて，受益者の内部者性，又は非義務行為の事実を立証したときは，受益者が善意を立証しない限り，否認の成立が認められます．

　支払停止（破産手続開始の申立前1年以内のものに限る）があった後は，否認との関係では，支払不能であったものと推定されます（同162条3項）．したがって，支払不能に代えて手続開始申立前1年以内の支払停止を立証することによって，偏頗行為否認の対象として捕捉することができます．手続開始申立前1年以内に限定するのは，長期にわたって否認リスクにさらされるのは相当ではないからです．

162条1項1号イ ― 支払不能後の義務行為

請求原因

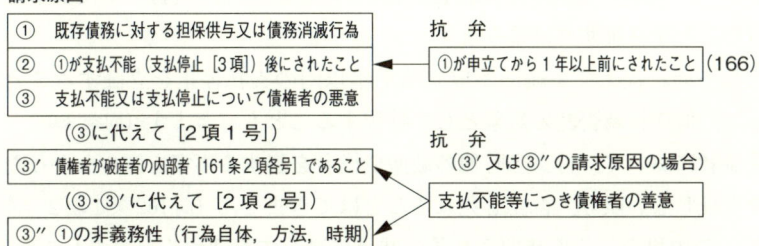

①	既存債務に対する担保供与又は債務消滅行為
②	①が支払不能（支払停止［3項］）後にされたこと
③	支払不能又は支払停止について債権者の悪意
	（③に代えて［2項1号］）
③′	債権者が破産者の内部［161条2項各号］であること
	（③・③′に代えて［2項2号］）
③″	①の非義務性（行為自体，方法，時期）

抗弁

①が申立てから1年以上前にされたこと（166）

抗弁（③′又は③″の請求原因の場合）

支払不能等につき債権者の善意

主観的要件としての支払不能の認識

　この否認類型が破産手続開始効果の遡及による債権者平等原則の実現に基礎をおく以上，支払不能の認識を主観的要件とするのが論理的帰結です．しかし，旧法の危機否認（72条2号）は支払停止・破産申立てを基準時とし，その認識を主観的要件としていました．支払停止・破産申立ては外部的徴表として相手方の認識可能性を担保する点において，取引の安全の観点から否認権の成立を制限する方向に機能する要件として相当なものと考えられ，しかも事実としての支払停止・破産申立ての存在を立証し，それを相手方が認識していたことを証明する論理構造となることを考慮したものと考えられます．これに対し，現行法は，支払不能が否認権介入の正当性を基礎づけるとの理論的根拠に従って整理するとともに，支払不能は支払停止に先行して伏在しているのであって，これを相手方が認識していた場合に否認権の成立を拒絶する合理性はないとの理解から，主観的要件においても支払不能を認識していたことが証明されたときは否認権の成立を認めることとしています．取引の安全に配慮しながら否認権の機能を可及的に拡充するものといえます．その上で，主観的要件としての受益者の悪意の内容については，外部的表示を伴う危機時期の徴表としての支払停止や破産手続開始の申立ては，潜行する支払不能が表面化したものとの理解を基礎に（破産162条3項参照），これらを維持しています．

(2)　拡張類型—破産法162条1項2号

　先述した非義務行為のうち，行為自体又は時期が破産者の義務に属しないものについては，支払不能になる前30日以内にされた行為についても否認対象として拡張して捕捉され，証明責任が転換されます（破産162条1項2号）．支払不能は弁済期が到来した債務に対する支払欠乏の一般的継続性を問う概念であるところ，特定の債権者に対して期限前弁済をすることによって，支払不能との評価を回避し否認の成立を潜脱できるおそれがあるからです．したがって，破産管財人は，非義務行為から30日以内に債務者が支払不能に陥ったことを立証すれば足ります．

　支払不能に代えて手続開始申立前1年以内の支払停止を立証することによって，偏頗行為否認の対象として捕捉することもできます（同条3項）．

　受益者において，行為当時他の破産債権者を害する事実を知らなかったことを立証しない限り，否認を免れることはできません（同162条1項2号ただし書）．この場合，危機時期より前の時点に遡って否認するものであるため，

証明主題は，危機時期についての善意ではなく，詐害事実についての善意とされています．

162条1項2号 ― 支払不能前の非義務行為

請求原因
①	既存債務に対する担保供与又は債務消滅行為
②	①の非義務性（行為自体 or 時期）
③	①後30日以内に支払不能（支払停止［3項］）発生

抗弁
| 詐害性につき債権者の善意 |

3 否認の一般的要件

以上の個別類型を通じた一般的要件として，理論上，「有害性」と「不当性」が指摘され，「破産者の行為」の要否につき議論があります．これらは，条文や理論に基礎をおいて定立・議論されてきた一般的要件ではありますが，旧法条文が簡潔にすぎたところを解釈で補うために形成されてきた要件であって，一般的確実性・予測可能性を犠牲にするおそれがあることは否定できません．個別要件の明確化が図られた現行法においてなお意義を見出すべきかは検討を要する課題です．

[1] 有害性

旧法においては，否認規定の簡潔さにも起因して，学説上，否認権の一般的要件としての有害性が主張されていました．旧破産法は，「破産者カ破産債権者ヲ害スルコトヲ知リテ為シタル行為」（旧72条1号［故意否認］），「破産者カ…為シタル担保ノ供与，債務ノ消滅ニ関スル行為其ノ他破産債権者ヲ害スル行為」（同条2号［危機否認］）としており，法文上，有害性という一般的要件を受容し得る形式でした．有害性の意義については，破産債権者の受けるべき満足の低下を意味し，詐害行為はもとより，偏頗行為も低下した実価に対し名目額の満足を与えることから実質的には共同担保たる財産を減少させるものであるとして一元的に理解する見解（山木戸188頁，概説269頁［沖野眞已］）と詐害行為及び偏頗行為の2種の有害性を認める二元的理解（谷口248頁）とがあります．詐害行為否認の場合に「有害性」が含意されていることは，理論上も条文上も明らかです．これに対し，偏頗行為否認の基礎にも「有害性」があるとみるべきかという問題といえます．

有害性の観念は，主として，①不動産の適価売却や本旨弁済の故意否認の成否をめぐり，外形上は適正な行為とみられる場合に，実質的観点による規範的評価としての詐害性を肯定する理論として，他方，②担保目的物をもってする担保権者への代物弁済や担保目的物の売却代金による担保権者への弁済において，外形上詐害性が認められる場合に，目的物評価ないし代金額の適正をもって実質的に詐害性を否定する理論として位置づけられていました．

　現行法においては，否認の対象行為が詐害行為と偏頗行為に整理され（旧破産法72条2号の危機否認は，危機時期の詐害行為否認[破産160条1項2号]と偏頗行為否認[同162条]とに整理され，後者には「債権者を害する行為」との文言が存在しません），これまで検討してきように，一般的確実性の見地から，個別類型ごとに要件の明確化が図られています．このため，個別類型の要件検討に加えて，有害性概念を持ちだして議論しなければならない局面は乏しいとの指摘が有力です（伊藤390頁，実務解説333頁[笠井正俊]）．

　もっとも，個別類型の要件の解釈問題に解消しきれないものが残るとの指摘もあります．例えば，①適価売却の詐害行為否認（267頁）につき，財産の種類の変更によって隠匿等の処分をするおそれが現に生じること（破産161条1項1号）が認められたとしても，実際には隠匿等がされず，代金がそのまま破産財団に組み込まれたときには，有害性が欠けるとされたり（伊藤389頁），新規借入金による弁済の否認が否定されるには（271頁），有害性を欠くことが必要であるとされます（伊藤402頁）．また，②担保権者に対する代物弁済の否認について，目的物の価額が被担保債権額を超えず，当該担保権が別除権となる限りは，手続外権利行使が可能であることから，破産債権者を害する行為とはいえない（有害性否定）との見解（最判昭41.4.14民集20-4-611，山木戸189頁）と別除権の目的物であっても，担保権消滅を前提とする破産管財人による任意売却と売却代金の財団組入が認められる以上，否認の可能性は残るとの見解（伊藤390頁）の対立が存在しています．

[2]　不当性

　否認の要件を充足する有害な行為であっても，行為の状況・内容，動機・目的に照らし，社会的に必要かつ相当と認める規範的評価が成立する場合には，破産債権者の利益を犠牲にしても当該行為の効力を維持すべき場合があるとされます（谷口253頁，伊藤390頁）．かかる不当性の観念を否認の積極的

要件とみるか，行為の正当性（不当性の欠缺）を有害性の阻却とみるかの相違がありますが，簡潔にすぎた旧法の否認権規定の発動の相当性を検討する役割を担っていたと考えられます．不当性の要件は，例えば，事業継続，生活維持，従業員の給料支払のための資金借入の際の担保設定や不動産の適価売却などについて検討されてきました．

しかし，資金借入の際の担保設定については，同時交換的取引として否認対象ではないことが明記され（破産 162 条 1 項柱書かっこ書），不動産の適価売却も破産法 161 条が要件の明確化と厳格化を図ったことから，現行法においては，個々の規定に解釈の範囲内で否認権の成否を判断するのを基本とすべきであると指摘されています（加藤 299 頁，実務解説 333 頁［笠井正俊］）．

　　否認リスクを抑止するためには，予測可能性を確保すべく明確な要件設定が重要であり，行為後の事情によって否認が左右されるのでは予測可能性を損ないます．結論的には否認の成立が阻却されるとしても，否認権行使を受けること自体が経済活動を萎縮させるおそれがあるとみるならば，個別要件の解釈を超えた「有害性」「不当性」の要件の役割は低下させるのが望ましいといえます．もっとも，実務的には，否認権行使を検討する破産管財人が実質的な観点を考慮してこれを控える際に，行為自体の有害性の欠如，行為後の事情をもって不当性の欠如を指摘できることには便宜なところがあります．

[3]　破産者の行為の要否

否認対象行為は破産者の行為であることを明示するものがある一方で（破産 160 条，161 条，162 条），執行行為の否認（同 165 条）は債権者の一方的行為を対象とするものであって，破産者の行為であることは必ずしも必要ではないともみられます．加えて，判例は，否認の成否を検討する際，破産者の行為と同視される状況を認定して肯定し，あるいはそのような状況が認められないことを理由に否定するものがあるため，破産者の行為を否認の通則的な要件とみることの合理性が問題となります．判例は，執行行為の故意否認を主張する場合には，破産者が害意をもって強制執行を招致したか，これと同視される状況を必要としています（最判昭 37.12.6 民集 16-12-2313）．また，第三者が債権者の預金口座に振込をした場合につき，第三者の振込を破産者による弁済を代行するものとみて否認を肯定しています（最判平 2.7.19 民集 44-5-

837).そして，破産者がした債権譲渡について第三債務者がした承諾（最判昭40.3.9民集19-2-352）や債権者による相殺の意思表示（最判昭41.4.8民集20-4-529）は，破産者の行為が含まれないことを理由に否認を否定しています．

　現行法は，詐害行為否認と偏頗行為否認とに整理して，破産者の詐害意思を必要とするものとこれを不要とするものとを書き分けていることは前述したとおりです．このような立法判断に基づき，学説上は，破産者の詐害意思を要件とする場合には（破産160条1項1号，161条1項2号），破産者の行為もしくは破産者の加功又はそれと同視される第三者の行為が要求されるのに対し，破産者の詐害意思を要件としない場合（同160条1項2号，162条1項）には，破産者の行為を要しないとの見解が多数説であるとされ，後者につき，条文の文言上，破産者の行為を全く要しないとするのは無理としても，破産者の行為と同視できる状況があれば足りるとしてこれを緩和する見解が有力です（伊藤393頁，中島Ⅰ335頁）．

　破産者の詐害意思を要件とする場合は，当該行為主体たる破産者の行為が有力な認定資料となることは明らかですが，ここでの問題は，破産者の行為を否認権成立のための要件とすることの相当性・合理性にあります．現象面ないし事実認定の問題にとどまらない意義がこの解釈問題に託されてきたところがあります．そもそも否認制度においては，破産者の行為が介在するかどうかが問題なのではなく，破産債権者の犠牲の下に受益者を利することが不当なのであって，そのような結果の除去・満足の最大化が重要であるとすれば，破産者の行為による場合に限定されないと解する余地があります（概説275頁［沖野眞已］参照）．もっとも，これまで破産者の行為の有無が問題にされてきたのは，一面では，債務者の財産管理処分権に対する制約という否認権の機能に照らせば，債務者の管理処分行為を要するとみるのが素直ですし，他面では，上記のような利益衡量の結果を「破産者の行為」の要否に投影した結果にすぎないとみる余地があるように思います．

3──否認の特別類型

1 手形支払の否認制限（破産法163条）

　破産者による手形の所持人に対する手形債務の支払も弁済である以上，偏

頗行為否認の対象となり得ます．しかし，約束手形の所持人は，一方では裏書人に対する遡求権を保全するためには振出人に対して支払呈示しなければならない地位にあり，他方では振出人から支払を受けると拒絶証書は作成されないため，その後に支払が否認されると裏書人に対する遡求権を失うことになります．そこで，破産法は，手形の支払を受けた者がその支払を受けないと他の手形債務者に対する手形上の権利を失う場合には，否認できないものとして手形所持人の利益を保護しています．したがって，例えば，手形の受取人が所持人であって遡求権保全の問題が生じない等上記のようなジレンマに陥ることのない場合には，本条の適用はないと解されています．

　判例（最判昭 37.11.20 民集 16-11-2293）は，手形の買戻しの場合につき，本条の適用ないし類推適用を否定しています．

2 対抗要件の否認（破産法 164 条）

[1] 意義

(1) 趣旨

　否認の一般規定による権利変動の否認のほか，破産法 164 条は，権利の設定，移転又は変更を第三者に対抗するために必要な行為についても，一定の要件の下に，否認の対象としています．原因行為が否認できない場合であっても，不動産・動産の登記，自動車の登録，債権譲渡の通知などの対抗要件を具備する行為を独自に否認対象とするものです．このため，原因行為を否認できない場合にあってもなお対抗要件の否認を認める趣旨は何かが問題となります．権利変動の原因行為をしながら対抗要件を備えないときは，その公示機能に照らし，対象財産が破産者の責任財産から逸出していないとの信頼を寄せているところ，危機時期に至って突如として対抗要件が具備されると，かかる信頼が裏切られ，債権者平等や公平に反することから，原因行為との一体性を喪失するとみられる期間経過後の対抗要件具備の否認を認めたものと説明されています．

対抗要件否認の混迷

　旧法の危機否認（旧破産 72 条 2 号）と対抗要件否認は，いずれも支払停止又は破産申立後の行為を対象にしていたため，危機否認の成立範囲を制限したものである

（後記［2］（2）参照）との理解に基づき，対抗要件否認の制度趣旨を説明するのが一般的でした（山木戸214頁，谷口262頁など）．しかし，旧法の危機否認は，現行法では詐害行為否認（破産160条1項2号）と偏頗行為否認（同162条1項1号イ）とに書き分けられ，特に後者は支払不能を基準とする規律に変更されました．これに対し，若干の現代語化をしたほかは旧規定を維持したのが，破産法164条です．このため，旧法下での議論がそのまま妥当するのか，修正変容を余儀なくされるのかはやや不透明であるといえます．このためか，これらの議論と切り離して，上記のとおりに制度の趣旨を説明する見解が有力になっています（伊藤412頁，大コンメ662頁［三木浩一］，条解破産1051頁．なお，条解民再598頁［加藤哲夫］参照）．

　危機否認が詐害行為否認と偏頗行為否認とに区分されたことから，対抗要件否認をどちらの特則とみるべきかという問題が生じます．詐害行為否認の類型とみるときは，原因行為とは切り離された対抗要件具備が確定的な財産減少をもたらすことに着目し，否認の効果も対抗要件のみならず原因行為にまで及び，相手方の権利は財団債権とされます．偏頗行為否認の類型とみるときは，一般則における支払不能（破産162条）ではなく支払停止を要件とする特則として位置づけられ，否認の効果も原因行為には及ばず対抗要件具備請求権が破産債権として扱われます．

(2)　要件

　対抗要件具備行為が否認の対象となるのは，破産者の支払停止等の後になされ，かつ，対抗要件具備行為が権利変動の効果が生じた日から15日を経過した後になされた場合です．危機時期後であっても，原因行為から短時日の間になされた対抗要件具備行為は原因行為と一体のものと考えるべきであって，この場合の否認の可否は原因行為を離れて検討すべきではないからです．また，受益者が支払停止等について悪意であることが必要であり，その立証責任は破産管財人にあります．

［2］　対抗要件具備行為の詐害行為否認の可否

(1)　問題の所在

　対抗要件否認は支払停止後の行為を対象とするので，支払停止前の行為はその射程外にあります．また，対抗要件具備行為が破産手続開始申立ての日から1年以上前であれば，支払停止後の行為であることや支払停止等を知ってしたことを理由とする否認は認められません（破産166条）．そこで，これ

らの場合に対抗要件具備行為を詐害行為否認（同160条1項1号）の対象として捕捉できるかが問題となります．
(2) 創設説
　対抗要件具備によって，権利変動を確実なものにしたいという権利者の利益を重視するならば，原因行為と対抗要件具備との一体的な理解を指向して取引の安全を重視する立論をすることになります．すなわち，対抗要件の具備は，原因行為の完全性を補完するものにすぎないという意味において原因行為に付随的なものであって，原因行為が否認できないときには対抗要件具備行為を否認の対象とすべきではないと考えられます．それにもかかわらず，破産法164条が対抗要件の否認を定めたのは，原因行為から相当の時間的離隔をもって危機時期に突如として対抗要件が具備されたときは，対抗要件の公示機能に照らして，当該財産が責任財産から逸出していないとの債権者の一般的信頼が害されるため，特別に否認を可能にすべく創設されたものと理解します．立法の沿革に忠実な見解であるとされます．そうすると，破産法164条が規定する場合を超えて対抗要件具備行為を否認することはできないと解することになります．
(3) 制限説
　これに対し，対抗要件具備によって権利を確定的に喪失する破産財団・破産債権者の不利益を重視するならば，否認の機能拡充を指向して，原因行為と対抗要件具備行為との独立性を重視することになります．すなわち，対抗要件具備によって確定的に破産財団から財産が逸出することになると同時に，他方では，これを否認すれば権利取得を破産財団に対抗できなくなる結果，破産財団の増殖・維持に資すると考えられるので，原因行為とは独立して否認の対象とする意義があると解されます（その具備によって財産逸失が確定的となる類の対抗要件の場合には詐害行為否認としての側面を有する一方，義務の履行としての対抗要件具備行為には偏頗行為否認の側面があるということができます）．もっとも，対抗要件を具備するまで一定期間を要するのが通常であることを考慮するならば，支払停止等の前に存在した原因行為に基づき一定の地位を取得していた場合には，対抗要件具備のための期間の猶予を認め，あるいは支払停止後の原因行為であってもこれを知らずに，かつ速やかに（15日経過前に）自己の権利保全を図るべく対抗要件を備えた

ものについては否認できないものとしてその成立範囲を制限したものと考えることができます．判例（最判昭45.8.20民集24-9-1339）は制限説と同様に解するようにもみられますが，その位置づけには議論もあります．

かかる政策判断に基づき，支払停止前の対抗要件具備行為につき，詐害行為否認（破産160条1項1号）を認める見解（伊藤416頁，大コンメ664頁［三木浩一］，条解破産1064頁）が有力です．これに対し，本条は否認一般を制限するものであるとして，その要件を具備する場合にのみ可能とする見解（加藤307頁）もあります．

対抗要件の否認

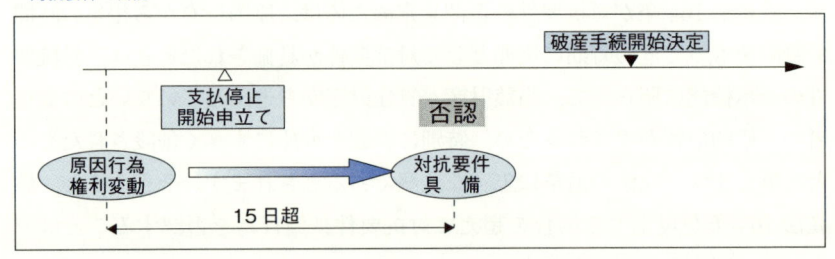

3　執行行為の否認（破産法165条）

[1] 意義

　執行行為は，債権者の申立てに基づいて開始された執行手続における国家機関の行為であって，破産者の行為ではありません．しかし，一部の債権者のみが強制執行により弁済を受けた場合，債務の消滅という私法上の効果は同列に生じますし，そのために他の債権者が弁済を受けられないとすると，破産者自身の行為がある場合と同様に不公平な結果が生じます．そこで，破産者が執行力ある債務名義に服して任意に弁済した場合はもちろん，債務名義に基づく強制執行によって債務が消滅した場合も否認の対象になることを明らかにしています．

[2] 否認の対象

　「否認しようとする行為について執行力のある債務名義があるとき」には，①債務名義に表示された義務を生じさせた破産者の原因行為を否認する場合（原因行為の否認），②債務名義の成立に関する行為を否認する場合（債務名

義成立行為の否認），③債務名義に基づく権利の実現行為を否認する場合（履行行為の否認）が含まれます。①は，破産者に対し売買代金債務の支払を命ずる債務名義が存する場合において，代金債務の原因行為である売買契約を否認することが考えられます。この場合，債務名義そのものを失効させるわけではないので，強制執行を阻止するには別途請求異議（民執 35 条）等の対策を講じなければなりません。②は，破産者が，特定の債権者にのみ債権を回収させることを意図して，債権者が提起した訴えについて請求の認諾をしたり，公正証書の作成に応じるなどした場合に，破産者の行為を否認して債務名義の執行力を消滅させることができます。③は，強制執行によって得た満足（配当等）を否認する場合であり，配当等による弁済の効力は消滅しますが，債務名義そのものの効力は失われません。

「その行為が執行行為に基づくものであるとき」には，④執行行為に基づく債権者の満足（債務消滅効の否認）と⑤強制競売による売却や転付命令などの執行行為そのものの否認（権利移転効の否認）とが区別されます。⑤の場合，執行手続における買受人の地位の安定，執行制度に対する一般の信頼確保のため，債権者自ら買受人になっている場合を除き，否認は否定されるのに対し，転付命令については，譲受人は債権者自身であること，第三債務者の弁済は民法 478 条で保護されることから否認の対象となると解されています（伊藤 419 頁，概説 301 頁［沖野眞已］，加藤 308 頁）。

[3] 悪意の基準時

否認の対象を執行機関の執行行為（⑤）ではなく，債務の消滅と同視される破産者の行為を偏頗行為として把握するならば，支払停止後の行為にあたるか否かは，執行方法の特質を併せ考慮しなければならない問題といえます。強制競売（民執 45 条）や転付命令（同 159 条 1 項）のように，単発の換価処分によって 1 回的給付を得ることを目的とするときは，債権者の執行機関への執行申立行為を基準とすべきでしょう（伊藤 419 頁）。これに対し，換価としての取立てが複数回にわたることが想定される継続的給付を目的とする債権執行においては，債権者の取立てによって得た給付が弁済とみなされる（同 155 条 2 項）ことから，取立時を基準とすべきです。したがって，執行申立てが支払停止前になされたとしても，支払停止について悪意になった後にされた取立てについては否認の対象となると解されます。

4 転得者に対する否認（破産法 170 条）

[1] 意義

否認権行使の相手方が破産者の行為の直接の相手方（受益者）に限られるとすると，否認によって破産財団に回復されるべき財産が受益者からさらに譲渡されることによって，否認制度の実効性は容易に損なわれてしまいます．そこで，否認権の実効性を確保するため，破産者と受益者との間の行為を否認してその効力を失わせ，その結果として，転得者の権利取得を失効させるとのメカニズムを基礎に，破産者と受益者の行為の効力否認の効果を転得者に対して主張するための要件を設定しています．否認の効果が相対的であることを前提にするものです．

[2] 要件

転得者に対する否認が成立するためには，第 1 に，受益者について否認の原因があること，第 2 に，転得者が転得の当時，その前者について否認の原因があることを知っていたことが必要です（破産 170 条 1 項 1 号）．悪意の立証責任は破産管財人にありますが，転得者が破産者の役員又は親族等であるときは，転得者が善意の立証責任を負います（同項 2 号）．また，転得者が無償行為又はこれと同視すべき有償行為によって転得した場合は，前者に対して否認の原因があればよく，転得者の悪意は必要ではありません（同項 3 号）．

破産管財人は，回収可能性，相手方の資力等を勘案して，受益者に対する否認と転得者に対する否認のいずれか一方を選択して行使することができますし，双方に対する請求を併合することもできます（大判昭 15.3.9 民集 19-373）．併合して提起された訴訟は，通常共同訴訟となります．

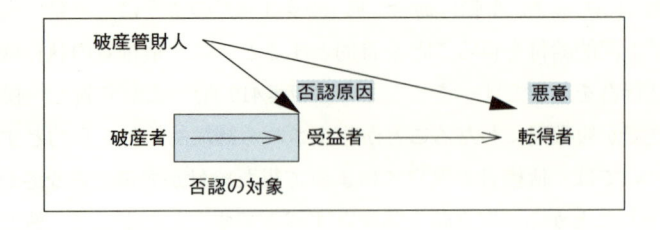

4―否認権の行使

1 行使主体

[1] 破産手続
　破産手続においては，破産管財人が否認権を行使します（破産173条1項）．
[2] 再生手続
　再生手続においては，否認権行使の局面では，管財人又は否認権限を与えられた監督委員が行使します（民再135条1項・3項，56条）．債務者が自らした行為の効力を否認する権限を有するとの仕組みは社会的観点から理解を得ることが難しく，再生債務者に適切な否認権行使を期待することも困難と考えられたためです．監督委員は，再生債務者が財産管理処分権能を保持することを前提に，これに対する監督権限を有するにとどまるのが本則的地位ですので，否認権限の行使に際しては，特別の措置が必要になります．

2 行使方法

[1] 破産手続
(1) 行使方法の選択
　否認権は，訴え，否認の請求又は抗弁によって行使します（破産173条1項）．旧法においては，訴え又は抗弁によるとしていましたが（旧破産76条），現行法は，民再法及び会更法において先行導入されていた否認の請求を可能にしています．常に訴訟によらなければならないとするのは，破産手続を長期化させる一因であることが指摘され，迅速処理の要請，否認訴訟に投ずる費用対効果を考慮して，簡易迅速な判断を得られるようにしたものです．
　訴えによるか否認の請求によるかは，破産管財人の選択に委ねられます．最終的に異議訴訟に移行する可能性は否定できないとしても，決定手続によって簡易迅速に審理・判断を受けるメリットが大きいため，破産管財人が否認権行使を決断したときは，否認の請求によるのが通例です．手数料も不要ですので，訴え提起手数料が高額になる場合であっても破産財団への負担を考慮することなく否認権行使が可能です．もっとも，否認の請求は決定手続ですので，証拠調べ等につき審理上の制約があります．

否認の訴え及び否認の請求事件は，破産裁判所が管轄します（破産173条2項）．破産債権査定手続（同125条3項）及び法人役員責任査定手続（同178条3項）が「裁判所」（破産事件が係属する裁判所）とされているのとは異なり，これを含む官署としての裁判所を意味します．したがって，否認の請求について，破産事件を担当する裁判体が取り扱う法律上の保障はありません．しかし，訴訟手続と決定手続を設けた趣旨及び合理的な機能分担の観点から，否認の請求については，「裁判所」が担当するように事務分配を定めるのが通例です．否認請求認容決定に対する異議の訴え（同175条2項）と否認の訴え（同173条2項）は，「破産裁判所」が担当します．

(2) 否認の請求

否認の請求とは，破産管財人の申立てに基づき，否認権行使の適否について審判する決定手続をいいます．破産管財人は，否認原因事実を疎明しなければならず（破産174条1項），その裁判をするには，裁判所は，相手方又は転得者を審尋し（同条3項），理由を付してしなければなりません（同条2項）．否認請求認容決定があった場合は，異議の訴え提起の機会を保障するため，その裁判書は当事者に送達されなければなりません（同174条4項）．棄却決定は，相当な方法で告知すれば足ります（破産13条，民訴119条）．これに対する不服申立てはできません．一部認容・一部棄却決定の場合，相手方が異議訴訟を提起できるのは当然として，破産管財人が異議訴訟を提起できるかについては，肯定説（中島Ⅰ372頁）と否定説（伊藤429頁）があります．

否認の請求は破産手続内での迅速処理制度であるため，中断・受継が必要とされる訴訟手続（破産44条4項・5項）とは異なり，破産手続終了によって否認の請求も当然に終了します（同174条5項）．

(3) 異議の訴え

否認の請求を認容する決定に不服がある者は，その送達を受けた日から1月の不変期間内に異議の訴えを提起することができます（破産175条1項）．否認の効果の重大性に鑑み，相手方に対し，判決手続による裁判を受ける権利を保障する趣旨です．訴え提起によって通常の訴訟手続が開始されますので，決定手続による審理上の制約から解放されます．終局判決の主文においては，不適法として却下する場合を除き，既に否認請求認容決定が存在していることを前提にした判断形式として，認容決定の認可，変更又は取消しを

宣言します（同条3項）。認容決定の認可判決が確定したときは，決定に確定判決と同一の効力が認められます（同条4項前段）。期間内に異議訴訟が提起されなかったとき，却下されたときも同様です（同項後段）。

　異議訴訟係属中に破産手続が終了したときは，否認の請求（破産174条5項）と同様，異議訴訟手続も当然に終了します（同条6項）。破産手続に付帯する否認の請求という特殊な制度を前提にした訴訟手続であるからです。

(4)　否認権行使の期間

　否認権は，破産手続開始の日から2年を経過したとき，否認しようとする行為の日から20年を経過したときは，行使することができません（破産176条）。いずれも除斥期間であり，相手方を長期間にわたり不安定な地位に置くことは相当でないからです。

[2]　再生手続

(1)　管財人による否認権行使

　管理命令によって管財人が選任されているときは，再生債務者の業務遂行権・財産管理処分権は管財人に専属しますから（民再66条），破産管財人と同様に考えられます（同135条1項）。

(2)　監督委員に対する否認権限付与

　監督命令によって監督委員が選任されているときは，監督委員に対し，特定の行為について個別に否認権限を付与してこれを行使させる仕組みがとられます（民再56条1項，135条1項）。監督委員は抗弁によって否認権を行使することはできません（同135条1項と3項対比）。監督委員は，否認権限付与によってはじめて，返還された財産の受領等当該権限行使に必要な範囲で財産管理処分権を有するのであって（同56条2項），再生債務者の財産に関係する訴訟について一般的な当事者適格を有するわけではないからです。また，同様の観点から，否認権限を付与された監督委員は，否認の請求又は訴えにおいて，否認原因以外の攻撃防御方法を主張立証することはできません。実体法上の攻撃防御方法は，実体法上の管理処分権を有することを前提とし，そのような利益・地位を擁護するために手続上の地位が保障される関係にあると考えられるからです。

　このように，同一の財産関係について，一般的な管理処分権は再生債務者に，個別具体的な否認対象財産に関する管理処分権は監督委員に分属すると

いう複雑な権利関係が生じることになるため，調整の必要が生じます．第1に，否認権行使の相手方と再生債務者との間に訴訟が係属している場合は，否認権を行使する監督委員は，相手方を被告としてその訴訟に参加することができます（民再138条1項）．第2に，監督委員が当事者となっている否認訴訟が係属する場合は，再生債務者は，否認以外の実体的な攻撃防御方法を提出して訴えの目的を貫徹するため，否認訴訟に参加することができます（同条2項）．第3に，否認訴訟の相手方は，再生債務者との間で重複訴訟又は別訴が提起されることを阻止して統一的解決を得るために，再生債務者を被告として引き込む訴えを提起して併合を求めることができます（同条3項）．これらの場合には，民訴法40条が準用され，統一的な解決が指向されます（同条4項）．

監督委員の訴訟参加の形態（民再138条1項）

監督委員が独自の請求を定立して参加する規律に照らせば，独立当事者参加（民訴47条）に近い構造を持ちますが，財産を再生債務者に回復させ事業の継続に利用させる点では訴えの目的は共通しているため，監督委員と再生債務者との緊張関係は薄いといえます．他方，同一の財産関係について，複数の管理処分権が併存ないし競合する関係に着目するならば，共同訴訟参加（民訴52条）に近いともいえます．もっとも，同一の法律関係について複数の等質の権利が併存・競合しているのではなく，本来の一般的な管理処分権と法規・裁判に基づいて付与された監督委員の否認権，個別具体的な管理処分権という異質の権利が併存・競合しているところは特殊な状況にあるといえます．

清算型と再建型での否認権行使のあり方

事業の清算解体を図る清算型手続と事業活動の継続を前提とする再建型手続とでは，否認権行使のあり方に微妙な相違が生じます．

一般論として対比すると，債権者平等，手続の透明性確保の観点からは，清算型と再建型とでは相違はなく，否認すべき行為に対しては積極的かつ厳正な対応をすることが望ましいといえます．条文上も，牽連破産の場合における否認権行使の限界点の起算を，先行する再建型手続の開始時点に求める規定（民再252条2項，会更254条2項）は，再建型と清算型との否認権行使の等質性を前提にしたものと考えることができます．これに対し，債権者に対する弁済の最大化という観点にたつならば，仮に取引継続によって得られる利益が否認によって回復される利益を上回

り，否認しないことによって債権者が得られる利益が向上するのであれば，否認権を行使しないことも正当化されると考えられます．

手続の特質との関係で対比すると，事業の解体清算と債権者への配当を目的とする破産手続においては，否認権行使による費用と労力に見合った回収成果が見込まれること，そして，早期弁済の利益を重視する観点から手続終結までに要する時間的な見通しとのバランスも考慮して否認権行使の適否が判断されます．再建型である再生手続においては，事業継続という特質と監督委員の任務終了時期（民再188条2項）との関係から検討する必要があります．大口債権者を相手方とする場合の否認権行使は，再生計画案に対する債権者の同意を取り付けにくくしますし，相手方が代替不能な取引先であるときには，否認によって取引が打ち切られ，事業再建に支障を来すおそれがあります．また，監督委員の任務終了までに否認権に関する事務遂行を完了しなければならないことは，否認権行使に対し消極的要因として作用します．もっとも，経済的合理性や再建計画への同意取り付けを優先するあまりに，否認される相手方と否認原因があるのに行使されない相手方とが生じ，不公平な狙い打ちとの疑念が生じるときは，相手方のみならず，他の一般債権者からも取引上の信義に反する否認権行使という非難を受けることによって再建計画が挫折するおそれがあるといえます．

このように，破産手続と再生手続における否認権行使のあり方については，理論上も現実面でも微妙な考慮が必要になります．

5 ― 否認の効果

1 原状回復

否認権の行使は，破産財団を原状に復させます（破産167条1項）．破産手続との関係及び相手方との関係における，相対的な無効を前提にした原状回復を意味します．否認権の制度目的達成のために必要かつ十分な範囲で効果を認めれば足りるからです．

2 回復方法と相手方の地位

[1] 逸出財産の回復
(1) 破産管財人の請求権
　財産の変動をもたらす行為の効力が否定されたときは，受益者が保有する

目的財産についての権利は当然に破産財団に復帰し，破産管財人がその占有を回復するには，復帰した所有権に基づく返還請求権を行使することになります．目的物が滅失していたり，第三者に譲渡されるなどして現物を回復することが不可能又は困難な場合には，破産管財人は，目的物に代わる価額の償還を請求することができます．現物返還可能な場合に目的物に減価が生じたときは，現物返還とともに価額償還を求めることもできます．

(2) 破産管財人の選択権—現物返還と価額償還

破産管財人は，管財業務の円滑かつ合理的遂行の観点から，目的物の現物返還を求めるか，現物返還に代わる価額償還を求めるかの選択権を有します（破産168条4項）．価額償還は，現物返還に代わる価額賠償請求権と相手方の財団債権（同168条1項2号）との相殺処理（差額賠償）を認めるものです．これは，現物返還を受けて他の財産との一体的換価を図ることに経済的合理性が見出される場合もある一方，回復した財産も最終的には換価されなければならないので，いったん取り戻した上で換価するより否認の相手方から財産減少分の賠償を受けた方が管財事務の効率化に資するという側面もあることから，最適な方法を破産管財人に選択させる趣旨です．

価額償還が選択され，あるいは目的物の滅失・処分により相手方が現物返還できない場合には，価額算定の基準時が問題となります．現実問題としては基準時の選択如何によって償還額に相違が生じますし，理論的には，否認の相手方に不測の不利益を生じさせるおそれ，あるいは不当な利益を保持させる可能性があり得ることから，否認権制度の趣旨に照らしていかなる時点を選択するのが合理的かという問題として把握されます．この点については，否認対象行為時，目的物の滅失・処分時，否認権行使時，否認訴訟の事実審口頭弁論終結時などの見解があります．判例（最判昭61.4.3判時1198-110）は，現物返還に代わる価額償還の事案において，否認権行使時の時価によるべきであるとしています．

(3) 相手方の地位—反対給付の返還

破産法160条1項（詐害行為否認）もしくは3項（無償行為否認）又は161条1項（隠匿処分意思に基づく適価処分行為の否認）による否認の相手方は，破産者の受けた反対給付が破産財団中に現存する場合は，その反対給付の返還請求権を行使することができます（破産168条1項1号）．破産財団中に現

存しない場合は，財団債権者として反対給付の価額償還請求権を行使することができます（同項2号）．ただし，破産者の受けた反対給付が破産財団に現存せず，それによって生じた利益も現存しない場合であって，破産者が隠匿処分等の意思を有することを知っていたときは，破産債権者として反対給付の価額償還請求権を行使できるにとどめられています（同条2項）．破産財団と相手方との公平・利益均衡の観点や適価売却における否認リスク軽減の趣旨を考慮するものです．

[2] 金銭の回復

(1) 破産管財人の請求権

弁済が偏頗行為として否認された場合のように金銭の回復を図るには，破産管財人に対し受益者に対する債権的請求権の取得を認めることが必要であり，破産管財人は，かかる債権的請求権を行使することによって交付された金額及び交付日以後の利息の支払を求めることができます．否認対象行為が商行為によるときは，商事法定利率によります（最判昭 40.4.22 民集 19-3-689）．

(2) 相手方の地位—債権の復活

他方，否認の相手方の債権は，相手方が受けた給付を返還し，又はその価額を償還したときに，原状に復します（破産169条）．相手方の債権の当然復活を否定することによって，破産財団の回復を優先させ，これを確実にする趣旨です．

相手方の債権に保証や物上保証が付されていたときは，保証人らがそれによって不測の損害を受けるわけではない以上，これも当然に復活すると解するのが判例（最判昭 48.11.22 民集 27-10-1435）・通説（山木戸 230 頁，伊藤 443 頁，加藤 327 頁，概説 308 頁［沖野眞巳］）です．もっとも，請求を受けた保証人らは，否認訴訟に関して訴訟告知を受けていない限り，否認権の成立を争うことができます（山木戸同頁，伊藤同頁）．

3 否認の登記

登記の原因である行為が否認されたとき及び登記が否認されたときは，破産管財人は，否認の登記を申請しなければなりません（破産260条1項）．否認によって破産財団に回復されことを公示する必要があるからです．否認の登記の性質については，破産法が抹消登記等に代えて認めた特別の登記であ

るとする通説・判例（最判昭49.6.27民集28-5-641）を前提に規律を設けています．破産管財人が，否認の登記のある不動産について，任意売却等を原因として破産者から第三者に対して所有権移転登記等をする場合，登記官は，①否認の登記，②否認された行為を登記原因とする登記又は否認された登記，③これらの登記に後れる登記があるときは，その登記をそれぞれ職権で抹消しなければなりません（破産260条2項）．これによって買受人の不安を解消し，管財人の換価業務の円滑化を図っています．

CHAPTER 17　法人役員の責任追及

1──意義

　法人である債務者について，破産又は再生手続が開始された場合，その役員等が放漫経営や乱脈融資等を行っていたり，役員による財産隠匿が疑われる多額の使途不明金が発覚するなど，法人に対して損害賠償責任を負うとみられる事態が現れることがあります．このような損害賠償請求権を行使することは，破産財団又は再生債務者の財産の維持増殖に寄与するほか，倒産責任の払拭という社会的意義もみられます．この責任追及の手段として，手続機関（破産管財人又は再生債務者）が当該役員に対して損害賠償請求の訴えを提起することはもちろん可能です．しかし，倒産事件処理は時間との闘いという要因をもつことから，破産法及び民再法のいずれにおいても，簡易迅速な決定手続による責任査定の手続を設けてこのような責任追及の実効性を高めるデバイスを装備しています（破産177条～181条，民再142条～147条）．
　責任追及の対象となる役員は，当該法人の理事，取締役，執行役，監事，監査役，清算人又はこれに準ずる者をいいます．

> **法人役員の責任追及手続の軽量化・簡易迅速性の意義**
> 　法人役員に対する損害賠償請求権も破産財団に属する財産である以上，破産管財人はこれを回収する職責を担いますし，他方では，社会的な不正義を放置することもできません．しかし他方，破産手続における破産債権者に対する弁済の最大化というのは，単に形式的な金額の最大化というわけではなく，経済的な実価を考慮にいれたものでなければならず，管財業務は時間との闘いでもあります．このため，破産事件を担当する裁判所が主宰する決定手続を装備してその迅速化が図られた意義は大きいといえます．これにより，破産管財人としては，責任追及すべき事情がみ

られるときは，職責を適正に果たすことを通じて債権者に対する説明責任を果たすことができますし，管財方針を早期に決定するのに役立ちます．責任追及される法人役員にとっても，責任がないとの裁判所の判断が迅速に示されることになれば，不安定な地位の早期解消が図られるといえます．

相手方

対象となる役員のうち，「これらに準ずる者」の範囲には問題があります．会計参与・会計監査人がこれにあたることに争いはなく，再生手続開始前に退任した役員もこれに含まれると解されています．しかし，実質的に経営権を掌握している取締役は含まれないとされています（実務下238頁［中山孝雄］）．簡易迅速な手続の適用範囲を安易に拡大すべきではなく，実質的地位の有無を審査するのはなじまないというのがその理由です．この消極説においては，登記記載の有無が結論を分けているようですが，むしろ制度趣旨からみれば，可及的に適用範囲を広げておくべきではないかと思われますし，手続構造を害しない限度で実質的経営者性について立証できる場合についてまで適用を拒絶する必要はないと思います（消極説につき，なお検討の余地があるとの指摘があります［伊藤446頁］）．

2 ― 役員の責任査定についての決定手続と判決手続

1　役員責任査定決定

裁判所は，破産手続・再生手続が開始された場合において，必要があると認めるときは，破産管財人・再生債務者等の申立てにより又は職権で，決定で，役員の責任に基づく損害賠償請求権の査定の裁判（役員責任査定決定）をすることができます（破産178条1項，民再143条1項）．再生手続において，管財人が選任されていないときは，再生債権者も申立てをすることができます（民再143条2項）．再生債務者自身では役員に対する責任追及を適切に行えない場合があることを考慮するものです．

役員責任査定決定の裁判は，原因事実の疎明（破産178条2項，民再143条3項），当該役員の手続保障のための審尋（破産179条2項，民再144条2項）に基づき，理由を付してしなければなりません（破産179条1項，民再144条1項）．役員責任査定決定には，異議の訴えによる再審理が認められるため，その裁

判書は当事者に送達されます（破産179条3項，民再144条3項）。役員責任査定決定の申立てを棄却する決定に対しては，異議の訴えを提起することはできません（かかる決定には損害賠償請求権の不存在を確定する既判力はありませんので，損害賠償請求訴訟を別途提起することは妨げられないと解されています）。役員責任査定決定に対する異議の訴えが提起されなかったとき，又は却下されたときは，役員責任査定決定は，給付を命ずる確定判決と同一の効力を有します（破産181条，民再147条）。

かかる決定手続は，破産・再生手続内に付帯する簡易手続ですから，本体たる破産・再生手続が終了したときは，当然に終了します（破産178条5項，民再143条6項）。

2　役員責任査定決定に対する異議の訴え

役員責任査定決定に不服がある者は，その送達を受けた日から1月の不変期間内に異議の訴えを提起することができます（破産180条1項，民再145条1項）。対審構造が厳格に保障された判決手続で審理されます（破産180条2項・3項，民再145条2項・3項）。再生手続における役員査定決定に対する異議の訴えについては，再生債務者等のみならず，再生債権者も申立権を有するため，複数の訴訟が競合する可能性を考慮した特別の規律が設けられています（民再146条1項・2項・6項）。

異議の訴えについての判決は，訴えを不適法として却下する場合を除き，役員責任査定決定を認可し，変更し，又は取り消す旨を宣言します（破産180条4項，民再146条3項）。役員査定決定を認可又は変更した判決は，強制執行に関しては，給付を命ずる判決と同一の効力を有します（破産180条5項，民再146条4項）。類似の手続構造をもつ否認請求認容決定に対する異議訴訟における認可判決については，判決にではなく，決定に確定判決と同一の効力が付与されている（破産175条4項前段，民再137条4項前段）のとは異なります。債務名義となる認可判決又は変更判決について，仮執行宣言を付することができるとの規律（破産180条6項，民再146条5項）も，「財産権上の請求に関する判決」（民訴259条1項）として執行力ある判決であることを明らかにするものです。

3―役員に対する損害賠償請求と財産保全

　法人役員の経営に関する違法行為の責任追及という性格から，内部者たる役員が財産を隠匿することも想定され，損害賠償請求権が認められても実効性が乏しいとのリスクを伴います．通常の民事保全としての仮差押命令の申立てをするときは，民事保全法による管轄裁判所に対して行う必要があり，しかも立担保を要するため，保全命令の申立ての事実上の障害になることが考えられます．そこで，破産法及び民再法は，役員の責任査定の実効性を確保するため，特殊な保全処分を設けています（破産177条，民再142条）．簡易迅速な決定手続である役員責任の査定決定を本案とすること，内部者たる役員を相手方とするため立担保を必要としないこと，基本事件たる破産・再生手続が係属する裁判所を管轄裁判所とすることにおいて，通常の民事保全とは異なる特色を有します．破産者又は再生債務者ではなく，法人の役員という第三者を相手方とする点においても特色がみられます．否認権のための保全処分（破産171条，民再134条の2）と機能的に類似するところがあるといえます．

破産財団の管理・換価・配当,個人破産 PART 6

PART 6 破産財団の管理・換価・配当,個人破産

CHAPTER 18 破産財団の管理・換価・配当

1- 破産財団の管理・財産の確保
1 破産財団の管理
2 破産財団の調査・報告

2- 破産財団の換価
1 破産管財人の職務としての換価業務
2 換価方法

3- 配当手続
1 意義
2 配当手続の種類
3 最後配当―配当手続の基本型
4 簡易配当と同意配当
5 中間配当と追加配当

4- 破産手続の終了
1 破産手続終結決定
2 破産手続廃止決定
3 その他の終了事由

CHAPTER 19 個人破産

1- 個人破産と破産法の目的

2- 自由財産
1 意義
2 差押禁止財産
3 自由財産の拡張

3- 免責
1 意義
2 免責許可手続
3 免責許可決定の要件
4 免責許可決定の効果
5 非免責債権
6 免責取消し

4- 復権
1 破産による資格制限と復権
2 個別法令による資格制限等

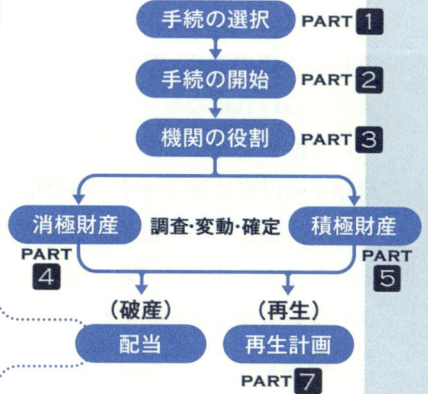

- 手続の選択 PART 1
- 手続の開始 PART 2
- 機関の役割 PART 3
- 消極財産 PART 4 ― 調査・変動・確定 ― 積極財産 PART 5
- （破産）配当
- （再生）再生計画 PART 7

CHAPTER 18 破産財団の管理・換価・配当

1──破産財団の管理・財産の確保

1 破産財団の管理

　破産財団に属する財産の管理処分権は，破産管財人に専属します（破産78条1項）．このため，破産管財人は，就任後直ちに破産財団帰属財産の管理に着手しなければなりません（同79条）．破産財団の散逸を防止するため，現実に支配下におくことを要します．その対象は，外形的表見的に破産財団に帰属する財産に及びます．最終的に換価処分できる財産であるか否かに関わりなく，破産財団に帰属すると認められる限りは，破産管財人の管理の対象となります．例えば，取戻権を基礎とする場合は，実体的には破産財団には属しない財産ですが，それが客観的証拠で確実に証明されるか，訴訟等を通じて確定されるまでは破産財団に属するものとして扱う必要があります．取戻権の承認につき，破産裁判所の許可を得なければならない（同78条2項13号）とされるのは，このような管理が及ぶことを前提にしたものです．

　破産管財人が具体的にどのように管理・換価すべきかについては，財団の規模，対象財産の特性等に応じて多様であって，法律の条文によって規律することは困難です．しかも，あまりに具体的かつ詳細な規律を加えることは，破産管財人の機動性を失わせるおそれがあります．このため，条文の文言はきわめてオープンな形式になっており，破産管財人の合理的裁量判断と裁判所の適正な監督権の行使に係る問題となります．

　破産管財人が現実に破産財団の占有を取得するには，破産者から任意に引渡しを受ける方法のほか，裁判所の決定によって引渡しを受けることもできます（破産156条）．必要があるときは，封印執行（同155条1項），帳簿閉鎖

（同条2項）をし，検査（同83条），破産者宛の信書の配達嘱託を通じて（同81条・82条），財産の保全及び発見に努めます．第三者が破産財団帰属財産を占有している場合で任意に引渡しを受けることができないときは，別途訴え提起等によって債務名義を取得して強制執行をする必要があります．

2 破産財団の調査・報告

[1] 就任初動時

破産管財人は，破産手続開始後遅滞なく，破産者の財産状況を把握して価額評定を行い，破産手続開始時における財産目録及び貸借対照表を作成して，これらを破産裁判所に提出しなければなりません（破産153条1項・2項）．

また，破産管財人は，破産手続開始に至った状況，破産者及び破産財団に関する経過及び現状，破産者が法人であるときは役員の財産に対する保全処分（破産177条1項）又は役員責任査定決定（同178条1項）を必要とする事情の有無その他破産手続に関し必要な事項を記載した報告書を作成して，裁判所に提出しなければなりません（同157条1項）．その要旨を財産状況報告集会において報告します（同158条）．

[2] 任務終了時

破産管財人は，その任務が終了した場合には，遅滞なく計算報告書を裁判所に提出し（破産88条1項），計算報告を目的とする任務終了集会の招集を求める申立てをしなければなりません（同条3項）．もっとも，債権者集会の招集に代えて，書面による計算報告の申立てをすることもできます（同89条）．

2─破産財団の換価

1 破産管財人の職務としての換価業務

破産管財人は，破産財団に属する財産について，適正な換価業務を迅速に遂行して配当原資を形成する職務を担います．現有財団を法律的に整理して法定財団を形成し，これを換価して配当財団を形成して，破産配当の原資とします．

旧破産法196条1項は，一般の債権調査終了前には換価できないとする換

価時期の制限を規定していました．しかし，破産者の資産価値は時間的経過とともに急激に劣化するのが通例であり，買受希望者が現れない事態となれば無価値も同然となります．他方では，債権調査終了までの保管料や固定資産税の負担が増すことにもつながるといった悪循環が生じていました．このようなところから，換価時期に関する制限を撤廃するとともに，破産管財人による換価の適正確保を裁判所の監督に係らせることにしています（破産78条2項1号〜8号）．

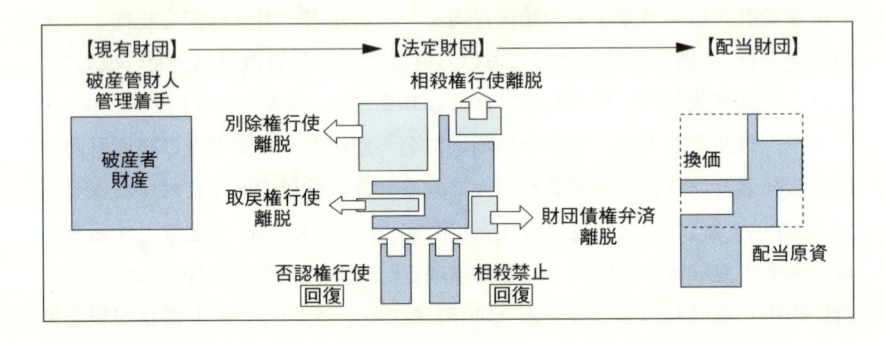

```
【現有財団】 ──────→ 【法定財団】 ──────→ 【配当財団】
                        相殺権行使離脱
破産管財人                  ↑
管理着手            別除権行使
                    離脱  ←
破産者                                          換価
財産                取戻権行使
                    離脱  ←
                                財団債権弁済
                            ↑   離脱  →
                                                配当原資
                    否認権行使    相殺禁止
                    回復         回復
```

2 換価方法

破産財団の換価方法の選択は，破産財団の利益を基本に据えた破産管財人の合理的裁量に委ねられ，その適正確保の観点から，裁判所の許可を得ることが求められます（破産78条2項）．もっとも，費用対効果の観点から，最高裁判所規則で定める額（100万円［破産規25条］）以下の価額を有するものに関するとき等については，裁判所の許可は不要とされています（破産78条3項）．また，破産法上の換価方法としての事業譲渡も可能です（同条2項3号）．再生手続（民再42条［335頁］）とは異なり，債権者に対する意見聴取や株主の利益保護は必要とされず，労働組合に対する意見聴取を経て，裁判所の許可による迅速な譲渡が可能です（破産78条4項）．

これに対し，不動産や知的財産権等については，民事執行法その他強制執行の手続に関する法令の規定によってする旨規定されています（破産78条2項1号・2号，184条1項）．売却手続の公正確保に配慮する趣旨です．しかし，実務上は任意売却によるのが通例です．迅速かつ高価に換価することが期待できますし，知的財産権などは需要を有する企業が限定されているなど，市

場に委ねるのが相当ではない場合もあります．

不動産の一般的な換価方針

現在の不動産市況からすると，安定的な資産とみられてきた不動産には交換価値を超える担保が付され，いわゆるオーバーローン状態にあるのが通例です．このような場合，剰余の見込みや不動産の利用価値，各種法的手段の利害得失や破産財団の現況及び他の換価業務の輻輳等を総合考慮しながら，担保権者や買受人の意向を考慮して，換価方針を策定します．

(1) 任意売却（別除権目的財産の受戻し）

不動産の換価方法については，任意売却の方法を模索して，競売市場における価額よりも高い価額での換価を試みるのが通例です．その際，破産管財人は，別除権者に対し，弁済額の減額，一定額の財団組入（売却先を探して換価するのに要するコストを考慮して，競売になったときの予想価額との差額からその一部を破産財団に組み入れること）を求めます．手続としては，被担保債権の弁済による別除権の目的財産の受戻し（破産78条2項14号）として，裁判所の許可（同項1号）を得て行われます．

(2) 担保権消滅請求

もっとも，任意売却をするには，抹消される担保権者の全員の同意が必要となります．競売手続によっては配当が回らない後順位担保権者が任意売却交渉に不合理な抵抗を示すことがあるため，破産法は，破産債権者の一般の利益に適合するとともに，消滅する担保権者を不当に犠牲にしないことを要件に，担保権の消滅許可制度を設けています（破産186条）．任意売却の促進及び補完機能が果たされるよう期待するものです．

(3) 換価のための競売

任意売却の見込みがたたず固定資産税の負担を免れるため，あるいは，いつまでも換価が完了せず破産手続の進行に障害が生じるときなどは，破産管財人としては，破産法184条2項を利用して積極的に換価に動き出すことが考えられます．この規定の発動に際しては，破産管財人は担保権を有するわけではありませんから，実体法による換価権に基づく担保不動産競売ではないことはもちろん，強制競売とは異なり債務名義をも必要とはしません（形式的競売［執行・保全270頁参照］）．換価清算目的のため，無剰余取消し（民執63条，129条）の適用は排除されています（破産184条3項）．別除権者が担保権実行に着手したとしても，それが後順位担保権者による担保不動産競売手続である場合は無剰余取消しになる可能性がありますので，そのような場合に備えて破産管財人が二重開始決定を得ておくことによって

換価を進行させることも可能です．この方法は破産財団からの放棄を回避するためにも有意義です．例えば，抵当権の物上代位に基づいて賃料債権が差し押えられているため管理コストを捻出できないような場合で破産財団から放棄すると居住者が困る物件，産業廃棄物処理跡地などのように社会的責務に照らして破産財団から放棄するのが相当ではない物件について利用することが考えられます．

(4) 破産財団からの放棄

　破産管財人としては，管財業務を早期に終結させるために，当該財産を財団から放棄することも視野に入れます（固定資産税は1月1日時点での所有者に賦課されることを念頭において換価に努め，ギリギリで放棄するのが通例ですので，12月ころに放棄の許可申請が集中します）．ここで財団からの放棄とは，実体的に権利を放棄（絶対的放棄）するのではなく，破産財団帰属財産としての換価処分の対象から除外する趣旨であり，破産手続外の第三者の自由処分に委ねる趣旨です（相対的放棄）．破産者が自然人の場合には，財団から放棄された財産は自由財産として，その管理処分権は当該破産者が回復することになります．これに対し，法人の場合に自由財産を観念できるかについては議論があります．法人は破産手続開始とともに解散事由とされていること（一般社団法人及び一般財団法人に関する法律148条6号・202条5号，会社471条5号・641条6号），法人に自由財産を観念しても経済的再生のために機能する余地がないこと，法人の自由財産を認めると，社員などの残余財産分配請求権の対象となり，実質的に破産債権者より社員を優先させることになって破産法の基本原理に反することを理由に否定する見解が有力です［伊藤185頁，谷口131頁］）．しかし，法人が解散したとしてもなお組織法的な活動をする余地があり，清算の目的の範囲内とはいえその権利主体性は失われないというべきである以上，法人の場合にあっても放棄は許されると解されます．破産規則56条後段もこのような理解を前提にするものと考えられます．

　別除権の目的物が破産財団から放棄された場合，抵当権者はこれを実行して債権の回収を図る一方，実行後不足額を届け出ることで破産手続に参加します．担保不動産競売手続で配当を受ける見込みのない後順位者は破産配当に期待するほかなく，破産財団からの放棄前であれば破産管財人に対して別除権放棄の意思表示をして全額をもって破産手続に参加します（破産108条1項）．破産財団から放棄された後は，別除権放棄は，破産者に対する意思表示によって行います（最決平12.4.28判タ1035-108），法人破産の場合にあっては清算人に対する意思表示によります（最決平16.10.1判タ1168-130）．

　なお，破産財団から放棄することができるのは権利であって，義務を一方的に放棄することはできません．一面においては権利の放棄のようにみえても，他面にお

いて義務の放棄を伴うときには，その放棄は，原則として許されません．例えば，破産者の建物所有目的で借地契約が締結されている場合において，借地権付建物が換価困難であるとして放棄するとき，建物所有権の放棄に見えても地代支払義務が存在しています．また，破産財団に所属する建物に賃借人が存在するときは，建物の保守管理義務が存在します．これらの場合，破産管財人としては，建物の換価困難又はオーバーローンを理由に容易に放棄すべきではなく，適切に義務の解消又は第三者への承継に努めなければなりません．さらに，破産者所有土地の土壌汚染や崩落のおそれ等によって第三者に危害が及ぶおそれがあるなどの場合，その危険除去費用を破産財団が負担すべきかという問題は，上例とはやや局面を異にしますが，当該財産を破産財団から放棄するのは相当ではないと解されており，この限度では共通するところがあります．破産管財人の社会的責任と破産財団の負担能力との関係から，解決困難な実務上の問題を提起しています．

3—配当手続

1 意義

破産管財人の換価によって配当に適する財源が確保されたときは，破産債権者に対し，法定順位に従い，債権額に応じた比例的割合によってこれを配分します．「破産債権者は，破産法の定めるところに従い，破産財団から配当を受けることができる」との規定（破産193条1項）は，破産債権者に配当受領資格を認める規定であると同時に，破産法に規定する以外の方法による配当受領を許容しない趣旨です．公平な配当を実施するため，破産手続の終局段階としての配当手続には厳格な規律が加えられています．

配当手続の柔構造化
破産債権者の期待の焦点は，配当率と配当時期にあります．旧法では，破産債権者が社会に広く散在するとの観念から，官報公告手続を必要的なものとし，最後配当の除斥期間を「1月内」としていたことと相まって，配当手続が遅滞する原因となっていました．現行法は官報公告を任意化し，これに代えて個別通知という現実に合致する方法を認め（破産197条），最後配当の除斥期間を「2週間以内」に短縮する（同198条1項）ことによって，配当手続の迅速化が図られました．

2 配当手続の種類

規定の構造としては，最後配当（破産195条以下）を配当手続の基本型とした上で，このほかに，配当方法の合理化を図る観点から簡易配当（同204条以下）と同意配当（同208条）を設け，時期的区分として中間配当（同209条以下）と追加配当（同215条）を定め，それぞれについて最後配当の特則や読み替え規定を設けています．

[1] 配当方法の合理性区分

配当規律の厳格性との費用対効果を考慮する観点から，最後配当，簡易配当及び同意配当が区別されます．

基本型としての最後配当は，先述した配当手続の意義に照らし，厳格に規律されます．多数の債権者が社会に散在する事案を想定する公告型（最後配当に参加する債権の総額及び最後配当金額を公告して行うもの）は，最もコストを要する厳格な方法であって，終局的な解体清算を任務とする破産手続において象徴的な位置を占めていると考えられます．他方，厳格性を緩和した現実的な選択肢としての通知型（公告に代えて届出破産債権者に通知して行うもの）も備えて弾力的な選択を可能にしています（破産197条1項）．

簡易配当は，配当可能金額が1000万円に満たない場合や破産債権者が簡易な手続によることについて異議がない場合に，最後配当に代えて，より簡易な手続で迅速に配当を行うものです．

同意配当は，届出破産債権者の全員が破産管財人が事前に定めた配当表，配当額並びに配当の時期及び方法について同意している場合に，簡易配当よりもさらに簡素な手続で配当を行うものです．

[2] 配当方法の時期的区分

最後配当，中間配当及び追加配当は時期的な観点に基づき区分されます．

破産財団の換価終了後に終局処理として実施される最後配当，換価終了前に配当に適する金銭がある場合に実施される中間配当，そして，最後配当に入れることができなかった財産が確認された場合に実施される追加配当があります．

最後配当は，配当可能金銭が存在する限り，必要的に実施されるのに対し，中間配当は財団形成の進捗状況と今後の見込み，終結予測などを踏まえて裁

量的に実施されます．追加配当は想定外の事態に対する手当といえます．

配当手続の全体構造

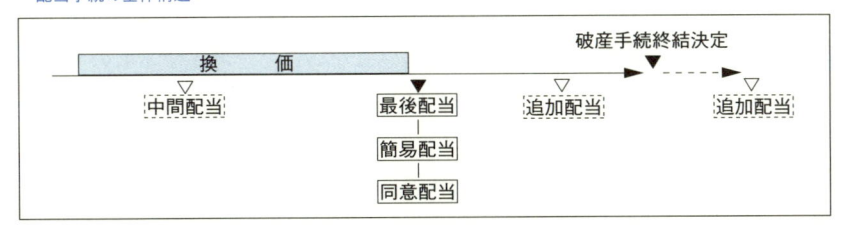

```
           換      価                    破産手続終結決定
  ─────████████████████─────▽────●────▽───────▽──→
              ▽              ●    ▽        ▽
           中間配当         最後配当  追加配当   追加配当
                           │
                         簡易配当
                           │
                         同意配当
```

3 最後配当—配当手続の基本型

[1] 最後配当への着手

　破産管財人は，破産財団の換価が終了したときは，最後配当をしなければなりません（破産 195 条 1 項）．この場合，債権調査及び換価の終了事実と財団債権の支払又はその準備の事実が確認されれば足り，実質的判断を必要としないため，裁判所書記官の許可をもって実施されます（同条 2 項）．

[2] 配当表の作成

(1) 配当表

　破産管財人は，最後配当手続に参加することができる債権者の住所・氏名及び債権額並びに最後配当をすることができる金額を記載した配当表を作成し，裁判所に提出します（破産 196 条 1 項）．配当表を裁判所に提出した後，遅滞なく，最後配当の公告又は届出破産債権者に対し通知をします（同 197 条）．

(2) 配当参加資格の確定

　確定した破産債権が配当に加えられることには問題はありません．配当参加資格に疑義のある債権については，以下のとおりに取り扱われます．

　①異議等のある破産債権については（有名義債権に対する異議の場合を除き），破産管財人に対し，2 週間の除斥期間内に破産債権確定手続が係属していることを証明しなければなりません（破産 198 条 1 項）．この証明がないときには配当から除斥され，証明されたときは当該債権に係る配当額は供託されます（同 202 条 1 号）．②停止条件付債権又は将来の請求権は，除斥期間内に行使できる状態にあることが確定されなければ配当から除斥されます（同 198 条 2 項）．③別除権者の不足額も除斥期間内に証明しなければならず，証

明されないときは配当から除斥されます（同条3項）．④別除権が根抵当権であるときは，除斥期間内に不足額の証明がされた場合を除き，極度額を超える部分が不足額とみなされます（同条4項，196条3項）．根抵当権実行による競売手続では，極度額の限度でしか配当されないことを考慮するものです．

①③が証明されたときは，配当表が更正されます（同199条1項2号・3号）．

[3] 配当表に対する異議

配当表の記載に不服がある破産債権者は，最後配当に関する除斥期間が経過した後1週間以内に限り，裁判所に対し，異議を述べることができます（破産200条1項）．

異議申立てがされた場合，裁判所は，決定手続で裁判します．配当の完結が遅れることによって破産手続全体の終結が遅延することを避けるため，別途訴訟手続等による判断を求めることはできません．異議に理由があると認めるときは，裁判所は，破産管財人に対し，配当表の更正を命じ（同条2項），異議に理由がないときは，申立てを却下します（同条4項参照）．この裁判に対しては即時抗告が可能とされ（同条3項），簡易迅速に判断が示されます．

[4] 配当の実施

破産管財人は，最後配当に関する除斥期間及び配当表に対する異議期間経過後，遅滞なく破産債権者に対する配当額を定めなければなりません（破産201条1項）．条件付債権に関する処理（同条2項・3項），先行弁済に関する配当調整（同条4項），その他の配当調整（同条5項，214条3項）を行って定めた配当額を最後配当手続に参加できる破産債権者に通知します（同201条7項）．

この配当額通知を発するときまでに破産管財人に知れていない財団債権者は，弁済を受けることができなくなります（同203条）．

最後配当手続フロー

債権調査期間・期日	除斥期間（2週間）	異議期間（1週間）	
（195 I） ▲	（198 I） ▲	（200） ▲	▲
書記官許可	配当表作成（196）		配当額通知 配当実施
（195 II）	配当公告 or 通知（197）		（201）

	最 後 配 当	
	通知型	公告型
要　件	一般調査期間経過後又は一般調査期日終了後（195 I） 財産換価終了後（195 I）	
配当許可	裁判所書記官（195 II）	
周知方法	債権者への配当通知（197 I）	配当公告（197 I）
除斥期間	管財人の除斥期間起算日届出書 提出日から2週間（198 I）	官報公告が効力を生じた日から 2週間（10 II, 198 I）
配当表異議	除斥期間経過後1週間（200 I）	
配当額通知	配当表に対する異議期間経過後遅滞なく配当額通知（201 VII）	
知れていない 財団債権者の 除斥	配当額確定通知時（203）	

4 簡易配当と同意配当

　最後配当手続の厳格さを緩和して，配当手続を合理化・簡素化する趣旨に基づき，簡易配当と同意配当が設けられています．

[1] 簡易配当

(1) 意義

　簡易配当とは，最後配当をすることができる場合に，最後配当の代替手続として利用されることを想定した簡易な配当手続です（破産204条1項）．①配当可能金額が1000万円に満たない場合（財団少額型［同項1号］），②手続開始時に定めた異議申述期間に異議がなかった場合（開始時異議確認型［同項2号］）及び③裁判所書記官が相当と認め，後に債権者に異議を述べる機会を保障する場合（配当時異議確認型［同項3号，206条］）があります．

　中間配当を行った場合は，配当可能金額が1000万円未満であっても簡易配当によることはできず，最後配当によらなければなりません（破産207条）．中間配当を実施するのは，財団規模が大きく，終結に至るまでなお相当の日時を要することが想定される場合ですので，終局処理を簡易配当によるのは相当ではないからです．

(2) 最後配当との比較

　最後配当と比較すると，①最後配当・通知型と同じく債権者への通知によって配当実施を周知します（破産204条2項，205条による197条の準用除外）が，

これには債権の総額，配当可能金銭（同197条1項後段）のほかに配当見込額を定めることが必要とされ（同204条2項），配当時異議確認型簡易配当においては，簡易配当に対する異議期間も通知することが必要です（同206条前段）。このほかはいずれも手続の簡易迅速化を図るため，②除斥期間が1週間に短縮され（同205条），③配当表に対する異議申立てについての裁判について即時抗告が排除され（同条による200条3項の準用除外），④配当表に対する異議申立期間経過（異議手続終了）後における配当額の再度の通知が省略されています（同205条による201条7項の準用除外）。

簡易配当の実情

実務では，配当可能額が1000万円に満たない事案が多いため，財団少額型簡易配当は多く利用されています。これに対し，配当可能額1000万円超の事案では，開始時異議確認型と配当時異議確認型が利用可能であるにもかかわらず，最後配当手続が選択されることも多いようです。その理由としては，開始時異議確認型については，破産手続開始時点においては，配当可能額が1000万円以上になるか否かはもちろんのこと配当の可否さえも明らかではない場合が少なくないこと，配当に対する根拠のない期待や暫定的な異議を誘発しかねないこと等の理由から，開始時異議確認型は利用しにくいとの指摘があります（論点解説下159頁［吉田勝榮］）。また，配当時異議確認型については，簡易配当に対する異議が提出されると，簡易配当許可を取り消した上で最後配当手続をやり直さなければならない（破産206条後段）ことになり無駄が生じるという意識が働くようです。

	簡 易 配 当	
	財団少額型	配当時異議確認型
要　件	一般調査期間経過後又は一般調査期日終了後（204Ⅰ，195Ⅰ） 財産換価終了後（195Ⅰ）	
	配当額1000万円未満（204Ⅰ①）	相当と認められるとき（204Ⅰ③）
配当許可	裁判所書記官（204Ⅰ）	
周知方法	債権者への配当通知（204Ⅱ）	
除斥期間	管財人の除斥期間起算日届出書提出日から1週間（205，198Ⅰ）	
簡易配当異議	（簡易配当に対する異議期間なし）	同上（206）異議→簡易配当許可取消
配当表異議	除斥期間経過後1週間（205，200Ⅰ）	
配当額通知	なし（最後配当201Ⅶと対照）	
知れていない財団債権者の除斥	配当表に対する異議期間経過時（205，203）	

[2] 同意配当

同意配当は，届出破産債権者の全員が破産管財人が事前に定めた配当表，配当額並びに配当の時期及び方法について同意している場合に，簡易配当よりもさらに簡素な手続で配当を行うものです（破産208条）．配当の公告・通知や配当表に対する異議などの手続は実施されません．債権者がごく少数であって，配当の局面において私的整理に近い合意が形成される状況に至ったときに利用することが考えられます．

手続の厳格性とその緩和の契機としての債権者の自治

最後配当は，手続選択について債権者の意向を反映させる余地がないところに配当手続の基本型としての厳格性が示されています．そのため，債権者が配当表に対し積極的に異議を述べる機会を保障しています．簡易配当は，手続選択に債権者が異議を述べないという消極的同意を基礎に簡易化された手続の選択を可能にするもので，手続受益主体の意思を反映させる要素が取り入れられています．そして，同意配当にあっては，債権者の積極的同意を基礎にした手続構築を許容するもので，債権者自治を手続規律の厳格性に優先する政策判断は，費用対効果の観点のみならず手続受益主体としての債権者の地位を重視する考えによるものといえます．ここには破産手続の任意化とその限界を探る思考が存在することが窺えます．また，手続に拘束された債権者のみを対象にする配当手続であるからこそ，その対象範囲にある債権者の自治を優先することに合理性を見出すことも可能であることが示されていると考えられます（手続外の利害関係人に波及する場合は，強行性を排除できないと考えられます）．

5 中間配当と追加配当

最後配当に先立つ配当手続を中間配当といい，最後配当後の配当手続を追加配当といいます．

[1] 中間配当

(1) 意義

破産管財人は，破産財団の換価が終了する前において，配当をするのに適当な金銭があると認めるときは，最後配当に先立って，届出破産債権者に対し，中間配当をすることができます（破産209条）．破産財団の規模が大きい

ために，既に配当に適する財団が形成されるとともに，今後も換価業務が継続する見込みであって，その終結まで相当期間を要すると予想される場合は，債権者の早期満足の利益と中間配当に要する手続コスト負担とを勘案して中間配当の実施が検討されます．

(2) 中間配当の手続―最後配当との異同

形式的判断で足りる最後配当とは異なり，中間配当の必要性・相当性は実質的な判断にわたるため，裁判所書記官ではなく，裁判所の許可によって行います（破産209条2項）．

配当表の作成（破産196条1項・2項），配当公告又は通知（同197条），異議ある債権の配当除斥（同198条1項），配当表に対する異議（同200条）の規定等が中間配当にも準用されます（同209条3項）．

配当除斥期間及び配当表に対する異議申立期間が経過した後，破産管財人は，最後配当においては配当額を定めなければならないとされている（同201条1項）のに対し，中間配当では配当率を定めて通知します（同211条）．

別除権者が中間配当に参加するには，別除権の実行に着手したことを証明するとともに，不足額の疎明が必要です（同210条）．最後配当では，不足額の証明（同198条3項）が必要とされているところと異なります．

債権確定手続中の債権，停止条件付債権，将来の請求権等の未確定債権に対する配当額等は寄託されます（同214条）．最後配当の除斥期間までに確定しないときは，最後配当における配当可能額に加えられます（305頁）．

[2] 追加配当

(1) 意義

最後配当につき配当額を通知する時点で配当の基礎にしていない財産で新たに配当に充てることができる相当の財産が確認されたときは，破産管財人は，裁判所の許可を得て，最後配当，簡易配当又は同意配当とは別に配当をしなければなりません（破産215条1項）．これを追加配当といいます．例えば，債権確定手続係属中で配当が供託されていたところ，債権者が敗訴した場合，錯誤による弁済・配当に基づき破産財団に返還された金銭がある場合，税金の還付が発生した場合などが追加配当の財源となります（ただし，配当手続に要するコストを投下するに足りる程度の規模を有することが前提であると解されます．このため，債権者数，配当額，配当費用等を考慮して，事

案に応じて，破産管財人に対する追加報酬とされることもあります）．

破産手続終結後に財産が発見された場合にこれを追加配当原資とすべきかについては議論があります．否定説（山木戸261頁，谷口323頁，加藤350頁，中島Ⅰ479頁）は，破産手続終結決定によって破産者は管理処分権を回復すること，破産管財人の任務は手続終結時に占有管理していた財産に限られると解すべきことを理由としています．これに対しては，管財人の調査不足や破産者の隠匿に起因して新たに発見された財産について追加配当の可能性を否定するのは相当ではなく，破産手続開始当時に破産者に帰属していた財産であって，なお破産者に帰属している場合には破産管財人の潜在的な管理処分権が及ぶとみる肯定説（中田233頁，伊藤522頁）もあります．この点に関する判例として，破産手続終結後の破産者の財産に関する訴訟については，当該財産が破産財団を構成し得るものであったとしても，破産管財人において，破産手続の過程で破産終結後に当該財産をもって追加配当の対象とすることを予定し，又は予定すべき特段の事情がない限り，破産管財人に当事者適格はないとしたものがあります（最判平5.6.25民集47-6-4557）．これによれば，手続過程に現れた事情に基いて配当原資とすべき特段の事情があるかどうかによって決せられることになると解されます．

(2) 追加配当の手続―最後配当の補充

追加配当の手続は，原則として最後配当の手続に準じて実施され（破産215条2項），配当基準も最後配当等の際に作成された配当表によります（同条3項）．

4—破産手続の終了

1 破産手続終結決定

裁判所は，最後配当，簡易配当又は同意配当が終了した後，破産管財人の任務終了・計算報告集会（破産88条）が終結したとき，又はこれに代わる書面報告に対する異議申述期間（同89条）が経過したときは，破産手続終結決定をしなければなりません（同220条1項）．裁判所は，破産終結決定をしたときは，直ちに，その主文及び理由の要旨を公告し，これを破産者に通知しま

す（同220条2項）．破産手続がその本来の目的を達成して終了する場合です．

2 破産手続廃止決定

[1] 廃止の意義

破産手続を開始しても，破産財団が破産手続の費用にさえも不足するときは，破産手続を進めても意味がありませんし，経済的合理性にも反することになります．また，破産手続の受益主体である債権者全員が破産手続を終了させることに同意するときも，破産手続実施を強行することには意味がありません．このような場合には，破産手続は開始しますが，将来に向かって手続を終了させます．

[2] 同時廃止

(1) 意義

裁判所は，破産財団をもって破産手続の費用を支弁するのに不足すると認めるときは，破産手続開始の決定と同時に，破産手続廃止の決定をしなければなりません（破産216条1項）．これを同時破産手続廃止決定（同時廃止決定）といい，職権によって判断されます．破産管財人の報酬と手続費用に不足する場合に同時廃止決定がされます．これらの費用が賄えるときには，破産配当ができないことが明らかであっても，同時廃止決定はなされません．財産調査や免責不許可事由の調査を実施する必要性・合理性が認められる事案では，これらの費用を賄うに足りる金額の予納を求められるのが通例です．

(2) 効力

同時廃止決定に対しては即時抗告をすることができますが（破産216条4項），執行停止効はありません（同条5項）．

破産手続開始決定と同時に廃止決定がされた場合，破産手続が将来に向かって終了しますので，破産手続が開始された事実とそれが終了する裁判がされた事実は両立します．

破産者が個人の場合は，そのまま財産管理処分権を維持して事業等を継続することができます．もっとも，破産手続開始決定の効果としての各種の資格制限（329頁参照）は生じます．また，債権者は個別的権利行使禁止効が解かれるのが理論的帰結ではありますが，個人の経済的再起更生の機会を確保するため，免責許可の申立てがあるときは，それに対する裁判が確定するま

での間は，破産者の財産に対する強制執行はすることができません（破産249条1項）．消費者破産事件の大多数は，同時廃止決定及び免責手続を経て債務が法的に整理されるのが通例といえますが，免責不許可事由の存在が疑われる場合にその調査が不十分なままに免責決定を与えるのはモラル・ハザードを招くとの指摘があったことを踏まえて，そのような場合には，少額の予納金をもって破産管財人の報酬に充てて同時廃止事件にせず，破産管財人に調査させる手続運用があります（少額管財事件，小規模管財事件）．

破産者が法人の場合は，破産手続開始決定がされた事実は動きませんので，解散に伴う清算手続が行われることになります（会社644条1号）．もっとも，現実には，法人について同時廃止の手続がとられることはなく，財産調査のために破産管財人の選任を要するのが通例です（破産216条2項参照）．

同時廃止事件と管財事件との振り分け

同時廃止事件か破産管財人による調査・換価を要する管財事件との振り分けは，「破産手続の費用を支弁するのに不足するおそれ」（破産31条2項）があるか否かによって決められます．申立費用と予納金（主として破産管財人の報酬）に足りる財産があれば，管財事件として受理されます．現金が99万円まで自由財産とされるとしても（318頁），手続開始によってはじめて自由財産が観念される以上，手続費用支弁可能性と自由財産の範囲とは別問題といえます．

[3] 異時廃止

(1) 意義

破産手続開始決定があった後，破産財団をもって破産手続の費用を支弁するのに不足すると認めるときは，破産管財人の申立て又は職権で，破産手続廃止決定をしなければなりません（破産217条1項前段）．これを異時破産手続廃止決定（異時廃止決定）といいます．この場合，債権者集会の期日において破産債権者の意見を聴かなければならないこと（同項後段），これに代えて書面による意見聴取が可能であること（同条2項）については，前述しました（151, 152頁）．

破産財団の形成が期待できない状態ではあるものの，破産管財人による調査をするために破産手続の開始を求め，やはり適当な財産の発見に至らない場合や，相当程度の財団形成を見込んでいたものの，財団債権が多額であっ

て配当原資の確保に至らない場合等に，異時破産廃止決定がなされます．破産手続開始時に異時廃止のおそれがあると認められるときには債権調査のために投じるコストが無駄になりますので，裁判所は，債権届出期間，債権調査期間又は期日を定めないことができます（破産31条2項）．

消費者破産における和解処理と異時廃止

配当原資が集積したときは配当手続によるのが本則ですが，消費者・個人破産の場合，財団債権への弁済後の配当原資がきわめて僅少で債権者数も少ないときは，破産債権者全員と按分弁済の個別和解をして財団債権化して支払う（破産148条1項4号）という実務運用があります．かかる運用によるときは，破産手続上は異時廃止事案として取り扱うことになります．

(2) 効力

異時廃止決定及びその申立てを棄却する決定に対しては，即時抗告をすることができ（破産217条6項），同時廃止決定とは異なり，異時廃止決定は確定しなければその効力は生じません（同条8項）．

異時廃止決定の確定によって，破産者は破産財団帰属財産の管理処分権を回復します．免責許可の申立てがあるときは，それに対する裁判が確定するまで，破産者の財産に対し強制執行することはできません（破産249条1項）．

廃止決定は，将来に向かって手続が終了する効果をもつにとどまりますので，破産管財人が破産手続中に行った管理処分行為は，廃止後も有効に存続します．異時廃止決定が確定した場合には，破産管財人は財団債権を弁済しなければなりません（破産90条2項）．破産管財人は任務終了に基づく計算報告書を裁判所に提出しなければなりません（同88条1項）．もっとも，実務上，廃止求意見集会で異議がないときには，直ちに任務終了計算報告集会に移行するのが通例ですので（151, 152頁），破産管財人は換価終了後，財団債権を弁済した上で異時廃止の申立てをし，債権者集会期日までに計算報告書を作成して期日に臨むことになります．

異時廃止決定が確定したときは，破産管財人を当事者とする破産財団に関する訴訟は中断し（破産44条4項），財産管理処分権を回復した破産者がこれを受継しなければなりません（同条5項）．否認訴訟は目的を失い終了します．

手続終結と廃止

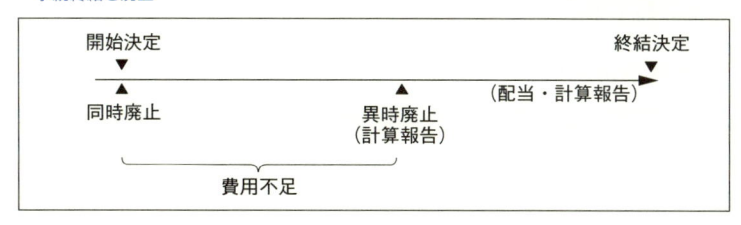

```
             開始決定                                         終結決定
              ▼                                              ▼
              ▲                        ▲         （配当・計算報告）
             同時廃止                  異時廃止
                                     （計算報告）
                  └─────────費用不足─────────┘
```

[4] 同意廃止

(1) 意義

　債権届出期間内に届出をした破産債権者全員の同意を得ているとき，又は，同意しない破産債権者がある場合において裁判所が相当と認める担保を供しているときは，破産者の申立てによって，裁判所は，破産廃止決定をしなければなりません（破産218条1項）．これは破産手続を続行することによる利益を放棄する趣旨ですので，届出破産債権者の同意のみで足ります．破産債権を実体的に放棄する意思表示ではありません．破産手続外で私的整理合意が成立した場合等に利用することが想定されます．

　法人である破産者がこの申立てをするには，定款その他の基本約款の変更に関する規定に従い，あらかじめ当該法人を継続する手続をしなければなりません（破産219条）．法人は，破産手続開始によって解散し，清算目的の範囲内での存続が擬制されているにとどまる（同35条）ため，継続の手続が必要となります．

　個人である破産者は，免責許可の申立てをしているときは，同意廃止の申立てをすることはできません（破産248条6項）．

　破産者から同意廃止の申立てがあったときは，裁判所は，その旨公告し（破産218条3項），公告が効力を生じた日から起算して2週間以内に，届出破産債権者は裁判所に対し意見を述べることができます（同条4項）．この期間経過後に裁判所が判断を示します．

(2) 効力

　同意廃止決定が確定したとき（破産218条5項，217条8項）は，個人である破産者は当然に復権します（同255条1項2号）．法人につき継続の手続がとられているときは，解散前の状態に復します．

3 その他の終了事由

[1] 破産取消決定

　破産手続開始決定に対する即時抗告（破産33条1項）によって，抗告裁判所が破産手続開始決定を取り消したり（同13条，民訴331条，305条），抗告提起を契機に原裁判所が再度の考案によって破産手続開始決定を取り消した場合（破産13条，民訴333条）は，当該取消決定の確定によって，破産手続開始の効果は遡及的に消滅します．もっとも，破産手続開始決定はその決定の時から直ちに効力を生ずる（破産30条2項）とされ，これに対する即時抗告には執行停止効はないため，破産管財人としては既に管理処分行為を行っている場合があります．この場合には，当該管理処分行為の効力までを否定するのは混乱を生じさせるおそれがありますので，例外的に効力は維持されると解されています．

[2] 再建型手続における認可決定確定

　倒産手続間の優先関係の規律（22頁）により，再建型倒産手続開始の申立てによって中止されていた破産手続は，再生計画又は更生計画の認可決定が確定することによって失効します（民再39条1項，184条，会更50条1項，208条）．

CHAPTER 19　個人破産

1――個人破産と破産法の目的

　法人は，経済活動の多様化・多角化に対応して，自然人を離れた権利義務の帰属点たる地位を認める法技術であって，事業活動が破綻した場合には，それを解体清算して消滅するに至ります．これに対して，自然人の場合には，法人格の消滅という事態が生じるわけではなく，経済活動の主体たる地位はなお存続しますので，破産手続の目的としては，破産手続終了後における経済的生活の再生の機会となるような配慮が必要となります．破産法も「債務者について経済生活の再生の機会の確保を図る」ことを目的として明記しています（破産1条参照）．

　個人破産においても，これまで検討してきたところは基本的に同様に適用されます．以下においては，個人破産において債務者の経済生活の再生に寄与する制度とみられる自由財産とその拡張，免責・復権を中心に検討します．

「個人破産」「個人再生」
　自然人を対象とする破産・再生を「個人破産」・「個人再生」と称します．法人に対する観念としては自然人が，事業者に対する観念としては消費者がそれぞれ対応するはずであるところ，破産法及び民再法において「個人」の語が用いられたことに基づきます（破産248条1項，民再221条1項参照）．そこでは，自然人には消費者だけではなく，事業者も含まれることが考慮されています．

2 ― 自由財産

1　意義

　固定主義（破産34条1項）の採用は，破産者に手続開始後の財産（新得財産）の保有を認め，破産者の生活の維持，経済生活の再生機会の確保に役立ちます（50頁）．また，破産手続は，債務者の総財産を換価する点において包括的執行といえるため，債務者にとって過酷にわたらないような配慮も必要となります．このような観点から，差押禁止財産は，破産者の管理処分に委ねられます．破産管財人が破産財団から放棄した財産も破産者の管理処分に委ねられます．これらの破産財団に属しない財産を自由財産といい，破産者の経済的再生の原資となります（ここでの「自由」とは非拘束の意味です）．

自由財産

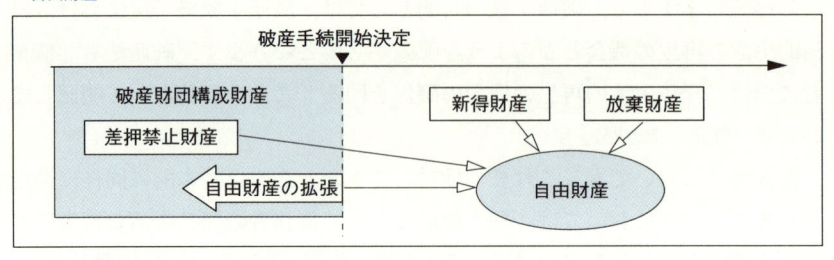

[図：破産手続開始決定を境に，破産財団構成財産（差押禁止財産を含む）から自由財産の拡張により，新得財産・放棄財産とともに自由財産となる流れを示す図]

2　差押禁止財産

　破産手続は，破産債権者のために債務者の財産を換価して配分することを目的とし，包括的な執行として観念されますので，個別執行に関する民事執行法において差押禁止財産とされるものは，破産法においても同様に破産債権者の引当とされるべきでないと考えられます（破産34条3項）．

　差押禁止金銭（民執131条3号）の金額は，民事執行法施行令では66万円と規定されていますので，これに2分の3を乗じた額である99万円までの金銭が自由財産とされます（破産34条3項1号）．差押禁止動産（民執131条3号を除く）及び差押禁止債権（同152条）は，破産法上も同様に妥当するほか（破産34条3項2号），特別法上，年金，労災保険，失業保険，生活保護受給権な

ども差押禁止債権とされます.

3　自由財産の拡張

[1]　意義

　自由財産の範囲を画一的に確定する破産法34条3項は，基準としての明確性及び一般的確実性を重視するものですが，破産者が抱える個別事情，地域特性等を十分に考慮することができない難点も抱えます．そこで，民執法上にも差押禁止範囲の変更制度が装備されていることを考慮して，破産債権者の合理的期待と破産者の生活保障とを弾力的に調整する見地から，破産法においても自由財産の拡張制度を設けています（破産34条4項以下）．これによれば，破産者の生活の状況，破産手続開始時に破産者が有していた自由財産の種類及び額，破産者が収入を得る見込みその他の事情を考慮して，破産財団に属しない財産の範囲を拡張することができます．この裁判の申立ては，破産手続開始決定時以後同決定の確定から1か月を経過する日までの間にしなければならないとされていますが，この期間は不変期間ではなく，裁判所が裁量的に受理することが許されると解されています．

> #### 換価基準による黙示の拡張決定
> 　実務では，一般的な換価基準（換価対象としない財産リスト）を定めておき，それに該当するときは，黙示の拡張決定があるものとして，当該財産に対する破産者の管理処分権を速やかに回復させる取扱いが多くなされています．当該基準に該当する限り，当該財産を破産者に速やかに利用させるのが，破産者の経済的再生の機会確保の目的という自由財産拡張制度の趣旨に適合します（自由財産拡張申立期間を短期とし，しかも不変期間ではないとされているのは，破産者の再起のため，迅速かつ弾力的に拡張決定がなされるべきことが想定されています）．このような取扱いは，管財業務及び裁判所の事務負担の軽減にもつながりますし，申立代理人としても，債務者に対し，今後の生活再建の見通しを与え，早めに破産の選択を決断させるメリットがあります．他方では，基準に該当しない財産について拡張の申立てがされた場合は，基準による運用が硬直的になるおそれも生じます．この場合は，破産管財人の意見と裁判所の判断にかからしめられている趣旨に照らし，柔軟な運用も求められていると解されます．

[2] 拡張の適否に関する若干の問題

(1) 自動車

　経年劣化の激しい自動車は，その価値に照らして自由財産となる余地が認められます．特に，公共交通機関が乏しいとか，破産者の生計維持・介護等のために自動車が必要な場合には，相当程度価値がある場合であっても，拡張制度を経て，自由財産とすることが認められます．なお，自動車はそのまま破産者に使用させて事故が起きてしまうと，使用者責任又は運行供用者責任として破産財団が損害賠償責任を負うことにもなりかねませんし，4月1日現在の所有名義人に自動車税が賦課されますので，時価評価を経て，廃車手続費用の方が高いときには換価価値なしとして財団から放棄することがあります．この場合も自由財産となります．

(2) 退職金

　退職金は，退職という将来の事実に係る請求権であって，給料の後払的性格を有すると考えられていますので，破産手続開始決定までの勤務期間に対応する割合部分のうち，差押禁止部分（民執152条2項）を除いた4分の1が破産財団に帰属すると考えることができます．したがって，破産手続開始後，破産手続中に破産者が退職したときは，これを配当原資に加えることが必要です．しかし，破産者がなお勤務を継続するときは，破産管財人が破産者を退職させてこれを現実化することはできない一方で，勤務先の倒産などの事情によって破産者に退職金が支給されない将来の危険性もあり，その取扱いには不確実性が伴います．このため実務上は，4分の1，あるいは，要積立金額が大きくなりすぎるおそれなどを考慮して，その8分の1を積み立てさせて破産財団に組み入れたり，勤務先に問い合わせて少額のときにはその全額を自由財産とするなどの運用がなされています．

(3) 保険解約返戻金

　破産者が解約返戻金を有する保険契約を締結しているときは，破産管財人は，速やかにこれを解約して財団の増殖に努めます．もっとも，破産者が既に高齢で保険に入り直すことがほぼ不可能であり，病気療養のために保険による補填を維持しなければならない事案も多くみられます．このような場合には，破産手続開始時に現実化したものと扱い，解約に代えて破産者に解約返戻金相当額を積み立てさせ，これを財団に組み入れて財団から放棄したり，

前述の自由財産拡張制度によって解約返戻金返還請求権を破産財団に属しない権利とする取扱いがあります．

(4) 慰謝料請求権

慰謝料請求権については，判例（最判昭58.10.6民集37-8-1041）は，被害者の精神的苦痛を金銭評価して行使される慰謝料請求権の性質等に鑑み，その具体的な金額が当事者間に客観的に確定されていない間は，一身専属性を有するものとして破産財団に帰属しないとし，他方では，客観的確定後又はそれ以前においても被害者が死亡したときは一身専属性を喪失すると解しています．したがって，そのような客観的確定が債務名義等によって図られることなく，あるいは相続が発生することなく破産手続が終了したときは，破産財団には帰属しない扱いとなります．破産手続開始後に終結前に確定又は相続が発生したときは，その時点で破産財団に含まれることになります（破産34条3項2号ただし書）．

被害者が受けた精神的苦痛を慰謝するという性格から破産債権者が配当財源として期待すべきものではないとみるのか，終局的には金銭債権として現実化することを捉えてその財貨性を重視するのかによって結論が異なり得ると考えられます．上記判例はその両面を客観的確定という事態を通じてバランスをとるとともに，慰謝料請求権の当然相続を認める判例（最判昭42.11.1民集21-9-2249）と整合を図るものといえます．

[3] 自由財産と破産債権との関係

(1) 自由財産の破産財団への組入（委付）の可否

破産財団の範囲に関する固定主義の採用は，自由財産の観念を創出し，それによって破産者の経済的再起更生の基礎を与えると同時に，手続開始当時の財産と破産債権及び手続開始後の新得財産と手続開始後の債権という財産関係のタイアップ・仕切りを明確にして，手続開始前後の債権者を公平に処遇することを基調にするものです．そこで，破産者が固定主義ないし差押禁止の利益を放棄して，自由財産を破産財団に組入することができるかが問題になります．破産者の意思を尊重する観点とともに，手続開始後の債権者の保護手段として詐害行為取消権（民424条）や第2破産に至った場合の否認権があることを理由に，これを肯定するのが多数説です（中田91頁，山木戸113頁，谷口134頁）．さきに述べた退職金や保険解約返戻金相当額の積立と財団

組入の運用は，このような多数説の理解に基礎をおくものです．
(2) 自由財産による破産債権に対する弁済の許否

破産者が自由財産をもって個別に破産債権を弁済することが許されるかという問題があります．上記(1)の財団組入は，破産財団を組成して破産管財人による配当手続を経るのに対し，ここではそれをショートカットする局面として異なります．自由財産から弁済を受けることが，破産法100条1項によって禁止される破産債権の行使に該当するかという問題です．

学説には，任意弁済の受領は受動的な行為にすぎないので債権の行使ではないことを理由に，破産者が自らの自由意思で固定主義の利益を放棄して弁済することまで禁ずる意味はないとする肯定説（中田91頁・203頁，加藤134頁）と，そのように解するならば，手続外での請求を誘発し，破産者の経済的更生を困難にするとの否定説（山木戸34頁）とがあります．

判例（最判平18.1.23民集60-1-228）は，一般論としてはこれを肯定しつつも，「破産者がした弁済が任意の弁済に当たるか否かは厳格に解すべきであり，少しでも強制的な要素を伴う場合には任意の弁済に当たるということはできない」とし，弁済が任意の弁済であるというためには，破産手続開始後に，自由財産から破産債権に対する弁済を強制されるものではないことを認識しながら，その自由な判断により，上記弁済方法をもって債務を弁済したものということができることが必要であるとし，結論的には当該事案について任意性を否定しています．判例の考え方によれば，周辺諸事情を認定・評価することが求められますが，任意弁済を否定する立場と異ならないとの指摘もあります（中島Ⅰ133頁）．

(3) 自由財産に対する破産債権の権利行使の可否

破産債権者は，破産手続によらなければ権利行使できません（破産100条1項）．かかる禁止・制限は固定主義によって区切られた破産財団に対する権利行使に限られるのか，自由財産に対する権利行使にも及ぶのかが問題となります．自由財産のうち差押禁止財産については，その趣旨から権利行使が否定されます．新得財産については，固定主義の潜脱になること，免責手続中の強制執行禁止（破産249条1項）の趣旨に鑑み，権利行使は禁止されると解されています（山木戸113頁，伊藤204頁）．

3――免責

1 意義

　破産免責とは，固定主義によって責任財産の範囲が固定化され，これに対応する破産債権の範囲で清算した残額について，その責任を免除することをいいます．その理論的根拠ないし理念には議論があります．旧法下の判例（最決昭 36.12.13 民集 15-11-2803）は，誠実な破産者に与えられた特典としていますが（恩典説），破産法 1 条が「債務者について経済生活の再生の機会の確保」をも目的とし，裁量免責（破産 252 条 2 項）を導入しているところから，債務者の経済生活の再生のための手段を政策的に付与したものと理解しておきます（政策説）．法は，破産者に対し積極的に誠実であることまでを求めるものではなく，積極的な不誠実性が認められない限り，再起更生のための免責が与えられるべきものと解されます．

　免責は個人・自然人についてのみ認められます．法人は破産を解散事由としているので，清算が結了すると法人は消滅し，免責制度を必要としないからです．

2 免責許可手続

[1] 申立て

　免責許可の申立ては，破産手続開始の申立てがあった日から破産手続開始の決定が確定した日以後 1 月を経過するまでの間にすることができます（破産 248 条 1 項）．もっとも，個人の自己破産申立ての場合には免責を受けることを主たる目的とするのが通例であることから，債務者が破産手続開始の申立てをしたときは，反対の意思を表示しない限り，当該申立てと同時に免責許可の申立てをしたものとみなし（同条 4 項），破産手続と免責手続とを一体化しています．免責許可の申立てをするには，債権者名簿を提出しなければならないとされていますが（同条 3 項本文），みなし申立ての規定によって一体化されるときは，破産手続開始の申立てに際して提出された債権者一覧表が債権者名簿とみなされます（同条 5 項）．

破産手続と免責手続の一体化

免責制度は，破産債権表の記載に確定判決と同一の効力を認め，その記載に基づいて破産者に対して強制執行をすることができるとの残額責任主義（破産221条1項）を前提に，当該残額について責任を免除するものです（同253条1項，3項）．立法の沿革からすると，旧破産法はその制定当時には免責制度を持たず，昭和27年にアメリカ法の影響を受けて，免責制度が接ぎ木されました（旧破産法366ノ2以下の大量の枝番条文がこれを示しています）．現行破産法は，破産手続と免責手続を一体化しましたが，残額責任主義の規定を維持していること，両手続の一体化も「みなす」との規定によるものであって本来的には異質の制度であることを前提にしていること，反対の意思表示による分離が予定されていることからすると，思想的なところではなお旧法の構造は払拭されていないと考えられます．

[2] 強制執行の禁止

免責許可の申立てがあり，かつ，破産手続について同時廃止決定があった場合等には，免責許可の申立てについての裁判が確定するまでの間は，破産者の財産に対する破産債権に基づく強制執行等はすることができず，すでにされているこれらの執行手続等も中止されます（破産249条1項）．免責許可の決定が確定したときは，中止されていた破産債権に基づく強制執行等は失効します（同条2項）．

背景事情

最判平2.3.20民集44-2-416は，同時廃止決定確定により強制執行禁止の効果が失われるため，免責手続中も破産債権者は強制執行をすることが可能であり，かつ，その後に免責決定が確定しても，強制執行に基づいて得た利得は不当利得にはならないとしました．これによって，個人破産における経済的更生の原資が絶たれ，免責制度の機能が阻害されていたとの指摘があったことから，このような立法的手当がされました．

[3] 調査・審理

(1) 意見申述期間

免責許可の申立てがあったときは，裁判所は，免責許可の決定をすることの当否について，破産管財人及び破産債権者について意見を述べることができる期間を定め，公告及び知れたる破産債権者等への通知を行います（破産

251条).これに対する意見申述は,原則として書面にて,免責不許可事由に該当する具体的事実を明らかにしてしなければなりません(破産規76条).

(2) 破産管財人の調査・審尋

裁判所は,管財事件にあっては,当該破産事件の内容を熟知する破産管財人に,免責不許可事由の有無又は裁量免責の判断に当たって考慮すべき事情についての調査を命じ,その結果を書面で報告させます(破産250条1項).破産者はこれに協力する義務を負い(同条2項),これを拒み又は虚偽の説明をするときは免責不許可事由とされます(同252条1項8号).

免責手続は決定手続ですので,裁判所は,必要に応じて審尋期日を指定して調査することもできます.旧法では免責審尋は必要的なものとされていましたが(旧破産法366条ノ4第1項),現行法では裁判所の判断に委ねられます.

> **免責審尋期日**
>
> 管財事件では原則として免責審尋を実施する取扱いが多いようです.異時廃止事案の場合には,意見申述期間の満了後の期日に財産状況報告集会と廃止求意見集会及び任務終了計算報告集会とを併せて招集し,その後引き続き免責審尋期日とすることも行われています.同時廃止事件の場合には,書面審査だけで破産手続開始決定及び廃止決定がなされることもあり得る以上,免責手続に対する一般的な信頼を確保する趣旨から,審尋期日による調査をする例が多いと思います.

3 免責許可決定の要件

[1] 免責不許可事由

免責許可の申立てに対する審理は,前記2[3]の調査に基づき免責不許可事由の存否について行われ,当該事由がない限り,許可されます(破産252条1項柱書).

免責不許可事由は,①破産債権者を実質的に害する行為類型(1〜6号),②破産手続の円滑な進行を阻害する行為類型(7〜9,11号),③政策的理由に基づく事由(10号)から構成されています.

[2] 裁量免責

もっとも,免責不許可事由があっても,裁判所は,破産手続開始の決定に至った経緯その他一切の事情を考慮して免責を許可することが相当であると

認めるときは，免責許可の決定をすることができます（破産252条2項）．不許可事由該当性は否定できないにしてもそれが軽微なものにとどまるときのほか，過大債務の負担経緯に照らしてやむを得ないと認められるとき等は，なお更生の機会を付与するため，裁量的に免責の許可をすることができます．

かつての実務における免責の裁量的運用

旧法下の実務において，債務者につき免責不許可事由が認められる場合に，一定程度の金銭の積立をさせて任意配当するという運用が形成された時期があります．債務者の積極的な誠実性を要求していたわけで，そのような配当実施を条件にした免責許可決定がされたり，積立額が不十分な場合には割合的一部免責という裁判や特定の債権のみを除外する特定的一部免責許可の裁判もみられました（東京地決平5.7.6 判タ822-158，高知地決平7.5.31 判タ884-247 など）．学説にも好意的なものがあります（酒井一「一部免責の可否と基準について」判タ844-30 など）．しかし，そもそも免責不許可事由を打ち消すのに足りる事情として債務者の積極的な誠実性を求めることの相当性には疑問がありますし（家計簿をつけさせるなど裁判の役割を超えた生活指導までされた例もあります），破産手続開始後の新得財産を積立ての原資とするため，自由財産による破産債権への弁済（322頁）の問題を含み，破産者の経済的再生を阻害するのではないかという問題，同時廃止を前提とする場合には債権調査を経ない弁済が果たして公正平等かという疑問，そしてそれが裁判として一部免責がなされた場合，除外された部分の履行確保をどのように図るのか，あるいは特定一部免責の形式をとった場合には，規定上存在しない非免責債権を創出しているのではないかなど数多くの問題が指摘されました．個人再生手続によれば，手続開始後の収入から一定割合の弁済を原則3年継続することによって残債務が免責されますので，免責不許可事由が認められ，裁量免責を得る見込も乏しいときには，これによって解決されるべき問題といえます．

[3] 不服申立て

免責許可の申立ての裁判に対しては，即時抗告をすることができます（破産252条5項）．免責許可の裁判に対しては，破産債権者が即時抗告でき，免責不許可の裁判に対しては申立人が即時抗告の利益を有します．

4 免責許可決定の効果

免責許可決定は，確定しなければその効力を生じません（破産252条7項）．

[1] 破産債権者に対する効力

免責許可決定が確定すると，破産者は，非免責債権を除き，破産債権についてその責任を免れ（破産253条1項），当然に復権します（同255条1項1号）．「責任を免れる」の意義につき，責任が消滅するとの見解（山木戸300頁，加藤378頁）と債務が消滅するとの見解（伊藤552頁，概説551頁［山本和彦］）とが対立し，前説が通説・実務であるとされています．後説は，前説の理解によれば，破産者に対して弁済するよう圧力をかけることを阻止できないため，破産者の経済的な再起更生を図るためには破産債権者が受けた任意弁済の効力を否定する必要があるとの認識を基礎にするものです．もっとも，後説は，条文の文言に抵触します．自由財産からの任意弁済を肯定する判例（最判平18.1.23民集60-1-228［322頁参照］）や免責の効力を受けた債権の消滅時効の進行を否定する判例（最判平11.11.9民集53-8-1403・後記[2]参照）は前説を前提にしていると考えられます．

免責許可決定が確定すると，破産債権者表があるときは，裁判所書記官は，これに免責許可の決定が確定した旨を記載します（破産253条3項）．これによって，破産債権者表の記載に基づく強制執行（同221条1項）ができないことが公証されます．

> 免責許可決定正本は執行停止・取消文書（民執39条1項，40条）として掲げられていません．このため，破産者は免責決定正本を提出して強制執行の停止・取消しを求めることはできないとする裁判例があります（大阪高決平6.7.18金法1399-31）．これによれば，請求異議（民執35条1項）に伴う執行停止を得なければならず，また，執行終了後に不当利得返還請求をしなければならないことになります（加藤378頁）．これに対し，集団的債務の責任免除手続としての免責制度の趣旨に鑑み，債務者が個別に訴訟提起しなければならないとするのは煩雑であって制度の調和を欠くとして民執法39条1項6号を拡張すべきとする見解があります（伊藤553頁，概説551頁［山本和彦］，中島Ⅰ514頁）．消費者破産における免責制度の現実的機能に照らせば，後説が相当であると考えます．

[2] 保証人等及び物上保証人に対する効力

免責許可の決定は，保証人その他破産者と共に債務を負担する者に対する権利や物上保証人の担保には影響を及ぼしません（破産253条2項）．した

がって，破産債権者は，これらの権利の行使が妨げられることはありません．判例（最判平11.11.9民集53-8-1403）は，免責の効力を受ける債権の債権者はもはや強制的実現を図ることができない以上，権利行使可能性を起算点とする消滅時効の進行を観念できないから，かかる債務の保証人は当該債権の消滅時効を援用することができないとしています．

5 非免責債権

[1] 意義

破産債権のうち，破産法253条1項ただし書各号所定の特定一部の債権には免責の効果は及ばないとされています．これを非免責債権といいます．債権者保護の必要性（2号～5号），個別の破産債権に内在する非免責特性の考慮（1号，7号），手続参加の機会を奪われた債権者の利益ないし破産者に対する制裁的要素（6号）を考慮して，破産者の経済生活の再生より優先するとの政策判断をするものです．

[2] 非免責債権としての効果

非免責債権に該当するときは，当該特定の債権についてのみ免責の効力を受けません．これに対し，免責不許可事由が認められるとして不許可の裁判がなされたときは，すべての破産債権が免責の効力を受けないという相違があります．

非免責債権に該当し免責の効力が及ばないのかどうかは，当該債権の実体的性質に係る問題であって，免責許可の申立てを受けた裁判所が審査すべき事項ではありません．したがって，免責決定の主文からは個別の債権が非免責債権か否かは明らかではありません．非免責債権性については，免責手続後，債権者が債務者に対し非免責債権に該当するとして提起した給付訴訟の本案審理を通じて判断されることになります．

6 免責取消し

詐欺破産罪（破産265条）についての有罪判決が確定したときは，裁判所は，破産債権者の申立てにより又は職権で，免責取消しの決定をすることができ，破産者の不正の方法によって免責許可決定がされた場合において，免責許可決定後1年以内に破産債権者が免責取消しの申立てをしたときも，免責取消

の決定をすることができます（同254条1項）．この場合，免責許可決定は失効し（同条5項），復権は将来に向かって効力を失います（同255条3項）．

後段の「不正の方法」はきわめて概括的な要件設定になっているため，債権者の犠牲の下に債務者に経済生活の再生の機会を与えることが正当化できないといえるかどうかという角度から判断することになると考えられます．

4―復権

1　破産による資格制限と復権

破産手続の開始によって，破産者は，公法上・私法上の個別の法律に規定された資格の制限を受けます．この制限を排除して法律上の地位を回復させる制度を復権といいます．復権には，免責許可決定の確定等による当然復権（破産255条1項）と申立てに基づく裁判復権（同256条）とがあります．

2　個別法令による資格制限等

個別法令には破産手続の開始による資格制限事由を規定するものと，資格制限事由ではないことを明文で規定するものとがあり，復権は前者の場合に資格の回復を可能にするものです．

[1]　**専門家資格の欠格・登録取消事由**

破産者は，公証人（公証人法14条2号，16条），弁護士（弁護士法7条5号，17条1号），公認会計士（公認会計士法4条4号，21条1項3号），弁理士（弁理士法8条10号，24条1項3号），司法書士（司法書士法5条3号，15条1項4号）などになる資格を欠くものとされます．

[2]　**免許・許可・認定等の欠格・登録拒否・取消事由**

宅地建物取引業者（宅地建物取引業法5条1項1号，66条1項1号），質屋（質屋営業法3条1項5号，25条1項2号），古物商（古物営業法4条1号，6条2号），警備業者及び警備員（警備業法3条1号，4条，8条2号，14条1項），生命保険募集人，損害保険代理店及び保険仲立人（保険業法279条1項1号，289条1項1号，307条1項1号），役員に破産者を含む金融商品取引業者及び金融商品仲介業者並びに外務員（金融商品取引法29条の4第1項2号ロ，66条の4第2号ロ，

64条の2第1項1号）などは，欠格事由・登録許否事由とされています．

　また，破産者は，後見人（民847条3号），保佐人（同876条の2第2項），遺言執行者（同1009条）などになることができません．

[3]　欠格事由からの排除規定

　これに対し，破産手続開始が欠格事由から排除されている場合もあります．国家公務員（国家公務員法38条），地方公務員（地方公務員法16条），自衛隊員（自衛隊法38条），学校長・教員・私立学校の理事（学校教育法9条，教育職員免許法5条，私立学校法38条8項）などがその例です．

　　破産事件の相談を受ける際に，保険代理・勧誘業や宅地建物取引主任者のような場合に資格制限があることを知らなかったとして申立てを躊躇する債務者が散見されます．少なくとも免責・復権を得るまでは仕事ができないことになりますので，債務整理を優先するのか，最低限の生活手段の維持かの選択が迫られます．もっとも，登録の抹消は当然にされるのではなく，届出によってはじめて登録が抹消されるのであって，勤務先が届出をする保障もないため，対応に苦慮する局面が見受けられます．資格制限が課されない個人再生手続を選択する例も多く見られます．

再生計画の成立・遂行, 個人再生 PART 7

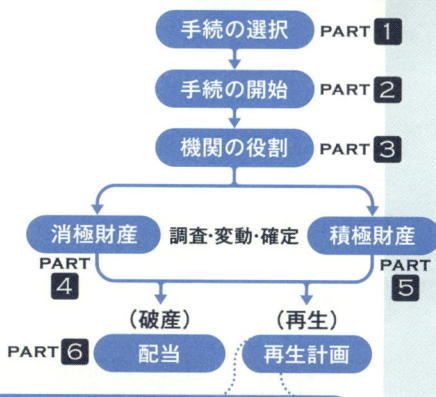

- 手続の選択 PART 1
- 手続の開始 PART 2
- 機関の役割 PART 3
- 消極財産 PART 4 — 調査・変動・確定 — 積極財産 PART 5
- （破産）配当 PART 6
- （再生）再生計画

PART 7 再生計画の成立・遂行, 個人再生

CHAPTER 20 再生債務者の財産評定・事業譲渡
1- **財産評定**
   1 意義
   2 評定基準
2- **事業譲渡**
   1 事業譲渡の合理性
   2 再生計画によらない事業譲渡（民再法42条）
   3 株主総会に代わる裁判所の許可（民再法43条）
   4 民再法42条・43条の適用対象外事業譲渡の可否
   5 スポンサー選定における公正・透明性の確保

CHAPTER 21 再生計画
1- **事業再生における再生計画の類型**
   1 再生計画による事業の再生
   2 清算目的の再生計画
2- **再生計画の条項**
   1 再生計画の記載事項の分類
   2 権利変更条項
   3 共益債権・一般優先債権
   4 知れたる開始後債権
   5 資本構成の変更
3- **再生計画案の提出**
   1 再生債務者の提出義務
   2 再生債権者の提出権
   3 再生計画案の修正
4- **再生計画の成立**
   1 再生計画の決議
   2 再生計画の認可
5- **再生計画の遂行・変更, 再生手続の終了**
   1 再生計画の遂行
   2 再生計画の変更
   3 再生手続の終結
   4 再生計画の取消し
   5 再生手続の廃止

CHAPTER 22 個人再生
1- **個人再生の制度設計**
   1 個人再生手続の必要性と合理性
   2 手続選択の指標
2- **小規模個人再生**
   1 特有要件
   2 再生債権の届出・異議申述・手続内確定
   3 再生債務者の財産状況の調査と変動
   4 個人再生委員
   5 再生計画
   6 再生計画の遂行, 変更, ハードシップ免責
   7 再生計画の取消し, 再生手続の廃止
3- **給与所得者等再生**
   1 特有要件
   2 再生計画
4- **住宅資金貸付債権に関する特則**
   1 住宅資金特別条項の意義
   2 住宅資金特別条項を定めることができる場合
   3 住宅資金特別条項の内容
   4 再生計画案の提出, 決議, 再生計画の認可
   5 住宅資金特別条項を定める場合の事前措置

CHAPTER 20　再生債務者の財産評定・事業譲渡

1—財産評定

1　意義

　再生債務者は，再生手続開始後遅滞なく，再生債務者に属する一切の財産につき再生手続開始の時における価額を評定しなければなりません（民再124条1項）．この評定を完了したときは，直ちに再生手続開始の時における財産目録及び貸借対照表を作成し，これらを裁判所に提出しなければなりません（同条2項）．これらは再生債権者による閲覧等の対象となります（同16条1項・2項）．

　再生債務者の財産がどのような状況にあるのかを正確に把握することは，再生手続における利害関係人にとって重要な意義があります．再生計画案を作成する再生債務者にとっては，資産構成を把握し，その財政状態と運用成績が適切な会計処理によって反映されているかどうかを点検し，現状を正確に認識することによって，財務の健全性と収益力の回復・向上にとって何をすべきかの指針を得ることができます．したがって，財産評定は今後の再建方針を策定するためには必須の基礎作業となります．また，別除権目的物の受戻し，別除権協定及び担保権消滅請求における目的物価額は，財産評定による価額を基準とするのが通例です．再生債権者にとっては，再生計画による弁済率と破産配当率とを比較すること，そして今後とも取引を継続するなどして再建に協力できるかを判断して，再生計画への賛否の態度決定をするための基礎資料となります．裁判所としても，営業譲渡や再生計画の条項につき債務超過にあることを要件とするものが含まれるときは（民再43条1項，166条，166条の2），要件の充足を確認する資料として，あるいは，可決された

再生計画が清算価値保障原則（同174条2項4号）を充足するかどうかの判断資料として，これらの情報が重要な意義を有します．

企業再建の基礎―財務諸表の分析と再建方針の策定

法的手続による事業再生は，企業価値の清算・再配分の観点から，財産評定による評価額を基礎に，それを最低限度とする弁済によって清算価値保障原則をクリアするとともに，これに見合う程度にまで再生計画による権利変更を受けて負債を圧縮して過剰債務を解消し，これらによって収益力と弁済能力を回復するスキームを描きます．もっとも，これはあくまで法が提供する枠組みにすぎず，その実質面においては，再生債務者の自助努力による財務状況の改善と収益力の回復を図るための，将来の事業戦略の内容が重要なものとなります．125条1項報告書（99頁）は，過去を振り返り，現状を報告し，将来の基盤の確かさに関する情報を提供します．そして，これらに基づく将来の事業計画と資金計画に支えられてはじめて再生計画が現実的な基盤をもつものとなります．例えば，収益性の低い資産や含み損を抱えた資産が存在するときは，それらの売却によって資産の圧縮による財務の健全化と投資効率の向上を目指すことが考えられます．利益率の高い事業，市場競争力の高い部門の存在を確知したときは，そこに経営資源を集中する一方で，売上原価，販管費等のコスト削減を図ることで収益力の回復・向上を図ることが考えられます．厳密かつ適正な財務分析がこのような判断の基盤となります．そして，このような財務分析を通じて，スポンサーや金融機関の支援を受けることが可能になれば，余裕をもった運転資金が確保され，再生計画の確度を支えることにもなります．他方，財務分析が粗略であったり，緩慢にされたときは，収益力・弁済能力を超える弁済計画となるため，挫折する可能性が高くなりますし，乏しい収益から捻出せざるを得ないタイトな資金計画にならざるを得ないときは，事業計画や市場環境の見通し等について慎重な検討が必要になることが情報として提供されます．

2 評定基準

[1] 清算価値

財産の評定は，原則として，財産を処分するものとしてしなければなりません（民再規56条1項本文）．評定価額は，清算価値保障原則の判断資料とされます．清算価値の保障は，再生債権者の一般の利益を意味します．清算価値を保障することによって，再生計画に同意しない少数の再生債権者をも拘

束することの合理性が説明されます．したがって，清算価値以上の弁済を保障する再生計画になっているかどうかは再生債権者の投票行動に影響しますし，裁判所が再生計画を認可する際にも考慮されます（民再174条2項4号）．会社更生法では「時価」とされていること（会更83条1項・2項）とは異なります．再生債務者の財産を再生手続開始時点において処分するものとして算出される価額は，早期処分による相当程度の減価を見込まざるを得ません．

[2] 継続企業価値

ただし，必要がある場合は，併せて，全部又は一部の財産について，再生債務者の事業を継続するものとして評定することができます（民再規56条1項ただし書）．再生債務者の営業の全部又は一部の譲渡が予定されている場合には，継続企業価値によるのが通例です．この場合は，個別財産の処分価額を集積したのでは事業価値を的確に反映したものにはならないわけですし，譲渡見込価額に対する再生債権者の利害と期待には大きなものがあります．

2 ── 事業譲渡

1 事業譲渡の合理性

倒産処理の方策として，事業譲渡はかなり活用されています．それは，①社会的に有用な事業の解体清算を回避できること，②信用を喪失している経営者から事業を分離させ，新たな経営者のもとで事業自体を存続させることで事業価値・収益性を維持することができ，雇用の場を確保することにもつながること，③事業譲渡代金を原資として債権者に対する一括弁済が可能になること等に大きなメリットが見出されるからです．

このような事業譲渡を再生計画において定めることはもちろん可能です．しかし，再生手続開始申立てによって経営破綻が明らかになると，取引先の喪失や有能な人材の退職・流出が起こり，これによって譲渡対象である事業の価値は急速に劣化するおそれがあるため，再生計画の成立を待っていると，実効的な倒産処理が不可能になるおそれがあります．早期に譲渡することによって，事業価値を維持して対価の低減を阻止するとともに，具体的に見込

まれる譲渡価額を基礎に弁済額及びその履行蓋然性等の予測が可能になります．

2 再生計画によらない事業譲渡（民再法42条）

[1] 趣旨

　再生債務者は財産管理処分権を保持しており（民再38条1項），再生債務者による財産処分は，裁判所の要許可指定を通じた任意的裁量的監督に服するのが原則です（同41条1項）．事業の譲渡も再生債務者の財産処分として位置づけることができますが，再生計画によらない事業の譲渡は，特に裁判所の許可事項として法定されています（同42条）．上述のとおりの事業譲渡の倒産処理における合理性と早期譲渡の必要性に鑑み，譲渡価額と手続の適正を監視して，再生債権者の利益を確保する趣旨の特則です．

[2] 営業・事業の譲渡

　民再法42条1項にいう，「営業又は事業の全部又は重要な一部の譲渡」とは，一定の営業目的のために組織化され，有機的一体として機能する財産（得意先関係等の経済的価値ある事実関係を含む）を意味します（最判昭40.9.22民集19-6-1600参照）．「営業」とは商法上の用語であり（商16条，旧245条等），会社法においては「事業」の語に改められていますが（会社467条1項等），民再法との関係では区別する実益はありません．

　再生債務者が事業の全部譲渡をする場合，譲渡代金を主たる弁済原資とする清算的再生計画となります．清算と再生とは相容れない感もありますが，破産による即時の解体・清算に伴う資産の劣化を避けるべく，事業そのものが債務者から切り離されて維持・再生される限りにおいては，「事業の再生」という民再法の目的に反することはないと解されています（14頁）．会社更生手続においては，清算型更生計画の策定が許されることは規定上明示されています（会更185条）．

　事業の一部譲渡における「重要」性の判断基準については，譲渡によって会社がその営業を維持できなくなるか，又は少なくともその営業規模を大幅に縮小せざるを得なくなるかどうかに加えて，再生債権者への弁済に与える影響の大小を総合的に判断する見解（新注釈上223頁［三森仁］）や再生債権者への弁済に与える影響の大小によって判断されるべきであり，具体的には資

産や売上げ等について全体に占める割合や本来の事業か付加的事業か等を考慮して決めるとする見解（条解民再189頁［松下淳一］）があります．

[3] 再生のための必要性判断と手続

民再法42条1項は，「事業の再生のために必要である」ことを許可要件としています．この文言に照らせば，事業を再生債務者の下にとどめておくのが収益価値の最大化をもたらすのか他の事業者に委ねるのが適するのかという実体的な判断が求められるようにも考えられます．しかし，このような純然たる経営判断は裁判所のよくなし得るところではありません．そこで，事業の再生可能性，そのための譲渡の必要性があるのかについての判断資料は，譲渡の許否に至るまでの手続過程で収集され，収斂される仕組みとなっています．同条2項では再生債権者に対する意見聴取が，3項では労働組合・従業員に対する意見聴取がそれぞれ規定されており，そのための期日が設けられます（これに先立って債権者説明会［民再規61条］が開催されます）．これらの手続を履践する過程において，再生債権者と従業員の意向が判断資料として加えられ，可否の判断に反映されることとなります．その結果，例えば，労働組合の多数が反対の意向を示すことがあれば，債権者も賛成し難くなり，このような状況に至れば，裁判所としても許可しない方向性が得られることとなります．

裁判所が許可をするには，譲受人選定プロセスの公正さ，譲渡代金・条件の相当性も考慮されていますが，裁判所が積極的に相当性を認定するのではなく，不相当性が明らかな場合には不許可とするという限度にとどめるべきとの指摘があります（伊藤760頁）．

3 株主総会に代わる裁判所の許可（民再法43条）

[1] 趣旨

再生債務者が株式会社である場合，債務超過に陥っているのが通例です．会社法の原則規定によって事業譲渡をするには，株主総会の特別決議による承認が必要となるところ（会社467条1項1号・2号，309条2項11号），民再法43条は，「事業の継続のために必要である場合」には，裁判所の許可をもって代えることができるとしています（代替許可）．この規定の趣旨については，倒産企業の株主は，会社の経営や再生に関心を失っているため株主総会決議

の成立が困難となっている場合が多く，迅速な事業譲渡を実現するには株主総会を省略する必要性が高いこと，他方では，債務超過会社にあっては株主は実質的な持分を有しておらずその価値を失っているとみられる以上，これを尊重する要請が低いことにあると説明されています（概説414頁［笠井正俊］）．現実的な観点からすれば，中小企業の場合には，非公開＝同族会社であることが多く，株主総会特別決議を要求することはさほど困難ではありません．むしろ招集・決議に要するコスト（労力，時間）を省いて迅速に事業譲渡を行うことに主たる意味があり，債務超過の株式会社にあって，事業の継続そのものが危殆に瀕するおそれがある場合に，これを保全するために株主の意思決定を排除して裁判所が介入することが正当化されるという意味であろうと考えます（伊藤眞「再生債務者の地位と責務（下）」金法1687-37）．

　再生債務者代理人としては，同族企業の内輪での株主総会決議をしてみたところで債権者の納得が得難いと判断するときに，裁判所の許可というオーソライズがほしいというのが率直な利用動機ではないかと思われます．実務上は，事業譲渡許可と代替許可の申立てを同時に行う例が多いのですが，中小企業の場合には株主総会決議を経る予定であるとして事業譲渡許可のみを申し立てる事案もあります．

[2]　債務超過・事業継続のための必要性

　民再法43条の要件該当性が争われた事案として，日本コーリン事件（東京高決平16.6.17金商1195-10）があります．

(1)　債務超過の意義

　債務超過か否かの判断は財産評定によって明らかにされます．再生手続においては処分価値によって評定し（民再規56条1項），資産と負債の計数上の判断によって行われることになります．この点について，上記決定は，債務超過の概念が純然たる計数上の問題ではなく，正義公平の理念に基づく要件として理解しているとも読める判断をしています．すなわち，当該会社について計数上の判断としては債務超過であることを認めつつも，再生手続に至る経緯，再生計画の内容等を検討した上で，相手方の新経営陣は対立する旧経営陣が経営に口出しするのを排除する目的で特別損失を過剰に計上して債務超過の状態を作出し，直ちに再生手続を申し立て，株主の権利を犠牲にし

た上で安い値段で営業譲渡しようとするに至った疑いがきわめて強いとして，債務超過の疎明が不十分であるとしました．債務超過という形式的観念をもって倒産法上の基準とすべきではなく，当該規定の効果の大きさに鑑み，その発動を正当化するには足りないとして，債務超過概念を実質的に相対化・段階化しようとしたものといえるかもしれません．

認定事実の評価

　上記決定が認定した事実は，①相手方（再生債務者）は，個人大株主でもある旧経営陣（抗告人）のもとで経営を行い業績を上げて来たこと，②再生手続の申立ての5か月前に相手方の経営陣が交替し新経営陣がそれまでの経営の見直しを行ったこと，③新経営陣が2度にわたり82億円超の特別損失を計上したために債務超過となったこと，④相手方の新経営陣が営業譲渡を前提として相手方の実質的清算を目的として本件再生手続を申し立てたこと，⑤再生計画案は営業譲渡・清算型の案であるが，100%減資を内容としており，株主の既存の利益をすべて奪う内容となっていること等の事実を認定して上記のとおりの判断をしました．

　しかし，これらの事実の評価としては異なる見方もあり得ます．仮に旧経営陣の放漫経営が倒産原因であるとするならば，経営陣が交替することによって経営見直しを行い（②），特別損失を計上すること（③）は当然の職務遂行であるし，それによってもはや自主再建ではなく法的再建を選択すること（④）は当然にあり得る選択といえます．また，放漫経営が原因とするならば，新たな資本を導入すべく100%減資を内容とする再生計画（⑤）はむしろ当然のこととして考えられます．こうした事実評価を加えてみると，本決定は，①の認定事実を重視した判断になっているのではないかと思います．不当に安い価額であるとか，新経営陣の出身母体に対する事業譲渡とみられる場合には，法的手続の利用によって債権者に一方的に犠牲を強いる形で行なわれた優良事業部門の切り離し（売り抜け）ともみられることになるでしょう．

(2) 事業継続のための必要性

　事業継続のための必要性の要件については議論があります．株主の権利を制約するためには厳格な要件が課されるべきとの認識を基礎に，営業譲渡をしなければ，当該営業が早晩廃業に追い込まれざるを得ない事情がある場合に限られるとする見解（深山卓也ほか・一問一答民事再生法73頁［商事法務2000年］，伊藤761頁）と，倒産処理方法としての営業譲渡の有用性を重視する認識

を基礎に緩やかに解して，営業譲渡をしなければ当該営業の価値や規模に大きな変化が予想されるような場合も必要性を肯定してよいとする見解（条解民再196頁［松下淳一］）があります。上記決定は，営業譲渡による事業の再生は，再生債務者自体の事業の消滅や著しい減少を招き，株主から再生による利益の享受の機会を決定的に奪ってしまうものであるから，廃業に追い込まれるような事情がある場合や営業の資産価値が著しく減少する場合にかぎり，代替許可によって機動的に対応できるようにしたものであるとし，前者の理解に立っています（結論としては，自主再建の途が困難になったことの主張・疎明がないとして，必要性の要件を欠くとしました）。

[3] 即時抗告

民再法43条1項の代替許可の決定に対しては，株主は即時抗告をすることができます（同条6項）。即時抗告の執行停止効（民訴334条1項）は，排除されています（民再43条7項）。事業譲渡の迅速性を重視する趣旨です。

4 民再法42条・43条の適用対象外事業譲渡の可否

[1] 開始決定前の事業譲渡の可否

民再法42条及び43条は再生手続開始後を適用対象としています。再生手続申立後開始決定前における事業譲渡の可否が問題となります。

債務者の財産管理処分権は，再生手続開始の申立てによって当然に制限を受けるわけではなく，事業譲渡も取引上の財産処分契約にすぎないこと，事業譲渡後に手続開始の申立てをした場合との均衡，条文上も手続開始後の規律にとどまることを理由に，開始決定前の事業譲渡を肯定することが可能です。これによれば，監督委員の要同意事項（民再54条2項）による監督の下，会社法の一般原則による手続で譲渡することになります（条解民再190頁［松下淳一］参照）。

これに対し，民事再生法の規律を例外則として捉え，その時期的限界が手続開始後とされていることを超えて拡大すべきではないとして否定することも可能です。手続開始前であっても，申立てがされた以上，債務者の管理処分権はもはや自由ではなく，再生の帰趨を左右する事業の処分までは許されないと解するわけです（伊藤759頁参照）。

もっとも，手続開始の申立てから開始決定までの期間が相当短縮されてい

る現状においては，現実化することはない問題といえます．

[2] 再生計画認可決定確定後の事業譲渡の可否

　収益弁済型再生計画として可決・認可されたものの，その後の状況の変動等により事業譲渡型への移行を模索することがあり得ます．監督委員又は管財人が選任されていないときは，再生手続は，再生計画認可決定の確定により終結します（民再188条1項）から，この場合には事業譲渡に対する民再法上の制約はありません．監督委員又は管財人が選任されているときは，計画が認可されても3年経過までは手続は終結しない（同188条2項）ので，この場合は，再生手続内での事業譲渡の手続が検討されることになります．

　事業の帰趨は収益弁済を内容とする再生計画の中核的基礎であって，それを変動させる事業譲渡は，再生計画の変更（民再187条1項・2項）に該当するとみるならば，その手続が必要となります．そうすると，再生計画に対する決議に際して民再法42条の趣旨は実現されるため，同条の手続を重ねて履践することは不要と解されます（伊藤760頁）．

　これに対し，収益弁済型から事業譲渡型への移行によって，早期の一括弁済が確実に得られることになる以上，再生債権者に「不利な影響」（民再187条2項ただし書）ではないとの理由によって，再生計画の変更手続をとる必要はないとする見解があります．この見解は，譲渡代金の適正をチェックする機会として民再法42条の手続の履践を要求すべきであるとされます（条解民再191頁［松下淳一］）．

5 スポンサー選定における公正・透明性の確保

[1] 問題の所在

　アメリカ連邦倒産法Chapter11におけるプレパッケージ型は，申立前に私的整理を先行させ，私的整理の中で適切な情報開示を行って再建計画の成立を目指すもので，Chapter11が必要とする法定多数の債権者の同意があるときは，その同意を法的手続においても承認して手続内決議に代えることができるとされていることを利用して，その再建計画を全債権者との間で強制適用するために申し立てられる場合をいいます．これに対し，日本におけるプレパッケージ型とは，あらかじめ水面下で営業譲渡先やスポンサーを決定している場合や主要債権者からすでに同意を取り付けている場合などにおけ

る申立てを指して用いられます。これは申立てと同時に営業譲渡先等を公表することで取引先等の動揺を抑え，事業価値の劣化を回避できる点に合理性があるとされます。しかし，日本のプレパッケージ型は，私的整理の先行や債権者に対する情報開示は必ずしも前提としておらず，水面下での交渉によって営業譲渡先やスポンサーを決定したり，あるいはメインバンク等の主要債権者だけから承認を取り付けた段階で申立てが行われると，債権者に対する情報開示のあり方，対価の相当性判断，手続の透明性確保の観点から問題が生じます。主要債権者らの同意を取り付けずに申立てをしたときは，当該スポンサーの選定・支援を前提にした再生計画案が可決されなかったり，スポンサー選定をやり直す必要が生じることがあります。

[2] 正当性判断基準

　スポンサー選定をやり直すかどうかの問題は，申立前に締結されたスポンサー予定者との支援契約を，再生債務者の公平誠実義務（民再38条2項）や監督委員の善管注意義務（民再60条1項）との関係で解除（民再49条1項）すべきかどうかの問題として現れます。そこで，後により有利な条件を提示するスポンサー候補者が現れた場合であっても，当初の支援契約を解除せず，新たな入札を行わなくても義務違反とされない条件として，①あらかじめスポンサーを選定しなければ事業が劣化してしまう状況にあること，②実質的な競争が成立するようにスポンサー等の候補者を募っていること，③入札条件に価額を下落させるような不当な条件が付されていないこと，④応札者の中から選定する手続において不当な処理がなされていないこと，⑤スポンサー契約の内容が会社側に不当に不利な内容となっていないこと，⑥選定手続について公正である旨の第三者の意見が付されていること，⑦落札者が誠実に契約を履行し期待どおりに役割を果たしていること，を要するとの指針（いわゆる「お台場アプローチ」）が提案されています（須藤英章「プレパッケージ型事業再生に関する提言」事業再生研究機構編・プレパッケージ型事業再生（商事法務2004年）101頁以下）。

　これに対し，緊急性の高い場合には，事業価値の保全に優先性をおいて判断することが必要であるとして，やや緩やかな基準も提案されています。すなわち，①メインバンク（又は主力取引債権者）がスポンサー交渉に関与し，少なくとも結果について承諾していること，②複数のスポンサー候補と交渉

し，少なくとも打診はしたこと，③当時の事業価値の評価として一応妥当であること，④スポンサー契約が民事再生申立ての決断又は早期申立てに寄与したこと，⑤スポンサー契約に至る過程において，スポンサー候補者が資金繰りや事業継続上の協力（仕入れ，販売，人材派遣，技術提供，不良債権の買取り，その他）をしたこと（絶対条件ではない）との基準が一応の合理性を有するとの考え方があります（松嶋英機＝濱田芳貴「日本におけるプレパッケージ型申立ての問題点」銀行法務631号（2004年）13頁以下）．

　いずれも前記の問題意識に応えようとするものであり，再建の実効性と選定の公正とを調和的に実現するための提案といえます．スポンサー選定をやり直す事態に至る確度が不明であるならば，申立前後のリスクの高い時期に信用補完支援を行うスポンサーが現れなくなるおそれがあり，結局のところ事業価値の毀損を防止できず，再建の途が閉ざされてしまう一方，選定手続の公正や譲渡価額の適正を欠いたときには，最終的には再生計画が認可されない事態に至ることも考慮されなければなりません．

CHAPTER 21 再生計画

1―事業再生における再生計画の類型

再生計画は，再生債務者の事業又は経済生活の再生を図るための基盤です．ここでは主として事業の再生に係る通常再生手続における再生計画について検討します（経済生活の再生に係る個人再生はChapter22で検討します）．

1　再生計画による事業の再生

再生手続による事業再生計画は，収益弁済型とスポンサー型に大別されます．

収益弁済型は，再生債務者の事業収益から運転資金と再生債権の弁済原資を捻出するもので，自主再建型ともいいます．長期にわたる分割弁済を内容とするため，事業の環境や市場動向等に関する予測数値を基礎にせざるを得ず，不確定要素を多分に含みます．

スポンサー型は，スポンサーにとって自らの企業価値が高められる場合や再生債務者の事業価値を高めることによって価値増加分のリターンが期待できるという投資判断が成立する場合等に実現します．スポンサーの関与・支援の仕方に応じて，①スポンサーが再生債務者の株式を取得し，その出資をもって事業資金や弁済原資に充てる場合，②スポンサーが事業譲渡（335頁参照）を受け，再生債務者は，その譲渡代金を一括弁済する場合，③会社法上の会社分割によってスポンサーに譲渡する部門を切り出して弁済原資を捻出する場合などがあります．②③の場合，譲渡された事業・会社が再生債務者にとって不採算部門であっても，シナジー効果（販路・商圏の拡大等）を期待する先行事業者が譲り受けるときは，再生債務者に継続すべき事業が残ります．②③の多くの場合は，収益性や将来性の高い部門を対象にしますので，譲渡・分割後の再生債務者は，譲渡代金を再生債権者に計画に基づいて弁済

して清算します．これらの場合，債務者は清算されますが，債務者の「事業」は譲渡先において再生が図られることになります（14頁）．

　　利害得失

　①は，個別的な財産承継手続を要しない反面，不要資産や簿外債務も包括的に承継します．②は，承継する資産・事業のみを切り出すことができますが，資産・負債，契約等の承継のための個別的な手続を必要とします．③は，①②の中間に位置づけられます．①③は，組織法に関わる事項であるため，会社法の手続によることを必要とするのに対し，②は，民再法の特則（民再42条，43条）によることができます．

2　清算目的の再生計画

　清算目的のみの再生計画は許容されるでしょうか．かかる計画案しか作成できない見込みであっても，手続開始を求める申立ての利益は否定されません．手続開始申立時に再生計画案を添付することは必要ではありませんし，事業譲渡の可能性をなお探るためにも手続開始決定を得ることは有益です．手続を遂行する過程で策定された弁済計画が清算を内容とするものにならざるを得なかったという理解で足ります．再生目的の挫折が職権による破産手続への移行に直結しない規律（民再248条以下）は，清算目的の再生手続開始申立てや再生計画を許容するものとして理解されます．実際上，再生の見通しが全くたたないとしても，急激な解体清算による社会的不安や関係者への影響をできるだけ緩和するために，一定程度事業を継続させながら，最終的には清算段階へソフトランディングさせるのが相当とみられる場合が存在します．入院患者を抱える医療法人が破綻した場合などはその例です（110頁参照）．

2―再生計画の条項

1 再生計画の記載事項の分類

　一般的な分類にしたがって記載事項を概観すると，以下のとおりです．

[1]　**絶対的必要的記載事項**

　再生計画に必ず記載しなければならない事項として，次のものがあります．

　① 　権利変更条項（民再 154 条 1 項 1 号）
　② 　手続外債権弁済条項（同項 2 号）

[2]　**相対的必要的記載事項**

　民再法所定事由がある場合に必ず記載しなければならない事項として，次のものがあります．

　③ 　知れたる開始後債権条項（民再 154 条 1 項 3 号）
　④ 　債権者委員会の費用負担条項（同条 2 項）
　⑤ 　債務負担・担保提供条項（同 158 条）
　⑥ 　未確定債権条項（同 159 条）
　⑦ 　別除権不足額に対する適確措置条項（同 160 条 1 項）

[3]　**任意的記載事項**

　記載することが求められているわけではありませんが，これを記載した再生計画認可決定が確定すると法的効力が生ずる事項として，次のものがあります．

　⑧ 　再生計画での事業譲渡に関する事項
　⑨ 　株式の取得に関する条項（民再 154 条 3 項）
　⑩ 　株式の併合に関する条項（同項）
　⑪ 　減資に関する条項（同項）
　⑫ 　発行株式総数に係る定款変更条項（同項）
　⑬ 　募集株式引受人の募集に関する条項（同条 4 項）
　⑭ 　根抵当権の極度額を超える部分の仮払条項（同 160 条 2 項）

[4]　**説明的記載事項**

　このほか再生計画の理解を助ける目的などで記載されることがあります．

再生計画の基本方針，事業損益計画，弁済資金調達計画，破産配当率との比較，別除権者に対する弁済計画の概要などがあります．もっとも，計画案本文には記載せず，附属説明書とする扱いなどもあります．

2 権利変更条項

再生計画には，再生債権者の権利変更条項を定めなければなりません（民再154条1項1号）．再生債権の減免によって過剰債務を解消して返済能力を回復させる再生手続の基本的機能に照らし，権利変更条項は再生計画のコアとして位置づけられます．

[1] 権利変更の一般的基準

権利変更条項においては，債務の減免，期限の猶予その他の権利の変更の一般的基準を定め（民再156条），届出再生債権者の権利のうち再生計画により変更されるべき権利を明示し，かつ一般的基準により変更した後の権利の内容を個別的に定めなければなりません（同157条1項本文）．

届出債権者及び自認に係る債権者の権利で再生計画により影響を受けないものがあるときは，その権利を明示しなければなりません（民再157条2項）．

[2] 弁済期間

再生計画による債務負担又は期限の猶予は，原則として，再生計画認可決定確定の時から10年を超えない範囲でその債務の期限を定めることが必要です（民再155条3項）．弁済期間が長期にわたるならば，再生計画の基礎を脆弱かつ不安定なものにしてしまいます．しかも，収益弁済型再生計画の場合は，清算価値保障原則との関係から弁済期間が長期化することは避けられないところ，債権管理に要する債権者のコストを考慮するならば，その上限を10年よりも長期のものとしたときには，再生債権者の権利が有名無実化するおそれがあると考えられるからです．

[3] 再生債権者間の平等

権利変更条項の内容は，原則として再生債権者の間では平等でなければなりません（民再155条1項本文）．ただし，再生債権の属性に応じた不平等取扱いは是認されますので，実質的平等原則といわれます．すなわち，不利益を受ける再生債権者の同意がある場合又は少額債権を有利に扱いもしくは手続開始後の利息などの劣後的な債権を不利に扱うなど，再生計画における権利

の変更内容に差を設けても衡平を害しない場合は，平等原則には違反しません．親会社や倒産責任のある代表者の再生債権などを不利に扱ったり，要保護性の高い損害賠償請求権を有利に扱うことは，むしろ実質的衡平確保に資する場合があるとされます．また，同様の観点から，債権額に応じて弁済額・割合をスライドする権利変更・弁済条項が定められる場合があります．

他方，未確定の再生債権や別除権の不足額等その確定までに相応の時間を要する場合は，合理的理由のある時間的コストというべきであって，失権させてしまっては平等原則に反しますので，適確な措置を定めなければなりません（民再159条，160条）．破産手続において，除斥期間内に破産債権確定手続が係属していることの証明の有無（破産198条1項）により，配当からの除斥又は配当額の供託がなされ（同202条1号），別除権者の不足額も除斥期間内の証明がないときは配当から除斥される（同198条3項）のは，清算型としての特質と迅速な配当の実施を考慮する規律であるのに対し，再生手続は事業の継続を前提とするため，上記のような打切主義を採用する必要性も合理性もないと考えられています．

3 共益債権・一般優先債権

再生計画には，共益債権及び一般優先債権の弁済条項を定めなければなりません（民再154条1項2号）．これらの手続外債権は，再生手続によらずに権利行使でき（同121条1項，122条2項），再生計画による権利変更を受けません．それにもかかわらずこれらの記載が求められるのは，再生計画の履行可能性等に影響するからです．手続外債権として弁済しなければならない額が大きくなれば，再生債権の弁済率の低下を招き，そもそも再建に支障を来す場合も想定しなければなりません．したがって，手続外で随時弁済される債務の額及び内容の開示は，再生債権者の再生計画案に対する賛否の意思決定の資料としての意義を有します．また，手続外弁済額が大きいため，再生計画案の履行可能性がないと判断されるときは，再生計画が認可されない（同174条2項2号）というところにも影響します．再生計画の認可後であっても，再生手続中に共益債権及び一般優先債権に対する全額を弁済できない事情が判明したときは，再生債務者もしくは監督委員の申立てにより，又は職権で再生手続が廃止される可能性もあります（同194条）．このような趣旨か

らすると，かかる記載が求められる共益債権や一般優先債権とは，再生計画に従った再生債権の実現に影響を与える可能性があるものに限定されますので，未払のもの又は将来に発生することが予測されるものを意味します．

4 知れたる開始後債権

知れている開始後債権があるときは，その内容に関する条項を定める必要があります（民再 154 条 1 項 3 号）．再生計画による権利変更は受けませんし，再生計画に対して影響を与えない債権（同 123 条 2 項）ではありますが，開始後債権に属すると認められるときには，権利行使時期の繰り延べという重大な制約が加えられるため，その妥当性を検証する意味があります．また，計画弁済後にも負うべき債務の大きさを開示しておくことは再生計画後の債務者の事業の継続可能性に多大な影響を及ぼします．このような趣旨に照らせば，共益債権とは区別できるよう，発生原因などその債権の内容を明らかにして記載されることが必要です．

5 資本構成の変更

再生手続は，債権者と債務者との権利関係の調整による再建手続であって（民再 1 条参照），基本的には株主を手続の対象とはしていません．資本構成の変更にまで及ぶのでは，全面的な手続拘束を作動させる会社更生手続との機能的相違を見出すことができず，再生手続の簡素化・軽量化の要請に適合しないといえます．また，中小企業の経営者としては，会社の支配権を維持できることが，早期に手続開始の申立てを決断できる要因ともなっています．したがって，再生計画においては，資本構成の変更は基本的な内容にはならないといえます．

しかしながら，株式を手続外において温存してしまうことは，再生計画において，大幅な権利変更，減免を余儀なくされる債権者との均衡を失することは否めず，株主にも負担を求めるべく資本の減少を実施するのが相当な場合があります．また，スポンサー等の新たな出資者を得て，経営・財務体質を安定させるため，増資をして旧株主の支配権を希釈化する必要がある場合があります．そこで，会社法における株式会社の財産配分に関する基本原則によれば，株主は債権者に劣後する地位にあり（会社 502 条本文），債務超過に

陥っている企業の株式は価値を喪失しているといえること，現実問題として も関心を喪失した株主を招集して株主総会決議を得ることが困難であること を考慮して，一定の限度において，裁判所の許可及び再生計画の条項によっ て，機動的に実現できるよう会社法の特則が設けられています．すなわち， 株式取得条項，株式併合条項，資本金減少条項，発行株式総数についての定 款変更条項（民再154条3項，161条），譲渡制限株式を発行するいわゆる閉鎖 会社については募集株式を引き受ける者の募集に関する条項を定めることが できます（同154条4項，162条）．募集株式を引き受ける者の募集を定めた再 生計画案を提出できるのは再生債務者のみとされています（同166条の2第1 項）．再生債権者が再生債務者の資本構成の変更を提案することは認められ ておらず，再生計画に対する同意権による制御ができるにとどまります．

　これらの条項を定めた再生計画案を提出するには，あらかじめ裁判所の許 可を得ることが必要です（民再166条1項，166条の2第2項）．裁判所は，債務 超過の状態にある場合に限り，当該許可をすることができます（同166条2項， 166条の2第3項）．加えて，募集株式を引き受ける者の募集については，それ が再生債務者の事業の継続に不可欠であることが必要です（同項）．

資本構成変更に関する条項を含む再生計画の発効

　株式取得，株式併合，資本金額減少については，会社の執行機関は，認可された再 生計画の定めに基づき，その内容を実現することができ，定款変更はそのような行 為を要せずに認可決定が確定した時に再生計画の定めによって変更されます（民再 183条）．これに対し，募集株式を引き受ける者の募集については，会社の意思決定 （取締役の決定［取締役会設置会社においては取締役会決議］）を必要とします（同 183条の2）．再生計画認可決定の確定によって当然に授権が生じるわけではあり ませんが，株主総会決議（会社199条2項）に代えて，取締役会決議で足りるとし て機動性と実効性を重視するものです．

再生計画の条項のイメージ

平成○年（再）第○○号　　　　　　　　　　　　　　平成○○年○月○日
○○地方裁判所民事第○部　御中

　　　　　　　　　　　　　　　　　　　　　　再　生　債　務　者　○○○○
　　　　　　　　　　　　　　　　　　　　　　代表者代表取締役　○○○○
　　　　　　　　　　　　　　　　　　　　　　再生債務者代理人　○○○○

　　　　　　　　　　　再　生　計　画　案

第1　再生債権に対する権利の変更及び弁済方法
　1　再生債権
　　(1)　再生債権者総数　　　　　　　　　　○○○社（人）
　　(2)　確定再生債権額　　○, ○○○, ○○○, ○○○円
　2　一般条項
　　(1)　権利の変更
　　　ア　開始決定日以降の利息・遅延損害金については，再生計画認可決定確定時に全額免除を受ける。
　　　イ　元本20万円を超える再生債権については，元本及び開始決定日の前日までの利息・遅延損害金の50パーセントに相当する額について免除を受ける。
　　　ウ　元本20万円以下の再生債権については，開始決定日の前日までの利息・遅延損害金について免除を受ける。
　　(2)　弁済の方法
　　　ア　元本20万円を超える再生債権について，(1)イによる免除後の金額について，次のとおり分割して支払う。
　　　　　　（略）
　　　イ　元本20万円以下の再生債権について，(1)ウの免除後の金額を，再生計画認可決定が確定した日から1か月以内にその全額を一括して支払う。
　3　個別条項
　　(1)　権利の変更
　　　　　確定再生債権の変更前の権利の内容は，別表1「再生債権弁済計画表」の「確定債権額」欄記載のとおりであり，変更後の権利の内容は，同表の「弁済額合計」欄記載のとおりであって，再生計画認可決定が確定した時に同表の「免除額」欄記載の

免除を受ける。
　　(2)　弁済の方法
　　　　免除後の金額である同表「弁済額合計」欄記載の金額を，同表の「弁済方法」欄記載のとおりに支払う。
　4　再生債権額が確定していない再生債権に関する措置
　　　異議等のある再生債権で今後査定の申立てがされ，又は査定決定に対する異議の訴えが提起された場合において，再生債権が確定したときは，前記2の定めを適用する。
　　　ただし，再生債権が確定した日に既に弁済期が到来している分割金については，再生債権が確定した日から2週間以内に支払う。
　5　別除権者の債権に関する措置
　　(1)　別除権付債権の概要
　　　　別除権付債権と別除権の目的物は，別表2記載のとおりである。
　　(2)　別除権行使による不足額の確定
　　　　別除権行使によって弁済を受けることができない不足額が確定したときは，前記2の定めを適用する。ただし，不足額が確定した日に既に弁済期が到来している分割金については，不足額が確定した日から2週間以内に弁済する。
　6　弁済に関するその他の事項
　　(1)　分割弁済における端数の処理
　　　　再生債権の分割弁済において生じる1円未満の端数は切り捨てる。
　　(2)　弁済の方法
　　　　再生計画による弁済は，再生債権者が指定する金融機関の口座に振り込む方法により支払う。ただし，振込手数料は再生債権者の負担とする。

第2　共益債権の表示及び弁済の方法
　　　平成〇年〇月〇日までに生じた未払共益債権残高は×××円である。
　　　未払共益債権及び同日以降に発生する共益債権は，随時支払う。

第3　一般優先権の表示及び弁済方法
　　　平成〇年〇月〇日までに生じた未払一般優先債権残高は×××円である。
　　　未払一般優先債権及び同日以降に発生する一般優先債権は，随時支払う。

3──再生計画案の提出

1 再生債務者の提出義務

　再生債務者等は，債権届出期間の満了後裁判所の定める期間内に，再生計画案を作成して裁判所に提出しなければなりません（民再163条1項）．具体的には，この期間の末日は，特別の事情がある場合を除き，一般調査期間の末日から2か月以内の日としなければならないとされています（民再規84条1項）．再生債権が出そろい（民再169条1項1号参照），債務者の財産状況を調査した後に（同項2号参照），それらに基づいて再生計画案を作成することが予定されているわけです．このことを前提に，再生手続開始の申立段階では，再生計画案作成の方針に関する意見を述べることで足りるとされています（民再規12条1項5号）．

　裁判所は再生計画案の提出期間を伸長することができますが（民再163条3項），特別の事情がある場合を除き，2回を超えてすることができません（民再規84条3項）．期間内に提出できないときは，再生債務者はその理由を付した報告書を裁判所に提出しなければなりません（同条2項）．そして，裁判所は，決議に付するに足りる再生計画案の作成の見込みないことが明らかになったとき，裁判所の定めた期間内に再生計画案の提出がないとき，又は提出された再生計画案が決議に付するに足りないときには，職権で再生手続を廃止しなければならない（民再191条1号・2号）とされます．これら一連の規律は，再生債務者の計画案作成を促進するように作動します．

　他方，再生債務者は，再生手続開始の申立後であれば，債権届出期間の満了を待たずに再生計画案を提出することもできます（民再164条1項）．私的整理から再生手続に移行・導入が図られた場合のように，再生計画案がほぼできあがっているような場合も想定されるため，迅速かつ円滑な手続進行を図る観点から早期提出を認めています．

　なお，再生債務者は，管財人が選任され財産管理処分権を有しない場合も自らの再生計画案を作成して提出することができます（民再163条2項）．

東京地方裁判所の標準スケジュール

東京地方裁判所破産・再生部は，手続進行のスタンダードモデルを示し，手続の可視化と迅速化を図っています．これによれば，①申立書に問題がない限りにおいて，申立当日に保全処分命令と監督命令が発令され，②申立てから1週間程度で開始決定がなされます．その後，③開始決定から1月後に債権届出期限，2月後に認否書，財産評定書及び再生計画素案の提出期限，④申立てから3月後に再生計画案提出期限，④申立てから5月後に債権者集会開催・認否決定に至ることが予定されています．②について，債権者説明会の成果を踏まえて開始決定をすることが予定されているため，申立後速やかに債権者説明会を開催して申立直後の混乱を収束させるとともに，十分な説明を試み理解を求めることが必要です．③において，消極財産と積極財産の調査結果を踏まえて，再生計画素案という再建の基礎を形成して，④のとおり，申立てから3か月で再生計画案の提出期限を迎えます．再生計画案作成後，計画案を説明して債権者の理解を求めるとともに，票読みをする必要から，債権者説明会を開催することも多く行われています．このように，手続の可視化と迅速化の裏面において，再生計画策定の準備と作成，債権者への説明と意向調査，別除権者との交渉（別除権協定と担保権消滅請求の選択）など多岐にわたる事務処理を適正かつ迅速に遂行しなければなりません．

2　再生債権者の提出権

届出再生債権者も，裁判所の定める期間内に，再生計画案を作成して裁判所に提出することができます（民再163条2項）．再生債権者も自らの権利の実現に関わる再生計画案を作成できるのは当然のことであって，再生債務者の提出に係る再生計画案の対案としての意義をもちます．

再生債権者の再生計画案提出権と情報開示との関係

債権者にとって，再生計画への同意は，将来の予想収益の総和を現在価値に引き直した価値が現在の清算価値を超えるとの判断に基づき，現在の清算価値を再生債務者に対して再投資することを意味します（8頁参照）．ところが，その基礎データはもっぱら債務者のみが保有していることからすると，事業譲渡による一括弁済型を除き，再生債権者が独自に収益弁済型による再生計画案を策定することは現実的には不可能です．他方，再生債務者の作成に係る再生計画案には，甘い将来予測と基礎データの読み違え等によるバラ色の事業計画ではないか，収益力の過小評価によって債権者に対する価値配分に比して債務者の財務体力が著しく伸張するのでは

ないか，あるいは実質的には破産状態であるにもかかわらず単なる延命措置としての再生計画ではないのかとの疑念を抱かざるを得ない場合があります．このような事態への対抗措置として債権者の計画案提出権が機能するには，上記のような投資判断を支えるに足りる十分な情報の開示と公正な条件の提示が必要です．債権者への情報開示（民再16条，124条〜126条，169条3項，民再規61条）は，このような要請に寄与する制度として理解されます．そして，それらは再生債務者作成の再生計画案に対し受動的に賛否を表明するのに必要な限度にとどまるものではなく，理念的には，再生債権者が再生計画案を作成・提出できるほどに積極的かつ適正な情報開示を要請するものと理解されます．債権者に再生計画案の提出権が認められていることの意味は，このような情報開示の観点からも理解できます．

3 再生計画案の修正

再生計画案の提出者は，再生計画を決議に付する旨の決定がされる前に限り，裁判所の許可を得て修正することができます（民再167条）．再生債権者をはじめとする利害関係人の意見に基づく修正の余地を残す必要がある一方で，決議の対象を固定化する必要もあるため，付議決定までとされています．裁判所が修正を命ずる場合もあります（民再規89条）．

4 ─ 再生計画の成立

1 再生計画の決議

[1] 裁判所の付議決定

再生計画案が提出されたときは，裁判所は，当該再生計画案を決議に付する旨の決定をします（民再169条1項）．これまでの手続経過を評価する観点とこれからの手続進行を見据えた観点による除外事由が規定されています．①決議に加えられるべき再生債権者の範囲と額の多くが未確定のままでは適法な決議にはならないことは明らかですし（同項1号），②実質的な決議に至るには債権者に対し適切な情報開示が必要であること（同項2号）を理由とするこれらの制限は，決議に至るまでの手続が確実に履践されていることを求めるものです．③不認可事由が認められるとき（同項3号）や④手続を廃止す

るとき（同項4号）が排除されているのは，もはや遂行不可能であることが明らかとなっているからです．

複数の再生計画案の付議

前述のとおり，再生債務者作成に係る再生計画案のほか，再生債権者が再生計画案を提出する場合があります．この場合，除外事由がない限り，裁判所はいずれも決議に付することを要します（一方を決議に付さないのは，実質的に排除したこととなり，認められません）．決議への付し方については，いずれかを選択させる方法と，それぞれについて賛否を問う方法があります．前者の方法では，可決要件を満たすのは一方だけである（票が割れたときはいずれも否決される可能性がある）のに対し，後者の方法では，いずれも可決要件を充足する可能性があるため，いずれを認可すべきかの問題が生じます（高木裕康「再生計画案提出に関する問題」実務と理論201頁）．

[2] 付議決定における決議方法の選択，議決権の額，可決要件

裁判所は，決議に付する旨の決定において，議決権行使の方法を定めなければなりません（民再169条2項）．決議方法の選択，議決権額の定め及び可決要件については，すでに検討しました（154頁以下）．

実務においては，債権者集会を開催して再生計画案の決議を行うのが通例です．それは書面等投票による決議を選択した場合に適用されない規定の存在が大きく影響しています．第1に，再生債権者に不利な影響を与えないときに限り，裁判所の許可を得て再生計画案を変更することができるとの規定があります（民再172条の4）．これにより，万が一の場合に備えて，再生債権者との間で細部についてギリギリまで交渉を続けることができる時間的余裕が生じます．第2に，再生計画案が可決に至らなかった場合に，再生計画案につき頭数要件（同172条の3第1項1号）と議決権額要件（同項2号）のいずれかの同意を得たものの他方の同意が得られなかった場合，又は期日の続行について頭数要件と議決権額要件をいずれも充足する同意を得た場合には，裁判所は債権者集会の続行期日を定めることができます（同172条の5）．これによって，再生計画案の提出者に対し，同意に向けた十分な説明と説得のチャンスを与えることが可能です．

議決権を有する債権者がきわめて多数にのぼり，債権者集会の開催場所の確保が困難な場合には書面等投票方式によることが想定されますが，債権者集会と書面等

投票方式を併用することにより，かなりの数の債権者を後者に吸収することが可能ですので，債権者集会の開催場所の問題は回避できることが多いと思います．

2 再生計画の認可

[1] 再生計画認可決定

再生計画案が可決された場合，裁判所は，不認可事由がある場合を除き，再生計画認可決定をします（民再174条1項）．再生計画案の可決という債権者自治に加え，裁判上の手続としての裁判所による認可という正統性を付与するものです（10頁）．判例（最決平20.3.13民集62-3-860）は，「法174条が，再生計画案が可決された場合においてなお，再生裁判所の認可の決定を要するものとし，再生裁判所は一定の場合に不認可の決定をすることとした趣旨は，再生計画が，再生債務者とその債権者との間の民事上の権利関係を適切に調整し，もって当該債務者の事業又は経済生活の再生を図るという法の目的（法1条）を達成するに適しているかどうかを，再生裁判所に改めて審査させ，その際，後見的な見地から少数債権者の保護を図り，ひいては再生債権者の一般の利益を保護しようとするものであると解される．」と述べています．

不認可事由は，①再生手続又は再生計画に補正不能の軽微ならざる法律違反があるとき，②再生計画遂行の見込みがないとき，③決議が不正の方法によって成立したとき，④再生計画の決議が再生債権者の一般の利益に反するとき，とされています．同じ再建型である会更法の更生計画の不認可事由と比較すると，計画の公正かつ衡平（会更199条2項2号）は，民再法では要求されていません．再生計画による権利変更の対象は再生債権だけであり，株主や優先順位の異なる権利者間の調整は必要とされていないことに基づくものと解されます．

認可・不認可の裁判は決定手続によってなされます．裁判所は，不認可事由の存否について，監督委員の意見書及び債権者集会での債権者からの意見聴取結果に基づいて，必要があるときは，再生債務者や再生債権者を審尋（民再8条1項，18条，民訴87条2項）してその判断を示します．

認可・不認可の裁判の意義

　民再法では，不認可事由が認められない限り，認可決定をするのが原則になっており（民再174条1項・2項），債権者自治を基本に据えた構造になっています．これは，会更法では認可事由が積極的に認められる場合に認可決定をするという条文の建付になっている（会更199条2項）ことと対照的です．実際にも，付議決定の段階で不認可事由の存在は特に窺えないことが確認されているわけですし，債権者集会で可決された再生計画案について，裁判所が不認可決定をするのはなかなか難しい空気を感じることもあります．しかしながら，債権者自治を基本に据えるのが民事再生であるとの枠組認識にたつとしても，他方では，前記最決平20.3.13 がその一般論として述べるように，少数債権者の保護を図りつつ再生債権者一般の利益を保護する見地及び多額の再生債権をカットする法的拘束力を発動させるという効果の重大さを考えると，裁判所の職責には大きなものがあることにかわりはないといえます．

[2]　再生計画認可決定の効力

(1)　確定を要する裁判

　再生計画は，認可決定の確定によって効力を生じます（民再176条）．裁判と同時に確定を待たずに効力を生ずるもの（破産30条2項，会更201条）もありますが，再生手続では管理型手続機関（管財人）の選任が必要的ではないことを考慮し，法律関係の確定を優先する趣旨です．認可決定と同時に効力を生じるとするならば，即時抗告によって認可決定が取り消されたときに混乱が生じるおそれがあるため，これを回避する意味があります．

(2)　認可決定の効力範囲

　再生計画認可決定の確定により，再生計画は，再生債務者，すべての再生債権者（届出をしなかった者も含みます）及び再生のために債務を負担し，又は担保を提供する者のために，かつ，それらの者に対して効力を有します（民再177条1項）．届出再生債権や自認債権は，再生計画の定めに従い，変更されます（同179条1項）．この変更は，手続内のものにとどまらず，実体的に権利を変更するものです．再生計画が再生債務者の義務につき減免の効力を生じさせるとすれば，担保・保証に関する附従性によって，その効力は物上保証人や保証人に及ぶはずではありますが，担保の機能を考慮し，再生計画による権利の減免の効力はこれらの担保に影響を与えないとして，附従性

を排除しています（同177条2項）．このため，債権者は，主たる債務者に対して有していた再生計画による権利変更前の債権全額で保証債務の履行を求めることができます．再生債権が失権（同178条）した場合であっても，177条2項により，保証人に対する債権は消滅しないと解されています．

また，別除権者が有する担保権にも影響を及ぼしません（民再177条2項）．担保権に別除権としての処遇を与えていること（同53条2項）に基づきます．

再生計画における拘束性の基礎と効力範囲

再生計画に再生債務者と再生債権者が拘束される根拠について考えてみます．

まず，債権者集会における法定多数による決議に基づく集団的な契約を基礎にして，これに法規が拘束力を与えているとみることによって，不同意債権者も成立した再生計画に拘束されると考えることが可能です．これは実体法の規定に適合する契約について法規が拘束力を与えているとみるのと同様のレベルで理解するもので，「契約＋法規適合性」にその基礎が求められます．これによれば，届出をしなかった債権者を含むすべての債権者に及ぶとする民再法177条1項や附従性の例外を規定する同条2項は，契約当事者間の規律を超えますので，民再法が倒産処理の必要性の観点から，特にこの点の規律を定めたものと理解することになります．

これに加えて，債権者の同意を得た再生計画について，裁判所がその当否を判断したことによって拘束力が生じると理解することも考えられます．再生計画に正統性を付与する裁判に拘束力の基礎があると理解するもので，「契約＋法規適合性」に『裁判』が加えられることを重視するものです．このような理解によれば，民再法177条1項や同条2項は，認可決定という裁判の主観的範囲を規定するものとみることになります．通常再生における再生計画の拘束力は，このようなところから理解することが可能です（10，355頁）．

これに対し，後述する給与所得者再生の特則における再生計画（381頁）は，これと異なる理解が必要になります．債権者集会による決議を不要としているからです．そこでは，債権者の同意調達及び裁判所の判断を省略できる程度の合理性を担保する趣旨の要件・内容をあらかじめ法定しておき，これに適合する再生計画について認可するシステムが採用されています．

(3) 免責効

再生計画認可決定の確定により，再生計画の定め又は法律の規定によって認められた権利を除き，再生債務者は，すべての再生債権について，その責

任を免れます（民再178条1項本文）．もっとも，再生計画に定められていない債権であっても，①再生債権者がその責めに帰することができない事由によって届出期間内に届出をすることができなかった再生債権（同181条1項1号），②再生計画案付議決定後に生じた再生債権（同項2号），③再生債務者が知りながら自認しなかった再生債権（同項3号）は免責されず，権利変更の一般的基準（同156条）に従って変更された上で存続します（同181条1項）．これらは，民再法178条1項本文における「法律の規定によって認められた権利」に該当するものと位置づけられます．手続開始前の罰金等は，そもそも権利変更の対象外とされます（同155条4項，178条ただし書）．

免責効の趣旨

　民再法をデザインする際，軽量化された手続の特性を活かして中小企業の再建にとって利用しやすいものとする方向性（和議タイプ）と再生の実効性を高めるためのデバイスを装備する方向性（会社更生タイプ）のいずれに軸足をおくべきかが問題となりました．和議には債権調査手続がなかったことが手続簡素化のメリットであったわけですが，他方では，債権の実体的確定を図る手続がないため免責・失権効がなく，再建の確度を低く押しとどめてしまうというデメリットを抱えていました．このため，民再法は，再生の実効性確保のために免責効を導入することとし，その前提として必要な債権調査手続を装備しています．もっとも，債権調査手続そのものについて，書面による期間調査方式，書面による決議，自認債権の考え方を導入するなどの軽量化・簡素化を図っています．
　和議手続には，債務者の不履行に対する債権者の救済制度が存在しないことも欠陥として指摘されていました．この点については，債権調査手続によって実体的確定が図られるため，再生債権者表の記載に確定判決と同一の効力を付与する手当がされています（民再180条2項）．

(4)　確定判決同一効

　再生計画認可決定が確定したときは，裁判所書記官は，再生計画の条項を再生債権者表に記載します（民再180条1項）．これによって，再生債権に基づき再生計画の定めによって認められた権利について，再生債務者，再生債権者及び再生のために債務を負担し，又は担保を提供する者に対して，確定判決と同一の効力を有することになります（同条2項）．関係者間での不可争性を確保する趣旨であり，これを債務名義として強制執行することができま

す（同条3項）．再生債権者は，再生計画による債務の履行が懈怠されたときは，計画弁済期間中であっても強制執行することができ，再生計画の履行確保手段として機能します（手続終結後の強制執行を想定する会社更生とは異なります［会更240条］）．債権調査の結果としての確定判決と同一の効力（民再104条3項）に加えて，上記のとおりの確定判決と同一の効力が認められるのは，再生計画による権利変更によって同一性が失われる場合もあるため，変更後の権利についても確定判決と同一の効力を付与する必要があると同時に，その主観的範囲についても保証人・物上保証人に拡張して不可争性を確保する必要があるからです．

　再生計画不認可決定が確定したときは，上記のような確定判決の効力が認められないのは当然ですが，債権調査によって確定した再生債権については，再生債権者表の記載は再生債務者に対し確定判決と同一の効力を有し，再生債権者は再生債務者に対し強制執行をすることができます（民再185条）．

[3]　再生計画認可・不認可決定に対する不服申立て

　再生計画の認可又は不認可の決定に対しては，即時抗告をすることができます（民再175条1項）．

　再生債権者は，一般に即時抗告が認められます．届出再生債権者は，権利変更の効力（民再179条1項）を受けますし，未届再生債権者であっても再生債務者が自認して認否書に記載すると（同101条3項），やはり権利変更されますので未届再生債権者も即時抗告ができます．それ以外の未届再生債権者は，認可決定の確定により免責の効力が生じる（同178条）ことから，即時抗告権が認められます．別除権者も不足額につき再生債権者としての地位を認められる以上，同様に解されます．

　再生債務者は，自ら提出した再生計画案が不認可とされた場合，又は届出再生債権者又は管財人が提出した再生計画が認可された場合に，即時抗告できます．

　再生のために債務を負担し又は担保を提供する者（民再158条）も再生計画の効力を受けます（同177条）ので，即時抗告ができると解されます．もっとも，これらの者に対しては，あらかじめ再生計画案の内容又はその要旨が通知され（同169条3項，115条1項本文），かつ，個別に同意する機会が保障されていること（同165条1項）から，個別同意の瑕疵等の事項に限定した即時抗

告が認められるとすべきであって，再生計画案の内容自体に関する不服申立てはできないとの見解もあります（条解民再822頁［三木浩一］）．

再生計画に減資の定めがあるときは，減資の許可に対する即時抗告（民再166条4項）と並んで，株主に本条の即時抗告を認めてよいと解されています．これに対し，株主の地位に変更をもたらさない再生計画については，権利変更を受けないことを理由とする否定説と再生債権の減免によって株主の実質的持分に変動があり得ること等を理由にする肯定説とがあります．

5―再生計画の遂行・変更，再生手続の終了

1 再生計画の遂行

再生計画認可決定が確定したときは，再生債務者は，速やかに再生計画を遂行しなければなりません（民再186条1項）．再生計画に基づく再生債権に対する弁済，再生計画に記載された資本金額の減少，募集株式を引き受ける者の募集などを実施します．監督委員が選任されているときは，監督委員は，再生債務者の再生計画の遂行を監督します（同条2項）．監督委員による履行状況の監督は，最長3年間にわたり実施されます（同188条2項）．

> **3年の履行監督期間について**
> 現実問題としては，再生計画において弁済開始まで据置期間を定めた場合には，再生計画の履行状況に関する監督期間がそれだけ削られることになりますし，再生計画認可決定時点で別除権協定の締結に至っていない場合には，再生計画の履行可能性の確度そのものにも影響があります．また，別除権者に対する弁済が先送りされたまま，監督委員による同意対象事項から外れた状態での監督期間が果たして3年でよいのかという疑問も生じます．
> もっとも，制度設計の観点からは，監督委員が存在していることにウエイトを置くのではなく，前述したように再生債権者表に債務名義性を付与していること（再生債権者の個別的な履行監視と救済），後述するように再生計画取消しの要件を緩和していること（再生債権者全体からの履行監視と救済）などは，履行確保及び債権者の救済措置として機能するよう強化されていることが明らかです．監督委員による，いわば他人任せの監督ではなく，履行監督についても債権者自治を基本に据

えて考えているといえます．そして，これに計画弁済期間が会社更生よりも短縮化されていることをも総合するならば，この3年という期間は相応の合理性のあるものと考えられます．

2 再生計画の変更

[1] 意義

再生計画認可後の経済状況の変動等によって再生計画に基づく履行が困難な状況に陥った場合，再生手続の廃止（民再194条）及び破産手続への移行（同250条1項）のほかに手段がないとすれば，これまでに投じた関係者の努力が水泡に帰することになりますし，他方では，再生債権者及び再生債務者の双方に利益な場合に変更を拒絶する理由はないと考えられます．このため，再生計画の変更を認める制度を設けています（同187条）．

[2] 変更の規律

再生計画の変更は，不利益変更か否かで取扱いを異にしています．不利益変更の場合には，不利益を受ける債権者が変更案の可否についてあらためて議決権を行使して，法定の同意要件（民再172条の3）を充足する必要があります（同187条2項本文）．不利益変更でない場合は，民再法187条2項ただし書の規律によれば，手続に参加させるべき者がいないことになりますので，裁判所の決定により，再生計画案を変更することができます（同条1項）．このように計画変更の制度は履行の困難について帰責性を問う制度ではなく，再生計画を可能な限り遂行するためにどのようにしたらよいかという視点で，再生債権者の判断にもう一度委ねる機会を与えるとともに，それが債権者一般の利益を害しないときには，再生計画の変更を柔軟に認める制度として理解されます．

再生計画案の修正・変更

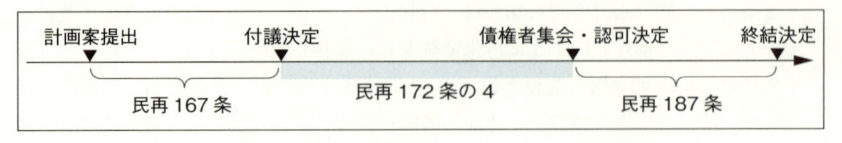

計画案提出	付議決定	債権者集会・認可決定	終結決定
民再167条	民再172条の4	民再187条	

3 再生手続の終結

再生手続の終結時期は，手続機関の構成によって異なります．

[1] 再生債務者のみによる純粋な DIP 型の場合

再生計画認可決定が確定したときは，裁判所は，再生手続終結決定をして終結します（民再 188 条 1 項）．

[2] 監督委員が選任されている場合

再生計画認可決定の確定によっては，再生手続は直ちには終結しません．再生計画認可決定確定から 3 年間は，原則として，監督委員による監督が継続されます．この間に再生計画が遂行されたとき，又は 3 年経過したときに，再生債務者もしくは監督委員の申立てにより又は職権で再生手続終結決定がなされ，監督委員による監督も終了します（民再 188 条 2 項）．裁判所が相当と認めて，3 年以内の時点で監督命令を取り消したときは，その時点で手続が終結し監督も終了します．

[3] 管財人が選任されている場合

再生手続は直ちには終結しませんし，3 年間という限定もありません．再生計画が遂行されたとき，又は再生計画が遂行されることが確実であると裁判所が認めるに至ったときに，再生債務者もしくは管財人の申立てにより又は職権で，再生手続終結決定がなされます（民再 188 条 3 項）．

4 再生計画の取消し

[1] 意義

再生計画認可決定が確定した場合において，法定の事由があるときは，裁判所は，再生債権者の申立てにより，再生計画取消しの決定をすることができます（民再 189 条 1 項）．再生計画の取消しは，再生計画全体を覆すものであって，個々の債権者に対する救済というにとどまりません．しかも，再生計画による権利変更の効力を覆滅させて再生債権を原状に復せさるという重大な効果をもたらします．したがって，再生計画の取消しは，個々の再生債権者の申立てを契機とするものではあっても，再生債権者全体の利益保護のために機能するわけですので，そのような観点から取消事由が法定されていると解されます．

[2] 取消事由

取消事由は，以下の3点であり（民再189条1項各号），再生債務者に再生計画による権利変更の利益を保持させておくことが，衡平の観点に照らし，再生債権者との関係で正当化できない事情として列挙されており，再生債務者に対するサンクションとして機能します．

(1) 再生計画が不正の方法により成立したこと（1号）

再生計画不認可事由（民再174条2項3号）と同旨であるため，再生計画認可決定に対する即時抗告によってこれを主張したとき，もしくは知りながら主張しなかったときは除外されています（同189条2項）．また，適時に主張せずにいつまでも不安定な状態におくことを避けるために期間的制限が付されています（同項）．

(2) 再生債務者等が再生計画の履行を怠ったこと（2号）

この事由を理由とする申立てができるのは，履行懈怠による損失が大きな再生債権者に限定されています（民再189条3項）．軽微極小な不履行によって再生計画全体を取り消し得るとしたのでは，再生債権者の一般的利益を害するおそれがあることを考慮するものです．個別の再生債権者の救済は，再生債権者表に基づき，再生計画に従った履行を求めて行う強制執行によって図られます（180条2項・3項）．

本事由を理由とする場合には，その債権額の大きさからみて，再生計画全体が不奏功に終わる可能性が高いといえることに取消しの基礎が見出されます．しかし他方，再生計画の変更（民再187条）によって対応することが可能な場合には，その機能分担の観点から，取消申立てが棄却される場合もあると考えられます．

(3) 再生債務者が裁判所の要許可指定又は監督委員の要同意指定の違反をしたこと（3号）

再生債務者が法ないし監督を潜脱する不誠実さを抱える場合には，再生計画全体の取消しを認める趣旨です．もっとも，違反行為が軽微な場合や，違反行為によって再生債権者全体が利益を享受していると認められる場合は，前記[1]の趣旨に照らし，棄却することが相当であろうと解されます．

[3] 取消しの効果

再生計画取消決定が確定した場合は，再生計画の権利変更の効力が失われ，

再生債権は権利変更前の原状に復します（民再189条7項本文）．ただし，再生債権者が再生計画によって得た権利には影響を及ぼしません（同項ただし書）．また，債権調査を経て確定している再生債権者表の記載に基づいて強制執行をすることができます（同条8項，185条）．

[4] 再生計画履行完了前の破産・新たな再生手続の開始

再生計画の履行完了前に，再生債務者について破産手続開始決定又は新たな再生手続開始決定がされた場合につき，再生計画の取消決定の確定と同様の効果が規定されています（民再190条1項）．これらの場合，もはや再生計画全体を維持する利益・必要性がない点では，類似の状況にあるからです．

先行事件での再生計画には，実質的平等原則の観点に従い，多様な定めがなされることを考慮して，後行手続での債権者平等の観点から配当調整規定（民再190条3項・4項・7項）や，先行手続での共益債権が後行手続開始決定時を基準として再生債権として処遇されることを避けるための規律（同条9項）などが設けられています．

5 再生手続の廃止

[1] 意義

再生手続の廃止とは，再生手続開始後に，再生手続の目的を達することなく，将来に向かって再生手続を終了させることをいいます．再生計画の取消しは，再生計画の効力を遡及効をもって覆すことによって債権者を救済する制度であり，債務者に対するサンクションの発動として理解されるのに対し，再生手続の廃止は，再生債務者が自ら再生手続の存続を諦め，あるいは監督委員（管財人）の申立て又は職権で再生手続の存続を容認することができないとして将来に向けて終了させるものであるという相違があります．

再生手続における入口と出口との関係

再生手続開始に際しては，厳格に再建の見込みを審理することはありません（民再33条1項，25条）．入口を広くとることによって，破綻に瀕した企業を広く手続に取り込み，早期再建への着手を可能にするものです．他方において，かかる入口の広さは，再生の見込みがない企業であっても，いったん手続に導入させた上で，急激な事業の解体を避けるとともに事態を沈静化させてから破産に連携・移行させ

るシステムの構築を可能にしています．後者の出口戦略として機能するのが再生手続の廃止であると考えられます．

廃止事由の手続選別機能

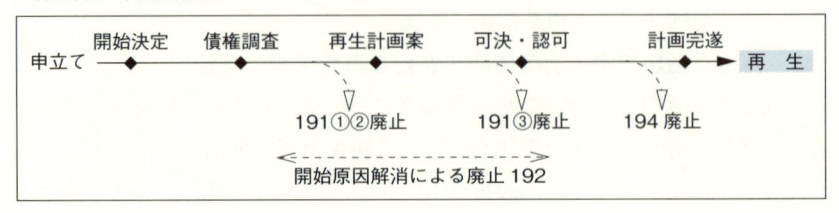

```
申立て ──開始決定──債権調査──再生計画案──可決・認可──計画完遂──▶ 再　生
                              ▽              ▽            ▽
                          191①②廃止     191③廃止     194廃止
                    ◀─ ─ 開始原因解消による廃止 192 ─ ─▶
```

[2] 廃止事由

①再生計画案作成の見込みがないとき，決議に付すべき再生計画案が提出されないとき及び再生計画案が否決されたときは，裁判所は，職権で，再生手続廃止の決定をしなければなりません（民再 191 条）．②再生計画認可決定確定前において再生手続開始原因のないことが明らかになったときは，裁判所は，再生債務者，管財人又は届出再生債権者の申立てにより，再生手続廃止の決定をしなければなりません（同 192 条）．③再生計画認可決定確定後に再生計画が遂行される見込みがないことが明らかになったときは，裁判所は，再生債務者もしくは監督委員の申立てにより又は職権で，再生手続廃止の決定をしなければなりません（同 194 条）．これらの場合には，再生手続を存続させる意義が失われることにその根拠がある点で共通しているところ，①が職権判断によるものとされ，②は廃止原因の疎明とともにする申立てを必要とし，③が申立て又は職権によるという相違があります．裁判所の手続運営における廃止事由の顕著性の相違と迅速性の要請とを考慮するものです．また，②につき再生債権者に申立権が付与されるのは，再生計画による権利変更の不利益を排除することに利益を有するからであり，これに対し，③につき再生債権者に申立権が認められないのは，この場合の廃止は個々の再生債権者の利益保護を目的とするものでなく，手続目的の達成不能に直面した手続機関の職責上廃止の申立てを認める趣旨によるものです．

再生債務者が法律や裁判所の命令に違反する行為をした場合には，裁判所は，監督委員もしくは管財人の申立てにより又は職権で，再生手続廃止の決定をすることができます（民再 193 条 1 項）．この場合，裁判所は，再生債務者

を審尋しなければなりません（同条2項）．

[3] **再生手続廃止決定の確定と破産手続への移行**

再生手続廃止決定の確定によって再生手続は終了します．再生手続を将来に向かって終了させるものですから，さきに再生計画認可決定が確定しているときは，権利変更の効力等はそのまま維持されます（民再195条6項）．再生手続が目的を達せずに終了した場合は，その終末処理としての破産手続に移行することが予定されています（同248～254条）．

CHAPTER 22 個人再生

1──個人再生の制度設計

1 個人再生手続の必要性と合理性

　民事再生手続の構成要素は，①手続への早期導入を図るため手続開始原因を緩和すること，②手続全体の軽量化を図るため手続の対象債権を限定すること，③再生の実効性を確保するため債権調査による実体的確定と権利変更に伴う免責効を付与すること，④計画弁済の原資が将来の収益予測に基づく不確実性を不可避的に伴うため，債権者の積極的な同意調達が必要であること，に整理できます．民再法は再建型倒産処理の基本法として，適用対象を問いませんので，法人と個人を問わず，事業者と消費者を問わずに適用されます．しかしながら，債務額が法人事業者に比して多額ではない個人にとっては，上記の手続構成は，なお重厚にすぎることが考慮されなければなりません．そこで，上記③④について更なる簡素化を図るため，再生債権総額に上限を設定し，債権の実体的確定を排除して債権調査・確定手続を簡素化し，計画弁済の確度と弁済利益を保障することによって債権者の同意調達手続を簡素化又は排除した特則が設けられています．

　このような個人再生手続として，小規模個人再生手続と給与所得者等再生手続が設けられています．小規模個人再生手続は，通常民事再生手続の特則であり（民再238条参照），給与所得者等再生手続は，小規模個人再生手続の特則として位置づけられます（小規模個人再生の準用規定［同244条］と通常再生の適用除外規定［同245条］参照）．

再生手続の構成要素と特徴の対比

	通常再生	小規模個人再生	給与所得者等再生
再生計画	再生計画の実行可能性＝負債規模と将来の弁済原資確保の確度		
負債規模	大きい	小さい	
弁済原資	将来の事業収益（不確実）	継続性・反復性	定期性・安定性
弁済利益保障	清算価値保障原則	＋最低弁済額要件	＋可処分所得要件
債権者の同意調達	債権者の積極的同意	債権者の消極的同意	不要
債権調査手続	実体的確定・免責効	手続内確定のみ	同左

2 手続選択の指標

　個人の経済生活の再生を図るのに適する法的手続として，通常再生手続，個人再生手続及び破産手続のいずれを選択すべきかが問題となります．負債総額，資格制限の有無，将来収入の見込み，保有する資産の種類と価額，免責不許可事由の存否，否認対象行為の存否等を考慮します．

　個人再生手続には再生債権総額5000万円までとする上限がありますので，これを超える債務を有する場合は通常再生手続か破産手続によることになります．再生手続は将来収入の一部をもって弁済原資に充てることを要しますので，債務者が将来の収入を維持・確保できない場合には破産手続によらざるを得ません．他方，債務者の経済的再生のために一定の資格制限を受けることを回避するには，再生手続によることが必要です．債務者が保有する資産は換価されても支障がないときは破産手続によることが考えられますが，自宅の保有を希望するときは，住宅資金特別条項を付した再生手続によることが必要です．また，免責不許可事由が存在する場合には，裁量免責を受ける見込み次第というところがありますが，リスクを避けて個人再生手続が利用されることが多いようです．否認対象行為が存在する場合には，個人再生手続では否認権の適用は排除されていますので，弁済計画を策定する上では，清算価値算定上，否認による回復見込額を加算することが必要となります．多額にのぼる否認対象行為がみられる場合には，管財事件としての破産手続を選択するほかありません．

2──小規模個人再生

　小規模個人再生は，通常再生手続の特則としての地位にあり，小規模個人再生特有の規律と通常再生の規律との総和のうち，民再法238条によって適用が排除される規定を除くもので構成されます．以下，小規模個人再生については，通則としての通常再生と対比しながら検討します．

1　特有要件

　債務者が個人であり，①将来において継続的に又は反復して収入を得る見込みがあり，かつ②再生債権の総額（住宅資金貸付債権額，別除権行使によって弁済を受けることができると見込まれる再生債権額及び再生手続開始前の罰金等の額を除く）が5000万円を超えないものについては，小規模個人再生の特則（民再221条～238条）の適用を受ける再生手続の実施を求めることができます（同221条1項）．

　①の収入要件は，法定されている小規模個人再生における再生計画の内容が3月に1回以上の分割払によって，原則として3年間（最長5年間）で権利変更後の債務について弁済を完遂できることを要するため（民再229条2項），その遂行可能な場合をあらかじめ類型的に捕捉する趣旨です．収入の間隔が不定期であったり，3か月を越える場合でも，あるいは収入に変動幅が予測される場合でも，1回の収入から弁済原資をプールしておいて3か月以内に弁済が可能であるとの見通しが立つ場合には，この要件を充足すると考えることができます．

　②の再生債権の上限額要件の趣旨は，小規模個人再生と通常再生とを振り分けることにあります．小規模個人再生は，一般的には個人債務者の債務総額が多額ではないことを想定した簡略手続ですから，これが多額になる場合は，権利変更による債務の減免規模が大きくなるため，本則としての通常再生手続の利用に委ねる趣旨です．これに対し，住宅資金貸付債権が総額計算から除外されるのは，住宅資金貸付債務は一般に多額であり，これを含めるときは，小規模個人再生から個人債務者を排除してしまう結果となることを考慮したものであり，別除権担保額を除外するのは，一般債権と原資を分け合う関係にはないことが考慮されたものです．開始前の罰金が除外されるの

は手続完結後に弁済される取扱い（民再181条3項）に基づきます．申立時に債権者一覧表の提出が求められる（同221条3項～5項）のは，かかる要件判断の資料とする意味があります．

以上の小規模個人再生特有の要件と一般の再生手続開始の要件が充足しているときは，裁判所は，小規模個人再生による再生手続を開始します．

2 再生債権の届出・異議申述・手続内確定

小規模個人再生手続における債権の調査及び確定については，債権調査に要する手続コストを下げて手続全体を簡素化するため，通常再生手続における規定（第4章第3節）の適用を除外した上（民再238条），独自の規律を設けています．債権の実体的確定の前提としての調査手続ではなく，議決権額評価や最低弁済額基準算定との関係で，再生債権を早期に把握する目的で簡略な手続を装備する趣旨です．このため，再生債務者を当事者とする再生債権に関する訴訟は中断しません（民再238条による40条の適用除外）．

[1] 再生債権の金銭化

再生債権者が条件付債権や非金銭債権を有する場合でも，通常再生手続においては，実体的な現在化や金銭化はなされません．議決権額の算定等に必要な限度において，法定区分（民再87条1項1号～3号）に従い，手続的な現在化・金銭化にとどまります（123頁参照）．

これに対し，小規模個人再生においては，議決権評価や再生計画の認可要件との関係にとどまらず，金銭的に評価され（民再221条5項），再生計画認可決定が確定したときは，その金額の再生債権に変更されます（同232条1項）．その理由としては，この手続の特有要件である再生債権上限額（同221条1項）や再生計画認可要件である最低弁済額（同231条2項3号）の算出において金銭債権としての評価が必要であるとの技術的理由があります．また，小規模個人再生手続は3年という短期間の弁済によって再生債務者の経済的更生を図る目的を有するわけですから，再生計画履行後に条件が成就するような債権が積み残されたのではその趣旨に適合しないことになりますし，弁済計画を簡素なものにするためにはすべての債権を金銭化して弁済対象にする必要があるとの政策的理由に基づきます．このため，再生債権者は議決権額を届けることを要しないものとされています（同224条1項）．

[2] 異議申述期間

　小規模個人再生による再生手続開始決定においては，同時処分として，債権届出期間のほか，一般異議申述期間を定めます（民再222条1項）．債権調査期間（同34条1項，101条5項）ではなく異議申述期間として定めるのは，再生債務者による個別的な認否書の作成を必要とせず（同238条による100条・101条の適用除外），再生債務者及び再生債権者から積極的な異議（同226条）がない限り，再生債権の存在及び内容がそのまま確定されることを前提にするものです．

　債務者が小規模個人再生の申立てをする際に提出する債権者一覧表には，債務者自ら異議を述べることがある旨を記載することができます（民再221条4項）．自認しながら異議権を留保する点は禁反言則に反するようにも見えますが，消費者金融等からの借入による多重債務者を手続対象として想定しているため，債務の内容を正確に把握できない場合があることを考慮するものです．異議ある債権についてもできるだけ債権者一覧表に記載させた上で，異議申述の可能性についての予告をも記載させて再生債権者の予測可能性を確保する趣旨です．

[3] みなし届出

　債務者が申立てに際して提出した債権者一覧表に記載されている再生債権については，届出期間の初日に，記載内容と同一の内容で届出をしたものとみなされ（民再225条），再生債権者は届出をしなくても手続参加資格が認められます．自認債権について議決権行使が排除されている通常再生手続（同104条1項かっこ書参照）とは異なる規律です．再生債権者が異なる届出をした場合又は再生債権を有しない旨の届出をした場合には，届出が優先されます．債権者一覧表に記載されていない再生債権は，原則どおり，届出期間内に届け出ることが必要です．

[4] 再生債権の評価

　通常再生手続では，再生債権について異議があった場合には，査定の裁判を経て，あるいはそれに対する異議の訴えを経て，当該債権の存否・内容が実体的に確定され，これらの裁判は，再生債権者全員に対して確定判決と同一の効力を有します（民再105条1項，106条1項，111条1項・2項）．再生債権の調査において異議がなかった場合に確定した再生債権者表の記載も同じ効

力を有します（同104条3項）。再生計画認可決定確定により，再生計画の定めによって認められた権利を除くすべての再生債権について再生債務者は免責されるとの効果を有します（同178条）。

　これに対し，小規模個人再生においては，手続の簡易迅速性を重視し，再生債権の存否・内容に対する異議については，議決権や計画弁済総額を確定する限度での目的に適合するよう，評価の申立てを認めるにとどめています（民再227条1項）。これは個人再生委員（同223条1項ただし書）の調査・意見聴取を経て，裁判所が評価を行うものです（同227条7項・8項）。対審構造によるものではありませんし，不服申立てもできません。このような簡易手続によっては，通常再生手続におけるのと同様の実体的権利変更の効果を付与することはできないため，小規模個人再生においては，手続内での権利変更にとどめ，実体的確定の効力を排除しています（同238条による178条～180条の適用除外）。客観的な評価額の実体的確定を必要とする場合には，再生手続外の訴訟での解決に委ねられています。

3　再生債務者の財産状況の調査と変動

[1]　財産状況の調査と開示

　通常再生手続においては，再生債務者はその職務として，再生債務者に属する一切の財産につき価額を評定し，財産目録及び貸借対照表の作成及び裁判所への提出を要します（民再124条）。これに対し，小規模個人再生においては，再生債務者は，貸借対照表の作成・提出を要しないものとされています（同228条）。消費者又は小規模個人事業者を手続対象として想定するため，ことさらに貸借対照表の作成を求めるのは合理的ではありませんし，その規模に照らし，財産目録（同124条2項）による資産開示及び債権者一覧表（同221条3項）による負債開示で十分と考えられるからです。このため，小規模個人再生においては，財産状況報告集会も開催されません（同238条による126条の適用除外）。

[2]　財産状況の変動

　小規模個人再生においては，否認権を行使することができません（民再238条による第6章第2節の適用除外）。DIP型による倒産手続において否認権制度を装備するときには，否認権行使機関の設置・授権等複雑な規律を必要とし

(287頁)，簡易迅速性を重視する小規模個人再生の趣旨に適合しないからです．否認権行使事由の存在が明白であるのにあえてこれを回避してされた小規模個人再生の申立てに対しては，不当な目的による手続開始申立てとして棄却するとの対応が可能です（同25条4号）．手続開始後にかかる事由が明らかになったときは，否認権行使したならば回復されるはずの価額を加算した額以上の再生計画案が提出されない限り，再生債権者の一般の利益に反する（同174条2項4号）ものとして，決議に付されずに再生手続が廃止されるか（同191条1号），再生計画不認可決定がされることになります（同231条1項）．

相殺禁止（民再93条，93条の2），双方未履行双務契約の規律（同49条等），担保権消滅請求制度（同148条等）は，訴訟等での行使を必要とするものではなく，適用は除外されていません．

4 個人再生委員

小規模個人再生においては，通常再生手続における監督委員のような機関は選任されません（民再238条による第3章第1・2節の適用除外）．手続費用を抑えることによって利用を容易化する趣旨によるものですが，円滑な手続進行を図るためには，裁判所の補助機関が必要かつ有益な場合もあると考えられます．そこで，個人再生委員の制度が設けられ，①再生債務者の財産及び収入の状況を調査すること，②再生債権の評価（同227条1項）に関し裁判所を補助すること，③再生債務者が適正な再生計画案を作成するために必要な勧告をすること，のうち選任の際に指定された1つ又は複数のものが職務内容となります（同223条2項）．職務は限定的です．

個人再生委員は，原則として任意的選任機関とされますが，再生債権の評価の申立てがあったときは，必要的選任となります（民再223条1項ただし書）．

5 再生計画

[1] 形式的平等原則

小規模個人再生における再生計画による権利の変更の内容は，再生債権者の間では平等でなければなりません（民再229条1項）．かかる原則の例外として，不利益を受ける債権者の同意がある場合，少額再生債権の弁済時期又

は開始後の利息等の請求権について別段の定めを置くことができます．これらの原則・例外は通常再生と同様です（同155条1項本文）．しかし，小規模個人再生においては，通常再生における実質的平等原則（346頁）は採用されていません（同項ただし書末尾対照）．この手続の対象として想定する債務者の特性に照らせば，再生債権の実情・特性に応じて衡平を確保する要請は高くないとみられ，また，かかる斟酌を一般的に可能とするならば簡易迅速性に適合しないとみられるからです．

なお，破産法における非免責債権と同様の考慮（政策的保護の必要性等）から，原則として権利変更の対象とすることができない債権があります（民再229条3項）．これらの非減免債権については，再生計画遂行の障害にならないように配慮する必要がある一方で，少なくとも再生債権と同列には扱われるべきですので，弁済方法について特に規定が設けられています（同232条4項・5項）．

[2] 弁済方法と弁済期間

小規模個人再生の再生計画は，弁済期が3月に1回以上到来する分割払の方法で，その弁済期間が3年間（最長5年間）であることを要します（民再229条2項）．3月に1回以上という弁済期設定は，将来収入の安定度が若干低い場合でも適用対象として取り込みつつ，弁済間隔が空きすぎてしまうと，履行確度の信頼性に疑問が生じますし，それによって弁済期間が長期化するときは，権利変更後の弁済総額に比して債権管理のコストが大きくなることを考慮するものです．

小規模個人再生の再生計画を定めるには，最低弁済額を考慮しなければなりません（民再231条2項3号・4号）．小規模個人再生において，清算価値保障原則のみに依拠して再生計画を策定するときは，この手続の対象となる債務者にはめぼしい財産がないのが通例であるため，実質的にはゼロ弁済に近い再生計画を認める不合理を招来しかねないからです．負債総額に応じた最低弁済額を設定することによって，債権者の利益を保護する趣旨です．

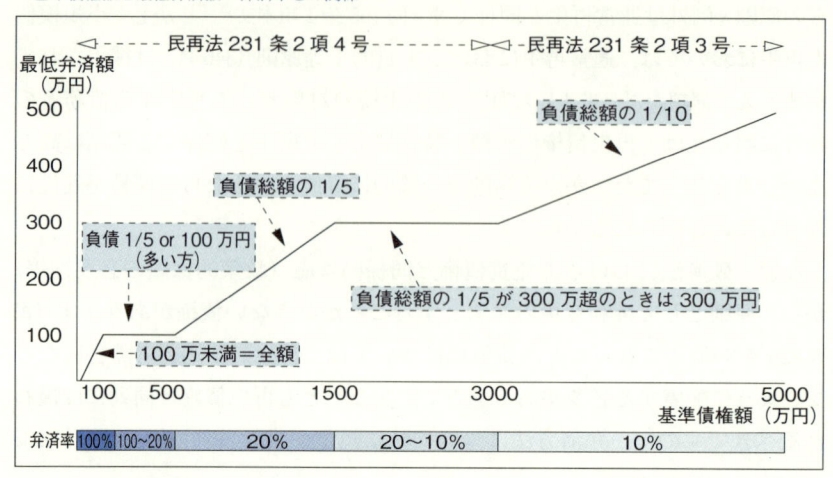

基準債権額と最低弁済額・弁済率との関係

```
最低弁済額
（万円）
500  ◁----- 民再法231条2項4号 -------- ▷◁ 民再法231条2項3号 --▷
                                              負債総額の1/10
400
300        負債総額の1/5
     負債1/5 or 100万円
200     （多い方）
                          負債総額の1/5が300万超のときは300万円
100
     ←-100万未満＝全額
     100  500    1500      3000              5000  基準債権額（万円）
弁済率 100% 100〜20%  20%    20〜10%          10%
```

[3]　決議の簡素化

　小規模個人再生の再生計画案は，異議申述期間経過，財産状況報告書（民再125条1項）提出後に決議に付されます（同230条1項）．

　再生債務者の収入に変動があり得ることを想定する手続であるため，負債の小規模性・各債権額の少額性に鑑み，債権者の同意調達は，書面等決議（民再230条3項）という簡便な方法に限定されます．再生計画決議のための債権者集会は開催されません（同238条による第7章第3節の適用除外）．

　再生計画案に同意しない者は，裁判所の定める期間内にその旨回答することが必要とされています（民再230条4項）．同意しないことを積極的に明示しない限り，同意したものとして扱われます（消極的同意）．この消極的同意という方法は，再生計画案可決の容易化をもたらすだけでなく，可決の成否を判断する際の裁判所の手続運営上のコスト削減になりますし，債権者としても成立させるのにやぶさかではない場合にはその意思表明のコストを削減することにもなります．

　同意しない旨を回答した議決権者が議決権者総数の半数に満たず（頭数要件），かつ，その議決権の額が議決権者の議決権の総額の2分の1を超えないとき（議決権額要件）は，再生計画案の可決があったものとみなされます（民再230条6項）．

[4] 小規模個人再生の不認可事由

再生計画案が可決された場合は，裁判所は，不認可事由がない限り，再生計画認可の決定をします（民再231条1項）．

不認可事由としては，通常再生手続での不認可事由（民再174条2項）のほか，小規模個人再生固有の不認可事由（同231条2項）として，手続利用資格欠缺（1号・2号）が掲げられているのは，手続開始後の変動や開始時には不分明な場合があり得ることを考慮するものです．最低弁済額要件（3号・4号）は，前述のとおり，破産を回避して，簡易迅速な手続で権利変更・分割払による再生を図る債務者のメリットとの対比において債権者の利益との均衡を図る趣旨です．債権者一覧表に住宅資金特別条項を定めた再生計画案提出の意思を表示していたにもかかわらず，再生計画に当該条項の定めがない場合（5号）も不認可事由とされています．

[5] 再生計画認可決定の確定

小規模個人再生において再生計画認可の決定が確定したときは，すべての再生債権者の権利は，権利変更の一般的基準（民再156条）に従って変更されます（同232条2項）．ただし，再生計画による権利変更の対象外とされる再生債権は除きます（同229条3項，232条2項かっこ書による除外）．

通常再生手続とは異なり，再生債権が実体的に確定されるわけではありませんので，権利ごとに権利変更の内容を定めることはできません（民再238条による157条～159条の適用除外）．また，債権者一覧表に記載されず届出もされなかった債権も手続上確定されていないにすぎませんから，失権することはなく，その弁済について劣後的に扱われるにとどまります（同232条3項本文）．ただし，届出ができなかったことにつき再生債権者に帰責事由がない場合で，その事由が付議決定前に消滅しなかったもの又は再生債権の評価の対象となったものであるときは，手続内確定債権と同様の条件で弁済を受けることができます（同項ただし書）．

6 再生計画の遂行，変更，ハードシップ免責

[1] 認可決定確定による手続の終結

　小規模個人再生においては，再生手続は，再生計画認可決定の確定によって当然に終結します（民再233条）。通常再生手続において監督委員が選任されているときは，3年間の監督委員による履行監督等があるため，認可決定確定によって直ちに再生手続が終結するわけではありません（同188条2項）。これに対し，手続コストの発生を抑えるため，小規模個人再生にはそのような手当は存在しませんし，履行監督等もありません。

[2] 再生計画の変更

　小規模個人再生における計画変更は，通常再生手続における計画変更の適用は排除されています（民再238条による187条の適用除外）。通常再生手続においては，「やむを得ない事由で再生計画に定める事項を変更する必要が生じたとき」に，「再生手続終了前に限り」変更可能とされている（同187条1項）のに対し，小規模個人再生においては，「やむを得ない事由で再生計画を遂行することが著しく困難となったとき」に，再生終了後も可能とされています（同234条1項前段）。

　変更の態様は，手続の簡素化の趣旨に従い，再生計画の総弁済額について最長2年間（当初の3年間の弁済期間に加えて2年間）の範囲内で弁済期間の延長が認められるにとどまります（民再234条1項後段）。これによって各回の具体的弁済額を減少させて支払負担を減じることができますが，弁済総額の減額変更は新たな再生計画を策定するのに等しく認められません。

[3] ハードシップ免責

(1) 意義

　例えば，不意に無収入状態に陥り，それが継続する場合などのように，再生計画の変更をしても事実上遂行不可能と考えられ，再生の基礎がもはや失われている場合は，再生計画の取消事由（民再189条1項2号）に該当し，牽連破産（同250条1項）に進むことが想定されます。しかし，債務者が弁済能力の限りを尽くして相当程度履行してきた場合にも免責を与えないのは酷にすぎますし，破産・免責ではなくあえて再生手続を選択するインセンティヴを失わせないため，一定の要件の下に，裁判所は，再生債務者の申立てにより，

免責の決定をすることができるとされています（同235条）．これをハードシップ免責といいます．

(2) 要件

　免責を受けるためには，①責めに帰することのできない事由により再生計画を遂行することが極めて困難となったことが必要です（民再235条1項柱書）．再生計画変更の要件である「著しく困難」よりもハードルが高く設定されているのは，計画変更で対応可能な場合にはそちらを選択すべきだからであって，再生計画の変更をすることが極めて困難であることも要件とされいる（同項4号）のは，これを裏打ちしています．また，②計画弁済対象債権及び権利変更を受けない債権の各4分の3以上の弁済が終わっている場合であることが必要です（同項1号・2号）．そして，③免責の決定をすることが再生債権者の一般の利益に反するものではないことも必要です（同項3号）．

(3) 効果

　再生債務者が，上記のいずれの要件も充足するものとして申立てをしたときは，裁判所は，再生債権者の意見を聴いて，決定手続で判断を示します（民再235条1項・2項）．免責決定が確定したときは，履行した部分及び再生計画による権利変更のできない再生債権を除き，再生債権者の債務の全部についてその責任を免れます（同条6項）．免責決定が担保や保証に影響を与えない（同条7項）のは，破産免責（破産253条2項）や通常再生手続（民再177条2項）と同様です．

7 再生計画の取消し，再生手続の廃止

[1] 再生計画の取消し

　小規模個人再生においても，通常再生手続におけると同様，再生債務者が再生計画に従った弁済をしない場合等には，再生計画の取消し（民再189条）が可能です（同238条参照）．これに加えて，小規模個人再生の特則として，計画弁済総額が認可決定時に破産配当がなされたものと仮定した場合の総額を下回ることが明らかになったときも，再生債権者の申立てにより，再生計画取消しの決定をすることができます（同236条）．清算価値保障原則違反が手続終結後に判明した場合に対応するもので，小規模個人再生では，債務者の財産状況の調査が十分には行うことができない場合があることを想定するも

のです．これによって債務者の財産状況報告の正確性が担保されるという側面があります．

[2] 再生手続の廃止

　小規模個人再生においては，通常再生における廃止事由の適用は排除されていません．これらに加えて，必要的手続廃止原因として，再生債務者提出に係る再生計画案が可決されなかった場合（民再237条1項），任意的手続廃止原因として，再生債務者が財産目録に記載すべき財産を記載せず，又は不正の記載をした場合を規定しています（同条2項）．

　小規模個人再生による再生手続を開始した後，小規模個人再生の特有要件（民再221条1項）の欠缺が判明した場合には，裁判所は，再生計画案の可決前であれば手続を廃止し（同191条1号・2号，230条2項，231条2項1号・2号），再生計画案の可決後であれば再生計画不認可の決定をすることになります（同231条2項1号・2号）．小規模個人再生の特有要件を欠く申立てについては，通常再生手続が開始されることがある（同221条6項・7項）のとは対照的です．申立時には特則と一般則との間で流動性を持たせているわけですが，手続開始後は，再生計画の基礎も債権者の同意調達手続も異なり，結局は手続の再施が必要となるため，通常再生手続への移行の基礎がないことを明らかにしています．したがって，債務者は，再度申立てからやり直す必要があります．

3―給与所得者等再生

　給与所得者等再生の規律は，特有の規律（民再239条以下）に小規模個人再生の規律を加え（同244条による準用），通常再生の適用除外（同245条）を減じた規定の総和として構成されます．これまで通常再生と小規模個人再生について検討をしてきたところを踏まえて，ここでは給与所得者等再生特有の規律に限定して検討します．

1　特有要件

　通常再生手続に対する特則としての小規模個人再生が対象とする債務者のうち，収入の安定性の高さを考慮した更なる特則として給与所得者等再生があります．

給与所得者等再生固有の規律を受ける再生手続の開始を求めるには，小規模個人再生の適用を受け得る債務者（民再221条1項）のうち，給与又はこれに類する定期的な収入を得る見込みがある者であって，かつ，その額の変動の幅が小さいと見込まれることが必要です（同239条1項）。小規模個人再生における収入要件（継続性又は反復性）に比して，収入の定期性・安定性が強く求められ，予測可能性の確度も高いことが必要です。一般に，変動幅の許容範囲は20％程度とされており，これは可処分所得計算において，再生計画案の提出前2年間の途中で給与が5分の1以上変動していた場合には，変動後の額が基準となることを考慮するからです（同241条2項7号イ）。

2　再生計画

　給与所得者等再生における再生計画の不認可事由（民再241条2項各号）は，給与所得者等再生が小規模個人再生の特則であり，小規模個人再生は通常再生の特則であることを端的に示しています。

　1号・2号は通常再生と同様です。5号は小規模個人再生の特則である債権額の上限要件と計画弁済額についての最低弁済額要件の充足を求めるものです。これに加えて，7号は計画弁済総額として再生債務者の1年分の年収から再生債務者及び被扶養者の生活費・税額を控除した額（可処分所得額）の2倍以上の額を3年間で弁済することを内容として要求しています。

　このような再生計画案が再生債務者から提出されたときは，裁判所は，再生計画案を認可すべきかどうかについて，届出再生債権者の意見を聴く旨の決定をします（民再240条）。この意見聴取結果は，裁判所が不認可事由の判断資料として斟酌することがあるにとどまります。給与所得者等再生では，債権者の同意調達のための決議は全く省略されるのが特色です。可処分所得要件によって厳格な規制がなされていることが再生債権者の同意調達を実質的に代替させているとみられます。このように債務者に可処分所得要件を充足する弁済をさせることによってそれ以上の譲歩を不要とするとともに，債権者の同意・決議なしに再生計画を認可できるよう再生手続の簡易化を図っています。

　認可決定確定後に不認可事由の存在が明らかになったときは，再生計画の取消し（民再242条）によって対応します。簡易な手続のため，十分な調査が

できない場合があることを想定しており，再生債務者のモラル・ハザードを抑制する効果が期待されています．

4―住宅資金貸付債権に関する特則

1 住宅資金特別条項の意義

　住宅資金貸付債権については，再生計画において，住宅資金特別条項を定めることができます（民再198条1項本文）．再生債務者がその生活の本拠である住宅を維持しながら経済生活の再生を可能とする趣旨です．この特則は，個人である再生債務者が所有し，自己の居住の用に供する建物（同196条1号参照）について住宅資金特別条項を策定するものである限り，通常再生手続においても，個人再生手続においても適用されます（このことは規定の配置において表現されています）．もっとも，現実問題としては，個人再生手続での利用を想定しており，同手続の創設に合わせて導入されました．

住宅資金特別条項の特異性
　通常再生手続における抵当権は，別除権として再生手続外で実行して優先弁済を受ける地位が保障される（民再53条1項・2項）一方，その担保権は，担保権消滅請求を受けることによって目的物の交換価値の限度で満足を受けるにとどまり，不可分性が制限された担保権にとどまります．これに対し，住宅資金特別条項は，抵当権を実行しない代わりに，被担保債権全額の弁済を受ける利益を担保権者に与えるもので，不可分性制限を解除することを意味します．住宅の保持を認める意味では債務者保護に資すると同時に，別除権者に被担保債権全額について弁済を受ける利益を付与する点で債権者保護を図るものとしてやや特異な地位にあります．

2 住宅資金特別条項を定めることができる場合

[1]　個人である再生債務者が所有し，自己の居住の用に供する建物であること（民再法196条1号）

　その床面積が2分の1に満たない部分であれば共有名義や居住以外の用途が含まれても差し支えありません．居住用建物の保持を認める社会政策的

基礎をもつ制度であって，個人債務者にとっての住宅が担保権消滅請求制度の適用対象になるとは一般には考えられていません（①事業継続の不可欠性に相当する必要性は認め難く，②個人債務者が住宅の評価額を一括で支払えるということは想定し難いわけです）．

[2] 住宅について，住宅資金貸付債権又はこの債務についての保証会社の求償権を担保する抵当権が設定されていること（民再法196条3号）

住宅資金貸付債権者に弁済したことによって生ずる代位による第三者は除かれます（民再198条1項本文かっこ書）．当該住宅について住宅資金特別条項の対象とはならない担保権が存するときは，住宅資金特別条項を定めることができません（同項ただし書）．他に別除権として処遇される担保権が存在する場合は，その実行によって住宅を失う可能性があり，特則を適用しても無意味となるからです．

[3] 保証会社が住宅資金貸付債権に係る保証債務を履行したことによって代位が生じたときは，保証会社がその全部を履行した日から6月を経過する日までの間に再生手続開始の申立てがなされたこと（民再法198条2項）

保証会社の業務の特性を考慮して法律関係を巻き戻すことにしているため，関係者間の法律関係を覆滅させる時間的限界を設定するものです．すなわち，債務者の不履行により保証会社が弁済した場合において，代位弁済の効果を認めた上で住宅資金特別条項を設定すると，保証会社に対しても期限の利益回復や期限猶予などの効力が及び，長期にわたり弁済を受けることになります．しかし，住宅資金貸付債権者と異なり，保証会社は求償権を担保する抵当権の実行によって短期に回収することを想定するのが通例であって，長期分割弁済に関わる特殊な債権管理のリスクマネジメントの用意がありません．他方，住宅資金特別条項の内容は，後に見るとおり，住宅資金貸付債権者にとっては，従前の債権管理リスクの限度にとどまるわけですので，再生計画が履行される限りは特段の不利益は生じません．そこで，住宅資金特別条項を定めた再生計画の認可決定が確定したときは，当該保証債務の履行はなかったものとみなし（民再204条1項本文），住宅資金特別条項の当事者

を再生債務者と住宅資金貸付会社とすることで法律関係を巻き戻すわけです。この効果として，保証会社の求償権は遡及的に消滅し，保証債務が復活し，住宅資金貸付債権は住宅資金貸付債権者に復帰します。そして，代位弁済金は住宅資金貸付債権者から保証会社に不当利得として返還されることになります（保証会社が求償権について弁済を受けていたときは，保証会社は住宅資金貸付債権者に交付しなければなりません［同条2項後段］）。以上のような不安定要素を長期間にわたって存続させるのは相当ではないため，時期的限界を設定しているわけです。

3 住宅資金特別条項の内容

住宅資金特別条項の内容は，実質的には再生計画の外側に位置づけられ（民再199条5項参照），その内容は法定されています（同条1項～4項）。

[1] 期限利益回復型（1項）

再生計画認可決定の確定時までに，①弁済期が到来している元本・利息・損害金の全額について，一般の再生債権の弁済期間（3年，最長5年）内に支払い，②弁済期未到来の部分については，当初の住宅資金貸付契約に従って支払うこと，を条項の内容とするものです。契約上の各期の弁済（②）に加えて，未払分を上乗せして支払う（①）ものです。制度創設当初は，これだけでは不十分ではないかとの認識が強かったのですが，実際には，各期の弁済が比較的少額でありながら消費者信用取引などによる過剰債務の弁済に追われていたという事案が多くみられることもあって，この基本型が実務上よく利用されています。

[2] リスケジュール型（2項）

[1]による再生計画では認可の見込みがない場合には，住宅資金貸付債権の弁済期間を当初の契約で予定されていたよりも最長10年まで伸ばすことによって毎期の弁済額を減額する条項を定めることができます。元本・利息・損害金全額の支払を必要とし，約定最終弁済期後の最終弁済期において再生債務者が70歳を超えないことが必要です。弁済間隔及び弁済額は当初の契約におおむね沿うものであることも必要です。

[3] 元本猶予期間併用型（3項）

[1][2]では再生計画認可の見込みがない場合は，[2]と同様の要件で支払

期間を延長すると同時に，他の再生債権への弁済期間中は住宅資金貸付債権の元本の一部と利息のみの支払に注力して再生計画の履行を容易にし，履行完了後に住宅資金貸付債権への集中的な弁済にウエイトを移すこととしてメリハリをつける条項を定めることができます．

[4] 同意型（4項）

これらの類型以外の条項（約定最終弁済期から10年を超えて住宅資金貸付債権に係る債務の期限を猶予すること，元利金の減免，70歳を過ぎても弁済できるようにするなど）を作成するには，住宅資金貸付債権者の個別の同意が必要です．

4 再生計画案の提出・決議，再生計画の認可

[1] 再生計画案と住宅資金貸付債権者の地位

住宅資金特別条項を定めた再生計画案は，再生債務者のみが提出することができます（民再200条1項）．再生債務者は，住宅資金貸付債権者と事前協議をして住宅資金特別条項について立案します（民再規101条）．かかる再生計画案が提出されたときは，住宅資金特別条項によって権利変更を受ける住宅資金貸付債権者及び保証会社は議決権を有しません（民再201条1項）．住宅資金特別条項は実質的には再生計画の外側に位置しているというべきですし，住宅資金特別条項によって被担保債権の全額について弁済を受ける利益が保障されているため，反対票を投じる地位を認める必要はないからです．個人再生手続においては，弁済額要件算定の基礎となる再生債権総額から住宅資金貸付債権額は除外されており（同231条2項2号～4号），給与所得者等再生においても，可処分所得要件算定に際しては，住宅資金貸付債権への弁済は生活費として控除される以上，再生債権への弁済を圧迫しない位置にあります．

住宅資金貸付債権者の手続参加

小規模個人再生及び給与所得者等再生は再生債務者のみが申立資格を有し，住宅資金特別条項を定めるときの再生計画案提出権の所在と一致します．これに対し，通常再生手続では，届出再生債権者も再生計画案を提出することができますので（民再163条2項），再生債務者から住宅資金特別条項を定めた再生計画案が提出され，

その定めのない再生計画案が届出再生債権者から対抗的に提出されることが規定上想定されます．このため，住宅資金貸付債権についても調査・確定手続の対象とする必要が生じます．他方，上記のとおり，住宅資金貸付債権への弁済は，再生債権に対する計画弁済の外側に位置するため，再生債権の調査・確定に関する利害を持たなくなります．そこで，住宅資金特別条項の定めのある再生計画案のみが手続対象となることが確定したときに，住宅資金貸付債権に関係する債権調査手続との調整が図られています（同200条2項～5項）．

[2] 付議，認可決定

　住宅資金特別条項を定めた再生計画案が提出されたときは，裁判所は，住宅資金貸付債権者の意見を聴取しなければなりません（民再201条2項）．事前協議（民再規101条）を踏まえて，住宅資金特別条項としての要件充足性，再生計画の遂行可能性等についての判断資料を得るためです．かかる意見聴取は，認可決定に際しても実施され，再生債権の届出をしていなくとも意見を述べることができます（民再202条3項）．

　住宅資金特別条項を定めた再生計画案が可決された場合において，再生計画が遂行可能であると認められないときには，不認可の決定がされます（民再202条2項2号）．これは遂行可能性が積極的に認定されない限り不認可とするものです．この特別条項の定めのない通常の再生計画については，遂行される見込みがないときに不認可とされ（同174条2項2号），遂行可能性がないことが積極的に認められない限り認可されることと比較すると，原則・例外が逆転しています．別除権処遇の例外，不可分性の利益享受等の住宅資金特別条項の特異性を考慮するもので，計画遂行途上での挫折をできるだけ回避する趣旨に基づくものです．

[3] 再生計画の効力

　住宅資金特別条項を定めた再生計画の認可決定が確定したときは，従来の住宅資金貸付契約について，弁済期や弁済方法等についてその一部を変更する効果を生じます．このため，当該変更部分を裁判の効果によって補充・修正する定めを置いています（民再203条2項本文）．

　通常の再生計画は，担保や保証人には影響を及ぼしません（民再177条2項）．しかし，住宅資金特別条項を定めた再生計画の認可決定が確定したと

きは，民再法177条2項の規定の適用は排除され（同203条1項），その効力は担保・保証にも及びます．担保に及ばないとすれば，住宅資金貸付債権者が抵当権を実行できることになり，住宅資金特別条項の意味がなくなります．このため，住宅資金特別条項を定めた再生計画が効力を生じたときは，抵当権の被担保債権は，当該条項による権利変更を受けます．また，保証人に及ばないとすれば，住宅資金貸付債権者は，保証人に保証債務の履行を求めることができ，その結果，保証人が債務者に対する求償権の行使として抵当権を実行することとなれば，結局債務者が住宅を保持できなくなるからです．このため，住宅資金貸付債権者に対する保証人の債務も当該条項による期限猶予等の変更を受けます．

　住宅資金貸付債権の連帯債務者については，相対効原則（民440条）が適用されるため，民再法177条2項の適用を排除しただけでは当然には附従性の効果は及びません．再生債務者が得た期限の猶予などの効力を連帯債務者が援用できるわけではありません．しかし，それでは保証人の場合と同様，連帯債務者が連帯債務を履行した場合に代位によって取得した抵当権の実行を妨げることができなくなるため，民再法203条1項後段は明文でこれを規定しています．

5　住宅資金特別条項を定める場合の事前措置

[1]　抵当権の実行中止命令

　裁判所は，再生手続開始の申立てがあった場合において，住宅資金特別条項を定めた再生計画の認可の見込みがあると認めるときは，再生債務者の申立てにより，相当の期間を定めて，住宅又は再生債務者が有する住宅の敷地に設定されている住宅資金貸付債権に関する抵当権の実行手続の中止を命ずることができます（民再197条1項）．通常再生手続における担保権実行中止命令（同31条1項）と異なり，再生債権者の一般の利益に適合すること，競売申立人に不当な損害を及ぼすおそれのないことは要件とされていません．再生債務者の住宅保持の利益を基点とした住宅資金特別条項に関する規律そのものが住宅資金貸付債権者に不当な損害を及ぼさないように内容を厳格に定めるものだからです．

[2] 住宅資金貸付債権に対する許可弁済

　住宅資金貸付債権も再生手続開始後は弁済が禁止されます（民再85条1項）ので，これを弁済しなければ期限の利益を失うこととなる場合，再生債務者は，裁判所に対し，弁済許可の申立てをすることができます（同197条3項）．裁判所は，住宅資金特別条項を定めた再生計画の認可の見込みがあると認めるときは，認可決定確定前でも，その弁済を許可することができます．

あとがき

　執筆を終えて振り返ってみると，倒産法という分野は，私にとって特別な存在であることに気づきました．

　私が倒産法と初めて出会ったのは，学生時代に，山木戸克己先生の『破産法』（青林書院，1974年），谷口安平先生の『倒産処理法』（筑摩書房，1981年）などの体系書を手にしたときであり，その理論体系の美しさや利益衡量の緻密さに触れるとともに，手続法と実体法とが交錯する法分野の特異性に素朴に興味を持ちました．また，清水直先生の『臨床倒産法』（金融財政事情研究会，1981年）という倒産の現場を扱った書物とも出会い，法律実務の世界に魅了されていきました．司法試験の法律選択科目として破産法を選択したのは，これらの書籍から多くの知的刺激を受けたからでもあります．司法試験合格後も，高杉良氏の『会社蘇生』（講談社文庫，1988年）等の経済小説からも刺激を受け，ますます倒産法への興味を深めていきました．他方では，これらの書籍を通じて学んだ倒産法理論とその当時の実務とは激しい乖離が生じているとも感じました．どうしてこのような事態に至っているのかという素朴な疑問も倒産法を更に学ぶ動機になっていたと思います．このようなところからすれば，倒産法は，法律実務に身を置く私の原点ともいえる法分野なのかもしれません．

　裁判官初任時は木谷明裁判長（現法政大学法科大学院教授）から裁判する心を学び，任官後3年目に，札幌地方裁判所に勤務した際，破産・和議，会社整理及び会社更生法の運用に従事する機会に恵まれました．地方での再建型倒産事件処理には宿命ともいうべき「自主再建・収益弁済型」の運用を修得するため，財務諸表，事業計画及び資金繰表をつき合わせながら，会社経営の現況把握と将来の事業予測手法のほか，資産負債見合方式などの更生計画の基礎を学びました（本文でも述べたとおり，現在の法制度の下では倒産事件を担当する裁判所にはこのような役割は期待されていません）．いわゆる不動産バブルが終焉を迎えた時期でしたので，目の前には待ったなしの状況で事件が現れましたし，他方では参照可能な文献も乏しく，非常に困難な

事件処理の経験をしました．司法試験で選択した破産法・会計学と，司法修習生のときに余暇を利用して学んだ簿記の知識には大いに助けられました．再建計画の作成にあたる事業者や弁護士との間での共通言語を修得するため，必死に勉強しました．苦しくもあり，楽しくもある毎日でした．厳しくも温かくご指導くださった末永進裁判長（当時）に心から感謝しています．また，冷や汗をかきながら担当した破産事件や和議事件，炭坑の閉山に伴う混乱回避のための会社更生事件や会社整理進行中に債権者から対抗的な会社更生の申立てがなされた事件など鮮明な記憶として残っているものはもちろん，多くの事件から数え切れないほどのことを学びました．以上の未特例判事補時代は，その後の裁判官生活の基礎となりました．その後，裁判所書記官研修所や東京地方裁判所で勤務した際には，倒産事件そのものからは離れましたが，山一証券の破産管財人が提起した訴訟や更生会社に関わる訴訟事件を担当したときは，わくわくしながら審理を担当したものでした．そして，那覇地方裁判所沖縄支部では，訴訟事件・執行事件のほか，久しぶりに倒産事件を集中的に担当することとなり，アウトソーシングと軽快な手続で進行する民事再生事件については，従前の再建型手続の重厚さになじんでいたこともあって隔世の感を抱きました．このとき，債権者の利益を核におきながら，地元の雇用創出・維持の観点とをいかに調整するかについて，申立代理人や監督委員とともに，事件進行について悩んだ日々が懐かしく思い出されます．また，沖縄での破産事件処理に際しては，並行していた破産法改正の審議状況を踏まえて，信頼できる弁護士の協力を得ながら，事件を選んで実験的運用を試みたりもしました（破産管財人協議会ではかなり波紋を呼びましたが…）．このように，札幌と沖縄において，法の一般的性格に根ざす解釈のあり方と地域の実情に応じた個別性とをいかに調和させて運用するかに心を砕きました．法律は，あくまで倒産処理のフレームを提示するにとどまりますので，手続をいかに使いこなして清算又は再建という手続目的を実現するかという運用上の創意工夫とその前提となる問題点の把握・解明という知的作業はとても重要です．裁判官として，数多くの倒産関連事件と優れた弁護士に巡り会えたことが本書の基礎にあることは明らかです．

　破産法の講義・教材との関係でいえば，学生のとき，早稲田大学から来講されていた加藤哲夫先生の快活で適度な緊張感のある講義と出会い，とても

楽しかった記憶が蘇ります．裁判所書記官研修所教官を務めた際には，西澤宗英先生の『ここからはじめる破産法』（日本評論社，1996年）というテキストから，理解をイメージ図に表現して伝達することの重要さと有効性を学びました．これらの教育技法との出会いは，裁判所書記官研修所及び裁判所職員総合研修所での授業や現在の法科大学院教員としての授業・演習に間違いなく影響を与えています．教育スキルの面においても，私の基盤は倒産法との出会いにあつたことに思い至ることができました．

このような自らの原点に立ち返る機会が与えられたことをとても幸せに思います．

自分の能力を超える仕事をしようとしていないだろうか，そのような思いと向き合い，葛藤しながら，学生の基礎体力を向上させるにはどのようにしたらよいのかについて試行錯誤を重ねる過程で，4冊の教材を書き上げました．本書をもって，裁判官の職務経験を通じて学んできた民事手続法関係の概説教材の作成はひと区切りがつきます．なかでも本書は，思いがけず自らの原点を探し出すことになったほか，区切りをつけて次のステップに踏み出す契機を得たという意味では，自分自身にとって意味合いの大きな教材になりそうです．今後さらに研鑽と経験を重ねていきたいと思います．

藤 田 広 美

＊　　＊　　＊

最後に，私事にわたりますが，家族への感謝の言葉を添えさせてください．

多忙をきわめた裁判官の職務中心の毎日を送り，しかも，ある日突然，裁判官を辞めて，遠く離れた琉球の島で，私は法科大学院教員・弁護士に転身してしまいました．そして，授業の準備とその過程で教材作成に多くの時間を割かざるを得ない状況に身を置いてしまったため，その後も休みなく働き続けてしまうことになりました．これまでの本当に長い間，恵理と嶺の2人には父親らしいことは何ひとつしてあげることができませんでした．2人が成長する過程でともに過ごすべきであった時間を取り戻すことはできません．このことについて，心からお詫びをしなければなりません．それにもかかわらず，2人が文句の1つも言わずに，「お父さん」と呼んで父親として接

してくれたことは，何よりも強い心の支えとなりました．また，2人の子を育て上げてくれた妻にも心から感謝しています．

　これまでの裁判官としての16年3か月の執務，転身後の約5年にわたる法科大学院教員としての授業構築と教材執筆，さらに弁護士としての活動は，いずれもあなたたちの理解と協力があったからこそ続けることができました．ありがとう．

事項索引

あ行

異議
　　——ある債権の配当手続処理…………305
　　——後の債権確定手続……………………142
　　——申述期間………………………307, 372
　　——なき債権の確定……………………139
　　——による確定遮断効……………………140
　　——の訴え（債権査定…144，否認…286，
　　　法人役員責任査定…295）
　　異時廃止に対する——……………………151
　　議決権についての——……………………142
　　債権者の——………………7, 140, 307, 309
　　手続機関の——（認否）………99, 140, 141
　　配当表に対する——……………………307
　　破産者の——………………99, 136, 141
　　有名義債権に対する——……………………146
異時廃止………………………6, 137, 217, 313
慰謝料請求権…………………………………321
1 号仮登記……………………………………52
一般優先債権……9, 17, 117, 124, 165, 169, 347
委任契約……………………………100, 163
請負契約……………………………189, 192, 193
打切主義…………………………………347
お台場アプローチ……………………………341

か行

買受の申出……………………………………219
解雇予告手当…………………………………166
開始後債権………………………101, 118, 169, 348
開始時異議確認型……………………………307
会社更生手続
　　——における担保権消滅請求…………222
　　——における商事留置権……………211
解除権行使の制限……………………………179
解除条件付債権……………………………246, 248
価額決定請求………………………………223
確定判決同一効……………………………359
確答催告権…………………………………177
可決要件……………………………155, 354
可処分所得……………………………………381
株主総会に代わる裁判所の許可…………336
簡易再生……………………………………148
簡易配当……………………………304, 307
管轄………………………………………76
監査委員の廃止……………………………157
管財人……………………9, 109, 142, 285, 287, 352
監督委員……………………………97, 104, 285, 287, 347
　　——に対する否認権限付与………………287
　　——の職務……………………………105
　　——の訴訟参加……………………288
監督型（後見型）……………………………9, 98
管理型…………………………9, 17, 79, 98, 357
管理命令……………………………109, 110
危機否認……………………………261.275, 280
議決権額……………………………154, 155
求償権…………………………………………127
　　——と原債権との関係…………………128
　　——による手続参加……………………127
給与所得者等再生…………………368, 380
給料及び退職手当請求権…………………164
共益債権……………24, 105, 118, 168, 170, 347
　　——化………………106, 169, 170, 188
　　——の財団債権化………………………24
　　——の範囲……………………………169
強制執行
　　——の禁止……………………………324
　　——の中止……………………………171
　　——の失効……………………………58
共同訴訟参加………………………………288
金銭化………………120, 121, 245, 248, 371
継続企業価値………………………………334
継続的供給契約……………………………180
換価のための競売・形式的競売…………301
契約自由原則………………………………233
現在化………………………………120, 121, 245
現有財団…………………………………6, 85, 299
権利変更条項………………………………346
牽連破産……………………………………23, 25
　　——と労働債権の保護…………………166
　　——における財団債権の確定…………24

故意否認·····················261, 262, 275
後見型（監督型）·······················9, 98
公告····································43, 49
公平誠実義務······················100, 109
個人再生委員···························373, 374
個人再生手続···········317, 326, 367, 368
個人破産····························314, 317
個人保証····································38
固定主義··········50, 119, 318, 321, 322, 323
個別執行······················7, 23, 34, 62, 318
────における譲渡担保権者の処遇·····228
個別的権利行使の禁止········2, 9, 43, 55, 56, 57, 60, 63
雇用契約··································194

さ行

再建型······················4, 8, 13, 22, 23, 288, 316
債権査定手続···························143
債権者委員·······························97
債権者委員会·························156
債権者一覧表·······30, 34, 323, 371, 372, 373, 377
債権者自治············156, 157, 309, 355, 356, 361
債権者集会············150, 152, 153, 156, 355, 356
債権者説明会··············46, 106, 336, 352
債権者代位訴訟の中断··················56, 63
債権者平等原則········7, 116, 252, 254, 256, 258, 260, 269, 271, 274, 279, 288, 346, 364
債権者への情報開示·················46, 353
債権者の一般的利益···············46, 217, 363
債権調査
　　────期間·······················43, 136
　　────期日·····················43, 136, 138
　　────における異議の利益··········135
　　────のメカニズム·················134
債権届出·······························43, 131
最後配当·····························304, 305
財産状況報告集会···············43, 151, 153
財産評定··································332
財産目録·························34, 98, 332
再生計画································10, 374
　　────による事業の再生············343
　　────によらない事業譲渡··········335
　　────の決議························354
　　────の条項························345
　　────の遂行························361

────の成立····························354
────の取消し······················363, 379
────の認可······················356, 385
────の変更············340, 362, 364, 378
────の履行可能性··················236
再生計画案·························46, 332
　　────決議集会························153
　　────の修正··························353
　　────の提出······················352, 385
　　────の提出期限························48
再生計画認可決定······················356
　　────の確定··························377
　　────の効力··························357
再生計画不認可事由······················364
再生債権·························116, 123
　　────調査期間························48
　　────届出期間························48
　　────に関する訴訟····················62
　　────の金銭化··················123, 371
　　────の評価··························372
　　────の弁済禁止原則·······63（例外64）
再生債権者表···134, 139, 142, 359, 361, 363, 364
再生裁判所································74
再生債務者············97, 111, 142, 332, 347, 352, 373, 379
　　────からの相殺·····················259
　　────の業務遂行権・管理処分権の保持···60
　　────の権限··························98
　　────の公平誠実義務·········100, 341
再生手続
　　────における商事留置権の処遇·······211
　　────における相殺権の処遇·········247
　　────における担保権消滅請求制度·····222
　　────における民事留置権の処遇·····212
　　────の簡素化····9, 16, 117, 124, 152, 157, 348
　　────の開始···············35, 46, 48, 60
　　────の終結··························363
　　────の廃止··················362, 365, 380
財団債権······················24, 117, 159
　　────に基づく強制執行・保全処分の禁止・失効··························58
　　────の範囲··························159
　　────の弁済······················167, 306
財団債権者································35
　　────間の平等と否認················270
　　────と担保権消滅請求··············217

――の権利行使……………………… 167
――の訴訟の中断…………………………57
財団少額型……………………………… 307
財団不足の場合の取扱い…………… 66, 168
裁判所……………… 40, 43, 74, 78, 97, 286, 352, 354
　　　――による業務遂行権・財産管理処分権の
　　　　制限………………………………… 101
　　　――の権力的作用………………………75
　　　――の後見的作用………………………75
債務消滅行為の詐害行為否認………… 265
債務超過………………… 33, 261, 332, 337
詐害行為取消権………… 16, 68, 199, 321
詐害行為取消訴訟の中断…………… 55, 63
詐害行為否認……………… 261, 262, 278, 280
　　　――の要件…………………………… 263
　　　　危機時期の――………………… 264
詐欺取消しにおける第三者………… 81, 103
先取特権
　　　一般の――………………………… 205
　　　特別の――…………………… 203, 209
差押禁止財産………………………… 318, 322
残額責任原則…………………………… 213
資格制限………………………………… 329
敷金……………………………………… 92, 186
事業
　　　――譲渡……………………………… 334
　　　――の継続………………………… 111
　　　――の再生（事業再生）… 14, 111, 335, 343
事後求償権……………………………… 127, 254
自己破産……………………………………34
事前求償権……………………………… 127
質権……………………………………… 203, 204
執行行為の否認………………………… 277, 282
実質的公平確保……………………………24
実質的平等原則………………………… 346, 375
私的整理……………… 15, 304, 315, 340, 352
自働債権………………………… 243, 245, 248
自認債権……………… 134, 346, 357, 359, 372
支払停止…… 32, 40, 252, 253, 262, 264, 265, 270,
　　　　　　273, 274, 280, 283
　　　――の持続性…………………………41
支払不能…… 30, 31, 40, 251, 252, 254, 263, 265,
　　　　　　269, 274
　　　――と支払停止の関係……………… 40
　　　――の合理性……………………… 30
　　　――の推定…………………………32

資本構成の変更………………………… 348
資本と経営の刷新…………………………17
自由財産………………………… 13, 302, 318
　　　――と破産債権との関係………… 321
　　　――の拡張………………………… 319
住宅資金貸付債権者の手続参加………… 385
住宅資金貸付債権に関する特則………… 382
住宅資金貸付債権に対する許可弁済…… 388
住宅資金特別条項……………………… 382
　　　――の特異性……………………… 382
　　　――の内容………………………… 384
　　　――を定める場合の事前措置…… 387
受働債権………………………… 243, 247, 248
準自己破産…………………………………34
少額債権の許可弁済………………………64
小規模個人再生………………………… 368, 370
　　　――の再生計画…………………… 375
　　　――の不認可事由………………… 377
　　　――における債権の調査及び確定…… 371
消極財産………………………… 6, 9, 54, 99, 131
商事留置権……………………………… 61, 209
　　　会社更生手続における――……… 211
　　　――消滅請求……………………… 209
　　　手形に対する――……………… 209, 212
　　　破産手続における――…………… 209
譲渡担保契約…………………………… 226
商取引債権……………………… 65, 155, 156, 165
消費者破産……………………………… 314
将来の請求権……… 121, 128, 246, 254, 305, 310
書面投票決議方式……………………… 153, 355
所有権留保……………………………… 228
新規融資による弁済と偏頗行為否認…… 271
人的担保………………………………… 126
新得財産…………………………………… 50, 318
清算型…………………………… 4, 5, 22, 23, 288
清算価値………………………………… 5, 333
清算価値保障原則……………………… 10, 101, 379
清算目的の再生計画…………………… 344
積極財産………………………………… 6, 9, 54, 131
善管注意義務
　　　監督委員…………………………… 341
　　　再生債務者………………………… 100
　　　破産管財人……………………………86
専属管轄……………………………………76
戦略的異議……………………………… 141
相殺……………………………………… 185, 243

――の合理的期待 251
　　民法上の―― 243
　　倒産法上の―― 244
相殺禁止 249
　　――の除外事由 255
相殺権の拡張 245
相殺権の行使 257
相殺適状 245, 248
双方未履行双務契約 179
　　相手方既履行・債務者未履行 175
　　債務者既履行・相手方未履行 175
　　――における双方の未履行 176
　　相手方からの解除 180
即時抗告 223, 316, 326, 339, 360
訴訟手続の中断 54
租税・罰金等の請求権の特例 149
租税債権（等） 122
　　――の請求権 149
　　――の特質 160
　　――の優先性 161

た行

大規模倒産事件 77
対抗要件具備行為の詐害行為否認の可否 280
対抗要件否認 279
第三者（性） 80
　　――の財産 196
　　民法 94 条 2 項の―― 103
　　民法 177 条の―― 80, 104
　　民法 467 条 2 項の―― 80
　　民法 545 条 1 項ただし書の―― 80, 104
貸借対照表 99, 332
代償的取戻権 201
退職金 320
代替許可 336, 337
滞納処分 59
　　――の続行 162, 168
代理委員 157
単一手続型 18
担保価値維持義務 88, 89, 94
担保権 203
　　――の実行 219
　　――の実行中止命令 70, 204, 205, 234, 387
担保権者の対抗措置 219（破産）, 223（再生）
担保権消滅請求

会社更生手続 222
再生手続 204, 205, 222, 234
破産手続 216, 301
中間配当 304, 309
中止命令 22, 66, 69, 236
中小企業に対する許可弁済 64
調査委員 97, 105, 112
賃貸借契約 182, 183, 230
賃料債権 182, 185
追加配当 304, 310
通知 44, 49
DIP（debtor in possession）型 9, 26, 105, 109, 373
停止条件付債権 121, 128, 246, 248
手形
　　――に対する商事留置権 209, 212
　　――の不渡り 32
　　――決済制度 37
適正価格処分行為の否認 267
手続開始後の権利取得 61
手続開始後の登記・登録 52
手続開始後の弁済 53
手続開始申立ての取下げ制限 39
手続の失効 58
転得者に対する否認 284
同意再生 148
同意廃止 315
同意配当 304, 309
倒産解除特約 233
動産競売 206
倒産責任 17, 122, 293, 346
動産売買先取特権 207
同時処分 48
等質化 50, 120
　　――の排除 123
同時廃止 5, 312
同時廃止事件と管財事件との振り分け 313
同時履行の抗弁権 175
特別清算 2, 5, 8, 62
独立当事者参加 288
届出
　　――の効果 133
　　――の取下げ 133
　　――の方式 131
届出期間 132, 134
届出事項の変更 133

取戻権‥‥‥‥‥‥‥‥‥‥‥‥196, 226
　一般の――‥‥‥‥‥‥‥‥‥‥‥197
　特別の――‥‥‥‥‥‥‥‥‥‥‥199

な 行

2号仮登記‥‥‥‥‥‥‥‥‥‥‥‥‥52
任意売却‥‥‥‥‥‥‥‥‥‥‥216, 301
任意弁済の受領‥‥‥‥‥‥‥‥‥‥322
認否書の提出期限‥‥‥‥‥‥‥‥‥‥48
任務終了計算報告集会‥‥‥‥‥‥‥151
納付金の配当手続‥‥‥‥‥‥‥220, 224

は 行

ハードシップ免責‥‥‥‥‥‥‥‥‥378
廃止意見集会‥‥‥‥‥‥‥‥‥‥‥151
配当‥‥‥‥‥‥‥‥‥‥‥‥‥‥85, 303
配当公告・通知費用‥‥‥‥‥‥‥‥160
配当財団‥‥‥‥‥‥‥‥‥‥‥‥‥7, 85
配当参加資格の確定‥‥‥‥‥‥‥‥305
配当時異議確認型‥‥‥‥‥‥‥‥‥307
配当表‥‥‥‥‥‥‥‥‥‥‥‥‥‥305
破産管財人‥‥‥‥6, 7, 43, 51, 78, 82, 285, 289, 298
　――からの相殺‥‥‥‥‥‥‥‥‥258
　――と担保権者の事前協議‥‥‥‥218
　――による換価‥‥‥‥‥‥‥‥‥216
　――による随時優先弁済‥‥‥‥‥167
　――の受継拒絶‥‥‥‥‥‥‥‥‥‥55
　――の義務‥‥‥‥‥‥‥‥‥‥‥‥86
　――の職務‥‥‥‥‥‥‥‥‥‥82, 299
　――の善管注意義務‥‥‥‥‥‥93, 96
　――の第三者性‥‥‥‥‥‥‥‥80, 103
　――の担保価値維持義務違反‥‥91, 92
　――の免責調査・審尋‥‥‥‥‥‥325
　――の当事者性‥‥‥‥‥‥‥‥‥‥79
　――の別除権に対する干渉‥‥‥‥215
　――の報酬‥‥‥‥‥‥‥‥‥‥93, 160
破産債権‥‥‥‥‥‥‥‥25, 50, 54, 116, 118
　――に基づく強制執行・保全処分の禁止・
　　失効‥‥‥‥‥‥‥‥‥‥‥‥‥‥58
　――の調査・確定‥‥‥‥‥‥‥‥‥85
破産債権者表‥‥‥‥‥‥121, 134, 139, 141, 327
破産財団‥‥‥‥‥‥‥‥‥‥6, 43, 50, 298
　――からの放棄‥‥‥‥‥‥‥‥‥302
　――の換価‥‥‥‥‥‥‥‥‥83, 299, 300

　――の管理‥‥‥‥‥‥‥‥‥‥‥298
　――の散逸防止‥‥‥‥‥‥‥‥‥‥51
　――の占有‥‥‥‥‥‥‥‥‥‥‥298
破産裁判所‥‥‥‥‥‥‥‥‥25, 74, 286
破産者
　――の異議　→　異議
　――の管理処分権喪失‥‥‥‥‥‥‥51
　――の行為の要否‥‥‥‥‥‥‥‥277
　――の詐害意思‥‥‥‥‥‥‥‥‥278
破産障害事由‥‥‥‥‥‥‥‥‥‥‥‥42
破産手続
　――と免責手続との一体化‥‥‥‥324
　――における商事留置権‥‥‥‥‥209
　――における相殺権の拡張‥‥‥‥245
　――における担保権消滅請求制度‥‥216
　――における民事留置権‥‥‥‥‥212
　――の開始‥‥‥‥‥‥‥‥‥‥‥‥40
　――の終了‥‥‥‥‥‥‥‥‥‥‥311
　――への移行‥‥‥‥‥‥‥‥312, 367
破産手続開始‥‥‥‥‥‥‥‥30, 42, 50
　――決定‥‥‥‥‥‥‥‥‥‥‥‥‥43
　――原因‥‥‥‥‥‥‥‥‥‥‥30, 41
破産手続終結決定‥‥‥‥‥‥‥‥‥311
破産手続廃止決定‥‥‥‥‥‥‥‥‥312
破産取消決定‥‥‥‥‥‥‥‥‥‥‥316
BIS規制‥‥‥‥‥‥‥‥‥‥‥‥‥125
非減免債権‥‥‥‥‥‥‥‥‥‥‥‥375
非典型担保‥‥‥‥‥‥‥‥‥‥‥‥225
否認
　――の一般的要件‥‥‥‥‥‥‥‥275
　――の効果‥‥‥‥‥‥‥‥‥‥‥289
　――の登記‥‥‥‥‥‥‥‥‥‥‥291
否認権‥‥‥‥‥‥‥‥‥24, 68, 107, 260
　――のための保全処分‥‥‥68, 72, 263
否認権（の）行使‥‥‥‥‥‥‥260, 285
非免責債権‥‥‥‥‥‥‥‥‥‥‥‥328
非優先原則‥‥‥‥‥‥‥‥‥‥‥‥116
比例弁済原則‥‥‥‥‥‥‥‥‥‥‥116
封印執行‥‥‥‥‥‥‥‥‥‥‥‥‥298
複数手続型‥‥‥‥‥‥‥‥‥‥‥‥‥18
不誠実申立て‥‥‥‥‥‥‥‥‥‥‥‥47
不足額責任主義‥‥‥‥‥‥‥‥‥‥213
不足額の確定方法‥‥‥‥‥‥‥‥‥215
復権‥‥‥‥‥‥‥‥‥‥‥‥‥‥‥329
物上代位‥‥‥‥‥‥‥‥‥‥59, 208, 302
物上保証人‥‥‥‥‥‥‥‥‥‥‥‥327

――の求償権…………………………………129
不動産の適価売却…………………………277
不当性…………………………………………276
不当利得………………………………………95
不法行為…………………………………48, 169
平時実体法………………………………3, 60, 177
別除権……………35, 59, 71, 84, 203, 209, 226
　　　――の行使方法………………………206
　　　――の倒産手続上の地位……………205
　　　――の目的物の価額評価……………236
別除権協定…………………236, 332, 333, 361
別除権者の手続参加………………………213
別除権目的物の提示要求・評価権………215
弁済期間…………………………………346, 376
弁済禁止保全処分……………………………70
弁済による代位と相殺禁止………………254
偏頗行為否認…………………261, 278, 280
　　　――の対象………………………263, 270
　　　――の要件………………………………269
包括執行………………………………………7, 23
包括的禁止命令…………………………67, 69
法人破産…………………………………44, 54
法人役員の責任追及………………………293
法定財団……………………………………8, 85
法の整理…………………………………15, 16, 37
保険解約返戻金……………………………320
保証人………………………………………59, 327
　　　――の破産………………………………130
保全管理人……………………78, 97, 111, 164
保全管理命令……………………………67, 72
保全処分……………………………66, 69, 174

ま行

みなし届出…………………………………372
未履行債務…………………………………179
民事留置権…………………………………212
無償行為否認……………………………261, 265

免責……………………………………323, 378
　　　――許可……………324, 325, 326, 327
　　　――審尋………………………………325
　　　――取消し……………………………328
　　　――不許可事由………………………325
　　裁量――…………………………323, 325
免責効………………………………………148, 359

や行

役員責任査定決定…………………………294
　　　――に対する異議の訴え……………295
約定劣後再生債権……………………125, 154
約定劣後破産債権……………………125, 154
有害性………………………………………275
優先的破産債権………………117, 121, 160
有名義債権…………………………………146

ら行

離婚に伴う財産分与………………………198
リース契約
　オペレーティング・リース……………230
　ファイナンス・リース…………………229
　フルペイアウト方式………………230, 235
　メンテナンス・リース…………………230
劣後債………………………………………125
劣後的破産債権………………122, 154, 160
連鎖倒産…………………………………38, 64
労働組合…………………45, 154, 157, 300, 336
労働債権……………35, 86, 121, 136, 157, 165, 194
　　　――の弁済許可…………………………57
　　牽連破産と――の保護…………………166
労働者健康福祉機構………………………194

わ行

和議…………………………………20, 25, 358, 359

判例索引

【大正】

大決大 3.3.31 民録 20-256 …………………… 42

【昭和】

大判昭 8.4.15 民集 12-637 …………………… 267
大判昭 8.12.28 民集 12-3043 ………………… 263

大判昭 15.3.9 民集 19-373 …………………… 284
大判昭 15.9.28 民集 19-1897 ………………… 264

最判昭 35.3.11 民集 14-3-403 ………………… 166
最決昭 36.12.13 民集 15-11-2803 …………… 323
最判昭 37.11.20 民集 16-11-2293 …………… 279
最判昭 37.12.6 民集 16-12-2313 ……… 264, 277
最判昭 37.12.13 判タ 140-124 ………………… 81

最判昭 40.3.9 民集 19-2-352 ………………… 278
最判昭 40.4.22 民集 19-3-689 ………………… 291
最判昭 40.9.22 民集 19-6-1600 ……………… 335
最判昭 40.11.2 民集 19-8-1927 ……………… 256
最判昭 41.4.8 民集 20-4-529 ………………… 278
最判昭 41.4.14 民集 20-4-611 ………… 207, 276
最判昭 41.4.28 民集 20-4-900 ………………… 226
最判昭 42.11.1 民集 21-9-2249 ……………… 321
最判昭 43.6.13 民集 22-6-1149 ……………… 163
最判昭 43.7.11 民集 22-7-1462 ……………… 200
最判昭 44.9.2 民集 23-9-1641 ………………… 164
最判昭 45.8.20 民集 24-9-1339 ……………… 282
最判昭 46.3.25 民集 25-2-208 ………………… 227
最判昭 46.7.16 民集 25-5-779 ………………… 80
最判昭 47.6.15 民集 26-5-1036 ……………… 264
最判昭 48.2.2 民集 27-1-80 …………………… 186
最判昭 48.11.22 民集 27-10-1435 …………… 291
最判昭 49.6.27 民集 28-5-641 ………………… 292
最判昭 49.7.18 民集 28-5-743 ………………… 229

仙台高判昭 53.8.8 金法 872-40 ……………… 272
最判昭 54.1.25 民集 33-1-1 …………………… 51
最判昭 56.2.17 判タ 438-91 …………………… 191
最判昭 56.12.17 民集 35-9-1328 ……………… 228

最判昭 57.1.29 民集 36-1-105 ………………… 133
最判昭 57.3.30 民集 36-3-484 ………… 174, 233
最判昭 58.3.22 判時 1134-75 ………………… 80
最判昭 58.10.6 民集 37-8-1041 ……………… 321
最判昭 58.12.19 民集 37-10-1532 …………… 199
最判昭 59.2.2 民集 38-3-431 …………… 59, 208
最判昭 59.5.29 民集 38-7-885 ………………… 128
最判昭 61.2.20 民集 40-1-43 ………………… 128
最判昭 61.4.3 判時 1198-110 ………………… 290
最判昭 62.7.3 民集 41-5-1068 ………………… 266
最判昭 62.11.10 民集 41-8-1559 ……………… 228
最判昭 62.11.26 民集 41-8-1585 ……… 190, 191
最判昭 63.10.18 民集 42-8-575 ……………… 256

【平成】

最判平 2.3.20 民集 44-2-416 ………………… 324
最判平 2.7.19 民集 44-5-837 ………………… 277
最判平 2.9.27 判タ 741-100 ………………… 198
最判平 5.1.25 民集 47-1-344 ………………… 271
最判平 5.2.26 民集 47-2-1653 ………………… 227
最判平 5.6.25 民集 47-6-4557 ………………… 311
東京地決平 5.7.6 判タ 822-158 ……………… 326
大阪高決平 6.7.18 金法 1399-31 ……………… 327
最判平 7.3.23 民集 49-3-984 ………………… 128
最判平 7.4.14 民集 49-4-1063 ………………… 231
高知地決平 7.5.31 判タ 884-247 ……………… 326
最判平 7.11.10 民集 49-9-2953 ……………… 227
最判平 9.11.28 民集 51-10-4172 ……………… 168
最判平 9.12.18 民集 51-10-4210 ……………… 208

広島地福山支判平 10.3.6 判時 1660-112 …… 123
最判平 10.3.24 民集 52-2-399 ………………… 184
最判平 10.7.14 民集 52-5-1261 ……………… 209
最判平 11.1.21 民集 53-1-1 …………………… 186
最判平 11.1.29 民集 53-1-151 ………………… 184
最決平 11.5.17 民集 53-5-863 ………………… 59
最判平 11.11.9 民集 53-8-1403 ………… 327, 328
最判平 11.11.24 民集 53-8-1899 ……………… 89
最判平 12.2.29 民集 54-2-553 ………………… 179
最決平 12.4.28 判タ 1035-108 ………………… 302
東京高決平 12.5.17 金商 1094-42 ……………… 47

東京高決平 13.3.8 金商 1119-10 ……………47
最判平 14.3.28 民集 56-3-689 ……………… 186
最判平 14.9.24 民集 56-7-1524 ……………… 129
札幌高決平 15.8.12 判タ 1146-300 ……………48
東京地判平 15.12.22 判タ 1141-279 ………… 234
東京地判平 16.6.10 判タ 1185-315 …………… 234
東京高決平 16.6.17 金商 1195-10 …………… 337
最決平 16.10.1 判タ 1168-130 ……………… 302
大阪高決平 16.12.10 金商 1220-35 ……………71
最判平 17.1.17 民集 59-1-1 ………………… 250
高松高決平 17.10.25 金商 1249-37 ……………48
最判平 18.1.23 民集 60-1-228 ………… 322, 327
東京高判平 18.8.30 金商 1277-21 ………………71
最判平 18.12.21 民集 60-10-3964………… 79, 87
東京高判平 19.3.14 判タ 1246-337 …… 234, 235
東京高判平 19.7.9 判タ 1263-347 ……………48

東京高決平 19.9.21 判タ 1268-326 ……………48
最決平 20.3.13 民集 62-3-860
……………………………………… 47, 155, 356, 357
最判平 20.12.16 民集 62-10-2561…………… 235
最判平 21.4.17 判タ 1297-124 …………………54
大阪高決平 21.6.3 金法 1886-59 ………………71
福岡高那覇支決平 21.9.7 判タ 1321-278……71
最判平 22.3.16 民集 64-2-523 ……………… 126
最判平 22.6.4 民集 64-4-1107 ……………… 229
東京地判平 22.7.8 判タ 1338-270……………31
最判平 23.1.14 民集 65-1-1 …………… 79, 160
最判平 23.11.22 最高裁 HP ………………… 129
最判平 23.11.24 最高裁 HP ………………… 129
最判平 23.12.15 最高裁 HP ………………… 212

法令索引

【破産法】

1条 ……………… 12, 13, 86, 90, 317, 323
2条5項 ……………………… 116, 118
2条7項 ………………… 58, 159, 205
2条9項 …… 35, 59, 198, 199, 203, 205, 209
2条11項 ……………………… 30, 31
2条14項 ………………………… 50
5条 …………………………… 30, 76
5条1項 ……………………………… 76
5条2項 ……………………………… 76
5条3項 ……………………………… 76
5条5項 ……………………………… 76
5条6項 ……………………………… 77
5条7項 ……………………………… 77
5条8項 ……………………………… 77
5条9項 ……………………………… 77
6条 ………………………………… 76
8条1項 ……………………………… 40
8条2項 ……………………………… 40
13条 ……………… 40, 67, 75, 286, 316
15条 …………………………………… 5
15条1項 …………………………… 30, 74
15条2項 …………………………… 32, 40
16条 ………………………………… 5, 33
16条1項かっこ書 …………………… 33
18条 …………………………………… 5
18条1項 ……………………………… 34
18条2項 …………………………… 35, 41, 42
19条 ………………………………… 34
19条3項 …………………………… 34
20条1項 …………………………… 30, 34
20条2項 …………………………… 30, 34
24条 ……………………… 71, 35, 66, 69
24条1項 ……………………………… 66
24条1項1号 …………………… 23, 212
24条1項1・2号 ……………………… 66
25条 …………………………… 67, 69
25条1項ただし書 …………………… 67
25条1・3項 ………………………… 212
25条2項 ……………………………… 67

25〜27条 ……………………………… 67
26条2項 ……………………………… 67
27条 ………………………………… 67
28条 …………………………… 67, 69
29条後段 …………………………… 39
29条前段 …………………………… 39
30条 …………………………………… 5
30条1項 …………………………… 40, 42
30条2項 ………………………… 43, 82, 357
31条1項 ………………………………… 6, 43
31条1項柱書 ………………………… 82
31条1項1号 ……………………… 132
31条1項2号 …………………… 82, 151
31条1項3号 …………………… 136, 137
31条2項 ……………… 43, 132, 313, 314
31条3項 ……………………………… 132
31条4項 ……………………… 43, 151
31条5項 ……………………………… 154
32条1項 ……………………………… 43
32条3項 ……………………………… 44
33条1項 ………………… 6, 43, 50, 316, 318
34条3項 ……………………… 318, 319
34条3項1号 ……………………… 318
34条3項2号 ……………………… 318
34条3項2号ただし書 …………… 321
34条4項 ……………………… 84, 319
34条5項 ……………………………… 84
35条 ……………………………… 84, 315
36条 ………………………………… 84
42条1項 ……………………… 58, 162, 167
42条2項 ……………………… 58, 162, 167
42条2項本文 ………………………… 58
42条2項ただし書 …………………… 58
42条4項 ……………………………… 167
43条1項 ……………………… 59, 162
43条2項 ……………………… 59, 162, 168
44条 …………………………… 55, 56
44条1項 ……………………… 54, 146
44条2項 ……………………………… 54
44条3項 ……………………………… 167
44条4項 ……………………… 286, 314

44 条 5 項 …………………… 286, 314
45 条 1 項 ………………… 55, 56, 57
45 条 2 項 …………………………… 55
46 条 ……………………………… 167
47 条 ……………………… 6, 52, 60, 61
47 条 1 項 …………………………… 51
48 条 1 項 …………………………… 61
49 条 ……………………………… 53, 61
49 条 1 項 …………………………… 52
49 条 1 項本文 ……………………… 61
50 条 ………………………………… 60
50 条 1 項 …………………………… 53
50 条 2 項 …………………………… 53
53 条 ………… 119, 175, 176, 178, 179, 180, 181,
　　　　 182, 183, 190, 192, 195, 230
53 条 1 項 …………………… 194, 200
53 条 2 項 …………………………… 200
53 条 2 項前段 ……………………… 177
53 条 2 項後段 ……………………… 177
53 条 3 項 ………………………… 194
54 条 ……………………………… 180, 231
54 条 1 項 ………… 119, 176, 191, 193, 231
54 条 2 項 ………………… 167, 176, 191
55 条 ……………………………… 181, 182
56 条 ……………………………… 183
56 条 2 項 ………………………… 183
62 条 …………………… 6, 196, 197, 205, 227
63 条 …………………………… 196, 197
63 条 1 項 ………………………… 199
63 条 2 項 ………………………… 199
63 条 3 項 ………………………… 200
64 条 …………………………… 196, 197, 201
64 条 1 項前段 …………………… 201
64 条 1 項後段 …………………… 202
64 条 2 項 ………………………… 202
65 条 ……………………………… 6, 198
65 条 1 項 ………… 35, 59, 84, 203, 206, 227
66 条 …………………………… 198, 203
66 条 1 項 ………………… 209, 211
66 条 2 項 ………………………… 209
66 条 3 項 ………………… 209, 212
67 条 ………………………………… 6
67 条 1 項 ………………… 244, 245, 257
67 条 2 項 ………………………… 251
67 条 2 項前段 …………………… 245, 254
67 条 2 項後段
　　　 ………… 129, 186, 247, 248, 249, 250, 251
68 条 2 項 ………………………… 246
69 条 ……………………………… 246, 248
70 条 …………………………… 187, 246, 248
70 条前段 ………………………… 186, 246
71 条 ……………………… 24, 249, 255
71 条 1 項 ………………………… 250
71 条 1 項 1 号 ……… 247, 250, 251, 254
71 条 1 項 2 号 ………………… 251
71 条 1 項 2 号前段 …………… 251
71 条 1 項 2 号後段 …………… 253
71 条 1 項 3 号 ……… 33, 253, 255
71 条 1 項 4 号 ……………… 253, 255
71 条 2 項 ………………………… 255
71 条 2 項 2 号 ………………… 33, 256
72 条 ……………………… 24, 249, 255
72 条 1 項 ………………………… 254
72 条 1 項 1 号 ……………… 129, 254
72 条 1 項 2 号 ………………… 254
72 条 1 項 3 号 ……………… 33, 255
72 条 2 項 ………………………… 255
72 条 2 項 1 号 ………………… 255
72 条 2 項 2 号 ………………… 33, 256
72 条 2 項 4 号 ……………… 255, 257
73 条 ……………………………… 258
74 条 1 項 ………………………… 6, 83
75 条 …………………………………… 75
78 条 1 項 ………… 6, 43, 51, 54, 56, 298
78 条 1 項 14 号 ………………… 215
78 条 2 項 ………… 6, 60, 101, 157, 300
78 条 2 項柱書 …………………… 83
78 条 2 項 1〜4 号・7 号・8 号 …… 83
78 条 2 項 1 号 …………………… 301
78 条 2 項 1 号・2 号 …………… 300
78 条 2 項 1 号・2 号・7 号 …… 215
78 条 2 項 1 号〜8 号 …………… 300
78 条 2 項 1 号ないし 14 号 …… 157
78 条 2 項 3 号 ……………… 84, 300
78 条 2 項 9 号 …………………… 177
78 条 2 項 12 号 ………………… 84
78 条 2 項 13 号 ……………… 167, 197, 298
78 条 2 項 14 号 ……… 207, 210, 226, 301
78 条 3 項 ……………………… 83, 197, 300
78 条 4 項 ………………………… 300
78 条 5 項 ………………………… 83

79条	6, 82, 298	104条2項	126, 129
80条	54, 197	104条3項本文	127
83条	299	104条3項ただし書	127
85条1項	86	104条4項	128, 129
86条	86	104条5項	129
88条	151, 311	104条から107条	126
88条1項	299, 314	105条	130
88条3項	299	108条1項	215, 302
89条	151, 299, 311	108条1項本文	119, 213
90条2項	314	108条1項ただし書	119, 215
91条	67, 68, 72	110条	157
93条1項ただし書	164	111条	85
97条	116	111条1項	131
97条1号	124	111条1項柱書	132
97条2号及び7号	124	111条1項・2項	213
97条3号	122	111条1項1〜3号	131
97条3号〜5号	124, 160	111条1項4号・5号	131
97条3号〜6号	149	111条2項	132
97条5号	122	112条1項	132, 136, 137
97条6号	124	112条3項	132, 137
97条8号	119	112条4項	133, 137
98条	117, 198	113条1項	128, 133
98条1項	71, 121, 149, 160, 164, 205	114条	149
98条2項	121, 122	115条1項	135
99条	118	115条〜134条	6
99条1項柱書	122	116条	135
99条1項1号	122, 124, 160	116条1項	136
99条1項2号〜4号	246	116条2項	137
99条2項	122	116条3項	137, 138
		117条	136, 137
100条1項	6, 43, 50, 55, 56, 57, 58, 85, 117, 118, 159, 174, 244, 322	117条1項	85, 136
		117条3項	136
101条	57, 136	117条4項	136
101条1項本文	122	118条	136
101条1項ただし書	122	118条1項	136
101条2項	122	118条2項	99, 136, 141
102条	258, 259	119条	134
103条	35	119条1項	137
103条1項	118	119条1項本文	132
103条2項	245	119条1項ただし書	132
103条2項1号イ	120	119条2項	132, 137
103条2項1号ロハ	120	119条3項	132, 137
103条2〜4項	50	119条4項	
103条3項	120, 245	119条5項	137, 141
103条4項	128, 186	119条6号	272
104条1項	126, 130	120条1項	137

120 条 5 項 …………………………… 137
121 条 1 項 ……………………… 85, 137
121 条 2 項 …………………………… 137
121 条 3 項 …………………………… 137
121 条 4 項 …………………… 137, 141
121 条 7 項 …………………………… 137
122 条 …………………………… 134, 138
123 条 1 項 …………………………… 141
124 条 ……………………………………… 99
124 条 1 項 …………………… 135, 139
124 条 2 項 …………………………… 139
124 条 3 項 …………………… 133, 139
125 条 …………………………………… 213
125 条 1 項 ……………………… 74, 142
125 条 1 項本文 ……………………… 143
125 条 1 項ただし書 ………………… 146
125 条 2 項 …………………… 143, 146
125 条 3 項 ……………… 74, 143, 286
125 条 4 項 ……………………… 74, 143
126 条 …………………………………… 142
126 条 1 項 …………………………… 144
126 条 2 項 ……………………… 74, 144
126 条 4 項 …………………………… 144
126 条 5 項 …………………………… 145
126 条 6 項 …………………………… 145
126 条 7 項 …………………………… 145
127 条 …………………………………… 146
127 条 1 項 ……………………………… 55
128 条 …………………………………… 147
129 条 1 項 …………………………… 146
129 条 2 項 ……………………………… 55
130 条 …………………………………… 145
131 条 …………………………………… 135
131 条 1 項 …………………………… 145
131 条 2 項 …………………………… 144
132 条 …………………………………… 167
133 条 …………………………………… 148
134 条 1 項 …………………… 135, 149
134 条 2 項 …………………………… 150
135 条 1 項 …………………………… 156
135 条 1 項本文 ……………………… 152
135 条 2 項 …………………………… 152
136 条 1 項本文 ……………………… 154
136 条 2 項 …………………………… 154
136 条 3 項 …………………………… 154
138 条 …………………………………… 155

139 条 …………………………………… 154
139 条 2 項 1 号又は 3 号 ………… 154
139 条 2 項 2 号 ……………………… 155
140 条 …………………………………… 155
140 条 1 項 3 号 ……………………… 142
140 条 2 項 …………………………… 142
141 条 …………………………………… 155
141 条 1 項 2 号 ……………………… 142
142 条 1 項 …………………… 122, 154
142 条 2 項 ……………… 57, 154, 156
144 条 3 項 …………………………… 156
144 条以下 …………………………… 156
145 条 2 項 …………………………… 156
147 条 …………………………………… 156
148 条 ………………………… 117, 118, 164
148 条 1 項 1 号 ……………… 159, 168
148 条 1 項 2 号 ……………… 160, 168
148 条 1 項 3 号 ………… 122, 149, 160, 162
148 条 1 項 4 号 ……… 163, 183, 202, 227, 314
148 条 1 項 5 号 ………… 163, 183, 202, 227
148 条 1 項 6 号 ……………………… 163
148 条 1 項 7 号 ……… 119, 163, 164, 176, 182, 183, 193, 230
148 条 1 項 8 号 ……… 164, 166, 183, 231
148 条 2 項 …………………………… 164
148 条 4 項 …………………………… 164
148 条 5 号 …………………………… 272
148 条 8 号 …………………………… 164
148 条ないし 150 条 ………………… 159
148 条〜152 条 ………………………… 6
149 条 ……………… 35, 117, 119, 122, 164, 165
149 条 1 項 …………………… 165, 166
149 条 2 項 …………………………… 165
150 条 …………………………………… 167
151 条 ……………………… 58, 117, 159, 167
152 条 ……………………………… 24, 171
152 条 1 項本文 ………… 35, 58, 66, 168
152 条 2 項 …………………………… 168
153 条 ……………………………………… 99
153 条 1 項 …………………… 82, 299
153 条 2 項 …………………… 82, 299
153 条 3 項 …………………………… 82
154 条 1 項 …………………………… 215
154 条 2 項 …………………………… 215
155 条 1 項 …………………… 82, 298
155 条 2 項 …………………………… 299

156 条	298	168 条 1 項 2 号	167, 272, 290, 291
157 条	99, 151	168 条 2 項	291
157 条 1 項	82, 151299	168 条 4 項	290
158 条	82, 151, 153, 299	169 条	291
160 条	6, 277	170 条	263, 284
160 条 1 項	261, 290	170 条 1 項 1 号	284
160 条 1 項 1 号	262, 263, 268, 278, 281, 282	170 条 1 項 2 号	284
160 条 1 項 1 号本文	264	170 条 1 項 3 号	284
160 条 1 項 1 号ただし書	264	171 条	68, 72, 296
160 条 1 項 2 号	33, 262, 264, 276, 278, 280	171 条 1 項	68
160 条 1 項 2 号本文	264	172 条	68
160 条 1 項 2 号ただし書	264	173 条 1 項	285
160 条 1 項柱書かっこ書	265, 270	173 条 2 項	286
160 条 2 項	261, 264, 265, 272	174 条 1 項	286
160 条 3 項	261, 265, 290	174 条 2 項	286
160 条〜176 条	260	174 条 3 項	286
160 条以下	68	174 条 4 項	286
161 条	267, 277	174 条 5 項	286, 287
161 条 1 項	290	174 条 6 項	287
161 条 1 項柱書	267	175 条 1 項	286
161 条 1 項 1 号	267	175 条 2 項	286
161 条 1 項 2 号	268, 278	175 条 3 項	287
161 条 1 項 3 号	268	175 条 4 項前段	287, 295
161 条 1 号ないし 3 号	267	175 条 4 項後段	287
161 条 2 項	273	176 条	287
161 条 2 項 1 号	268	177 条	68, 296
161 条 2 項 2 号	268	177 条 1 項	299
161 条 2 項 3 号	268	177 条〜181 条	293
162 条	6, 24, 262, 276, 277, 280	178 条 1 項	294, 299
162 条 1 項	252, 265, 278	178 条 2 項	294
162 条 1 項柱書かっこ書	265, 277	178 条 3 項	286
162 条 1 項 1 号	270, 273	178 条 5 項	295
162 条 1 項 1 号イ	264, 273, 280	179 条 1 項	294
162 条 1 項 1 号ロ	273	179 条 2 項	294
162 条 1 項 2 号	208, 274	179 条 3 項	295
162 条 1 項 2 号ただし書	274	180 条 1 項	295
162 条 2 項 1 号	273	180 条 2 項	295
162 条 2 項 2 号	273	180 条 3 項	295
162 条 3 項	33, 273, 274	180 条 4 項	295
163 条	263, 278	180 条 5 項	295
164 条	33, 263, 264, 279, 280, 281	180 条 6 項	295
165 条	263, 277, 282	181 条	295
166 条	33, 264, 265, 280	184 条 1 項	300
166 条かっこ書	265	184 条 2 項	84, 90, 216, 226, 301
167 条 1 項	289	184 条 3 項	216, 301
168 条 1 項 1 号	290	185 条	84, 226

185 条 1 項 ················· 207, 216
185 条 2 項 ······················ 216
186 条 ············ 84, 90, 217, 226, 301
186 条 1 項本文 ····················· 217
186 条 1 項ただし書 ·················· 218
186 条 2 項 ······················ 218
186 条 3 項 ······················ 219
186 条 3 項 4 号 ···················· 219
186 条 3 項 7 号 ···················· 218
186 条 4 項 ······················ 219
186 条 5 項 ······················ 219
186 条以下 ······················· 205
187 条 ·························· 219
188 条 ·························· 219
188 条 1 項 ······················ 219
188 条 3 項 ······················ 219
188 条 5 項 ······················ 219
188 条 8 項 ······················ 219
189 条 1 項柱書 ···················· 219
189 条 1 項 2 号 ···················· 219
189 条 2 項 ······················ 220
189 条 3 項 ······················ 220
189 条 4 項 ······················ 220
190 条 ·························· 220
190 条 1 項 ······················ 220
190 条 4 項 ················· 215, 220
190 条 5 項 ······················ 221
191 条 ·························· 220
192 条 ·························· 210
192 条 1 項 ······················ 210
192 条 2 項 ······················ 210
192 条 3 項 ······················ 210
192 条 4 項 ······················ 210
192 条 5 項 ······················ 210
193 条 1 項 ······················ 303
194 条 1 項 ······················ 121
194 条 1 項 4 号 ···················· 122
195 条 ···························· 7
195 条 1 項 ··················· 85, 305
195 条 2 項 ······················ 305
195 条以下 ······················· 304
196 条 1 項 ·················· 305, 310
196 条 2 項 ······················ 310
196 条 3 項 ·················· 214, 306
197 条 ················· 303, 305, 307, 310
197 条 1 項 ······················ 304

197 条 1 項後段 ···················· 308
198 条 1 項 ············ 303, 305, 310, 347
198 条 2 項 ················ 121, 128, 187305
198 条 3 項 ············ 214, 306, 310, 310, 347
198 条 4 項 ·················· 214, 306
199 条 1 項 2 号・3 号 ················ 306

200 条 ·························· 310
200 条 1 項 ······················ 306
200 条 2 項 ······················ 306
200 条 3 項 ······················ 306
200 条 3 項 ······················ 308
200 条 4 項 ······················ 306
201 条 1 項 ·················· 306, 310
201 条 2 項 ·················· 246, 306
201 条 3 項 ·················· 246, 306
201 条 4 項 ··················· 57, 306
201 条 5 項 ······················ 306
201 条 7 項 ·················· 306, 308
202 条 1 号 ·················· 305, 347
203 条 ····················· 167, 306
204 条 1 項 ······················ 307
204 条 1 項 1 号 ···················· 307
204 条 1 項 2 号 ···················· 307
204 条 1 項 3 号 ···················· 307
204 条 2 項 ·················· 307, 308
204 条以下 ······················· 304
205 条 ·············· 57, 167, 307, 308
206 条 ·························· 307
206 条前段 ······················· 308
206 条後段 ······················· 308
207 条 ·························· 307
208 条 ····················· 304, 309
208 条 3 項 ······················ 167
209 条 ·························· 309
209 条 2 項 ······················ 310
209 条 3 項 ··············· 57, 167, 310
209 条以下 ······················· 304
210 条 ·························· 310
210 条 1 項 ······················ 213
211 条 ·························· 310
212 条 ·························· 121
214 条 ·························· 310
214 条 1 項 3 号 ···················· 214
214 条 1 項 4 号 ···················· 128
214 条 3 項 ············· 128, 187, 214, 306

215条	304	
215条1項	310	
215条2項	57, 167, 311	
215条3項	311	
216条	5	
216条1項	312	
216条2項	313	
216条4項	312	
216条5項	312	
217条	6	
217条1項	151	
217条1項前段	313	
217条1項後段	313	
217条2項	152, 313	
217条6項	314	
217条8項	314, 315	
218条1項	315	
218条5項	315	
219条	315	
220条	7	
220条1項	311	
220条2項	311	
221条	141	
221条1項	324, 327	
221条2項	99	
223条	33	
244条の3	33	
248条	7	
248条1項	317, 323	
248条3項本文	323	
248条4項	315, 323	
248条5項	323	
248条6項	315	
249条	212	
249条1項	314, 322, 324	
249条2項	324	
250条1項	325	
250条2項	325	
251条	324	
252条1項柱書	325	
252条1項8号	325	
252条2項	323, 326	
252条5項	326	
252条7項	326	
253条1項	324	
253条1項ただし書	328	

253条2項	327, 379
253条3項	324, 327
254条1項	329
254条5項	329
255条1項	329
255条1項1号	327
255条1項2号	315
255条3項	329
256条	329
257条	44
258条	44
260条1項	291
260条2項	292
262条	44
265条	328

【破産規則】

1条	34
1条1項	131
13条	30, 44
14条	30, 44
19条	43
20条1項1号	43, 132
20条1項2号	43
20条1項3・4号	43
25条	83, 197, 300
32条2項	131
32条4項1号	132
34条	132, 133
35条	133
39条	136
39条1項前段	140
42条	137
43条1項	140
43条4項	141
50条	167
52条	82
54条	151
56条後段	302
60条	219
76条	325

【旧破産法】

47条2号	160, 161
47条7号	92
47条8号	92

49条·····················92
50条·····················92
59条·····················93
63条····················184
71条1項··················162
72条1号··················275
72条2号········274, 275, 276, 279
72条4号··················208
76条···················93, 285
92条·····················89
95条·····················89

103条···················185
142条1項2号···············43
164条1項··················93
185条〜227条···············93
196条1項·················299
197条···················157
198条1項·················157
198条2項·················157
366ノ2以下···············324
366条ノ2ないし20············25
366条ノ21ないし373条·········25
366条ノ4第1項·············325

【民事再生法】
1条············13, 45, 235, 348, 356
2条1号···················97
2条2号··················111
4条·····················35
5条··················35, 76
5条1項···················76
5条2項···················76
5条3項···················76
5条5項···················76
5条6項···················77
5条7項···················77
5条8項···················77
5条9項···················77
6条·····················76
8条·····················40
8条1項··················356
8条2項···················40
11条1項··················49
11条2項・3項············49, 105
16条····················354

16条1項・2項··············332
18条················40, 75, 356
21条·····················45
21条1項··········9, 35, 36, 37, 48
21条2項···················37
23条1項···················36
23条2項···················37
24条の2··················45
25条···········40, 42, 47, 106, 365
25条4号··················374
25条各号··················48
26条·····················69
26条1項···················69
26条1項1号················22
26条1項2号················23
27条·····················67
27〜29条··················69
30条·····················69
31条··········70, 204, 205, 222, 226, 234, 236
31条1項··················387
31条1項ただし書·············71
32条·····················36
32条前段··················39
32条後段··················39
33条1項·················365
33条2項··················48
34条1項···········48, 134, 372
34条2項·················154
35条1項···················49
35条3項···················49
35条4項かっこ書············125
38条·····················16
38条1項·········9, 60, 97, 335
38条2項········60, 98, 100, 341
38条3項·················110
39条····················170
39条1項··········22, 46, 62, 316
39条3項·················169
40条··················62, 371
40条1項················146, 149
40条の2··················63
40条の2第3項·············169
41条·················101, 105
41条1項········60, 101, 105, 335
41条1項4号···············177
41条1項6号················65

41条1項9号………… 207, 215, 226, 232, 236	67条5項……………………………… 169
42条…………… 60, 105, 300, 335, 339, 340, 344	73条………………………………… 110
42条1項……………………………… 335, 336	76条………………………………… 110
42条2項ただし書………………………… 157	76条1項……………………………… 60
43条………………………… 339, 344, 336, 337	76条2項・3項……………………… 60
43条1項……………………………… 332, 339	77条………………………………… 110
43条6項……………………………… 339	77条4項……………………………… 171
43条7項……………………………… 339	79条………………………………… 72
44条………………………………… 52	79条1項……………………………… 111
45条………………………… 61, 101, 229	81条1項……………………………… 111
49条……………… 99, 175, 176, 179, 181, 182, 183, 192, 193, 230, 374	81条1項ただし書………………………… 111
	81条3項……………………………… 111
49条1項……………………………… 341	83条………………………………… 111
49条2項前段………………………… 177	84条1項………………… 63, 106, 116, 123
49条3項……………………………… 177	84条1項かっこ書………………………… 124
49条3項後段………………………… 177	84条2項……………………………… 116
49条4項…………………… 176, 193, 231	85条1項
49条5項…………… 169, 176, 193, 231	……… 9, 58, 63, 101, 117, 174, 106, 123, 388
50条………………………………… 182	85条2項……………………………… 64, 194
50条1項……………………………… 181	85条5項……………………………… 64, 70
50条2項………………………… 169, 181	85条5項後段………………………… 211
50条3項……………………………… 194	85条の2……………………………… 259
51条………………………… 169, 183	86条1項……………………………… 63, 134
52条………………………………… 205	86条2項……………………………… 126
52条1項……………………………… 196	87条1項……………………………… 123, 248
52条2項…………… 196, 199, 200, 201	87条1項1号～3号………………………… 371
53条………………………… 17, 70, 198	87条2項……………………………… 124
53条1項…………… 204, 211, 212, 382	87条3項……………………………… 154
53条2項…………… 204, 206, 232, 358, 382	88条………………………………… 213
54条………………………………… 9	88条ただし書………………………… 215
54条1項……………………………… 98, 105	90条………………………………… 157
54条2項…………… 60, 101, 105, 339	92条………………………………… 244, 258
54条4項……………………………… 106	92条1項……………………………… 185, 186
56条………………………………… 285	92条1項前段………………………… 248
56条1項……………………………… 107, 287	92条1項後段………………………… 248
56条2項……………………………… 107, 287	92条2項……………………………… 185, 186
57条………………………………… 75	92条3項……………………………… 187, 188
59条…………………… 105, 106, 112	93条………………………… 99, 249, 374
60条1項……………………………… 105, 341	93条1項1号………………………… 211
61条1項……………………………… 105, 112	93条3項……………………………… 188
62条1項……………………………… 112	93条の2……………………………… 249, 374
63条………………………………… 112	94条………………………………… 213
64条…………………… 9, 17, 109	94条1項……………………………… 9, 134
64条1項……………………………… 98, 109	95条………………………………… 134
66条………………………………… 110, 287	95条1項……………………………… 134
67条………………………………… 62, 110	95条4項……………………………… 134

97条	150
99条1項	135
100条	135, 139, 372
100条以下	110
101条	372
101条1項	99, 139
101条3項	99, 134, 135, 360
101条5項	48, 372
101条6項	139
102条	139
102条2項	99
103条	139
104条1項	135, 139
104条1項かっこ書	134, 372
104条2項	139
104条3項	139, 360, 373
105条	213
105条1項	99, 142, 372
105条1項本文	143
105条1項ただし書	62, 146
105条2項	143, 146
105条3項・4項	143
105条5項	143
106条	142
106条1項	144, 372
106条2項	144
106条4項	144
106条5項	145
106条6項	145
106条7項	145
107条	146
107条1項	62
108条	147
109条1項	146
110条	145
111条	135
111条1項	145, 372
111条2項	144, 372
112条の2	148
113条1項	149
113条2項	150
114条	48, 153, 156
115条1項	360
115条1項本文	154
115条1項ただし書	154
115条2項	154
115条3項	154
117条2項・3項	156
117条以下	156
118条の3	156
119条	24, 118, 169
119条2号	165, 166, 169, 231, 236
119条4号	105, 112
119条5号	65, 169, 170
120条	169, 170
120条1項	70, 106
120条2項	70, 106
121条	118
121条1項	65, 168, 170, 205, 347
121条2項	124, 168, 170, 205
121条3項	69, 170, 171
122条	17, 117, 124
122条1項	71, 165, 169
122条2項	169, 347
122条4項	69
123条	101, 169
123条1項	118
123条2項	118, 348
123条3項	118
124条	99, 110, 373
124条1項	237, 332
124条2項	48, 332, 373
124条～126条	354
125条	105, 110, 112, 153
125条1項	48, 99, 106, 376
125条2項	106
125条3項	106
126条	153, 373
127条～141条	260
132条の2第1項2号	169, 272
132条の2第2項1号・3号	169
134条の2	72, 296
135条	99, 110
135条1項	285, 287
135条3項	285, 287
137条4項前段	295
138条1項	288
138条2項	288
138条3項	288
140条2項	169
142条	72, 296

142 条～147 条	293	
143 条 1 項	294	
143 条 2 項	294	
143 条 3 項	294	
143 条 6 項	295	
144 条 1 項	294	
144 条 2 項	294	
144 条 3 項	295	
145 条 1 項	295	
145 条 2 項・3 項	295	
146 条 1 項・2 項・6 項	295	
146 条 3 項	295	
146 条 4 項	295	
146 条 5 項	295	
147 条	295	
148 条	17, 71, 99, 226, 234, 374	
148 条 1 項	212, 222	
148 条 2 項 2 号	223	
148 条 2 項 3 号	223	
148 条 3 項	223	
148 条 4 項	223	
148 条以下	204, 205, 236	
149 条	223	
150 条 1 項	223	
150 条 4 項	223	
150 条 5 項	223	
151 条	224	
151 条 3 項	224	
151 条 4 項	169	
152 条 1 項	224	
152 条 2 項	215, 224	
152 条 4 項	224	
153 条	224	
154 条 1 項 1 号	123, 345, 346	
154 条 1 項 2 号	345, 347	
154 条 1 項 3 号	345, 348	
154 条 2 項	345	
154 条 3 項	345, 349	
154 条 4 項	345, 349	
155 条 1 項ただし書	122, 124, 375	
155 条 1 項本文	64, 346, 375	
155 条 3 項	346	
155 条 4 項	124, 149, 359	
156 条	123, 214, 346, 359, 377	
157 条 1 項本文	346	
157 条 2 項	346	

157 条～159 条	377	
158 条	345, 360	
159 条	345, 347	
160 条	347	
160 条 1 項	214, 345	
160 条 2 項	214, 345	
161 条	349	
162 条	349	
163 条	99	
163 条 1 項	48, 134, 138, 352	
163 条 2 項	48, 352, 353, 385	
163 条 3 項	352	
164 条 1 項	352	
165 条 1 項	360	
166 条	332	
166 条 1 項	349	
166 条 4 項	361	
166 条の 2	332	
166 条の 2 第 1 項	349	
166 条の 2 第 2 項	349	
167 条	354	
169 条 1 項	354	
169 条 1 項 1 号	138, 352, 354	
169 条 1 項 2 号	99, 354	
169 条 1 項 3 号	354	
169 条 1 項 4 号	355	
169 条 2 項	154, 355	
169 条 2 項 1 号	153, 155	
169 条 2 項 2 号	153, 155	
169 条 2 項 3 号	155	
169 条 3 項	354, 360	
170 条	155	
170 条 1 項	149	
170 条 2 項	134	
170 条 2 項 3 号	142	
171 条	155	
171 条 1 項	134	
171 条 1 項 2 号	142	
172 条の 3	362	
172 条の 3 第 1 項	155	
172 条の 3 第 1 項 1 号	155, 355	
172 条の 3 第 1 項 2 号	355	
172 条の 3 第 2 項・3 項	154	
172 条の 3 第 2 項本文	125	
172 条の 4	355	
172 条の 5	355	

172条の5第1項	153
174条	10, 356
174条1項	356, 357
174条2項	107, 357, 377
174条2項2号	347, 386
174条2項3号	155, 364
174条2項4号	333, 334, 374
175条1項	360
176条	357
177条	360
177条1項	357, 358
177条2項	358, 379, 386
178条	63, 358, 360, 373
178条本文	134
178条ただし書	124, 149, 359
178条1項本文	148, 359
178条～180条	373
179条	134
179条1項	357, 360
180条1項	359
180条2項	359, 364
180条3項	360, 364
181条1項	359
181条1項1号	359
181条1項2号	359
181条1項3号	359, 134
181条2項	134, 150
181条3項	124, 150, 371
182条本文	214
182条ただし書	214
183条	349
183条の2	349
184条	22, 316
185条	360, 365
185条1項ただし書	142
186条1項	99, 361
186条2項	107, 361
187条	107, 362, 364, 378
187条1項	340, 362, 378
187条2項	340
187条2項本文	362
187条2項ただし書	340
188条1項	340, 363
188条2項	107, 289, 340, 361, 363, 378,
188条3項	363
189条	23, 107, 379
189条1項	363
189条1項2号	378
189条1項3号	106
189条1項各号	364
189条2項	364
189条3項	364
189条7項本文	365
189条7項ただし書	365
189条8項	365
190条1項	365
190条3項・4項・7項	365
190条9項	169, 365
191条	366
191条1号	171, 352, 374, 380
191条2号	352, 380
191条3号	22
192条	366
193条	23
193条1項	366
193条1項1号	69
193条1項2号	106
193条2項	367
194条	23, 107, 171, 347, 362, 366
195条6項	367
196条1号	382
196条3号	383
197条1項	387
197条3項	388
198条1項本文	382
198条1項本文かっこ書	383
198条1項ただし書	383
198条2項	383
199条1項～4項	384
199条5項	384
200条1項	385
200条2項～5項	386
201条1項	385
201条2項	386
202条2項2号	386
202条3項	386
203条1項	387
203条1項後段	387
203条2項本文	386
204条1項本文	383
204条2項後段	384

211条1項	149
211条〜216条	148
212条2項	149
213条5項	149
216条	149
217条1項	149
217条〜220条	148
219条1項	149
219条2項	149
220条	149
221条1項	317, 370, 371, 380, 381
221条3項	371, 373
221条4項	371, 372
221条5項	371
221条6項・7項	380
221条〜238条	370
222条1項	371
223条1項ただし書	373, 374
223条2項	374
224条1項	371
225条	372
226条	372
227条1項	373, 374
227条7項・8項	373
228条	373
229条1項	374
229条2項	370, 375
229条3項	375, 377
230条1項	376
230条2項	380
230条4項	376
230条6項	376
231条1項	374, 377
231条2項	377
231条2項1号・2号	377, 380
231条2項2号〜4号	385
231条2項3号	371, 375, 377
231条2項4号	375, 377
231条2項5号	377
232条1項	124, 371
232条2項	377
232条2項かっこ書	377
232条3項	377
232条3項ただし書	377
232条4項	375
232条5項	375
233条	378
234条1項後段	378
235条	378
235条1項1号	379
235条1項2号	379
235条1項3号	379
235条1項4号	379
235条1項柱書	379
235条1項・2項	379
235条6項	379
235条7項	379
236条	379
237条1項	380
237条2項	380
238条	62, 368, 370, 371, 372, 373, 374, 376, 377, 378, 379
239条	380
239条1項	381
240条	381
241条2項7号イ	381
241条2項各号	381
242条	381
244条	368, 380
245条	62, 368, 380
247条	25
248条	344
248〜254条	367
249条1項	23
250条1項	23, 362, 378
250条2項	23
252条1項	24
252条2項	288
252条5項	166
252条6項	22, 24, 167, 171
253条	25

【民事再生規則】

1条2項	46
2条1項	35
12条1項5号	352
12条及び13条	35
17条	48
18条1項1号	48
18条1項2号	48
20条1項	105
26条1項	105, 112, 113

31 条 …………………………………… 134
31 条 3 項 …………………………… 132
31 条 4 項 …………………………… 132
38 条 …………………………………… 140
39 条 1 項 …………………………… 140
56 条 1 項 ……………………… 237, 337
56 条 1 項本文 ……………………… 333
56 条 1 項ただし書 ………………… 334
61 条 ……………… 46, 106, 138, 153, 354
71 条 1 項 1 号 ……………………… 224
79 条 1 項 …………………………… 222
79 条 2 項 …………………………… 223
84 条 1 項 …………………………… 352
84 条 2 項 …………………………… 352
84 条 3 項 …………………………… 352
89 条 …………………………………… 354
101 条 ………………………………… 385, 386

【会社更生法】

1 条 ……………………………… 12, 13, 233
2 条 12 項 …………………………… 222
24 条 1 項 ……………………………… 22
24 条 1 項 1 号 ………………………… 23
24 条 1 項 2 号 ………………………… 23
29 条 …………………………………… 211
41 条 1 項 2 号 ………………………… 23
47 条 1 項 …………………………… 222
50 条 1 項 ………………… 22, 23, 62, 316
83 条 1 項 …………………………… 334
83 条 2 項 …………………………… 334
104 条 ………………………………… 211
104 条 1 項 …………………………… 222
136 条 ………………………………… 248
138 条 2 項 …………………………… 222
185 条 ………………………………… 335
196 条 1 項 ……………………………… 11
196 条 5 項 ……………………………… 11
199 条 2 項 …………………………… 357
199 条 2 項 2 号 ……………………… 356
201 条 ………………………………… 357
208 条 …………………………… 22, 316
240 条 ………………………………… 360
252 条 ………………………………… 23
254 条 2 項 …………………………… 288
254 条 6 項 …………………………… 167
旧会更 38 条 5 号 …………………… 47

【民事訴訟法】

30 条 …………………………………… 158
40 条 …………………………………… 288
40 条 1 項 …………………………… 145
40 条 1 項〜3 項 …………………… 144
47 条 …………………………………… 288
52 条 …………………………………… 288
87 条 1 項ただし書 ………………… 40
87 条 2 項 ……………………… 40, 356
119 条 …………………………… 67, 286
257 条 ………………………………… 147
259 条 1 項 …………………………… 295
262 条 2 項 …………………………… 133
305 条 ………………………………… 316
331 条 ………………………………… 316
333 条 ………………………………… 316
334 条 1 項 …………………………… 339
338 条 ………………………………… 147
393 条 ………………………………… 147

【民事執行法】

35 条 …………………………… 147, 283
35 条 1 項 …………………………… 327
38 条 …………………………………… 196
39 条 1 項 …………………………… 327
39 条 1 項 6 号 ……………………… 327
40 条 …………………………………… 327
45 条 …………………………………… 283
63 条 …………………………… 216, 301
129 条 ………………………… 216, 301
131 条 3 号 …………………………… 318
152 条 ………………………………… 318
152 条 2 項 …………………………… 320
155 条 2 項 …………………………… 283
159 条 1 項 …………………………… 283
171 条 ………………………………… 119
180 条以下 …………………………… 206
188 条 ………………………………… 216
190 条 ………………………………… 212
190 条 1 項・2 項 …………………… 207
190 条以下 …………………………… 206
192 条 ………………………………… 216
193 条 ………………………………… 207
195 条 …………………………… 209, 211, 212

【民法】

- 94 条 2 項 …………………… 80, 103, 197
- 96 条 3 項 …………………… 81, 103, 197
- 111 条 1 項 2 号 ………………………… 163
- 137 条 1 号 ……………………………… 245
- 147 条 1 号 ……………………………… 133
- 152 条 …………………………………… 133
- 177 条 …………………………… 80, 104, 197
- 178 条 …………………………………… 197
- 192 条 ……………………………………… 51
- 304 条 …………………………………… 208
- 304 条 1 項ただし書 …………………… 208
- 306 条 2 号 ………………………… 122, 164
- 308 条 ……………………………… 122, 164
- 311 条 5 号 ……………………………… 199
- 321 条 …………………………………… 199
- 333 条 …………………………………… 208
- 366 条 1 項 ……………………………… 207
- 414 条 2 項 ……………………………… 119
- 415 条 ……………………………………… 94
- 423 条 ……………………………………… 63
- 424 条 ……………………… 16, 55, 63, 199, 321
- 440 条 …………………………………… 387
- 441 条 …………………………………… 126
- 452 条 …………………………………… 130
- 452 条ただし書 ………………………… 130
- 453 条 …………………………………… 130
- 460 条 1 号 ……………………………… 127
- 467 条 …………………………………… 104
- 467 条 2 項 ……………………………… 80
- 478 条 …………………………………… 283
- 499 条 …………………………………… 254
- 500 条 …………………………………… 254
- 501 条 …………………………………… 128
- 505 条 1 項 ……………………………… 245
- 505 条 1 項本文 …………………… 243, 248
- 545 条 1 項 ……………………………… 104
- 545 条 1 項本文 ………………………… 176
- 545 条 1 項ただし書 …………… 80, 180, 197
- 553 条 …………………………………… 164
- 601 条 …………………………………… 182
- 605 条 …………………………………… 183
- 617 条 …………………………………… 164
- 旧 621 条（現 622 条）………………… 182
- 623 条 …………………………………… 195
- 627 条 …………………………………… 164
- 631 条 …………………………………… 194
- 632 条 …………………………………… 189
- 642 条 …………………………………… 192
- 642 条 1 項前段 ………………………… 192
- 642 条 1 項後段 ………………………… 192
- 642 条 2 項 ……………………………… 192
- 644 条 …………………………………… 100
- 653 条 2 号 ………………………… 163, 200
- 654 条 …………………………………… 163
- 768 条 …………………………………… 198
- 771 条 …………………………………… 198
- 847 条 3 号 ……………………………… 330
- 876 条の 2 第 2 項 ……………………… 330
- 1002 条 1 項 …………………………… 164
- 1009 条 ………………………………… 330

【商法】

- 16 条 …………………………………… 335
- 旧 245 条 ………………………………… 335
- 521 条 ……………………………… 61, 209
- 551 条 …………………………………… 199
- 552 条 2 項 ……………………………… 200
- 582 条 …………………………………… 199

【会社法】

- 20 条 ……………………………………… 61
- 199 条 2 項 ……………………………… 349
- 309 条 2 項 11 号 ……………………… 336
- 330 条 …………………………………… 100
- 444 条 ……………………………………… 76
- 467 条 1 項 ……………………………… 335
- 467 条 1 項 1 号・2 号 ………………… 336
- 471 条 5 号 ……………………………… 302
- 502 条本文 ……………………………… 348
- 510 条〜574 条 …………………………… 8
- 512 条 1 項 1 号 ………………………… 23
- 515 条 1 項 ……………………………… 23
- 641 条 6 号 ……………………………… 302
- 644 条 1 号 ……………………………… 313
- 879 条〜902 条 …………………………… 8

著者紹介

藤田　広美（ふじた　ひろみ）

- 1962 年　北海道に生まれる
- 1985 年　中央大学法学部法律学科卒業
- 1987 年　司法試験合格
- 1991 年　裁判官任官
- 2007 年　琉球大学法科大学院教授・弁護士（沖縄弁護士会）
- 2009 年　司法試験考査委員
- 2011 年　沖縄県労働委員会会長・公益委員

主著

『講義　民事訴訟【第 2 版】』（東京大学出版会，2011 年）
『解析　民事訴訟』（東京大学出版会，2009 年）
『民事執行・保全』（羽鳥書店，2010 年）
以下の著書は，いずれも分担執筆．
「保証の無効・取消」井上繁規編『判例 Check 保証の無効・取消・制限』（新日本法規出版，2001 年）
小室直人ほか編『基本法コンメンタール【第 3 版補訂版】　民事訴訟法 2・3』（日本評論社，2012 年）
「人証取調べの結果の記録化」門口正人ほか編『民事証拠法大系 第 3 巻』（青林書院，2003 年）
「証拠調べの結果の記録化」門口正人ほか編『民事証拠法大系 第 2 巻』（青林書院，2004 年）

破産・再生

平成24年4月30日　初版1刷発行

著　者　藤田　広美
発行者　鯉渕　友南
発行所　株式会社　弘文堂　101-0062　東京都千代田区神田駿河台1の7
　　　　　　　　　　　　　TEL 03(3294)4801　　振替 00120-6-53909
　　　　　　　　　　　　　http://www.koubundou.co.jp
装　丁　青山　修作
印　刷　三美印刷株式会社
製　本　牧製本印刷株式会社

© 2012 Hiromi Fujita. Printed in Japan
JCOPY 〈(社)出版者著作権管理機構　委託出版物〉
本書の無断複写は著作権法上での例外を除き禁じられています。複写される場合は、そのつど事前に、(社)出版者著作権管理機構（電話 03-3513-6969, FAX 03-3513-6979、e-mail：info@jcopy.or.jp）の許諾を得てください。
また、本書を代行業者等の第三者に依頼してスキャンやデジタル化することは、たとえ個人や家庭内での利用であっても一切認められておりません。

ISBN978-4-335-35527-1